KB071579

사회복지개론

김영종 · 김은정 공저

INTRODUCTION TO SOCIAL WELFARE

학지사

머리말

사회복지란 무엇인가? 내게는 이 물음에 답하는 것이 평생의 과업처럼 되어 왔다. 그것은 마치 잡힐 듯 잡히지 않고, 잡았다 싶으면 어느새 더 커져 달아나는 그런 의문이었다. 그러다 오랜 시간이 흐른 후에 나는 깨닫게 되었다. 이 물음은 애초부터 답해질 수 없는 그런 것이었다. 이것은 단지 물음 자체로서 중요한 의미가 있다. 이런 깨달음 끝에 비로소 나는 '사회복지란 무엇인가'에 관한 이 책을 쓸 수 있는 용기가 생겼다.

사회복지란 우리가 인식하는 것이다. 사회복지는 하나의 인식된 현상으로 거기에 우리가 이름을 부여한 것이다. 그러므로 우리와 우리의 인식이 바뀌면 사회복지도 바뀐다. 현재 사회복지라는 낱말을 가지고 규정되는 것은 시대나 사회가 변화하게 되면 달라질 수 있다. 우리가 대학이나 책을 통해 사회복지를 배우는 이유도 사회복지가 불변의 무엇이기 때문이 아니다. 오히려 그와 반대로 사회복지는 우리가 배움을 통해 합의된 인식을 만들어 가야 하는 것이다.

이 책의 내용은 그러니까 사회복지에 대한 우리 시대, 우리 사회에서 합의된 인식이 어떤 것인지를 말하려는 것이다. 먼저 사회복지를 구성된 개념으로 설정해 보고, 이를 통해 과거 여러 나라에서부터 현재 우리나라에서 나타나고 있는 사회복지의 현상을 설명한다. 다음으로 현재 우리에게 사회복지가 제도로서 필요한 이유, 이 제도를 통해 해결하고자 하는 사회 문제나 사람들의 필요, 이를 실행으로 옮기는 정책이나 행정, 전문적 실천 방법 등에 대해 설명한다. 이러한 방법들을 통해 실행되고 있는 사회복지 서비스를 대상 인구나 실천 분야별로 구분해서 살펴본다. 사회복지에 대한 이러한 기본 이해를 바탕으로, 이 책의 마지막에서는 우리나라 사회복지의 미래에 대해 논의해 본다. 우리나라 복지국가의 방향이나 사회서비스, 커뮤니티 케어와 같은 정책적 현안들을 다룬다.

나는 이 책을 김은정 교수와 처음부터 함께 썼다. 김은정 교수는 다방면에 해박한 지식과 함께 저술에 대한 성실함까지도 두루 갖추고 있다. 그에 의지해서 이 책의 구성에서부터 각 장별 서술에 이르기까지 모든 저술 작업을 함께 진행했다. 무언가를 공동으로 쓴다는 것은 결코 쉽지 않은 일이다. 특정 주제들의 경우에는 두 사람 간 인식 합일을 위해 상당한 시간이 필요하기도 했다. 그럼에도 그 과정을 통해 사회복지에 대한 고민이 조금이라도 더 깊어졌을 것이라 믿는다.

이 책을 쓰는 데 오랜 시간이 걸렸다. 개론서는 세부 전공의 학술서와 달리 용어 하나하나에 대해 합의된 개념을 일일이 확인하고 설명하는 것에서부터 시작해야 한다. 이 과정에서 사회복지에 대한 나의 인식이 얼마나 보편적일지에 대한 의문에서부터 그것을 어떻게 설명해 보일 것인지에 이르기까지 숱한 난관에 부딪혔다. 다행히 나는 학생들과의 오랜 기간 동안의 수업을 통해 이를 헤쳐 나올 수 있었다.

나는 수업에서 학생들에게 많은 것을 묻는다. 학생들의 인식이 어떻게 구성되어 있는지가 궁금하기 때문인데, 그럼에도 학생들은 대개 나의 그런 질문을 '정답 맞히기'로 받아들이는 듯하다. 여하튼 나는 이 과정을 통해 내가 전달하려는 인식이 학생들에게 어떻게 받아들여지는지를 체험해 볼 수 있었다. 그 점에서 경성대학교 사회복지학과 학생들은, 비록 질문에 답하느라 무척 힘들었겠지만, 이 책에 상당한 기여를 했다. 공저자인 김은정 교수도 나와 마찬가지의 생각을 가졌는데, 그 점에서 부경대학교 사회복지학전공 학생들도 똑같은 기여를 했다.

어쩌면 이 책이 기어코 발간되게 만든 분은 학지사의 김진환 사장님이다. 그는 어떤 학문 분야에서든 저술의 꽃은 '개론'이라면서, 오랫동안 나를 볼 때마다 늘 개론 이야기를 꺼내곤 했다. 지나가는 이야기도 자주 듣다 보면 그게 스스로 현실이 되어 버린다. 이제 지난했던 개론 책 쓰기의 과정을 마치면서 새삼 그에게 감사한 마음이 든다. 책 작업의 진행을 한결같은 마음으로 거들어 주시는 학지사의 김은석 이사님과 편집과 제작의 과정을 꼼꼼하게 챙겨 주신 학지사의 이영봉 님에게도 감사의 마음을 전한다.

이 책은 김은정 교수와 내가 '사회복지란 무엇인가'라는 물음에 답해 본 것이다. 늘 그렇지만 우리의 답도 우리 시대 지식의 소산이다. 아무쪼록 이 책에서 미약하게나마 그것이 드러났으면 한다. 부족하지만 이 책이 더 나은 세상의 인식을 위한 작은 디딤돌이라도 되기를 소망한다.

2022년 1월 황령산과 용호만 사이 대연동에서

김영종·김은정

차례

사회복지란
무엇인가

사회복지는 사람들이 '사회적'으로 잘 지내는 것을 추구한다. 사람들은 일생을 가족이나 이웃, 지역, 회사 등을 비롯해서 국가나 더 나아가 세계 사회에 소속된 일원으로서 살아간다. 사람들의 삶은 대부분 그런 사회 안에서 다른 사람들과의 관계를 통해 이루어진다. 그래서 사회복지가 무엇인지를 이해하려면 먼저 사람들의 사회적 삶이 어떠한지를 알아야 한다. 이를 1부에서 다룬다. 1장에서는 인간의 삶이 어떻게 사회와 불가피하게 얽혀 있는지를 살펴봄으로써 사회복지의 의미와 필요성을 이해해 본다. 2장에서는 과거와 다른 현대사회에서 사회복지가 어떻게 제도화되고 있는지를 살펴본다. 이러한 논의를 바탕으로 3장에서는 현대 사회복지의 개념과 특성에 대해 알아본다.

제1장
사람과 사회, 사회복지

사회복지를 제대로 이해하기 위해서는 우선 사회와 복지란 무엇인지를 알아야 한다. 사회란 사람들이 '더불어' 살아가는 집단을 말하고, 복지란 사람들이 '잘 지내는 것(well fare)'을 뜻한다. 사회복지는 사람들이 잘 지내기 위해 더불어 사는 사회가 어떠해야 하는지를 다룬다.

1. 사람과 복지

복지(welfare), 즉 사람들이 잘 지낸다는 것은 구체적으로 어떤 상태를 뜻하는가? 이에 답하려면 먼저 사람이란 어떤 존재인지가 규정되어야 한다. 그래야 그런 존재에게는 어떤 상태가 복지인지를 설명해 볼 수 있다.

1) 사람이란

사람이란 인간이고, 인간(human being)이 어떤 존재인지에 대해서는 무수한 생각과 설명들이 있어 왔다. 종교에서는 심지어 인간을 영적인 존재까지로도 규명한다. 사회 철학이나 과학에서는 인간 존재의 본질을 물질이나 정신적 측면에서 찾고, 이를 다른 존재들과 구분되는 고유성으로 규정한다. 사람이란 한시적인 생명체로서, 신체를 가지고 감정과 생각을 통해 세상에 반응하며 살아가는 동물적 존재이다. 그럼에도 우리는 사람이 다른 동물들과는 뚜렷이 구별되는 고유한 존재라는 것을 안다. 그렇다면 이러한 인간 존재의 고유함은 무엇 때문인가?

고전 철학에서는 인간을 다른 동물과 구분되게 하는 핵심이 인간의 자기 인식 능력에 있다고 설명한다. 사람은 자기 존재 자체를 스스로 의식할 수 있고, 그로 인해 '자유 의지'로써 세상에 능동적으로 반응할 수 있다는 점에서 다른 동물과 현격하게 다른 존재가 된다는 것이다. 철학자 데카르트(R. Descartes)가 말한 '나는 생각한다. 고로 나는 존재한다'는 것은 곧 자기 자신을 스스로 인식할 수 있는 이성적 존재가 인간의 본질임을 말하는 것이다.

인간을 이성적 정신의 존재로 보는 사상은 17세기 서구 계몽주의 철학의 근간을 이루었고, 이는 고전경제학을 거쳐 현재까지도 합리적 자유주의 경제학을 통해 계승되고 있다. 고전경제학에서 인간은 자신의 이익을 최대화하기 위해 합리적으로 판단하고 행동하는 이성적 존재로 규정된다. 이런 가정하에서 애덤 스미스(A. Smith)의 자유주의 경제 사상이나, 제러미 벤담(J. Bentham)의 공리주의가 성립하였다.[1] 현재의 신자유주의 경제학도 이러한 합리적 정신의 인간 존재에 대한 믿음에 기반한다.

한편, 20세기 이후 현대 철학에서는 새로운 사조가 등장한다. 인간 존재의 본질을 더이상 이성 측면에만 국한해서 보지 않는 것이다. 인간의 정신은 이성에 의해서만 지배되는 것이 아니고, 사랑이나 우정, 미움, 질투심 같은 감성도 중요하게 작용한다는 것이다. 인간의 이성은 결코 감성으로부터 독립되어 있지 않다고 본다. 인간 존재는 이성과 감성이 결합된 상태의 정신 주체가 본질이며, 이를 통해 사람들은 세상을 능동적으로 살아갈 수 있다고 보는 것이다.[2]

현대 경제학에서도 인간 존재의 본질에서 이성이 차지하는 비중은 점차 감소하고 있다. 대표적으로 근래 행동경제학에서는 사람들의 판단이나 행동이 이성적이기보다는 비합리적이고 감성적인 차원에서 작용한다는 것을 보여 준다.[3] 사람들이 감정을 다스리지 못해서 비이성적으로 되는 것이 아니라, 인간의 사고 체계 자체가 이성적 판단을 하기 어렵게 되어 있다는 것이다. 행동경제학에서의 준거의존 이론이 이를 대표적으로 설명한다.

현실에서 사람들은 많은 경우 한정된 시간과 제한된 정보 내에서 무엇인가를 판단해야 한다. 이런 현실 상황에 대처해 오는 과정에서 '준거 의존성' 등과 같은 비합리적 성향들이 사람들에게 내재화되어 왔다. 준거(reference) 의존성이란 사람들이 효용(자기에게 유익함)을 절대적 가치와 같은 이성적 기준이 아니라, 심리적 준거점을 기준으로 감정적으로 판단하는 것을 말한다.

> 월급으로 4백만 원을 받게 된 A(이전에는 5백만 원을 받았음)와 2백 만 원을 받게 된 B(이전에는 1백만 원을 받았음)를 비교해 볼 때, 누가 월급이 주는 효용을 더 크게 누릴까? 고전경제학의 관점에서 보자면 B보다 A의 효용이 두 배 더 커야 한다. B보다 A가 두 배나 많은 월급을 받았기 때문이다. 그러나 실제 조사들에서는 A보다 B가 더 높은 효용을 가진다. 왜 이런가?

> 사람이 누리는 효용은 절대적 수치가 아니라 준거기준에 따라 상대적으로 결정된다. A는 자신의 준거기준인 이전 월급액에 비해 1백만 원이나 줄어든 월급을 받았고, B는 무려 두 배나 늘어난 월급을 받았다고 느낀다. 그래서 A보다는 B가 월급을 통한 행복감을 더 크게 느낄 수 있다는 것이다. 과연 인간 존재는 이성적인가? 만약 그렇다고 해도, 그 이성은 결코 산술적 계산만이 아닌 감정적 기제를 포함하여 작동되는 것이 분명하다.

근래 현대 철학에서는 여기에서 한 발짝 더 나아가, 인간 존재의 본질이 정신뿐만 아니라 물질과 육체가 어우러진 전일체(全一體)라는 사상으로까지 발전하고 있다.[4] 비록 사람에게 생각과 행동, 마음과 몸의 작용이 다르게 나타날 수는 있지만, 이것들이 본질적으로는 분리되어 있지 않다는 것이다. 이들은 하나의 존재로서, 다만 각기 다른 작용의 결과로 나타난 것일 뿐이라고 본다. 사람은 몸이 아프면 마음이 힘들어지고, 마음이 아프면 몸 또한 그것의 영향을 받는다. 몸과 마음은 하나의 전일적 존재다.

현대 철학에서의 이러한 인간관의 변화는 근래 진화생물학이나 인지심리학 등에서 쏟아져 나오는 과학적 발견들과도 연관되어 있다. 이들은 공통적으로 인간 존재가 더 이상 감정과 이성으로 분리되지 않고, 몸과 마음도 독립되어 작용하지 않는다는 실증적 증거들을 제시해 주고 있다. 이러한 전일적 인간 존재에 대한 새로운 사상과 발견들로 인해 경제학을 비롯해 의학, 심리학, 교육학, 사회복지학 등과 같은 응용 학문 분야들에서도 인간 행동을 새롭게 이해하려는 실천 접근들이 나타나고 있다.

최근에 이르러 인간 존재의 본질을 규명하려는 노력은 철학과 과학, 문학, 예술 분야 전반에서 통섭적 지향을 보인다. 통섭(consilience, 通涉)이란 지식과 학문 분야들 간 연결을 통해 현상을 통합적으로 이해하려는 접근이다.[5] 이러한 통섭 접근에서 인간 존재의 본질에 대한 현대적인 이해는 다음과 같이 정리될 수 있다. 첫째, 인간이란 생각과 행동, 몸과 마음, 이성과 감정이 연결된 전일적인 존재다. 둘째, 그렇기 때문에 인간 존재를 제대로 이해하려면 보다 폭넓은 지식 체계들을 연결시켜야 한다.

2) 사람의 복지란

인간 존재를 앞서와 같이 규정한다면, 그러한 사람이 '잘 지내는' 상태로서의 복지란 어떤 것인가? 사람은 몸과 마음, 이성과 감정, 생각과 행동을 통해 자신을 둘러싼 환경에 대응하며 살아가는 존재다. 그런 인간 존재가 잘 지내는 것을 철학에서는 '자유'라고 표현해 왔다.

자유(自由)란 사람이 자연이나 사람들과의 관계에 속박되거나 이것들에 수동적으로 의존되지 않아도 되는 상태를 뜻한다. 이에 필요한 신체 및 정신적 의지와 역량, 환경 조건을 갖춘 사람은 자유를 누리는 복지의 상태에 있는 것이다. 경제철학자 아마르티야 센(A. Sen)이 '복지의 본질은 자유'에 있다고 한 것이 바로 이러한 의미다.[6] 센은 사람들이 주체적인 삶을 살아갈 수 있는 자유를 확대하는 것 자체가 곧 복지라고 보았다.[7]

철학에서의 자유적 복지의 본질을 사회심리학에서는 사람들의 욕구 충족이라는 관점으로 현실화해서 다룬다. 사람은 다양한 욕구(필요함, needs)를 가진 존재로서, 사람들의 삶이란 곧 그러한 욕구를 충족하는 과업을 수행하는 과정과도 같다. 사람이 살아간다는 것은 ─ 먹고 자고 배설하는 등의 신체/생리적 기초욕구에서부터 자아실현과 같은 숭고한 정신 상태의 고차원적 욕구들에 이르기까지 ─ 다양한 차원의 욕구들을 충족시키는 과정이라는 것이다. 이런 관점에서는 사람이 잘 지낸다는 것, 즉 복지란 그런 전체적 욕구들의 충족이 순조롭게 고차원적으로 이행되는 것을 뜻한다.

매슬로(A. Maslow)는 모든 인간에게 보편적으로 나타나는 욕구를 5가지 차원으로 나누고, 이들 간 관계를 위계적인 형태로 구성하였다.[8] 사람은 살아가면서 다양한 차원의 욕구들을 충족해야 하는데, 그러한 욕구들은 병렬적이 아니라 위계적으로 구성되어 있다고 보았다. 마치 계단을 밟아 올라가듯이 낮은 차원의 욕구가 충족되어야 다음 차원의 욕구 충족으로 이행될 수 있다는 뜻이다. [그림 1-1]이 이를 나타낸다.

신체/생리의 욕구란 허기나 갈증을 해소하고자 하는 욕구, 배설하거나 성욕을 충족하고자 하는 욕구 등을 말한다. 이는 동물로서의 사람이 신체 유지를 위해 필요로 하는 기초적인 욕구다. 이 욕구가 충족되고 나면 다음 단계인 안전의 욕구로 이행되는데, 주로 신체적이나 정서적인 위험 상황을 회피하려는 갈망으로 나타난다. 충분한 수입이나 안전한 주거 환경을 원하는 것 등은 이러한 욕구에 해당한다. 신체/생리와 안전이라는 두 차원의 욕구는 굳이 인간 존재만이 아니라, 물질 생명체로서의 모든 동물에 공통적인 본능으로 내재되어 있다.

다음 단계인 소속과 애정의 욕구란 다른 사람들과 어울리고 싶어 하는 것과 같은 '관계 맺음'의 욕구다. 사람은 자신이 원하는 집단이나 무리에 속해 있을 때 편안함을 느끼기 때문에 이를 추구하려는 자연스러운 욕구가 있다. 가족이나 연인, 친구와 같은 사적인 관계뿐만 아니라, 종교 집단이나 직장과 같은 공식 조직의 구성원들과도 관계를 통해 소속감이나 친밀함의 욕구를 추구한다. 이런 욕구가 충족되지 못하면, 사람들은 외로움이나 소외감을 느낀다. 다음 단계에서 존중(esteem)의 욕구란 자기 스스로나 남들로부터 인정이나 존경을 받고 싶어 하는 것을 말한다. 우리가 주변의 평판에 민감하게 반응하고, 보다 높은 지위나 명성을 추구하며, 뭔가를 성취해 내려고 애쓰는 것은 모두 이 차원의 욕구 충족과 관련된다.

매슬로의 욕구 위계론에서 최상위 단계에는 자아실현의 욕구가 위치한다. 이는 사람이 세상에 태어나서 자기 존재의 잠재력을 극대화할 수 있었다는 느낌을 가지려는 욕구로, 일종의 자기 완성에 대한 갈망이라고 볼 수 있다. 이 차원의 욕구로 인해 인간은 다른 동물들과는 비교조차 될 수 없는 존재가 된다. 비록 이 같은 자아실현의 욕구가 인간 존재의 본질을 규명하는 데 무엇보다 중요한 차원이지만, 상당히 주관적이고 추상적 성격을 띠므로 이러한 욕구를 경험적으로 파악하는 것은 쉽지 않다.

이처럼 인간 존재의 본질을 사회심리적 욕구로 규명한다면, 인간은 다양한 욕구를 충족하고자 갈망하는 존재라고 규정할 수 있다. 이런 존재로서의 사람이 '잘 지낸다'는

그림 1-1 매슬로(1954)의 욕구 위계론

것은 그런 갈망이 고차원에 이르러 있다는 것을 뜻한다. 이는 앞서 '복지의 본질은 자유'에 있다는 철학적 설명과도 부합된다. 여기에서 자유란 사람들이 욕구를 충족시켜 나가는 전 과정에서 내·외부적으로 억압받지 않는 상태에 있는 것을 뜻한다. 자유롭게 지낸다는 것은 사람들이 의식주를 충족하고, 신체적 정신적으로 안전함을 느끼며, 타인들과 원하는 관계를 맺고, 존중받으며, 자신을 완성해 나가는 삶을 추구하는 데 장애나 제약이 없음을 의미한다.

그렇다면 사람들이 더 큰 자유를 누리고 더 높은 차원의 욕구를 충족할 수 있게 되는, 이른바 복지의 상태에 이르려면 무엇이 필요할까? 행복경제학에서 주장하듯이, 복지는 단순히 '돈'과 같은 물질 조건만으로 결정되지 않는다. 건강, 좋은 직장, 가족·친구·동료와의 좋은 관계 등과 같은 비물질적 조건들도 매우 중요하게 작용한다.[9] 그러면 사람의 복지를 결정하는 이 모든 물질적·비물질적 조건은 어떻게 하면 충족될 수 있는 것일까?

여기에서 인간 존재의 보다 근원적 본질이 등장한다. 인간 존재의 사회적 본질이다. 사람의 복지를 결정하는 물질적·비물질적 조건들의 상당 부분은 혼자서 충족할 수 없다. 심지어 돈이나 건강과 같은 가장 기본적인 조건들도 다른 사람들과의 관계를 통해서만 충족된다. 실제로 인간은 삶의 대부분을 사회적 존재로 살아간다. 이것이 인간의 복지가 자유를 통해 달성될 수 있다는 사실을 부정하는 것은 아니다. 오히려 복지와 자유, 행복의 추구가 사회적 존재라는 인간 본질에 기반할 수 있음을 뜻한다.

사회란 넓은 의미에서는 사람들 간 관계를 말하는 것이다. 부모와 자식, 형제 관계 등으로 구성되는 가족 집단도 하나의 사회다. 또한 학교나 직장, 지역, 국가 등의 맥락에서 관계하는 사람들의 집단도 사회다. 세상의 모든 사람은 이런 사회 속에서 다른 사람들과의 관계를 통해 삶을 영위한다. 사람들은 관계를 통해 생각하고, 감정을 느끼고, 행동하게 된다. 그렇다면 사회적 존재로서의 인간에게 자유나 행복, 복지는 어떻게 추구되어야 하는 것일까?

2. 인간과 사회

인간은 사회적 존재다. 사람은 사회를 구성하는 개체로서 존재하며, 사회와는 무관한 독립된 개체로서는 살아갈 수 없다. 인간 개체의 사회적 본질은 태어나서부터 죽을 때까지, 심지어는 죽고 난 후에도 계속될 수 있다.[10] 어떤 인간도 자기 이외의 타인(가족 포함)들과 얽힌 관계, 즉 사회가 없으면 삶을 영위할 수 없다. 그렇다면 왜 인간은 이처럼 사회를 필요로 하는 존재가 되었을까?

1) 인간은 사회적 존재

사회(society)란 사람들이 모여 관계하는 집단을 말한다.[11] 한자로도 사회(社會)는 두 글자 모두 '모인다'는 뜻이다. 사회라는 개념은 일반적으로 '사람들이 모여 공동생활을 영위하는 모든 형태의 인간 집단'으로 정의된다. 가족이나 이웃, 마을, 조합, 교회, 계급, 회사, 지역, 국가, 나아가서 세계까지도 모두 사회라는 일반적인 개념에 해당된다. 인간의 삶은 경제적으로나 정신적으로나 대부분이 사람들의 집단으로 구성되는 사회적 테두리 안에서 영위된다.

> 태어나서부터 죽을 때까지 사람의 일생은 부모, 자식, 형제, 친구, 동료, 상사, 후배, 이웃, 동호인 등 가깝고 친밀한 사람들과의 관계로 둘러싸여 있다. 교사-학생, 의사-환자, 변호사-의뢰인, 사회복지사-클라이언트, 공무원-민원인, 종업원-손님, 생산자-주문자 등과 같은 공식적 관계도 무수히 많다. 모든 사람은 이런 관계들로 서로를 지탱하는 구조를 만들어 살아가는데, 이런 까닭으로 인간은 사회적 존재가 된다.

인간은 다른 모든 동물과 마찬가지로 자기 개체의 생존과 번식을 극대화하려는 이기적 성향을 가진다. 그런 인간이 왜 관계와 협력을 전제로 하는 사회를 필요로 하게 되었을까? 다른 동물들도 집단을 이루기는 하지만, 인간과 같은 거대 사회를 지향하는 방식으로 진화되지는 못했다.

진화생물학에서는 인간이 상호 협력하는 관계를 형성해 온 이유를 인간 생존의 유리함 측면에서 설명한다. 상호 관계를 맺음으로써 인간은 다른 어떤 동물들보다 생존에서의 유리함을 입었다는 것이다. 의식주의 충족에 필요한 물질들을 개체 단위보다는 집단적 단위로 확보하고 이를 나누어 가지는 것이 더 이익(생존 가능성이 높아짐)이 되었다. 이런 과정을 통해 인간은 집단을 통해 자신의 생존 이익을 극대화하는 개체, 즉 사회적 존재로 진화해 오게 되었다고 본다.

인간 개체는 물이나 돌과 같은 무생물과는 다르게, 유기체(organism) 생물로서의 특징을 가진다. 유기체 생물이란 자기 증식과 에너지 변환의 능력을 갖추고, 항상성을 유지할 수 있는 존재를 말한다.[12] 인간 존재는 유기 생물체로서 진화 과정을 거쳐 왔지만, 진화 과정에서 선택되었던 차별적인 전략으로 인해 현재와 같은 고유한 인간 종의 특성을 가지게 된 것이다. 특히 개체(個體)로서의 인간이 군체(群體)로서의 사회적 존재라는 본질을 입게 된 것인데, 그래서 인간의 본질을 이해하기 위해서는 사회가 함께 이해되어야만 하는 것이다.[13]

오랜 기간의 진화 과정에서 인간에게 사회는 그 자체로서 하나의 거대한 욕구(needs)가 되었다. 사람이 살아가는 데는 의식주를 비롯해서 온갖 재화와 서비스가 필요하다. 이러한 필요는 개인 차원에서 발생하지만, 이를 충족시키는 방법은 대부분 사회 차원에서 마련된다. 기쁨이나 슬픔과 같은 지극히 개인적인 것처럼 여겨지는 정서적 상태도, 이를 만들어 내는 이유나 그것을 추구하거나 피하는 방법 또한 다른 사람들과의 관계라는 사회적 차원과 관련된다. 사람들에게 사회란 단지 경제적 이유뿐만이 아니라, 심리정서적 차원에서도 필수적인 것이다.[14]

2) 사회명목론과 사회실재론

'인간은 사회적 동물'이며 사람의 삶과 사회는 불가분의 관계에 있다. 그럼에도 사람들이 인간의 이러한 사회적 본질을 제대로 인식하게 된 것은 근대에 이르러서다.[15] 근대 이전에는 가족이나 교회, 촌락, 왕국 등이란 자연 혹은 하늘로부터 주어진 것으로, 의식적인 사유의 대상이 되지 못했다. 근대 산업화와 시민혁명 등으로 인위적인 사회 집단과 관계들이 새롭게 형성되었는데, 이를 통해 사람들은 비로소 사회가 만들어진다는 것을 제대로 인식하게 된다. 즉, 사회가 자연적이고 불변하는 것이 아니라, 정치적 질서나 경제적 힘의 관계를 통해 구성되고 변화되어 간다는 것을 알게된 것이다.[16]

오늘날 우리는 불완전한 개체로서의 인간이 생존을 위해 사회를 필요로 하며, 결과적으로 다양한 형태의 사회들을 구성하게 되었다는 것을 안다. 그럼에도 '사회'의 기능적 본질에 대해서는 여전히 견해 차이가 있는데, 사회를 명목론과 실재론으로 대립해서 보는 경우가 대표적이다. 사회명목론(名目論)은 사회가 단지 사람들이 모여 있는 상태를 지칭하는 것에 불과하다는 주장이다. 이 관점은 공리주의 경제학과 맥락을 같이하는데, 예를 들어 사회적 행복이 그 사회구성원(개체) 각자의 행복을 단순히 합산한 것과 같다고 보는 것이다.

사회실재론(實在論)은 사회가 실재로 존재한다고 보는 입장이다. 사회는 단지 모여 있는 사람들의 단순 합을 명목적으로 나타내는 것이 아니며, 사회를 이해하려면 실재하는 '사회' 자체를 중요하게 다루어야 한다고 본다. 사람은 개체이면서 한편으로는 다른 사람들과 상호작용을 하는 군체로서 살아가기 때문에, 개체로서의 성격들만을 모아서 사회를 설명하게 되면 사람들 간 상호작용을 통해 만들어지는 사회적 실체는 간과되고 만다.

사회실재론에 의거하면, 비록 사람들이 모여 사회가 되지만 그 사회는 구성원 개개인들과는 별개인 하나의 실재로서도 존재한다. 이렇게 실체적으로 존재하는 사회는 거꾸로 구성원들에게 지대한 영향을 미친다.

> 10명의 사람이 사회를 이룬다고 할 때, 사회명목론은 10명의 구성원 각각을 조사하면 그 사회를 이해할 수 있다고 본다. 남녀 비율이 얼마이고, 사람들의 생각이 어떤 분포인지 등으로 그 사회를 설명할 것이다. 반면, 사회실재론은 이들이 모여서 만들어 내는 '사회'라는 현상 자체를 이해하려 할 것이다. 이 집단의 기능과 역할은 어떻게 분화되어 있는지, 그리고 그것이 어떻게 변화해 가는지 등으로 그 사회를 설명할 것이다. 그런 현상 자체를 독립된 실체로서 간주하기 때문이다.

> 내가 친구들과 모여 어떤 관계를 맺는 것은 내가 친구들과 함께 일종의 '사회'를 이루는 것이다. 구성원이 되는 나와 내 친구들 각자를 파악하는 것만으로는 이 사회를 제대로 이해할 수 없다. 이미 친구들 사이의 관계라는 것이 하나의 실체로서 형성되었기 때문이다. 나와 친구들이 각자의 의지로서 이러한 관계를 시작했더라도, 그렇게 발생한 관계는 하나의 사회적 실체가 되어 나와 친구들 개개인에게 영향을 준다. 우리는 종종 관계에 얽매이게 된다는 생각을 하게 되는데 이것이 사회의 실체성을 보여 주는 대표적인 예다.

사회실재론의 관점은 사람과 사회에 대한 설명을 풍부하게 해 준다. 사회를 사람들의 단순 합에 그치지 않고 독립된 실체로서 간주하게 되면, 비로소 사람과 사회가 관계를 맺는 양상을 다각도로 파악해 볼 수 있다. 이러한 관점은 인간 존재의 근원적인 본질에 해당하는 사회적 본성을 이해하는 데도 필수적이다.

3) 인간의 사회적 감성

사람은 사회적 존재로 진화해 온 탓에 사회를 실재적으로 경험할 수 있는 능력을 가지게 되었다. 이를 사회적 감성이라 하는데, 이를 통해 사람들은 개체가 아닌 군체로서 인식하고 행동할 수 있게 된다.[17] 이러한 사회적 감성에 기반하여 사람들은 사회 안에서 개체로서의 삶도 성공적으로 영위해 올 수 있었다. 사회적 감성은 그래서 사람들에게 충족되어야만 하는 욕구로 내재되어 있는데,[18] 주로 유대감이나 공감, 소통 등에 대한 필요로 나타난다.

유대감   사람들에게 사회적 감성은 일차적으로 유대감으로 나타난다. 유대감(bondage)이란 가까운 인간관계에서 나타나는 것으로, 서로 밀접하게 연결되거나 결속되어 서로가 잘 이해되고 있다는 느낌을 말한다. 사람은 이런 유대감을 느껴야만 자기 이외의 다른 사람과 연결되어 있다는 집단적 의식 상태에 이를 수 있다. 아기가 엄마와 형성하는 유대감이나 친구나 직장 동료들과 맺는 유대감은 모두 자신과 타인을 묶인 상태로 인식하는 것을 말한다.

근래에는 사람들의 유대감 형성에 관여하는 생물학적인 기제를 찾아냈는데, 옥시토신이라는 호르몬이 대표적이다. 옥시토신(Oxytocin)은 사람의 뇌(시상하부)에서 만들어지는 신경전달물질 호르몬의 일종으로, 다른 사람들과 유대감을 형성하는 데 일종의 접착제 역할을 한다.[19] 옥시토신의 기능을 통해 사람들은 파트너나 가까운 집단 구성원들에 대해 호감이나 사랑, 유대감 등의 감정을 느끼게 된다.

진화생물학에서는 유대감이 집단 간 경쟁에 유리한 조건을 형성해 주었기 때문에, 사람들에게 중요한 사회적 감성으로 내재되어 왔다고 본다. 사람들 간 유대감은 집단 내부의 조화나 협동을 용이하게 하고 집단적 결속력을 강하게 한다. 그렇기 때문에 유대감이 높은 집단은 다른 집단들과 경쟁하는 데 있어서 유리할 수밖에 없다. 강한 유대감을 가진 집단에 소속된 인간 개체들은 결과적으로 생존에 유리함을 입었을 것이고,

그로 인해 그러한 사회적 감성은 진화의 과정에서 사람들에게 지속적으로 내재화되어 올 수 있었다.

이처럼 사람은 유대감을 통해 사회를 구성하고, 또 사회가 있어야 그런 내재화된 사회적 감성에 대한 욕구를 충족시킬 수 있다. 즉, 유대감이 친밀 관계를 만들어 내는 데 기여하지만, 거꾸로 그 관계가 사람들이 유대감의 욕구를 충족하는 데 영향을 준다는 것이다. 개인들이 사회를 만들었지만, 그 사회가 다시 개인에게 영향을 미친다는 사회 실재론의 설명과 같은 맥락이다. 이처럼 인간이 가지는 사회적 감성으로서의 유대감은 인간의 복지라는 관점에서 보자면, 사회심리적으로 충족되어야 할 욕구로서 간주된다.

공감과 소통   공감은 유대감과 마찬가지로 사람들이 가지는 사회적 감성이다. 공감은 사람들이 사회를 구성하는 기반이 되며, 동시에 사람들이 충족하고자 하는 욕구가 된다.[20] 공감이라는 용어는 폭넓게 쓰이는 것이지만, 사회적 감성으로서의 공감(empathy)은 '다른 사람의 입장에서 그 사람이 경험하는 감정이나 생각, 의견을 상상해 볼 수 있는 능력'이라고 규정된다. 심리학적 용어인 감정이입과 유사하다.[21]

공감은 일방적이고 수동적인 느낌으로서의 '동정심'과 구분되는 개념이다. 동정심(sympathy)은 '다른 사람이 처한 곤경에 대해 슬픔, 불쌍함, 연민의 감정을 느끼는 것'을 말한다. 공감의 상태도 동정심과 마찬가지로 다른 사람의 기분이나 상태에 영향을 받는 것이지만, 그럼에도 공감은 상대의 느낌을 그대로 공유한다는 점에서 일방적이고 수동적인 느낌의 동정심과는 다르다.[22]

> 연기자들은 극중 인물에 몰입하려면 동정심보다는 공감의 능력이 필요하다. 극중 인물과 같은 심정을 느끼는 것이 필요하기 때문이다. 이러한 공감은 우리가 같은 것을 느낄 수 있는 인간이라는 사실에 기반한다. 꽃이 시드는 것을 보고 동정심은 생기지만, 공감할 수는 없다.

다른 동물과는 달리 인간에게는 공감과 같은 사회적 감성의 기제가 특별하게 발달해 왔다. 앞서 살펴본 유대감과 같은 사회적 감성은 주로 가까운 거리의 사람들 간 소규모 유착 관계에서 작용하는 것으로, 광대한 규모의 사회적 관계를 매개하기는 어렵다. 인간 사회는 대규모의 집단적 결속이 필요한데, 이를 위해서는 수많은 사람이 서로 간에 느낌을 탐색하고 감정을 주고받을 수 있어야 한다. 이 과정에서 사람에게는 넓은 범위에 있는 다른 존재들의 느낌을 자신에게 이입할 수 있는 공감 능력과 같은 것이 중요해진다.

진화생물학에서는 확대된 사회의 범주에서 오랜 기간 살아왔던 인간이 갖추게 된 이러한 공감 능력을 생물학적 기제로 규명해 낸다. 대표적으로 '거울 신경'과 '대뇌 신피질'을 통해 사람들에게 광범위한 공감 능력이 발현될 수 있다고 본다.

> 뇌 안의 거울 신경세포(mirror neurons)는 다른 사람의 마음이나 감정을 직접 시뮬레이션해서 — 생각이나 논리적 추리가 아니라 — 그대로 느낄 수 있게 해 준다.[23] 대뇌 신피질(neocortex)은 다른 동물들과는 비교할 수 없을 만큼 인간에게 발달한 뇌의 부분인데, 인간의 의식적 사고와 함께 언어 능력 등과 같은 의사소통 관련 기능을 수행한다.[24] 근래에는 대뇌 신피질과 거울신경의 기능들은 사람들이 느끼는 수치심이나 죄의식, 자부심 같은 훨씬 복잡한 사회적 정서들과도 연결되어 있음이 밝혀지고 있다.

대규모의 집단을 구성하려면 사람들 간에 감정의 교류나 의사소통이 활발해야 하므로, 사람들에게는 이러한 공감의 기제들이 사회적 감성으로 내재되게 되었다. 사람들에게 공감과 소통이 사회적 감성이라는 것은 곧, 사람들은 공감과 소통을 그 자체로서 충족되어야 할 욕구로 가진다는 것이다. 사람들은 본능적으로 공감하고 소통하고 싶어 한다.

공감과 소통의 기제는 언어 능력이나 사회적 감수성을 키움으로써 후천적으로도 발달시킬 수 있다.[25] 이 점에서 의도적으로 개발시키기 어려운 유대감과 같은 사회적 감성과는 차이가 있다. 언어나 문화 등을 많이 습득할수록 공감과 소통의 사회적 감성은 보다 확장될 수 있다. 많이 알수록 공감의 폭도 넓어지는 것이다. 근래 인지과학에서는 인간의 사회적 행동이 거꾸로 뇌의 생물학적 회로를 활성화한다는 점도 밝혀내고 있다.[26]

현대사회를 살아가는 사람들에게 공감 능력의 확장은 자연스러울 수 있다. 리프킨(J. Rifkin)은 자아 의식의 확대, 그리고 커뮤니케이션 기술의 발전으로 인해 사람들의 공감 능력이 더욱 확장된다고 보았다.[27] 사회 구조가 복잡하게 분화되면서 사람들은 더욱 차별화된 역할을 맡게 되고, 이로 인해 자신이 남들과 다른 존재라는 의식, 즉 자아 의식을 더욱 뚜렷하게 갖게 된다. 한편, 현대사회의 커뮤니케이션 기술(양방향 소통의 SNS 등)의 발달로 인해, 각기 다른 자아 의식을 가진 사람들 간에 소통하는 기회는 더욱 확대되고 있다. 이러한 변화로 인해 현대사회에서 사람들의 공감 능력은 크게 확장된다.

근래 공감에 관련된 새로운 과학적 지식들이 확대되면서 인간과 사회의 관계에 대한 설명도 더욱 풍부해지고 있다. 이제껏 사람들은 물질에 대한 욕구나 성적 욕구와 같은 이기적 본능에 매달린 존재이므로, 사회란 사람들의 이기심을 억압하거나 통제하기 위해 필요한 것으로 간주되어 왔다. 그러나 공감의 관점에서 보면, 인간은 친밀감이나 소속감의 욕구를 충족하기 위해 사회적으로 관계하고 협력하려는 본능 또한 이기적인 본성만큼이나 강력하게 내재하고 있는 존재이다. 그러므로 사회는 이러한 인간의 공감 욕구를 충족시켜 줌으로써 이들이 복지를 누리게 하는 데 필수적인 것으로 간주된다.

3. 도덕성과 이타주의에 대한 새로운 통찰

20세기 후반이 되면 인간의 사회적 본성에 대한 논의들이 더 이상 철학적이거나 계몽주의적인 사유로만 머물지 않는다. 사회생물학이나 인지행동과학 등을 통해 발견된 지식 체계가 기존의 사유들과 결합되면서, 인간과 사회에 대한 새로운 통찰들이 속속 나타나고 있다. 이에 따라 사회복지의 동기로 여겨지는 인간의 도덕성이나 이타주의와 같은 사회적 본성들도 그 본질이 새롭게 설명되고 있다.

1) 도덕적 본성

인간과 사회가 불가분의 관계로 진화해 온 탓에 인간은 사회적 본성을 갖추게 되는데, 사람들에게서 나타나는 도덕성도 이러한 맥락에서 형성되었다. 도덕(moral, 道德)이란 사람이 소속 사회의 구성원으로서 마땅히 따라야 할 믿음이나 규범으로, 다른 사람들과의 관계를 위해 필요한 것이다.[28] 인간 도덕성의 본질이나 기원은 철학에서 오랜 주제가 되어 왔다. 과거에 철학자들은 성선설과 성악설이라는 두 가지 상반된 입장으로 인간의 도덕성을 설명했다.

홉스(T. Hobbes)로 대표되는 성악설은 인간의 타고난 본성이 이기적인 야수와 같다고 본다.[29] 그렇기 때문에 인간들이 도덕성을 갖추게끔 사회가 통제를 해야 한다고 보았다. 반면, 루소(J. Rousseau) 등이 주장한 성선설에서는 인간이 자유와 평등을 추구하는 선한 도덕적 본성을 타고났으며, 사회가 오히려 그러한 인간의 도덕성을 훼손한다고 보았다.[30] 이러한 상반된 사상은 물론 당시의 상반된 시대적 상황에서 비롯된 것이기는 하지만,[31] 한편으로는 인간 도덕성의 이중적 실체를 나타내는 것이기도 하다. 인간은 사회와의 관계에서 이기적인 야수성과 협력적인 도덕성을 함께 가지고 있기 때문이다.

19세기 다윈(C. Darwin)의 진화론 이후에는 도덕성의 본질에 대한 논의가 진화생물학이나 심리학, 사회학과 같은 분야에서 탐구의 대상이 되어 왔다. 인간 존재가 어떻게 해서 이기적 야수성을 억제하고, 협력적 본성으로서의 도덕성을 갖추게 되었는가? 진화생물학에서는 인간 개체와 종(種)이 유전자의 이기적 본성에 따른 집단적 자연선택의 과정에서 친사회적 성향의 도덕성 기질들을 내재하게 되었다고 설명한다.[32]

인간 개체는 이기적 유전자의 자기 번식 극대화라는 본성에 종속된 존재이다. 인간의 행동은 이러한 이기적 유전자의 본질이 발현되어 나타나는 것이다.[33] 그럼에도 유전자가 이기적이기 때문에 우리 인간 개체의 인식과 행동 역시 당연히 이기적이 되는 것은 아니다. 오히려 유전자의 이기적 본질이 개체 차원의 희생이나 이타적 행동을 유발할 수 있다. 집단(種) 차원으로 유전자의 총량이 있다고 할 때, 소수 개체를 희생하게 만들어서 다수 개체가 보존된다면 유전자의 총량 측면에서는 손실을 최소화할 수 있다.

> 부모의 희생으로 자식들이 번성할 수 있다면, 그들 모두에 들어 있는 유전자의 총량 측면에서는 이득을 보는 것이다. 그래서 자식을 위해 부모가 희생하기는 쉽지만, 자식이 부모를 위해 희생하는 것은 자연스럽게 나타나기 어렵다.

비록 씁쓸한 느낌은 들지만, 우리 인간이 발현하는 이타심이나 협동심, 심지어는 자기희생과 같은 '선한' 도덕적 본성들이 이기적 속성의 유전자(단백질 덩어리)에 뿌리를 두고 있다는 사실은 부인할 수 없다. 그럼에도 그러한 생물학적 근원이 인간의 도덕적 정신이나 행동 양상을 저절로 결정하는 것은 아니다. 사람의 정신과 행동은 사회적 환경과 인간 개체의 자주적 정신이 역동적으로 상호작용하면서 비로소 발현되기 때문이다. 이것이 인간 존재가 생물학적 조건에 수동적으로 의존되어 있는 다른 동물들과 근본적으로 다른 점이다.

> 인간 사회와 인간 정신은 나란히 진화했으며, 이 둘은 서로 발달의 추진력이 되어 왔다. 인간 개체들이 갖추게 된 본능적인 협동 지향성(도덕성)은 인간을 다른 동물들과 구별 짓는 인간만의 고유한 특성으로 간주된다.[34]

인간은 사회적 존재로서 도덕성이나 협동성, 신뢰성을 지향하는 사회적 기질을 내재적으로 가지고 있다. 그래서 인간은 태어날 때부터 협동의 방식을 계발하고, 믿을 만한 사람과 그렇지 못한 사람을 구별하고, 스스로 믿을 만한 사람임을 과시해 좋은 평판을 쌓고, 재화와 정보를 교류함으로써 노동 분화를 이루는 등의 소양을 발휘할 수 있다.[35] 그럼에도 이런 소양이 발현되는 과정은 생물학적 작용만으로 결정되지 않으므로, 인간 주체가 사회와의 관계를 통해 계발해 나가야 할 필요가 있다. 이것 역시 인간 존재의 고유한 본질이다.

2) 호혜적 이타주의

이타주의란 추상적으로는 다른 사람의 이익을 위해 자신이 손해 보는 것을 마땅하게 여기는 생각이나 믿음 같은 것을 말한다. 그런데 현실에서 이타주의가 어떻게 성립될 수 있는지는 명확히 규명되지 않고 있다. 무엇보다 이타주의(altruism, 利他主義)라는 개념 자체가 불명확하기 때문이다. 이전에는 이타주의가 자신보다 다른 사람의 이익을 먼저 생각하는 것으로, 흔히 희생이라는 의미와 유사한 것으로 여겨졌다. 예를 들어, 내가 가진 시간이나 금전을 희생해서 나 아닌 남을 돕는 자원봉사나 자선 활동이 이타주의로 이해되어 온 것이다.

> 그런데 이런 활동을 순수하게 이타주의로 규정할 수 있을까? 정의상 순수한 이타주의란 행위로 인해 보상되는 이익이 없어야 한다. 보상은 반드시 경제적이나 물질적인 것에만 해당되는 것이 아니다. 심리적 교환이론에 따르면, 사람들은 다른 사람들과의 교환 관계에서 얻는 심리적 보상을 중시한다. 자선 활동을 함으로써 종교적 소명을 수행한 만족감을 갖거나 자기 존중감을 느끼는 것은 중요한 심리적 보상이 된다. 이런 심리적 보상이 자선 활동에 소비한 시간이나 물질적 비용보다 더 클 수 있다. 그럼에도 이를 '희생 정신'에 입각한 이타주의의 발현 행위라고 할 수 있을까?

개념 자체의 모호함에 더해서, 이타주의는 주로 탈세속주의적 종교에서 강조되어 왔던 까닭에 현실적인 개념으로 인식되기 어려웠던 것도 사실이다. 종교에서는 이타주의를 이기적 인간성의 본질을 뛰어넘는 이상적인 지향점으로만 규정해 왔다.

근래 사회생물학에서는 이타주의의 의미를 과학적인 근거를 통해 설명하려 한다. 이타주의를 상호 호혜성과 같은 사회적 특성을 띠는 현실적인 개념으로 규정한다. 이를 상호적 이타주의라고도 하는데, 사람들이 서로 이타적인 행동을 함으로써 결과적으로 서로가 이득을 얻고자 하는 지향을 말한다. 이런 호혜적 이타주의가 사람들에게 사회적 본성의 하나로서 내재되어 있어서, 믿음이나 행동 차원으로 발현될 수 있다는 것이다.

　사회생물학에서는 인간의 이타성 역시 집단 간 경쟁을 통한 인간 진화의 산물로 간주한다. 인간은 공감성이나 도덕성, 협동성 등과 같은 사회적 본성들을 갖추어 자신이 소속된 집단 내에서 결속을 이루며 살아왔다.[36] 내부 집단적 결속은 다른 집단들과의 경쟁을 위해 필수적인 사회적 자원이었다. 결속감이란 사람들 간의 관계에서 발생하는 것으로 서로 신뢰할 수 있다는 느낌과 밀접한 관련이 있다. 집단 간 경쟁, 집단 내 결속, 사회적 신뢰 등에 대한 설명은 근래 '사회자본' 이론에서도 등장한다.

> 사회자본(social capital)은 사회의 결속과 유지에 필요한 다양한 자본 중 하나로서, 집단을 구성하는 사람들 간 신뢰의 효과나 크기를 뜻한다. 사회자본은 집단 간 경쟁이라는 상황에서 유용하다. 한 집단이 다른 집단과의 경쟁에서 이기려면 자기 집단 내부의 결속이 중요한데, 이를 위해서는 사람들이 관계를 통해 서로 이득을 볼 수 있다는 이른바 호혜성(reciprocity)에 대한 신뢰가 있어야 한다. 한 집단에 존재하는 이러한 신뢰의 크기가 곧 사회자본인 것이다.[37]

　인간이 집단 내에서 사회적 결속을 강화해 나가려면 사회자본이 필수적이다. 그런데 이기적 본성의 인간들이 어떻게 다른 사람들과의 협력적 관계에 대한 믿음에 기반한 이러한 사회자본을 형성할 수 있는지가 오랫동안 의문이었다.[38] 근래 게임이론(game theory)이 이러한 의문에 대한 답을 제시한다.

　게임이론에 따르면 인간은 진화의 과정에서 일련의 도덕적 감정이 발달되었다고 본다. 즉, 호혜적 이타주의의 도덕률을 가진 사람들이 성공적으로 사회를 구성해서 살아남을 수 있었기 때문이라는 것이다. 호혜적 이타주의는 불확실한 상황에서 다른 사람과 어떻게 관계해야 할지를 판단하기 위해 사람들이 형성해 온 전략의 일종이다. 되갚기 전략(tit-for-tat)과 같은 것이 대표적인데, 오랜 진화 과정을 통해 사람들 간 관계에서 이러한 전략이 반복된 결과, 상호이익의 호혜성에 기반한 이타주의가 사람들의 사회적 본성에 내재되게 된다.[39]

> 되갚기 전략이란 게임에서 상대와 협력해야 할지, 배신해야 할지를 판단해야 하는 상황에서 사람들이 취할 수 있는 행동 원칙 중 하나다. 이는 반복되는 죄수의 딜레마 상황에서 최상의 선택이 이루어지게 하는 전략과도 같다. '협조를 통해 서로가 이득을 얻는 기회를 연속해서 잘 가져서' 성공적으로 살아남는 사람은 도덕적 감정에 따라 되갚기 게임의 전략을 활용한다는 것이다. 일단 믿음을 주고, 이에 호응하면 믿음을 확대하고, 배신하면 응징하는 전략이 그것이

다. '누구에게나 도움을 주는 사람'은 남에게 착취당하기 쉽고, '받기만 하고 주지 않는 사람'은 남들로부터 신뢰받지 못해서 누구를 만나든 그들과 한 번 이상은 교류하기 어렵다. 그러므로 이들은 모두 호혜성 원칙에 위배된 행위 방식으로 인해 살아남기 어렵다.

사람들의 감정에 들어 있는 정의와 공평성에 대한 도덕적 판단도 이러한 호혜적 이타주의와 관련되어 있다. 나의 공평성 모듈은 남이 나에게 협조적 태도를 보이는지, 아니면 이기적 태도를 보이는지에 따라 작동한다. 그것은 이성과 논리적 사고의 작용을 뛰어넘어 감정과 생체적 반응으로까지 연결되어 나타난다. 사람들이 나를 믿고 함께 무엇을 도모해 보자는 신호를 보내면, 나는 거기서 기쁨과 애정과 우정을 느낀다. 그러나 반대로 나를 속이려 하거나 이용하려 들면, 분노와 경멸감, 때로는 구토감까지도 느낀다.[40] 이런 것이 호혜적 이타주의가 우리에게 본능적인 감성으로 내재되어 있음을 보여 주는 증거다.

4. 새로운 사회복지의 인식과 지향

인간과 사회에 대한 새로운 과학적 증거와 이론들이 등장함에 따라, 사회복지의 개념과 위상도 새롭게 정립될 필요가 커지고 있다. 인간과 사회에 대한 낡은 관념과 사상 하에서는, 사회복지가 자선과 구분되기 어려웠다. 자선(charity)이란 이기적인 인간성을 극복하고 선한 가치와 정신을 가진 사람들이 곤경에 처한 사람들을 돕는다는 의미에 가깝다. 자선의 이념과 행위는 인간적으로 고귀한 것일 수 있지만, 그럼에도 이것이 현대 사회복지의 사상이나 제도적 근간을 이루는 것은 아니다.

자선 인식에서 벗어난 새로운 사회복지의 관점에서는 인간의 복지는 사회를 통해 구현되는 것으로 규정한다. 사람들은 복지를 위해 사회를 구성하고, 한편으로 그 사회는 다시 사람들의 복지에 영향을 미친다. 현대의 사회복지는 이런 관점에서 사람들의 복지를 위해 어떤 성격의 사회를 만들어야 할지에 초점을 둔다.

사람들에게 사회는 물질적 욕구 충족을 위해서만 필요한 것이 아니다. 그럼에도 과거 인간을 한정된 물질이나 재화를 두고 이기적으로 다투는 존재로 규정했을 때는, 인간과 사회는 대립적이고 투쟁적인 관계로 간주되기 쉬웠다. 그래서 인간의 복지를 위해 필요한 사회의 성격은 인간의 이기적인 욕구를 적절히 억제하는 것에 초점을 둔다.

이런 관점에서는 사회복지란 사람들로부터 물질 자원을 강제로 징발하고 관리해서 분배하는 사회적 기제로 간주된다. 예를 들어, 고전적 의미의 '복지국가'가 그러한 사회복지의 성격을 대변한다.

근래 과학적 발견들은 복지를 위해 새로운 사회적 성격이 중요함을 강조한다. 사람들에게는 사회적 감성과 같은 협력적인 욕구가 이기적 욕구만큼이나 혹은 그 이상으로 강하다. 사회적 존재로서 사람은 다른 사람들과 애정이나 유대감을 느끼며, 소속되고 싶어 하고, 공감하면서 소통하고 싶어 한다. 이것이 자신의 물질적 생존이나 안전에 대한 욕구 충족과도 직결된 것을 본능적으로 안다. 사람들에게 외로움이나 소외, 고독감이 그처럼 고통스럽게 여겨지는 것도 이 때문이다. 이런 관점에서는 인간의 복지를 위해 필요한 사회의 성격, 즉 사회복지란 사람들 간 협력적인 관계 맺음을 위해 필요한 사회적 기제로서 이해된다.[41]

사회복지에서 사회란 사회를 '위해'라는 목적이 아니라, 사회를 '통해'라는 수단적 차원의 의미를 가진다. 그래서 개인들이 스스로 복지를 추구하는 행위를 사회복지라고 하지 않는다. 사회복지란 사람들의 관계인 사회를 통해 복지를 추구하는 것이다. 비록 개인들의 안녕과 행복을 목적으로 하지만, 사회가 그것을 실현하는 데 필수적인 수단이어야 한다는 것이다.

사회복지에 대한 교과서적 정의들은 사회복지가 인간과 사회 모두에 대해 관심을 갖는다는 점을 분명히 한다. 예를 들어, 위켄던(E. Wickenden)은 사회복지란 '사람들의 웰빙과 사회적 질서의 기능 강화'를 위해 필요한 사회적 수단을 확보하는 것이라 했고,[42] 로마니신(J. Romanyshyn) 역시 사회복지를 '개인과 전체 사회 둘 다의 웰빙을 증진'하기 위한 사회적 개입으로 정의한다.[43] 이와 같은 정의는 사회복지에 대한 철학에서부터 모든 실천 방법론에 이르기까지 공통적으로 반영되어 있다.

사람들이 살아가기 위해서는 사회가 필요하고, 사회는 또한 그러한 사람들이 있어야 작동한다. 이것은 물고기와 물과 같은 불가분의 관계이지만, 그럼에도 특정한 현실 상황에서 사회가 먼저인가 또는 사람이 먼저인가를 선택해야 할 수도 있다. 그때 이념의 문제가 등장한다.

> 개인의 생존과 집단의 생존이 대립하는 가상의 경우를 생각해 볼 수 있다. 집단들 간 전쟁에서 우리 편이 이겨야 내가 살 수 있는데, 우리 편이 이기려면 내가 죽을 각오로 나서야 한다. 집단적인 삶의 전쟁터에서 사람들은 살기 위해 집단이 필요하고, 집단은 사람들의 헌신이나 때론

희생을 필요로 한다. 무엇이 먼저인가?

사회복지가 하나의 현실 제도가 되는 과정에는 다양한 가치나 믿음의 체계가 작용한다. 대표적으로 개인의 '복지'와 사회의 '존속' 중 무엇을 우선으로 해야 할지를 두고, 사회들마다 각기 다른 사상이나 이념을 드러낸다. [그림 1-2]가 사회들마다 달리 나타날 수 있는 개인과 사회에 관한 이념적 스펙트럼을 보여 준다.

만약 완전한 전체주의와 완전한 이기주의라는 비현실적인 사회적 이념의 극단을 배제하고 본다면, 대부분 사회들에서 사회복지 이념은 개인주의와 공동체주의 이념형 사이의 어떤 지점 정도에 위치할 것이다. 개인주의는 이기주의와는 다른 차원이다. 이기주의란 개인의 이익만을 앞세우고 다른 사람들의 이익은 배려하지 않는 것을 말한다. 개인주의란 개인의 권리와 자유를 가장 우선시하는 이념으로, 사회구성원 모두 개인으로서의 권리와 자유를 무엇보다 우선해서 존중받아야 한다고 본다. 공동체주의란 개개인보다는 공동체의 가치를 상대적으로 더 강조한다는 점에서 개인주의와 차이가 있다.

개인주의와 공동체주의 모두 개인과 사회는 조화를 통해 공생해야 한다는 것을 공통적으로 가정한다. 미국을 개인주의 사회의 전형이라고 하지만, 그럼에도 미국인들이 공동체의 중요성을 인정하지 않는 것은 아니다. 마찬가지로 이스라엘의 키부츠(Kibbutz)와 같은 강력한 공동체 사회에서도 개인성이 절대적으로 배척되는 것은 아니다.[44) 두 유형의 사회는 개인과 사회의 공존을 인정하면서도, 상대적으로 개인과 사회에 대한 우선성에서 일정한 차이를 보이는 것이다.

현실적으로 나타나는 사회복지의 이념은 개인이 잘 지내기 위해 사회가 필요하다는 점을 인정하는 선상에서, 각 사회들마다의 역사나 문화, 정치경제 조건이 반영된 결과다. 그렇다면 개인과 사회 간 관계가 더욱 복잡하고 유기적으로 되어 가는 현대사회에서 사회복지의 이념은 어떻게 나타나고 있는가? 그리고 현실적 사회복지 제도는 어떤 성격을 띠는가? 다음 장에서는 이러한 질문들에 대해 답해 본다.

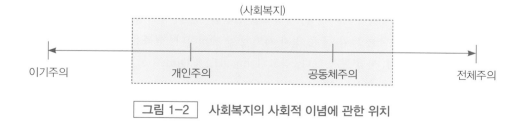

그림 1-2 　사회복지의 사회적 이념에 관한 위치

미 주 🔍

1) 공리주의(功利主義)란 개개인이 각자의 사익을 추구해서 가능한 최대 수의 사람이 행복하게 되는 것이 곧 전체(사회)의 행복 총합을 최대화하므로 이익이 된다는 입장이다.

2) 현대 철학자 셸러(M. Scheler)는 인간의 '정신'이 인간 존재로서의 특수한 본질을 나타내기는 하지만, 이러한 정신이 논리적 이성만을 가리키는 것은 아니라고 본다. '사랑'이나 '공감'과 같은 정서적 감성도 정신의 작용에 중요하게 포함되어야 한다는 것이다. 참고: 이은영(2011). "철학적 인간학에서 존재와 본질의 문제: 에디트 슈타인의 존재론적 인간학을 중심으로". **철학연구**, 117, pp. 275-301.

3) 행동경제학은 경제학과 심리학이 결합된 것으로, 전망이론(prospect theory) 등이 이를 대표하는 설명이다. 전망이론에 대해서는 참고: Kahneman, D., & Tversky, A. (1979). 'Prospect theory: An analysis of decisions under risk'. *Econometrica, 47*, pp. 313-327.

4) 현대 철학자 슈타인(E. Stein)이 이를 대표하는데, 이에 대해 참고: 이은영, "철학적 인간학에서 존재와 본질의 문제", pp. 275-301.

5) 통섭이란 생물자연과학에서부터 심리학, 사회과학, 인문학이나 정치와 경제, 예술 등까지를 포괄하여 인간과 사회를 이해하고자 하는 지식적 접근이다. 사회생물학의 창시자로 불리는 하버드 대학교 에드워드 윌슨(E. Wilson) 교수가 이를 컨실리언스(consilience)라는 개념으로 주창했다. 최재천 교수가 이를 '統攝(통섭)'이라는 한자어로 번역했는데, '전체를 도맡아 다스린다'는 뜻이다. 윌슨이 주장한 의미에서는 오히려 '서로 사귀어 오가다' '사물에 널리 통한다'는 뜻의 '通涉(통섭)'이 보다 적절하다.

6) Sen, A. (1999). *Development as Freedom*. NY: Alfred Knopf.

7) 그래서 복지란 시혜나 자선 등과 엄격히 구분된다. 자선은 도움이 필요한 사람들에게 일방적으로 혜택을 베푸는 것이다. 그 과정에서 자선의 대상자들은 주체성을 잃고 수동적으로 의존하는 존재가 된다. 비록 동기는 선할지라도, 자선이나 시혜는 인간 존재가 본질적으로 추구하는 '자유'에는 역행할 수 있다.

8) Maslow, A. (1954). *Motivation and Personality*. NY: Harper & Row Pub.

9) 행복경제학에서는 사람들이 행복하다고 하는 상태를 복지로 본다. 사람들의 행복을 증진시키는 요인들로는 안정적인 가족생활, 재정적인 견실함, 건강, 종교적 믿음, 믿을 수 있는 사람들 속에서 살고 있다는 느낌, 좋은 정치 제도 등을 제시한다. 행복을 저해하는 요인들로는 만성질병, 이혼, 실업, 사별 등을 든다. 참고: Johns, H., & Ormerod, P. (2007). *Happiness, Economics, and Public Policy*. The Institute of Economic Affairs. Research Monograph 62.

10) 제사의 경우가 그러하다. 사후 혼령이라는 존재를 믿으면, 사람들은 제사를 통해 사회적 관계

를 계속할 수 있다.

11) 때로 '사회'는, 예를 들어 졸업생이 '사회에 나간다'고 말할 때처럼, 현재 자기 소속의 바깥에 있는 어떤 것을 의미하는 경우도 있다.

12) 항상성(恒常性, homeostasis)이란 변수들을 조절하여 내부 환경을 안정적이고 상대적으로 일정하게 유지하려는 시스템의 특성을 말한다. 예를 들어, 우리 몸(시스템)이 외부 환경에 대응해서 스스로 체온 조절을 하는 것이 이러한 특성에 해당된다.

13) 인간은 개체(個体), 즉 개별적인 하나의 몸체를 가지고 움직이므로 마치 독립된 것처럼 여겨지기 쉽다. 그러나 엄밀히 말해서 인간은 완전히 독립적인 개체가 될 수는 없으며, 군체로서의 성격을 상당히 많이 가진다. 개체로서의 특성보다 군체로서의 특성을 훨씬 강하게 갖는 대표적인 유기체는 개미다. 사실상 개미는 개체라기보다는 군체다. 한 마리 한 마리의 개미 개체는 군체의 기능 일부만을 독자적으로 수행할 수 있으며, 군집이 되었을 때 비로소 하나의 완전한 기능을 수행하게 된다. 비록 개미보다는 덜하지만, 우리가 사회를 이루고 살아가는 모습에도 이러한 군체로서의 성격이 일정 수준 이상 있다.

14) 사람들에게 외로움이 치명적인 문제가 되는 것은 이러한 이유와 관련된다.

15) 18세기 계몽주의 이후부터인데, '사회'라는 용어와 이를 연구의 대상으로 하는 '사회학'이 등장하게 된 것도 이 시기부터다.

16) 루소(J. Russou)의 '사회계약론'은 사회라는 존재가 왜 필요한지 그 까닭을 밝히려는 인식의 일환이었다. 여기에서 루소는 시민 국가를 사회라고 지칭하였으며, 사회가 사람들 간 일종의 계약을 의미한다고 보았다.

17) 인간의 진화 과정에서 우연히 획득된 사회적 감성이라는 기제가 사람들에게 커다란 집단을 형성할 수 있는 능력을 부여했다. 사회적 감성은 사람들을 집단 의식의 상태에 들도록 만들어 준다. 사람들이 갖는 집단 의식은 개체로서의 의식 상태와는 다르다. 집단 의식은 열정이나 열광을 유발하는데, 예를 들어 종교 행사나 클럽, 경기장 등에서 사람들이 분위기에 휩쓸리게 될 때 경험하게 되는 의식과 유사하다. 이와 같은 사회적 감성은 인간이 집단 선택의 진화 과정을 통해 갖추게 된 것으로 본다. 사회를 구성하는 데 유리한 유전자를 많이 가진 인간 개체들은 보다 큰 집단을 형성할 수 있게 되었을 것이고, 그 결과 집단 간 경쟁에서 더 유리할 수 있었다. 싸움에서는 혼자보다는 무리가, 작은 무리보다는 큰 무리가 이기게 되어 있기 때문이다. 참고: 조너선 하이트(Jonathan Haidt, 2012). *The Righteous Mind*. 왕수민 역(2014). **바른마음**. 웅진지식하우스, pp. 399-405.

18) 근래에는 사람들이 가지는 사회적 감성의 욕구에 대한 신체적 기제까지도 밝혀지고 있다. 이른바 군집스위치(hive switch)라는 것인데, 이는 인간 개체들에게 특정한 조건이 주어지면 개체로서의 자신을 잊고 자기 자신보다 거대한 무엇, 즉 군체를 이루도록 명령하는 생물학적 작

용이다. 이를 통해 사람들은 집단 의식의 상태에서 이기심을 초월한 사회적 존재로 전환될 수 있다. 이 같은 군집스위치의 기제는 뇌의 기능으로 작용하는데, 유대감을 증진시키는 옥시토신 호르몬, 공감을 가능하게 하는 거울신경 세포, 사람들 간 소통에 관여하는 대뇌신피질 등이 대표적으로 관련되어 있다. 참고: 상게서, pp. 399-405.

19) 옥시토신은 사람을 포함해서 동물들이 짝을 짓거나 새끼를 보살피게 하는 데 작용하는 물질이었지만, 그 기능이 확대되어 개체들 간 군집을 강화하는 데 쓰여 온 것이다. 포유류의 경우에는 옥시토신이 새끼를 어루만지고 돌보려는 강력한 동기를 생성시키고, 자궁 수축과 유즙 분비도 활성화한다. 참고: 상게서, pp. 399-405.

20) 유대감이 가까운 거리의 친밀한 사람들 간에 애착의 형태로 작용하는 것이라면, 공감은 가까운 집단의 범위를 초월해서 보편적인 인류애로까지 확장시킬 가능성을 가지는 것이다.

21) 원래 공감이라는 용어는 1872년 로베르트 피셔(R. Vischer)가 미학에서 사용한 독일어 '감정이입(Einfühlung)'에서 유래되었다. 감정이입은 관찰자가 흠모하거나 관조하는 물체에 자신의 감성을 투사하는 방법을 설명하는 용어다. 참고: 제러미 리프킨(Jeremy Rifkin, 2009). *The Empathic Civilization: The Race to Global Consciousness in a World in Crisis*. 이경남 역(2010). 공감의 시대. 민음사.

22) 참고: https://www.dictionary.com/e/empathy-vs-sympathy/

23) 거울 신경이라는 세포 체계는 2000년대 말의 어떤 동물 실험 연구에서 우연히 발견된 것이지만, 이후로 이에 대한 연구가 폭발적으로 이루어져 오고 있다. 인간을 비롯해서 이러한 신경 체계를 가지고 있는 몇몇 동물 종은 상대의 생각이나 행동을 마치 자기 것인 양 느낄 수 있다. 그래서 이를 공감 신경이라고도 부른다. 예를 들어, 어떤 학생이 수업시간에 발표를 망쳤다고 '꿀꿀'한 기분이 되어 있을 때, 그 옆에 있던 친구도 그 꿀꿀한 기분을 그대로 느끼게 될 수 있다. 뇌의 거울신경 체계가 시뮬레이션의 방식으로 공감을 전달하기 때문이다. 참고: 하이트, 바른마음, pp. 416-422; 리프킨, 공감의 시대.

24) 근래 사회생물학에서는 사람에게 공감 능력이 발달하게 된 것을 뇌의 신피질 영역이 팽창된 것과 관련시킨다. 대뇌신피질은 인간의 뇌 부위 가운데서 의식적 사고가 일어나는 부분이다. 대부분의 포유류에서 대뇌신피질은 두뇌의 약 30~40%를 차지하지만, 인간에게는 이것이 80%까지 분포되어 있다. 대뇌신피질 영역은 언어 능력과 같은 의사소통의 기능을 관장하는데, 이 영역이 클수록 보다 많은 수의 개체가 함께 복잡한 사회적 관계를 수행할 수 있게 된다. 동물 종들은 뇌 신피질의 크기에 따라 그들이 구성할 수 있는 사회 집단의 크기도 결정된다. 참고: Dunbar, R. (1996). *Grooming, Gossip, and the Evolution of Language*. Cambridge, MA: Harvard University Press.

25) 그래서 특히 유아에게는 부모나 사회의 양육이나 교육이 중요하다고 보는 것이다.

26) 인간에게 뇌의 거울신경 회로는 반드시 타고나는 것으로만 결정되지 않는다. 인간의 대부분 다른 특성들과 마찬가지로, 거울신경과 같은 사회적 감성의 기제 역시 인간과 환경, 사회의 매우 복잡한 상호작용을 통해 형성된다. 사람들에게 정서가 어떻게 구성되는지에 따라 그 사람의 공감 기제, 즉 거울신경 회로의 구성도 달라질 수 있다는 것이다.

27) 공감은 뚜렷한 자아 의식을 갖춘 존재들에서 오히려 더 강화되어 나타나기 때문이다. 인지과학자들은 사람이 다른 사람이나 동물의 느낌과 의도를 읽기 위해서는 일종의 자아 인식이 필요하다고 한다. 자아 인식(self awareness)이란 거울에 비친 상이 자신이라는 것을 아는 것이다. 이러한 자아 인식을 바탕으로 사람들은 자기와는 다른 존재에 대해 공감할 수 있다. 자아 인식이 안 되는 존재는 타자와 자신을 구분할 수 없기 때문에 공감 기제 자체가 작동될 수 없는 것이다. 참고: 리프킨, 공감의 시대.

28) 도덕은 흔히 윤리(ethics)와 혼용되기도 한다. 둘 다 사람들의 삶을 사회적으로 규율하는 데 필요한 것이다. 그럼에도 도덕이 사람들 각자가 내면적인 원리로서 갖추는 삶의 자세나 태도라면, 윤리는 사회적으로 바람직하다고 여겨지는 구체적인 행동 지침으로서 주로 외부로부터 요구되는 것이라는 차이가 있다. 도덕은 갖추어야 하는 것이고, 윤리는 지켜야 하는 것이다.

29) 홉스(T. Hobbes)는 『리바이어던(Reviathan)』(1651)에서 이렇게 규정했다. 홉스의 성악설은 1650년대 유럽에서 종교적, 정치적 내전의 시대가 열리기 시작할 무렵 이웃과 형제를 서로 죽이는 지옥과 같은 전쟁 상태의 사회를 목격하면서 나오게 된 것이다.

30) 1775년에 출판된 『불평등론』에서 루소는 인간을 선한 본성으로 타고났으나 문명에 의해 타락된 존재로 묘사한다. 인간의 소유권을 사회가 통제하기 이전까지 인간의 삶은 자유롭고 평등했다는 것이 루소의 주장이었다. 이 같은 사상적 기조는 문화인류학 등에서 받아들여졌고, 무정부주의자나 히피 사조 등에까지 영향을 주었다. 참고: Rousseau, J. (1984, 1755). *A Discourse on Inequality*. Harmondsworth: Penguin.

31) 홉스가 무정부 시대의 고통받는 사람들의 모습을 보면서 군주권, 즉 강력한 질서를 부과하는 사회를 옹호했다면, 루소는 불쌍한 민중을 지배하고 그들에게 세금을 부과하는 부패하고 방탕한 전제군주를 보고서 사회가 해악의 원인이라고 여겼다. 실제로 모든 사회(정부)는 이러한 양면적 성격을 가진다.

32) 이는 찰스 다윈(C. Darwin)의 『종의 기원』에서부터 리처드 도킨스(R. Dawkins)의 '이기적 유전자(selfish gene)' 이론이 대표하는 진화생물학을 통해 정리되었다.

33) 도킨스(R. Dawkins)는 인간 개체를 유전자가 조종하는 '기계'라고까지도 보는데, 그로 인해 이러한 특성을 파악해 내는 인간의 지성적인 노력이 오히려 더욱 중요하다는 것을 강조한다. 참고: 리처드 도킨스(Richard Dokins, 1976). *The Selfish Gene*. 홍영남·이상임 공역(2010).

이기적 유전자. 을유문화사.

34) 매트 리드리(Matt Ridley, 1996). *The Origins of Virtue.* 신좌섭 역(2001). 이타적 유전자. 사이언스북스.

35) 상게서.

36) 이것이 보편적인 인간에 대한 유대감을 뜻하지는 않았다. 자신이 속한 집단에 대한 유대감을 강하게 갖는 사람일수록 한편으로는 다른 집단의 사람들이나 생물들에 대해서는 더 큰 적대감이나 불신을 보일 수 있다.

37) 사회자본이 큰 집단은 그것이 작은 집단에 비해 집단 간 경쟁에서 더 유리하다. 비록 사회자본이 사람들 간 신뢰감 등의 형태로 존재하기 때문에 이를 가시적으로 나타내기는 어렵지만, 그럼에도 분명한 실체를 가지는 것이다. 때로 사회자본은 돈이나 물자와 같은 경제자본보다 집단 간 경쟁에서 더 중요한 의미를 가질 수 있다. 이러한 사회자본의 개념은 1990년대 등장해서 퍼트넘(R. Putnam)의 『나 홀로 볼링』(2000)을 통해 대중화되었다. 참고: 로버트 퍼트넘(Robert D. Putnam, 2009). *Bowling Alone: The Collapse and Revival of American Community.* 정승현 역(2001). 나 홀로 볼링. 페이퍼로드.

38) 진화론자들은 종종 유전자를 '이기적'이라고 말할 때가 많은데, 그 말은 유전자는 오로지 자기 복제에 도움이 될 때만 동물의 행동에 영향을 미친다는 뜻이다. 그러나 도덕성 기원과 관련해 무엇보다 중요한 통찰은 이 같은 이기적 유전자로부터 관용을 지닌 존재가 발생할 수 있었다는 것이다. 물론 이들은 누구에게나 관용을 보이기보다는, 상대를 골라서 관용을 보이는 특징이 있다. 인간이 왜 친족 집단에 이타주의를 보이는가는 이기적 유전자의 논리로도 충분히 설명될 수 있었다. 그러나 인간이 왜 친족 이외의 집단에까지 이타주의를 보이는가, 즉 유전자의 이기성과 대립되는 현상을 어떻게 설명해야 할지는 어려운 문제로 남아 있었다. 이에 대해 참고: 하이트, 바른 마음, pp. 254-258.

39) 호혜적 이타주의 이론에서는 진화를 통해 이타주의자가 만들어질 수 있는 동물 종(種)들이 따로 있다고 본다. 게임이론에서의 되갚기 전략을 쓸 수 있는 종의 개체들은 다른 개체와 예전에 있었던 상호작용을 기억할 수 있는 능력을 가져야 한다. 그 기억이 있어야 나중에 자신에게 보답할 가능성이 높은 개체에게만 호의적인 태도를 보일 수 있기 때문이다. 인간이 이를 대표하는 종이고, 이런 전략을 통해서 진화가 이루어진 결과 인간은 호혜적 이타주의에 기반한 도덕적 감정을 내재하게 되었다고 본다. 참고: Trivers, R. (1971). 'The evolution of reciprocal altruism'. *Quarterly Review of Biology, 46,* pp. 35-57.

40) 하이트, 바른 마음, pp. 254-258.

41) 참고: 표트르 크로포트킨 (Peter Kropotkin, 1902). *Mutual Aid: A Factor of Evolution.* 김영범 역(2005). 만물은 서로 돕는다: 크로포트킨의 상호부조론. 르네상스.

42) Wickenden, E. (1965). *Social Welfare in a Changing World: The Place of Social Welfare in the Process of Development*. US Dept. of HEW, p. vii.

43) Romanyshyn, J. (1971). *Social Welfare: Charity to Justice*. NY: Random House.

44) 이스라엘의 키부츠는 집단 농업을 위해 고안된 사회 양식으로, 공산주의와 시오니즘이 결합된 강력한 공동체 사회의 전형이다. 공동체의 구성원들은 사유재산을 가지지 않고, 노동과 생산뿐만 아니라 자녀 양육 등도 집단적 방식으로 해결한다.

제 2 장
현대사회와 사회복지

사회란 단순하게는 사람들 간 관계와도 같다. 그런 관계를 통해 사람들은 일을 하고, 의식주를 해결하고, 유대감이나 소속감, 공감과 같은 심리정서적 욕구도 충족한다. 관계는 일방적이 아니라 상호적이다. 사람들이 서로 돕고 사는 '상호부조'와 같은 사회적 기능도 그런 관계를 통해 수행되는데, 현대사회에서는 이를 공식적으로 제도화해서 사회복지라 한다.

1. 상호부조의 사회복지

사람들의 삶은 서로 의존되어 있다. 신체적인 돌봄을 주고받는 것에서부터, 의식주의 해결이나 심리정서적 욕구의 충족에 이르기까지 사람은 다른 사람들과의 '관계'에 의존되어 있다.[1] 관계의 본질은 일방적이 아니라 상호적이고, 그에 따라 호혜성이 전제된다. 사회복지는 사람들 간 호혜적 도움 관계를 통해 사람들이 잘 지내도록 하는, 즉 복지의 상태가 되게 하는 것이다. 그러면 왜 사람들은 복지를 위해 호혜적인 도움 관계로서의 사회를 필요로 하게 되었을까?

1) 삶의 위험률과 호혜적 관계

사람들의 삶에서 사회적 관계가 호혜적이 되는 까닭은 여러 측면에서 찾아볼 수 있다. 경제학에서는 이러한 까닭을 분업 사회의 경제적 효율성에서 찾는다. 사람들이 일을 나누어서 하는 분업 관계는 사람들 간 상호의존성을 증가시키지만,[2] 한편으로는 전체 사회의 생산성을 높여 더 큰 혜택이 개인들에게 돌아갈 수 있게 한다는 것이다. 사회복지에서는 호혜적 관계의 필요성을 사람들의 삶을 유지하기 위한 보다 근원적인 이유에서부터 찾는다.

사람들의 삶에서 상호 도움 관계는 선택이 아닌 필수 조건이다. 사람은 누구도 다른 누군가로부터의 도움 없이는 일생을 살아갈 수 없다. 그 이유는 사람의 일생에 수반되어 있는 두 가지 차원의 위험(risk) 때문이다. 하나는 모든 인간의 생애주기에 자연스레 내재되어 있는 위험이고, 다른 하나는 불운 가능성이라는 확률적 위험이다. 이러한 위험들 때문에 사람들은 서로 의지하는 호혜적 관계를 필연적으로 맺어야 한다.

생애주기 사람은 태어나서, 성장하고, 나이 들고, 언젠가는 죽는다. 모든 사람은 이같은 삶의 과정(life cycle)을 예외 없이 거친다.[3] 태어나서부터 유년, 청년, 장년, 노년기까지의 생애주기 내내, 가족이나 타인들로부터 일차적으로 삶에 필요한 신체적, 정서적 돌봄과 지지를 얻는다. 모든 사람은 돌봄과 지지를 제공해 주는 사람들과의 관계를 거의 전 생애에 걸쳐서 필요로 한다.

이러한 도움 관계는 상호적이다. 그럼에도 특정 시점만을 두고 보면, 도움을 주는 쪽과 받는 쪽이 분리되어 있기 때문에 일방적인 의존 관계인 것처럼 여겨진다. 예를 들어, 갓난아기에게 부모의 보살핌은 전적이고 일방적이다. 그러나 갓난아기가 계속해서 갓난아기로 머물지는 않는다. 그 아이가 크면 부모는 노인이 되고, 자녀가 부모를 돌보는 관계로 바뀐다. 그 아이와 부모의 생애주기를 놓고 보면, 돌봄을 주고받는 상황이 교대되는 상호적인 관계가 형성된다.

출생에서부터 영·유년기 시절까지는 부모의 보살핌을 포함해서 거의 전적으로 타인의 도움에 의지해서 살아간다. 청·장년기가 되면 도움을 주는 입장이 되어 유년과 노년기의 인구를 돌본다. 그러나 이 시기에도 신체적으로는 의존적이지 않을 수 있지만, 경제적, 정서적 측면에서는 여전히 타인들과 상호의존 관계에 있다. 회사에서 일을 하는 것, 누군가와 애정 관계를 가지는 것 등은 본질적으로 모두 상대방과의 관계 속에 의존되는 것이다. 노년기가 되면 신체적으로나 정서적으로 또 다시 누군가로부터의 도움에 의존하게 된다. 이 시점에서만 노인을 보게 되면 일방으로 도움을 받는 것처럼 보이지만, 그 사람의 전체 삶을 보면 서로 도움을 주고 받아 왔던 관계들로 점철되어 왔음을 알 수 있다.

이처럼 생애주기의 관점에서 보자면, 사람들의 삶은 늘 의존과 도움의 상호관계 속에서 영위된다. 사람들은 생애주기에서 반복되는 이 같은 도움을 주고받을 수 있는 관계의 필요성을 안정적으로 충족시켜야만 한다. 이런 필요성은 일생에 걸쳐 발생하기 때문에 단기적 혹은 일회적 계약이나 거래 관계로는 감당할 수 없다. 적어도 전 생애주기 동안 혹은 이를 뛰어넘어서도 지속될 수 있는 집단이나 사회적 관계를 통해서만 이러한 필요를 충족할 수 있다.

불운 가능성   사람의 삶은 다양한 불운 가능성 앞에 놓여 있다. 현실에서 인간의 삶은 매 순간 예상치 못한 혹은 예상했더라도 벗어나기 어려운 위험에 빠질 가능성이 있다. 사람은 태어날 때부터 장애나 질환을 가질 수도 있고, 살아가면서도 각종 질병에 걸리거나 사고를 당할 수 있다. 또 지진이나 태풍과 같은 자연재해로 갑작스러운 피해를 입을 수도 있다. 만약 가족 중의 누군가가 이러한 불운에 처하게 되면, 나머지 가족들도 그 영향을 받게 될 것이다. 세상의 모든 사람은 누구 하나 예외 없이 이러한 불운으로 인한 삶의 위험(risks of life)을 비껴갈 수 없다.[4]

> 비록 현재는 '정상' 상태에 있는 것처럼 여겨지더라도, '비정상' 상태와의 거리는 그다지 멀지 않다. 일반인에서 어느 날 갑자기 실직자, 환자, 장애인, 정신질환자, 가족상실자, 일탈/비행자, 알코올/약물 중독자, 각종 폭력의 피해자가 될 확률은 결코 낮지 않다.[5] 한 개인으로서도 이러한 위험 확률이 작지 않은데, 그 개인의 가족을 포함해서 밀접하게 관계된 많은 다른 사람들에 미치는 영향까지를 고려하자면, 삶의 위험 확률은 생각보다 훨씬 더 크다.

사람들의 삶에 전제되어 있는 이 같은 위험 확률로 인해서 사람들에게 호혜적 사회관계는 필수적이다. 지금 현재 불운에 처한 사람을 돕는 것은 자신의 미래에 가능한 불운에 대비하는 것이다. 사회적 차원에서 개인들의 위험을 전체 사회적 관계로 분산시킴으로써, 사회구성원 모두 중장기적으로 혜택을 나누어 가지게 한다. 이때 사회적 차원이란 개별 가족 단위를 넘어선 사회적 집단의 형태를 의미한다.

2) 상호부조 기능의 제도화

이처럼 사람들의 삶은 생애주기에 따라 자연스럽게 의존과 도움이 교대로 연속되며, 불운의 가능성이 항상 존재한다는 것을 특징으로 한다. 이는 어떤 사회의 어떤 사람들의 삶에도 공통적으로 내포되어 있다. 그로 인해 모든 사회는 구성원들의 삶을 위험으로부터 보장할 수 있는 상호 의존과 도움의 기능을 갖출 필요가 있다. 이를 상호부조의 사회적 기능이라 한다.

한 사회가 안정적으로 지속되기 위해서는 많은 사회적 기능이 필요한데, 재생산(출산)과 사회화, 재화의 생산/분배, 구성원의 통제와 통합, 상호부조 등은 필수적인 사회기능들이다. 어떤 사회도 이러한 기능들이 작동하지 않으면 존속될 수 없다. 예를 들어, 사회구성원이 출산 등으로 재생산되지 않으면 그 사회는 당연히 소멸한다. 이처럼 사회가 유지되기 위해서는 필수적인 보편적 기능들이 안정적으로 수행될 필요가 있는데, 이 과정에서 제도화가 이루어진다. 사회 제도(institution)란 사람들이 사회적으로 맡는 역할이나 이를 수행하는 데 적용되는 가치, 규범들이 엮여 있는 것을 말한다.

재생산과 사회화라는 사회적 기능이 안정적으로 수행되기 위해 가족 제도가 존재한다. 가족 제도 안에서 부부 관계나 부모와 자녀 관계는 각자의 역할과 규범이 있다. 사람들은 이러한 제도적 틀 내에서 안정된 관계 행동을 할 수 있고, 그로 인해 재생산과 사회화의 사회적 기능도 지속적으로 수행될 수 있다.

다른 사회적 기능들과 함께 상호부조의 사회적 기능 역시 구성원과 사회의 존속에 필수적이다. 상호부조(相互扶助, mutual support)의 뿌리는 인간 역사에 내재되어 있다. 인간은 자연의 역경 앞에서 홀로 설 수 없고, 무리를 지어 생존이 가능하게 되었다. 그래서 무리(종족)의 지속적 생존 가능성은 지상의 과제였고, 이를 위해서는 상호부조 혹은 상호도움이 필수적이었다.[6] 이것은 또한 개인의 삶이 영위될 수 있는 유일한 길이었다.

동물과 인간에 있어서의 상호부조에 관한 크로포트킨의 연구에서는 인간과 사회의 관계적 본질을 협력이라고 본다. 크로포트킨은 '다른 종족을 지배하거나 파괴할 수 있는 종족이 살아남은 것이 아니라, 서로 가장 잘 협력할 수 있는 종족이 살아남았다.'고 한다.[7] 즉, 상호부조의 사회적 기능이 적절히 수행되었던 사회와 그 사회구성원으로의 인간들이 살아남아 현재에 이르렀으므로, 인간 사회에는 상호부조의 사회적 기능이 수행되는 데 필요한 가치나 규범 체계가 본질적으로 내재되어 있다는 것이다.

상호부조의 사회적 기능이 필수적임에도 불구하고, 이를 구현하기 위한 사회복지의 제도화는 비교적 늦게 이루어졌다. 그 까닭은 이러한 상호부조의 기능이 전통적인 가족 제도 속에 함께 통합되어 있었기 때문이다. 따라서 가족의 기능과 상호부조의 기능은 분리해서 인식되기 힘들었다. 근대사회로 접어들면서 가족이나 친족 제도가 급격히 약화되었고, 비로소 그 안에 내재되어 있었던 상호부조의 기능이 수행되기 위해서는 별도의 사회적 제도가 필요하다는 것이 본격적으로 부각된다.[8]

2. 가족과 사회복지

과거 상호부조는 가족이 수행했던 통합적인 기능들에 묶여져 수행되어 왔다. 그러던 것이 현대 산업사회로 들어오면서 가족 제도가 약화되고, 가족 내 여러 기능도 지속적으로 해체되어 왔다. 이 과정에서 가족 제도 안에 있던 상호부조의 기능도 독립된 제도의 틀을 갖추어 떨어져 나온다. 이것이 현대 사회복지 제도의 성립이다.

1) 산업화와 가족

현재 우리가 살아가고 있는 현대사회는 근본적으로 산업화가 초래한 새로운 사회적 양식이다. 현대 산업사회는 이전까지의 농경사회와 그 성격이 판이하게 다른데, 사람들이 일하고, 생활하고, 상호부조하는 모든 양상에서 뚜렷한 변화가 나타났다. 이전 농경사회에서는 사람들의 일상적 삶이 가족이나 지역 공동체와 같은 1차 집단을 위주로 영위되었다면, 현대 산업사회에서는 공장이나 시장, 국가 등의 2차 집단이 사람들이 일상생활을 영위하는 데 지대한 영향을 준다.[9]

농경사회의 사람들에게 가족이란 곧 하나의 독립된 공동체였다. 개인의 생존을 위해 필요한 대부분의 집단적 기능들이 가족이라는 혈연 공동체에 통합되어 있었기 때문이다. 사람들은 가족의 범주 내에서 일하고, 생활하고, 서로 돕고 살았다. 농경사회의 가족은 확대가족의 형태를 띠는데, 이는 삶의 위험을 분담하기 위해서였다. 소규모보다는 대규모 가족이 위험 분산의 가능성을 높이기 때문이다.

이러한 농경사회의 가족 중심적 경제사회 구조가 오랜 기간 지속되면서, 가족을 뒷받침하는 가족주의 가치와 규범들도 강화되어 왔다.[10] 그 과정에서 '사회구성원의 재생산과 사회화의 기능을 수행하며, 가족에 관한 가치와 규범, 가족 내에서의 지위와 역할 등에 관한 질서나 체계'로서의 가족 제도가 굳어진다. 농경사회에서 사람들의 상호부조 욕구는 이러한 가족 체계 내에서 충족되었다. 부모와 자녀 간의 세대 관계를 중심으로 자녀 양육과 노인 부양, 기타 가족원 돌봄 등과 같은 기능이 자연스레 이루어져 왔다.

'효'를 강조하는 유교적 윤리 역시 이러한 가족 중심의 농경사회적 배경에서 비롯된 것이다. 효(孝)는 '부모를 잘 섬기는' 것인데, 이는 가족관계의 맥락으로 상호의존과 돌봄을 행하는 사회에서 사람들이 갖추어야 할 필수 가치였다. 농경사회 사람들의 행동에 관한 규범들이 가족관계에 관한 것이 대부분인 것도 같은 이유에서다. 농경사회에서 가족(제도)은 기능과 가치, 규범이 통합되어 사람들의 삶의 대부분을 지배하고 있었다.

농경사회의 가족에 대한 이러한 풍경은 인간 역사에서 오랫동안 지속되어 오다가, 산업혁명과 산업화로 인해 급속하게 파괴된다. 산업화는 특히 사람들이 일하는 방식을 획기적으로 변화시키는데, 자급자족을 위한 가족 내 노동을 임금 획득을 위한 공장 노동으로 바꾸었다.

> 농경사회에서는 '가족 구성원들 간의 협력'을 통해 의식주를 생산하고 분배하였지만, 공장 방식에서는 이것이 '고용주와 노동자들 간의 계약'으로 대체된다. 노동이 실질적으로 일어나는 곳도 더 이상 가족 소유의 '논밭'이 아니라, 가족이 아닌 타인들과 함께 일하는 장소로서의 '공장'이 되어 버렸다. 그에 따라 개인들의 경제적인 삶은 '가족관계'에 의해서가 아니라 공장이라는 조직 안에서의 '고용관계'를 통해서 결정된다.

산업화는 사람들이 살아가는 사회적 삶의 양식도 근본적으로 바꾸어 왔는데, 가족 제도의 변화가 이를 가장 잘 보여 준다. 산업사회에서의 가족은 예전처럼 독립적이고 통합된 공동체로 기능할 수 없게 된다.[11] 사람들이 가족관계의 가치와 규범을 잘 준수하기만 하면 삶을 보장받던 시대는 지나가 버렸다. 의존과 피의존이 반복되고 매 순간 삶의 위험 앞에 놓인 개인들의 일생에서, 상호의존과 돌봄을 약속해 주던 제도로서의 가족은 존재가 점차 희미해지고 있다. 비록 형식적으로 존재할 수는 있으나, 상호부조의 물질적, 경제적 기반은 이미 가족을 벗어나 외부 제도들 속에 들어가고 있다.

산업사회에서는 사람들의 삶에 가족이 미치는 영향은 지속적으로 감소하고 있으며, 가족 외부의 영향은 크게 증가하고 있다. 그래서 현대 산업사회에서는 상호부조의 사회적 기능도 상당 부분 가족 제도 외부에서 수행될 수밖에 없다. 실업이나 재해 등이 빈발하는 산업사회에서 사람들은 생애주기와 삶의 위험률에 대비해야 할 필요가 더욱 커졌지만, 전통적으로 이를 감당해 왔던 가족의 기능은 오히려 쇠퇴해 왔다. 따라서 호혜적 상호부조의 기능을 수행할 수 있는 대안적인 제도가 모색될 수밖에 없다. 현대 산업사회에서 사회복지의 제도화가 이루어지는 것은 이런 맥락에서다.

2) 대안으로서의 사회복지 제도

과거 농경사회에서 상호부조의 기능은 여타 사회적 기능들을 통합하고 있었던 가족 제도를 통해 수행되어 왔다. 현대 산업사회에 들어서면서는 통합적 기능의 가족 제도가 약화되면서 그 기능들이 흩어져서 여러 다른 사회 제도들에서 수행되게 된다. 이 과정에서 가족을 대신해 상호부조의 기능을 수행하는 공식적인 정책이나 기구, 활동이 증가하게 되었고, 이들을 여타 기능의 사회 제도들과 차별화하여 사회복지 제도로서 규정하게 된다.[12]

[그림 2-1]에서 왼편은 과거 농경사회에서 상호부조 기능이 가족 제도의 통합적 사회 기능들 속에 자연스레 내재되었던 상태를 보여 준다. 오른편은 현대 산업사회에서 기능과 제도들이 분할되는 양상을 나타낸다. 생산-소비-분배의 사회적 기능은 경제제도에서 담당하게 되는데, 제도의 성격은 그 사회가 어떤 정치경제적 이념을 지향하는가에 따라 차이 난다. 예를 들어, 그 사회가 자유주의나 혹은 사회주의 이념을 얼마나 지향하는가에 따라 사람들이 생산과 소비, 분배하는 행위와 관련된 가치와 규범이 다르다.

다른 사회적 기능으로서 재생산과 사회화는 미래 세대를 낳고, 양육하고, 가르치는 사회적 기능을 말한다. 과거에는 이러한 기능들이 모두 가족 제도 안에서 수행되었다. 현재는 가족 제도가 약화되면서 공식적 교육제도 등으로 이러한 기능이 이전되는 경향을 보인다. 사회적 통제의 기능은 주로 정치 제도가 담당하는데, 대부분의 사회가 대의민주주의를 기반으로 하는 가치와 규범들로 제도를 구성하고 있다. 현재 SNS 등의 소셜미디어가 발달하면서 직접민주주의 제도의 성격이 강화되는 측면도 보인다.

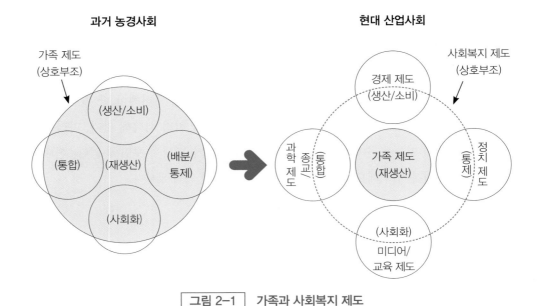

과거 농경사회　　　　　　　　　　현대 산업사회

그림 2-1 | 가족과 사회복지 제도

　현대사회의 사회복지 제도는 사람들 간 상호부조의 욕구를 집단에서의 세대 간 혹은 세대 내 구성원 관계(즉, 사회)로서 해결하려는 것이다. 제도로서 사회복지는 이에 관해 사람들이 갖추어야 하는 가치와 규범, 그리고 구체적 원칙과 규정들로 구성된다. 사람들이 가족의 범주를 벗어나 사회적으로 상호의존해야 한다는 것을 인정하는 것, 그리고 이를 구현해 내기 위한 장치들에 필요한 제반 행동 규약들을 관습이나 법 등으로 갖추는 것이다. 이에 따라 국가 등의 사회적 범주에서 상호부조의 기능이 수행되는 데 필요한 가치나 규범들이 과거 가족 단위에서 효의 가치와 행동 규범들을 상당 부분 대체한다.[13]

　　노인 돌봄은 전형적으로 가족 제도의 경제 기능과 맞물려 가족 구성원 간 상호호혜적 관계에 입각해서 이루어져 왔다. 현대사회에서는 경제 구조가 변화하고 가족 제도가 약화되면서, 노인 돌봄의 기능을 가족이 감당하기 어렵게 되었다. 이에 점차 노인 돌봄을 수행하기 위한 사회복지 제도의 역할이 확대되고 있다.

　현대사회에서 사회복지 제도란 '사회적으로 상호부조의 기능을 수행하기 위해 발달시킨 관계들의 유형'이라고 정의된다.[14] 여기에서 '사회적'이란 '가족 이외의 사회' 모두를 포함할 수 있다. 현대사회에서는 사람들이 살아가는 삶의 관계적 범주가 급격히 팽창함에 따라, 서로 의존하고 돕는 상호부조의 사회적 기능도 제도화되어 대규모 공식적인 집단 차원에서 이루어지기 때문이다. 정부나 비영리, 연대체 등과 같은 다양한 조직이나 집단, 기관 차원의 활동이나 관계를 통해 상호부조의 '사회적' 기능이 이루어진다.

3. 현대사회의 문제와 사회복지

우리가 살고 있는 현대사회의 본질적 성격은 '산업적(industrial)'이라는 것이다. 현대사회에서 사람들은 자급자족적인 양식으로 삶을 영위하는 것이 아니라 산업적인 생산–소비 양식으로 삶을 꾸려 간다. 이로 인해 현대사회의 사람들이 경험하는 삶의 위험들도 이전과는 다른 양상으로 발생하는데, 사회복지 제도화가 필요한 까닭도 주로 여기에서 찾아볼 수 있다.

1) 산업사회와 빈곤

어떤 사회에서도 빈곤은 늘 존재해 왔다. 빈곤은 사람들의 기본적인 삶을 위협하는 사회적 문제다. 그러나 이러한 빈곤 문제가 발생하는 이유와 양상, 이에 대처하는 방식은 시대에 따라 그리고 사회마다 달리 나타났다. 농경사회와 비교하자면, 산업사회에서의 빈곤은 확연히 다른 양상을 띤다. 비록 산업사회 내에서도 상당한 차이들이 있겠지만, 적어도 산업사회의 빈곤 문제 양상은 공통적인 측면이 있다.

산업사회를 특징짓는 생산 양식은 대규모 분업과 협업에 의한 공장제가 대표한다. 공장제란 생산을 위한 조직의 한 방식인데, 분업과 조정, 협력을 통해 생산을 효율화하는 것이다. 공장제는 보통 대규모의 인력을 조직적으로 운용하는 방법으로, 이를 기반으로 전형적인 산업사회의 구조가 형성된다. 산업사회에서 사람들의 삶은 적어도 경제적으로는 이러한 공장제에 기반해서 영위된다.

공장은 사람들을 고용해서 물건을 만들고, 이를 시장에 내다 팔아서 번 돈으로 사람들에게 임금을 준다. 사람들은 임금을 받아 자신과 가족을 부양하기 위해 소비를 한다. 사람들이 시장에서 물건을 소비함으로써 공장은 생산과 고용을 지속할 수 있다. 전형적인 산업사회의 양식에서는 공장제 노동과 그에 기반한 임금 제도에 의해 대다수 사람의 삶이 영위되고 있다.

이와 같은 산업사회의 특성에 따라, 사람들이 생계를 위협받게 되는 상황은 실업으로 인한 소득 감소 혹은 중단 등으로 인해 발생한다. 일자리를 잃으면 임금 소득이 끊기고, 생계유지에 필요한 기본 자원이 박탈된다. 그 실업자가 주된 가족 부양자라면, 그 가족 구성원 전체가 빈곤 상황에 처하게 되는 것이다. 공장제 사회에서 실업은 주로 노령, 산업 재해나 질병, 불경기로 인한 구조조정 등으로 인해 발생한다. 빈곤이 발생하는 이유들도 이전에 비해 보다 복잡하게 나타난다.

대부분의 산업사회에서는 이와 같은 빈곤 위험에 대응하는 사회적 제도를 갖추어 왔다. 복지국가들에서 사회보험 제도를 통해 보편적인 사회보장 급여를 공급하는 것이 대표적인 예다.[15] 사회적 위험의 분산을 목적으로 하는 사회보험은 공식적인 계약을 통해 세대 간 혹은 세대 내 상호부조를 수행한다. 이것은 마치 과거에 가족 안에서 부모와 자녀 간 혹은 형제자매 간 상호부조의 계약이 암묵적으로 이루어졌던 것과 같다.

임금 노동 자체에 아예 접근이 불가능한 집단(선천적 장애인 등)에 대해서는 사회 전체가 이들을 지원하는 공공부조적 제도가 실행된다. 공공부조 방식은 반드시 산업사회적 빈곤 문제에 대응하는 접근이라고 볼 수는 없다. 이전 사회들에서도 생계유지가 어려운 빈곤 인구들에 대한 사회적 대응이 있어 왔다. 그럼에도 산업사회의 공공부조 제도는 시장 노동 참여기회가 박탈된 이유를 사회구조적 측면에서 찾기 때문에, 이전 사회들에서 '자선'이나 '시혜' 접근으로 빈곤 문제에 대응해 온 방식과는 명백히 다르다.

2) 도시화와 사회병리, 정신건강

산업화는 필연적으로 도시화를 야기했다. 그로 인해 현대의 산업사회는 도시사회적인 특징을 띠게 된다. 도시화 현상은 대개 공업화로 인한 것인데, 대규모 공장이 작동하려면 노동인구가 밀집되어야 하기 때문이다. 도시화는 공장제를 효율적으로 만들기는 하지만, 한편으로는 한정된 땅에 많은 사람이 모여 살게 만들기 때문에 열악한 공중보건과 비위생, 매연과 쓰레기, 공해, 교통 혼잡, 빈민과 슬럼(slum) 문제 등을 야기한다.[16]

도시화가 이처럼 물리적 환경 문제도 야기하지만, 보다 근원적인 문제는 도시에서 사는 사람들의 심리적 측면에서 나타난다. 도시에 사는 사람들은 '유동성'과 '익명성' '개별성' 등과 같은 이른바 도시성(urbanism)이라는 사회심리적 성향을 띠게 된다.[17] 고착된 농토에 정주(定住)해서 살아가는 농경사회와는 달리 공장제하의 도시사회 인구들은 일자리를 따라 옮겨 다니며 사는 것이 전형적이다.

이러한 유동적 인구들이 이합집산하는 도시사회에서 개인들은 익명적인 관계를 맺기가 쉽다. 도시에서는 서로 이름도 모르는 무수히 많은 사람이 비록 기능적으로는 이전보다 훨씬 더 긴밀하게 연결되지만, 심리정서적으로는 단지 스쳐 지나가는 관계로 살아갈 가능성이 크다. 이에 따라 사람들의 정체성도 고정적이지 못하고, 유동적이게 된다.

> 과거에 사람들은 '어느 마을에서 온, 누구 집안의 자식' 등으로 서로를 규정하고 구분했다. 여자는 시집 오기 전에는 '누구의 몇째 딸'에서 시집 와서는 '어디 댁'으로 불린다. 정체성의 근원이 그렇게 성립된다. 현재는 사람들이 이렇게 규정되지 않는다. 학교에 가면 '학번'으로 존재가 식별되고, 식당에 가면 '몇 번 테이블의 손님'이 되고, 동주민센터에 가면 '주민번호 몇 번'이 자신의 정체성이 된다. 사람들의 정체성은 더 이상 단일하거나 고정적이 되기 힘들다.

도시 인구가 가지는 이러한 도시성으로 인해, 도시사회는 이질적이고 원자화된 개인들을 통합하는 데 따르는 어려움을 안게 된다.[18] 동질적 인구들이 모여 사는 게마인샤프트(gemeinschaft)와는 달리, 이질적 인구들이 모여 사는 게젤샤프트(gesellschaft)적 사회에서는 사람들 간 관계가 단순하게 합의된 규범들로 다루어지기 힘들다.[19] 동질적인 집단 이해에 기반해서 살았던 사람들에게 적용되던 단일 대오의 전통적인 가치와 규범들은 서서히 파괴되었다. 도시사회에서는 다양한 문화적 배경을 가진 이질적 인구 집단들이 혼재되어 살아가면서 각기 다양한 가치와 규범이 혼란스럽게 얽혀 있는 상태가 된다.

이러한 가치와 규범의 혼란스러움으로 인해 도시 인구는 잠재적으로 사회병리적 문제를 가진 집단이 될 가능성이 크다. 현대사회를 살아가는 모든 인구 집단에서 소외와 일탈, 비행, 정신질환 등과 같은 정신건강의 문제가 광범위하게 발생하는 것도 이에 기인한다. 도시사회의 형태는 한편으로는 산업사회의 효율성을 높이는 측면이 있지만, 다른 한편으로 도시성의 사회병리적 문제를 양산함으로써 이를 해결하기 위한 사회적 비용 또한 증가시키는 것이다.

도시 산업사회 인구의 정신건강 문제는 공동체 사회의 상호부조 기능에 심각한 위해를 초래할 수 있다. 한 사회가 상호부조의 기능을 성공적으로 수행하려면 사회구성원들 간에 가치와 규범, 역할에 대한 일정한 합의가 전제되어야 한다. 이를 근거로 공식적인 법이나 여타 규약 등을 안정적으로 만들어 낼 수 있다. 가치 갈등이나 혼란으로 초래되는 사회병리적 문제들은 이러한 공동체의 근거 기반을 위태롭게 만든다. 현대사회에서 정신보건이 사회복지의 중요한 부분을 차지하게 되는 것도 이러한 까닭에서다.

3) 신사회적 위험과 돌봄

산업주의의 절정을 이루었던 20세기 후반에 들어서면 새로운 사회적 양식이 출현한다. 이른바 후기산업사회적 양식인데, 산업사회가 성숙되면서 나타나는 후기현대사회의 양상을 말하는 것이다.[20] 산업사회의 후기에 접어들면서, 사람들의 욕구는 단순한 물질적 풍요를 넘어서 더 나은 질의 삶을 영위하는 것을 지향하게 된다. 이에 의료, 교육, 복지, 법률, 문화나 환경 서비스 등에 대한 욕구가 증가되었으며, 서비스와 지식 산업 중심으로 경제가 재편되어 가게 된다.

서비스와 지식을 생산하고, 유통, 소비하는 사회 조직의 양식은 제조업에 기반했던 이전의 사회적 양식과는 다르게 나타난다. 후기산업사회에서는 혁신적인 지식 혹은 정보가 과거 대규모 자본과 노동을 투입해야만 얻을 수 있었던 경제적 가치를 대체할 수 있게 된다.[21] 이와 같은 후기산업사회적 특성은 사람들의 삶의 양식도 새롭게 변화시켜 오고 있다. 이러한 변화로부터 유발되는 새로운 위험요인들을 이른바 21세기 신사회적 위험(new social risk)이라 한다.[22]

임금 소득의 불안정과 사회보장의 위기   신기술 지식서비스 사회에서는 사람들이 안정적인 임금 소득을 획득하기가 어려워진다. 거듭되는 새로운 지식과 기술의 등장으로, 기존 노동자들이 보유했던 노동 상품의 가치가 쉽게 하락하고, 그로 인해 노동자들은 기존의 직장을 안정적으로 유지하기가 어려워지는 것이다. 새롭거나 일시적 형태의 노동이 필요하게 되면서 정규직보다는 비정규직이나 임시직 일자리가 증가한다. 이런 까닭으로 사회보험과 같이 절대 다수의 안정된 보험료 납입자를 기반으로 하는 기존의 사회보장 제도가 위기에 처하기 쉽다.[23]

사회통합의 문제   후기산업사회에 들어오면서 사회경제적 세계화가 확산되고 있고,

인구의 세계적 이동도 더욱 증가하고 있다. 많은 사회에서 외국인 이주노동자나 결혼 이주여성이 증가하고, 다문화 가족도 확대되고 있다. 결과적으로 다른 문화를 가진 사람들을 사회적으로 포용(inclusion)해야 할 필요성도 함께 증가하고 있다. 이 같은 사회 통합의 필요가 충족되지 않으면, 사회적 불안과 소요에 따른 막대한 사회적 비용을 지불해야 할 위험이 있다.

돌봄의 위기   사회경제적 구조와 인구 구조가 변화하면서 돌봄과 관련된 새로운 사회적 위험도 발생하고 있다. 이른바 저출산·고령화의 인구 추세로 인해 고령화된 돌봄 필요 인구는 증가하는 반면, 돌봄 제공 인구의 규모는 축소되고 있는 것이다. 여기에 가족 내 돌봄 제공자로서 기능했던 여성 인구가 시장 노동에 진출하게 됨에 따라, 전형적인 가족 내 돌봄 대상이었던 아동과 청소년, 노인, 장애인 등에 대한 돌봄 위기가 발생한다. 더구나 가족 기능의 약화로 인해 가족을 지원해서 돌봄 문제를 해결하려 해 왔던 기존 정책과 제도들도 한계를 드러낸다.

정서적 고립과 소외의 문제   가족이나 지역사회와 같은 일차 집단의 붕괴가 심화되면서, 사람들 간의 연결 고리도 지속적으로 약화되어 간다. 인터넷 등과 같은 정보통신 기술의 발달이 한편으로는 사람들 간의 교류와 소통의 장을 무한히 확장하는 측면이 있지만, 한편으로는 대면적 인간관계를 약화시키는 위험의 측면도 있다. 1인 가구가 급속히 증가하고 있으며 사람들의 정서적, 관계적, 공간적 고립이나 소외 또한 심화되고 있다. 이러한 사회적 고립이나 소외는 그것을 경험하는 사람들만의 문제가 아니라, 사회적 응집력을 약화시키고 사회적 관계망을 해체하는 사회적 위기도 같이 만들어 낸다.

20세기 후반에 나타나는 신사회적 위험이 곧 근대사회의 기존 위험들, 즉 구사회적 위험(old social risks)을 대체하는 것은 아니다. 그보다는 구사회적 위험 위에 새로운 사회적 위험의 유형들이 중첩된다고 보는 것이 일반적이다.[24] 후기 산업사회라 해서 산업사회적 속성이 사라지고 없는 것이 아니기 때문이다. 다만 구사회적 위험이 노동 임금의 상실과 같은 산업사회적 문제들에 집중해 있었다면, 신사회적 위험은 탈산업사회의 특성과 함께 인구사회 구조의 변화에 수반되는 위험 요소에 초점을 둔다.

우리나라를 포함한 대부분의 현대사회에서는 이 같은 후기산업사회가 나타내는 새로운 사회적 위험에 대응할 필요가 있다.[25] 전형적인 복지국가의 사회보장 제도, 예를 들어 연금이나 건강보험과 같은 사회보험, 공공부조 제도 등만으로는 신기술과 지식

산업사회의 등장에 따른 이러한 새로운 위험들에 대응하기 어렵다. 이로 인해 우리나라를 비롯한 복지국가들에서는 사회복지 제도의 패러다임 전환을 모색하게 된다.[26]

4. 현대 사회복지의 제도적 경향

21세기 현대사회는 산업사회의 기존 사회 문제들과 함께 후기산업사회에서 발생하는 새로운 문제들도 중첩해서 가지고 있다. 사회복지 제도는 이러한 문제들이 상호부조의 사회적 기능을 통해 해결될 수 있는 방법을 모색한다. 그 방법의 구체적인 양상들은 각 사회들마다 고유한 역사나 문화적 배경에 따라 다르지만, 그럼에도 다음과 같은 공통적인 경향성을 가진다.

1) 자선에서 복지로

현대사회는 사람들 간 상호의존성이 실현되는 사회적 범주를 확산시켜 왔다. 그에 따라 사회 내에서 누군가가 누군가를 돕는 행위의 본질적 성격도 달라져 왔다. 상호부조라는 기능은 자선과는 사뭇 다른 개념이다. 사회복지의 현대사회적 성격은 이러한 상호부조적 기능에 기반한 것으로서, 과거 자선적 성격에서 벗어나 당연적 성격으로 변화하였다.

> 자선(慈善)이란 '선의를 베푸는 것'이다. 제공자와 대상자는 다른 계급이나 계층으로 존재한다. 정상적인 우리가 불우하고 소외된 그들에게 무엇인가를 베풀어 준다는 인식이다. 자선(charity)이란 도움을 주는 쪽의 일방적인 베풂으로, 도움을 받는 사람으로부터 되돌려 받는 것을 전제로 하지 않는다. 이런 자선적 개념에서는 언젠가 우리도 곧 그들처럼 될 수 있으므로 당연히 도움을 주어야 한다는 생각을 포함하지 않는다.

사회복지는 자선이 아닌 상호부조의 개념에 기반한다. 상호부조는 상호적인 도움을 전제로 성립되는 것이다. 즉, 도움이 양방적으로 발생하는 것으로 간주된다. 현재 시점에서는 도움을 주는 사람과 받는 사람이 구분되지만, 장기적으로는 그 관계가 바뀔 수도 있음을 전제하는 것이다. 그러므로 현재 도움을 주고받는 관계가 선의가 아닌 당위

| 표 2-1 | 자선과 사회복지의 차이 |

	자선	사회복지
동기	이타적 박애주의	호혜적 이타주의
주체	개인	사회
방향	일방적	양방적

가 되는 것이다. 이 점에서 자선과 상호부조는 〈표 2-1〉에서와 같이 엄격히 구분된다.

호혜성을 전제하는 상호부조의 사회복지에서는 도움을 받는 것이 권리가 된다. 근대 민주사회가 발전하면서 시민의 다양한 권리가 확장되어 온 것도 이와 유사한 맥락이다. 마샬(T. Marshall)은 시민권 개념을 정리하면서, 근대 시민사회에서는 사람들에게 공민적 권리로서의 자유권, 정치적 권리로서의 참정권, 사회적 권리로서의 복지권이 차례로 확장되어 왔다고 보았다.[27] 사회적 권리로서의 복지권은 최저 기준 이상의 경제적 및 문화적 삶을 사회적으로 보장받는 권리로서 20세기 사회복지 제도를 통해 구현되고 있다.

비록 시혜적 자선에서 권리적 사회복지로 옮겨 가고 있다고 해도, 자선이 사라지고 사회복지가 그것을 완전히 대체하는 양상은 아니다. 자선은 자선대로 존재하고, 사회복지 역시 그와 같다. 비록 동기나 방법에서는 서로 다를지라도, 도움 행위 자체는 둘 다 사람들의 복지에 긍정적인 결과를 계속해서 초래한다. 다만 시점을 두고 변화의 경향성을 보면, 도움 행위(helping)의 총량에서 자선보다는 사회복지의 비중이 증가해 왔고 향후에도 그러한 방향으로 진전되어 갈 것이다.

2) 잔여적에서 제도적으로

한 사회에서 사회복지가 차지하는 제도적 위상은 변화되고 있다. 윌렌스키와 르보(Wilensky & Lebeaux)는 일찍이 이를 잔여적에서 제도적인 사회복지 유형으로의 이행이라고 보았다.[28] 잔여적(residual, 보충적) 복지란 사회복지를 임시적이고 부수적인 기능으로 간주하는 것이다. 이 관점에서는 대부분의 사람이 상호부조의 욕구를 가족이나 시장을 통해 충족할 수 있다고 가정한다. 실직이나 장애, 가족 상실 등으로 정상 궤도에서 이탈된 사람들에 대해서 사회가 일정 기간 동안만 도움을 주면 이들의 문제가 해결된다고 본다. 잔여적 복지의 개념은 '응급조치적' '임시적' 성격을 강조하므로, 서비스의 내용들은 대부분 치료, 복귀, 자활, 재활 등의 목적을 띠기 쉽다.

제도적 복지란 사회복지의 기능이 사회 내에서 일상적으로 소용된다고 보는 관점이다. 현대사회에서는 대부분의 사람들에게 상호부조의 욕구 충족이 가족이나 시장만으로 이루어질 수 없음을 전제로 한다. 예를 들어, 아동 양육이나 노인 돌봄 등이 과거와는 달리 가족 내 세대 간 약속을 통해 일상적으로 수행되기 어렵기 때문에, 항시적으로 이를 가능케 하는 사회 제도가 필요하다고 본다. 제도적 유형의 사회복지는 이러한 제도의 혜택을 받는 사람들에게 '비정상'이라는 의미를 부과하지 않는다.

현대사회에서는 개인들이 자신의 힘만으로 삶에 필요한 자원을 획득하기 어려운 상황이 정상적인 것으로 간주된다. 가족이나 시장 제도의 불안정성도 임시적이거나 특수한 상황이 아니라 상시적이고 일반적인 것이 된다. 그로 인해 상호부조의 사회적 기능 역시 가족이나 시장 제도에 부속되어 임시적으로 작동하는 것이 아니라, 새로운 제도로서 일상적이고 상시적으로 수행될 필요가 인정된다. 여기에서 사회복지 제도는 사회의 가족이나 교육, 정치, 경제 제도들처럼 독립적이고 정상적인 제도적 지위를 획득하게 된다.

어떤 사회의 복지 시스템을 잔여적 혹은 제도적 성격 중 하나에 속하는 것으로 명확하게 구분하는 것은 현실적으로는 불가능하다. 한 사회 내에서도 잔여적 혹은 제도적 차원의 사회복지 특성들이 혼재될 수 있기 때문이다. 또한 문제들의 성격들도 여전히 잔여적으로 간주되어야 하는 것과 제도화를 필요로 하는 경우들로 구분될 수 있다. 그럼에도 전반적인 경향에서 현대사회의 사회복지 시스템은 잔여적 성격에서 제도적 성격으로 뚜렷이 이행되어 가고 있다. 예를 들어, 우리나라의 아동 보육 제도는 이러한 경향을 명확하게 보여 준다. 과거에는 가정에서 아동양육이 어려운 경우에만 사회적 지원이 이루어졌지만, 현재는 아동 보육을 사회가 전반적으로 책임지는 방식으로 제도가 변화하고 있다.[29]

3) 선별에서 보편으로

제도로서의 사회복지는 경제적, 신체적 돌봄을 사회적 서비스의 형태로 제공하게 되는데, 서비스의 대상자를 규정하는 방식은 선별적이거나 보편적일 수 있다. 선별적

(selective) 복지란 자산이나 소득을 기준으로 일정 수준 이하의 대상자를 선별해서 프로그램이나 서비스를 제공하는 것이다.[30] 보편적(universal) 복지는 경제적 형편을 고려해서 대상자를 선별하는 것이 아니라 프로그램이나 서비스의 목적에 해당하는 대상 인구 모두에게 복지혜택을 제공하는 방식을 말한다.[31]

선별적 서비스는 대개 잔여적 복지 시스템에서 많이 활용된다. 잔여적 복지는 해당 시점에서 경제적 어려움이 사람들을 사회복지의 대상으로 만든다고 보기 때문에, 그런 상태에 있는 사람들을 선별해내서 서비스를 제공하려는 방식을 채택하기 쉽다. 예를 들어, 공공부조의 수급자 선정은 소득이나 재산 수준을 파악하는 자산조사(means-test) 과정을 거친다. 우리나라에서는 사회복지공무원 인력의 상당수가 이러한 수급자 적격 심사와 같은 선별 업무에 투입된다. 선별적 서비스는 대개 상당한 행정 비용이 초래된다.

아동수당의 경우 2018년 선별 방식으로 운영하다가 선별에 소요되는 행정비용이 보편수당을 위한 추가 지급비용에 비해 더 크다고 판정되어, 2019년부터 보편 방식으로 전환되었다.

보편적 서비스라 해서 대상자 선정 기준 자체가 없다는 뜻은 아니다. 성별이나 연령, 여타 서비스의 필요성을 선정 기준으로 둘 수 있다. 또한 선정된 대상자들에게 추가 비용이나 이용료를 부과할 때에 경제적 기준에 따라 차등을 둘 수도 있다. 다만, 보편적 복지라고 하면 자산이나 소득과 같은 빈곤 기준을 대상자 선정의 일차적 조건으로 하지 않는다는 뜻이다. 현대 산업사회들에서는 잔여적 사회복지에서 제도적 사회복지로의 패러다임이 이동하는 것과 함께, 서비스 대상도 대체로 선별에서 보편으로 이동하는 경향을 함께 보인다. 우리나라에서도 아동 보육서비스나 노인 기초연금 등에서 보듯이 대상자 선정을 재산과 소득에 따른 선별 기준에 두지 않으려는 추세가 강화되어 왔다.

4) 비공식에서 공식으로

사회복지가 공식 제도화되는 과정은 일차적으로 현대사회의 복잡성이 증가하는 것과 상호부조 기능이 전체 사회로 확산되는 것이 함께 결부되어 있다. 현대사회에서는 기능적으로 상호의존 관계에 포함된 사람들의 수가 급속히 늘어나고, 그 관계 맥락도 한층 복잡해진다. 이를 감당하기 위해서는 사회복지 제도 역시 확대된 규모의 공식적인 메커니즘을 필요로 하게 된다. 과거 가족이나 지역사회와 같은 소규모 비공식 차원에서 이루어지던 사람들의 공동체적 삶이 현대사회에서는 대규모 공식 조직 차원의 맥락을 통해 이루어진다.

> 사람들은 아프면 병원에 간다. 병원이라는 공식 조직은 건강보험이라는 제도적인 체계를 통해 국가 차원의 공동체 기능을 작동시킨다. 사람들은 노인이 되면 돌봄이나 요양이 필요해진다. 요양원이나 재가노인센터, 노인복지관, 동주민센터, 정부나 건강보험 등의 공식 조직이 그러한 필요에 대응한다.

현대사회의 복잡한 기능 분화는 개인이 아닌 공식 조직을 통해 이루어져 왔다. 이는 사회복지 제도의 형성과 기능 수행에도 마찬가지로 적용된다.[32] 현재로서는 사회복지를 공식적 부문과 조직을 통해 수행하는 대표적인 예가 복지국가다. 복지국가(welfare state)란 사회복지를 공식적으로 제도화하는 방식 중 하나인데, 정부 조직을 통해 국가가 상호부조의 계약 수행을 위한 공식적 주체가 되는 것이다. 20세기 중반에 영국 등의 유럽 국가들에서 시작되었던 복지국가로의 이행이 현대 사회복지 제도의 공식화 경향을 대표한다.

미 주

1) 관계에 의존되어 있다는 것과 누군가에게 의존되어 있다는 것은 다른 의미다. 여기에서 관계란, 곧 사회라는 의미와도 같다.

2) 분업은 일을 나누어서 하는 것이므로, 일 관계로 서로 의존될 수밖에 없다. 생산성의 목적으로 분업이 강화되는 분업 사회에서 사람들의 삶은 타인들에게 더욱 의존될 수밖에 없게 된다.

3) 참고: 김성천 외(2009). 사회복지학의 원리와 실제. 학지사, pp. 18-30.

4) 이를 사회적 위험(social risks)이라고도 한다. 삶의 위험과 그에 따른 대책이 대개 사회적 맥락과 연관되어 있기 때문이다. 참고: 조흥식(2008). 인간생활과 사회복지. 학지사, pp. 158-159.

5) '정상'과 '비정상'의 용어 사용에는 주의가 필요하다. 이 기준은 선험적이 아니라 사회적으로 규정되는 것이다. 또한 많은 수의 사람이 '비정상' 상태에 있다면, 그것을 '비정상'이라 부르기도 어렵다.

6) Macarov, D. (1995). *Social Welfare: Structure and Practice*. Thousand Oaks, CA: Sage.

7) 표트르 크로포트킨(Peter Kropotkin, 1902). *Mutual Aid: A Factor of Evolution*. 김영범 역(2005). 만물은 서로 돕는다: 크로포트킨의 상호부조론. 르네상스.

8) Gilbert, N., & Terrell, P. (2002). *Dimensions of Social Welfare Policy* (5th.). MA: Allyn and Bacon.

9) 쿨리(C. Cooley)는 가족이나 친구와 같이 소규모의 비공식적이고 직접 대면 관계의 친밀한 집단을 일차 집단(primary group), 그와 대조되는 것으로 회사나 국가 등과 같이 법적이나 계약적 관계 등의 공식적으로 맺어지는 이차 집단(secondary group)이라 했다. 참고: 차조일·박선웅(2012). "사회과 주요 개념에 대한 역사적 고찰: 쿨리의 1차 집단을 중심으로". 시민교육연구, 44(4), pp. 217-239.

10) 김영종(1996). "한국의 가족주의와 지역사회 복지서비스의 관계에 관한 이론적 논의". 경성대학교 논문집, 17, pp. 321-329.

11) Gilbert, N., & Specht, H. (1981). 'Policy and Institutions(pp. 66-73)'. In N. Gilbert & H. Specht (Eds.), *The Emergence of Social Welfare and Social Work*. Itasca, IL: F.E. Peacock Pub.

12) 상게서, p. 72.

13) 가족 시스템에서는 부모 세대가 자식 세대를 양육하고, 자식 세대가 성장해서 부모 세대를 부양한다. 이를 사회보장 시스템으로 바꾸면 현재 세대의 노동자들이 불입하는 세금이나 사회보험료를 통해 운영되는 정부가 이전 세대의 노동자들(노인)을 부양하고, 미래 세대의 노동자(아동)를 양성한다. 그러므로 상호부조에는 가족의 가치나 규범보다 사회 시스템으로서의 법이나 제도적 규범이 보다 중요시된다.

14) Gilbert & Specht, 'Policy and institutions', p. 69.

15) 사회보험은 국가사회 전체적으로 사람들에게 노동 소득의 일정 부분을 강제로 기여하게 해서 축적하고, 이를 재원으로 삼아 소득 중단의 경우에 처한 사람들에게 계약에 따른 금액이나 서비스를 되돌려 주는 것이다.

16) Ehrenreich, J. (1985). *The Altruistic Imagination*. Ithaca, IL: Cornell University Press. pp. 19-42.

17) Wirth, L. (1938). 'Urbanism as a way of life'. *American Journal of Sociology, 44*(July), pp. 1-24.

18) 참고: Reisman, D. (1950). *The Lonely Crowd*. New Haven, CT: Yale University Press.

19) 참고: Tonnies, F. (1963, translated and edited by C. P. Loomis). *Community and Society*(Gemeinschaft und Gesellschaft, 1887). NY: Harper & Low.

20) 후기산업사회 혹은 탈산업사회의 등장이 산업사회의 근간 자체를 부정하는 것인지는 의문이 있다. 후기산업사회란 세계화와 정보기술의 혁명이 초래하는 새로운 사회적 특성을 통해 아예 20세기 산업사회와는 전혀 다른 사회가 된다는 주장도 있지만, 단지 산업사회가 변화하는 변형의 연속선상에 있다고 보는 견해들도 있다. 포스트모더니즘(post-modernism) 혹은 후기모더니즘(late-modernism) 등의 논의가 이와 관련된다. 참고: Giddens, A. (1998). *Conversations with Anthony Giddens: Making Sense of Modernity*. CA: Stanford University Press. 또한 참고: Ritzer, G. (2007). *The Coming of Post-Industrial Society* (2nd ed.). NY: McGraw-Hill.

21) 제조업 중심의 공장제에서는 상품 생산을 위해 '규모의 경제' 원리가 작동했으므로, 표준화, 대규모화, 집중화, 획일화 등이 사회적 효율성을 높이는 데 유리할 수 있었다. 그러나 사람을 대상으로 하는 서비스나 지식 생산을 목적으로 하는 산업에서는 그런 원리로써 효율성을 담보하기 힘들다. 그와는 반대로 다원화, 소규모화, 분산화, 개별화 등에 대한 가치가 우월하게 된다. 예를 들어, 소수 지식인이 생산해 낸 인간 생명체에 대한 유전자 정보는 그 자체로서 어떤 대규모 공장으로도 생산해 내지 못할 막대한 경제적 가치를 생산할 수 있다.

22) 참고: 이혜경(2008), "세계화와 복지국가의 재편" [기획예산처 강연자료 2008. 2. 25.]; 이재원 (2010). "사회서비스 정책의 지향가치와 활성화 과제". 사회서비스연구, 1, pp. 33-81; 김영종 (2017). **사회복지행정**(4판). 학지사.

23) 지식서비스를 생산하고 유통하는 신경제에서는 대규모 공장제 노동에 적합한 안정된 정규직 노동계층이 약화된다. 그로 인해 이를 기반으로 성립된 사회보장 제도는 그 기반이 취약해진다. 사회보험이란 안정된 임금이 보장된 노동자들이 납입하는 보험료에 의해 유지되는데, 임금노동의 수요 자체가 감소하거나 고용이 불안정해지게 되면 사회보험 제도는 효력이 약화

될 수밖에 없다.

24) Taylor-Gooby, P. (2004). 'New risks and social change(pp. 1-28)'. *New Risks, New Welfare: The Transformation of the European Welfare State*. Oxford Univ. Press.

25) 보편적인 상호의존 돌봄의 필요를 해결할 새로운 사회보장 제도와 그에 부합되는 사회서비스들이 요구된다는 것이다.

26) 사회복지 공급 주체를 다원화하자는 '제3의 길'에 대한 모색이라든지, 사회투자와 사회서비스 공급 전략을 강화하는 접근 등도 모두 이러한 측면에서 이루어진다. 우리나라에서는 2000년대 중반을 기점으로 사회서비스 정책으로의 이행이 나타난다. 이에 대해서는 이 책의 5부에서 설명한다. 참고: OECD (2005). *Extending Opportunities: How Active Social Policy Can Benefit Us All*. 정연순 외 공역. OECD 국가들의 적극적 사회정책 동향 및 도전과제. 학지사.

27) 자유권이란 개인적 자유와 평등을 법으로 보장하는 것으로, 유럽에서는 18세기 법제도에 등장한다. 참정권은 투표권과 피선거권이라는 정치적 참여 권리를 보장하는 것으로 19세기 정치제도를 통해서 확립된다.

28) Wilensky, H., & Lebeaux, C. (1965). *Industrial Society and Social Welfare*. NY: Free Press.

29) 보육에 대한 사회적 책임은 이전에는 잔여적으로 규정되었다. 여성이 시장 노동을 하는 경우를 정상에서 벗어나는 경우로 보았던 시기에는 저소득 맞벌이 부부를 위해서만 보육서비스를 사회적으로 지원해 주었다. 현재에는 보편적 보육서비스를 전 계층의 아동 양육 가정에 제공한다.

30) 기초생활보장이나 의료보호 등과 같은 공공부조 프로그램들이 주로 이러한 방식에 해당한다. 이러한 선별적 방식은 대개 사후 기준을 적용하는데, 예를 들어 어떤 사람이 기초생활보장 대상자인지는 그의 소득 수준이 일정 수준 이하로 떨어진 후에야 판단될 수 있다는 것이다.

31) 의무교육, 공원이나 도서관 입장 등의 경우에서와 같이 서비스 대상에게 특별히 자신의 욕구의 필요성을 입증할 책임이 부과되지 않는다.

32) 참고: 김영종(2017). **사회복지행정**(4판). 학지사.

제3장
사회복지의 개념과 특성

사회복지는 '사람들이 더불어 잘 사는' 것을 추구한다. 그런데 사회복지뿐만 아니라 정치나 경제, 종교, 가족을 비롯해서 많은 사회 제도들도 본원적으로는 그런 이상을 추구한다. 그렇다면 '사회복지'는 다른 제도들과 개념적으로 어떻게 구분될 수 있는가? 사회복지를 구분하는 특성은 제도적, 정책적 차원에서 찾아볼 수 있다.

1. 개념 정의

사회복지의 개념은 구성된 것(construct)이다. 사회복지란 스스로 존재하는 무엇이 아니라, 특정한 현상이나 활동들을 우리가 구성해서 여기에 사회복지라는 이름을 붙인 것이다. 엄밀히 말하자면 사회복지뿐만 아니라 우리가 규정하는 모든 개념이 구성적이다. 다만, 어떤 것들은 우리가 의문을 가지지 않을 만큼 자연스레 합의되어 있어서 우리가 구태여 그것을 구성적 개념으로 인식하지 않을 뿐이다.

'인간'이라는 개념도 구성된 것이다. 인간은 개념 이전에 스스로 존재하는 것처럼 생각되기 쉽지만, 사람의 시작(태아의 시점)과 끝(사망 시점)을 어떻게 규정해야 할지와 관련된 수많은 논란을 고려해 보자면, 인간 존재의 실체라는 것도 구성적 개념 정의를 벗어나지 못한다.

'사회복지'라는 이름의 현상이나 활동은 사회들마다 각기 다르게 구성될 수 있다. 한 사회 내에서도 시대에 따라 개념이 변할 수 있다. 그러므로 '사회복지란 무엇인가'에 답하는 것은 곧 다양한 사회마다 사회복지에 대해 어떤 의미를 부여하고 있는지를 정리해 보는 것이다. 대부분 사회에서 사회복지에 대한 의미는 크게 협의적, 광의적 차원의 개념으로 구분된다.

협의적 차원에서 사회복지란 '사람들의 고통이나 빈곤을 완화하려는 특정한 목적을 지향하면서, 공공이나 민간 부문에서 이루어지는 비영리 기능과 활동들을 중심으로 하는 것'으로 규정된다.[1] 이에 따르면 사회복지란 특정 취약계층(예: 저소득층)에 대해 사후적이고 잔여적인 성격의 도움을 제공하는 활동들을 주로 의미한다. 대표적으로 국가의 공공부조 프로그램이나 민간 기관의 불우이웃돕기 등이 이러한 사회복지 활동에 해당한다. 이전에는 우리나라를 비롯한 많은 국가에서 '사회복지'라는 이름의 활동은 주로 이와 같은 협의적 차원의 개념에 해당되었다.

광의적 차원의 사회복지란 '사회의 존속을 위해 필수적인 사람들의 교육, 건강, 소득, 여타 사회적 욕구들이 충족될 수 있도록 하는 한 국가 전체의 프로그램이나 급여, 서비스를 망라하는 체계'로 정의된다.[2] 이에 따르면, 사회복지는 특정 취약계층을 돕는 활동으로만 한정되지 않고, 사람들의 일상적인 삶에서 나타나는 보편적 욕구의 충족을 돕는 활동들을 모두 포함하는 의미가 된다. 예를 들어, 최근 국가적으로 확대되고 있는 방과후 아동돌봄서비스는 서비스를 필요로 하는 아동이나 가족이 '불우'하거나 '취약'하기 때문에 제공되는 것이 아니다. 사회가 이들을 돌보는 이유는 이들이 우리 사회의 중요한 구성원이기 때문이고, 이들을 건강하게 돌봐야만 사회가 건강하게 존속될 수 있기 때문이다.

비록 누군가를 돌보는 활동이라는 점에서는 협의적, 광의적 차원의 사회복지가 동일할 수 있지만, 그러한 활동이 이루어지는 취지나 배경에 있어서는 두 차원의 개념이 뚜렷이 구분된다. 과거 우리나라의 사회복지는 협의적 개념에 치중되었지만, 현재는 광의적 개념으로 빠르게 전환되고 있다. 이 과정에서 사회복지 개념에 대한 사람들의 인식에서 불일치가 여전히 존재하고 있고, 결과적으로 사회복지에 대한 통일된 개념 정의가 제대로 이루어지지 못하고 있다.[3] 이런 점에서 사회복지 개념의 재정립은 사람들의 인식을 변화시키는 노력과 밀접하게 결부된다.

사회복지의 개념 정의에서 나타나는 복잡성은 현대사회의 특성 때문이다. 현대사회에서는 사회복지와 관련된 활동들이 정치나 경제, 문화 등의 영역에 걸쳐 광범위하게 나타나고, 서비스 제공 주체도 영리와 비영리 부문, 공동체 등으로 다양해지고 있으며, 이들 주체 간 연결방식도 복잡해지고 있다. 따라서 어떤 특정 영역이나 서비스 방식에 한정해서 사회복지의 개념을 규정하기가 쉽지 않다.

이런 어려움에도 불구하고, 현실적으로 사회복지 활동의 경계를 정하는 것은 반드시 필요하다. 이것은 단지 학문적 차원에서만이 아니라, 지극히 현실적인 차원에서도 중요한 문제와 결부된다.

> 우리나라 법제도에서는 동일한 서비스를 판매하더라도 '사회복지'를 목적으로 하는 법인은 판매 수익에 부과되는 각종 세금들(주민세, 재산세 등)을 면제받을 수 있다. 그렇다면 '사회복지를 목적으로 하는 법인'이란 무엇을 말하는가? 여기에서 '사회복지'란 무엇인가에 대한 개념 규정이 필수적이 된다. 현실에서는 세금을 부과하는 주체, 국세청이나 지방자치단체들에서 이를 각기 다르게 개념 규정하는 경우가 많아서 혼란이 발생한다.

> 앞서 인간 존재의 개념 규정 역시 마찬가지다. '사람'의 시점을 어디에서부터 어디까지 포함하는 것인지에 대한 법 규정, 즉 법적 개념 정의에 따라 유산 상속의 결과가 달라질 수 있다. 뱃속에 들어 있는 태아, 뇌사상태에 빠져있는 사람은 '사람'인가? 어디까지, 얼마만큼이 '사람'인가? 우리가 개념을 규정해야 하는 이유는 이처럼 현실적이다.

'사회복지'에 대한 현실적인 개념 정의를 위해서는 이념적 지향을 넘어, 실천적 활동의 경계를 찾을 필요가 있다. 이 책에서는 사회복지의 개념을 '상호부조의 사회적 기능 수행을 증진하는 목적의 활동들로서, 교육이나 의료 등 타 영역의 기능이나 활동으로 뚜렷하게 식별되어 있는 것들은 제외한 것'이라는 정의로부터 출발한다.[4] 이런 관점에서 다른 개념들과 구분되는 사회복지의 제도적, 정책적 범주가 확인될 수 있다.

2. 사회복지의 제도적 특성

제도란 특정 사회적 기능의 수행과 관련된 가치와 규범, 역할 체계를 말한다. 제도는 법으로도 규정되지만, 많은 부분이 사람들에게 내면화된 믿음이나 공감 행동 등의 형태로 존재한다.[5] 사회복지 또한 제도로서 존재하기 때문에, 사회복지 제도를 다른 제도들과 구분할 수 있는 특성은 사회복지의 고유한 사상이나 행위 양상 등을 통해 확인해 볼 수 있다.

1) 공동선 사상

사회복지 제도는 일차적으로 '공동선' 사상을 범주로 한다. 공동선(共同善, common good)이란 공동의 이익을 추구하면 그 안에 포함된 개인들도 이익을 얻을 수 있다는 사상이다.[6] 근대 이후 형성되기 시작한 복지국가들은 사회복지 제도를 형성함에 있어서 대부분 이 같은 공동선 사상을 근간으로 하였다.[7] 현대 산업사회의 특성상 상호부조의 기능을 위한 공동체 사회의 범주가 확대될수록, 이를 수행하는 사회복지 제도의 공동선에 관한 사상적 범주도 넓어지게 된다.

공동선을 추구하는 행위는 개별적으로 선(이익)을 추구하는 행위와는 다르다. 개인이 스스로 열심히 노력하고, 시장에서 돈을 벌어 복지를 추구하는 행위는 공동선에 해당되지 않는다. 개별적으로 선을 추구한다는 것은 개인만이 아니라 가족이나 사적인 관계 등을 통해 이익을 얻는 것을 포함한다. 가족은 넓은 의미의 공동선 자체이기는 하지만, 현대 사회복지 제도의 성립에서 강조하는 공동선 사상은 가족의 범주를 벗어나는 것을 의미했다. 그래서 과거에는 가족의 이익이 곧 나의 이익이었다면, 현재는 사회로서 국가 등의 이익이 나의 이익이라는 생각 등이 공동선의 사상을 대변한다.

공동선 사상은 개인 구성원들이 공동체의 이익을 위해 ― 스스로에게 손해라고 여겨지는 경우에도 ― 노력하는 것을 가능하게 만든다. 인간의 존엄성 유지에 직접적으로 영향을 미치는 기본적인 의식주나 돌봄과 같은 서비스를 사회적 차원에서 특정한 사람들에게 제공하는 것도, 공동체 전체의 이익이 곧 나의 이익이 된다는 생각에서 가능할 수 있다. 이러한 공동선의 사상에 기초해서 사회복지 제도는 복지국가 등의 다양한 형태의 기제를 수행할 수 있다.

> 장애인을 사회적으로 돌보기 위해 정부는 장애인이 아닌 사람들로부터 세금을 걷는다. 이때 만약 공동선 사상이 사람들에게 없다면 정부가 세금을 걷을 수 있을까? 공동선 사상을 가진 사람들은 이렇게 생각하며 세금을 낸다. '장애인에 대한 돌봄 행위가 사회적으로 이루어지면 그것이 나에게도 이익이다. 나도 언젠가 장애인이 되더라도 도움을 받을 수 있고, 나와 같은 생각을 가진 사람들이 모인 사회에서 나는 안도하며 살 수 있다.'

정부 차원에서 누진율을 적용하여 소득에 세금을 부과하거나 소득 수준에 비례해서 사회보험료를 납부하는 방식 등은 공동선을 추구하는 대표적인 사회적 기제다. 또 정부나 공공 기관 등과 같이 법령과 규제에 기반하는 조직뿐만 아니라, 각종 자발적 연대나 공동체, 다양한 비영리 민간 조직 부문 등이 사적 이익이 아닌 공적 이익을 추구하면서 사회복지 활동을 실행하거나 지원하는 것 또한 이러한 공동선을 추구하는 기제에 포함된다.[8]

2) 공식적 조직

현대 사회복지 제도에서 공동체의 범주는 적어도 가족이나 개인적 친분 관계의 사회적 단위를 넘어선다. 사람들 간 상호부조의 기능이 작동되기 위해 필요한 집단의 규모가 과거 가족 등에 비해 비약적으로 커지게 된다. 심리적 차원의 상호부조는 예외로 하더라도, 경제적 차원에서 상호부조는 최소한 국가 차원의 공동체 집단의 규모를 기본적으로 갖출 필요도 있다. 이런 맥락에서 발생한 현대의 사회복지 제도는 그래서 공식적 조직 관계를 일차적인 범주로 삼는다.[9]

조직(organization)이란 기능적으로 연결된 사람들의 집단을 말한다. 공식적(formal)이란 집단을 구성하는 관계의 방식이 성문화된 규정이나 계약 등으로 정형화된 틀을 갖춘 것을 의미한다. 이에 반해 비공식적(informal)이란 가족이나 친구의 관계 등에서처럼 정형화된 계약 등으로 맺어지지 않는 관계를 뜻한다. 현대 사회복지 제도는 규모가 큰 공동체에 기반해서 작동되기 때문에, 이를 다루기 위해서는 일정한 정도의 공식적 조직이 필요하게 되었다.

모든 공식적 조직 활동이 사회복지 제도로 간주되지는 않는다. 공식적 조직은 공적 편익을 추구할 수도 있고, 사적 편익을 추구하는 데도 동원된다. 공적 편익(public good)이라는 것은 사회적 관계에서 발생하는 이익이 전체 사회에 귀속된다는 뜻이다. 이는 관계의 직접 당사자들에게만 국한되는 사적 편익(private good)과 구분된다. 공적 편익을 위한 정부 활동에 포함된 사람들의 관계 ─ 납세자와 수혜자의 연결 등 ─ 가 공식적 조직이고, 사적 편익을 위해 시장에서 사람들이 물건을 사고파는 관계들도 공식적 조직 활동에 해당한다. 이런 공식적 조직의 관계들 중 어디까지를 사회복지 제도의 범주에 포함할 것인지는 사회들마다 시대에 따라 다를 수 있다.

대부분 사회에서 정부나 비영리조직 등의 공식적 조직을 사회복지 제도의 범주에 포함하는 것에는 이견이 없다. 문제는 시장(market)이라는 공식적 조직에서의 활동을 사회복지의 제도적 범주에 포함시킬 것인지다. 이에 대해서는 사회들마다 상당한 정도의 인식 차이를 보인다. 시장 관계에서는 사람들이 사고파는 양측 모두 각자의 사적 편익에 최대한 충실하게 행동한다. 자유주의 경제학에서는 이런 시장 유형의 조직 관계도 사회복지 제도에 포함된다고 본다. 각자가 최대한의 편익(복지)을 추구하면, 그것을 합산한 전체 사회의 편익도 최대화된다고 보기 때문이다.

공식적 조직을 사회복지 제도의 범주로 할 때, 커뮤니티(지역사회공동체)는 조금 애매한 위치에 있다. 추상적으로는 커뮤니티란 공식적 조직보다는 비공식적 조직의 성격에 가깝다. 다만, 가족이나 친분 관계들과 같은 자연적 집단의 성격은 아니라는 점에서, 현실적으로는 공식적 조직의 관계로서 간주된다. 근래 복지국가들에서 커뮤니티 케어를 제도화하는 것도 커뮤니티의 기제를 상호부조를 위한 공식적 조직 관계로 설정하려는 것이다.

현대사회에서 필요하게 된 사회복지 제도는 상호부조의 기능을 사회 차원에서 확대하여 수행한다. 그러므로 이를 위한 관계의 조직 방식은 정부나 비영리조직, 혹은 커뮤니티 등과 같은 공적 편익을 추구하는 공식적 조직을 근간으로 삼는다. 비록 사회복지의 여러 서비스를 실행하는 과정에서는 사적 편익 관계의 조직 유형(예: 시장)이 활용될수는 있지만, 사회복지의 제도적 목적을 달성하기 위한 중심적 조직 범주는 공적 편익의 공식 조직들로 한정된다.

3) 관계적 수단

사회복지 제도는 사회 자체를 목적 실현을 위한 수단으로 간주한다. 사회복지에서의 사회란 사람들 간 관계를 의미하는데, 이를 통해 상호부조의 기능이 구현된다. 즉, 사회복지 제도는 '사회'를 '복지' 목적의 추구 수단으로 삼는 것이다. 이 점에서 사회복지 제도는 여타 보건이나 교육, 고용 제도 등과 구분될 수 있다. 다른 제도들에서는 비록 사람들의 복지를 똑같이 목적으로 할 수는 있지만, 그것을 추구하는 수단을 '사회', 즉 '사람들 간 관계' 자체에 두지는 않는다.

노인 요양돌봄 서비스가 의료서비스인지 아니면 사회서비스인지를 규정해야 할 필요가 있다. 현실적으로 이에 따라 적용되는 제도적 규제의 성격들이 상당하게 차이가 나타나기 때문이다. 이를 사회서비스라고 한다면, 이때 '사회'는 '의료'와는 구분되는 주된 서비스 수단 혹은 내용을 말한다. 사회서비스로서의 노인 요양돌봄 서비스는 노인이 돌봄을 받는 데 필요한 여러 사람 간 사회적 관계를 지원하거나 제공하는 것을 주로 한다. 이때의 사회적 관계란 의료나 간호, 신체적 처치 등이 이루어지는 서비스 관계(예: 요양보호사와 노인의 관계)만이 아니라, 노인이 주변이나 가족, 외부인과 인간적 교감을 유지하게 하는 정서적 교류 관계나, 공적 제도 기구(예: 보험공단이나 행정복지센터 등)와의 공식적 관계 등을 모두 포함한다.

사회복지 제도는 사람의 삶에서 필요한 다른 사람들과의 기능적 및 정서적 교류와 같은 사회적 관계 자체를 주된 수단으로 간주한다. 이와 같은 사회복지의 제도적 범주는 다른 나라들에서도 이전부터 적용되어 왔지만, 근래 보편적 사회서비스의 확대와 함께 사회복지에서 수단적 의미의 '사회'에 대한 제도적 범주가 새삼스레 강조되고 있다.[10]

우리나라에서도 사회서비스에 관한 국가 정책 등을 통해 이 같이 사회를 수단적 범주로 삼는 사회복지 제도의 틀이 확대되고 있다. 예를 들어, 노인이나 장애인 관련 사회서비스가 개인 대상의 신체 돌봄이나 치료를 중심으로 하는 준의료서비스의 개념에서 벗어나, 사람들이 관계하며 살아가는 지역사회를 중심적인 수단으로 하려는 이른바 커뮤니티 케어 정책을 강조하게 되는 것도 이러한 맥락이다.

3. 사회복지의 정책 범주

사회복지 정책은 큰 틀에서 사회정책의 범주로서 작동된다.[11] 사회정책(social policy)이란 사회에 관한 의사결정의 과정과 그로부터 도출된 결정의 내용을 뜻한다. 여기에서 '사회'란 개인이나 가족, 조직, 단체, 지역사회, 사회조직이나 계층, 제도 등에 기반한 사람들의 집단을 의미한다. 경제나 정치, 문화 정책 등도 사회에 관한 것이기는 하지만, 사회정책은 사람들의 사회적 기능 그 자체를 직접 다룬다는 점에서 구분된다.

모든 정책은 의도적인 개입의 목적을 가진다. 현대사회에서 사회정책이 사회적 기능에 개입하는 목적은 사회의 통합과 유지, 발전을 도모하기 위해서다.[12] 사회정책은 기존의 사회적 관계를 지원하거나 변화, 혹은 창출해 내는 것과 같이 사회적 기능 자체에 개입한다. 사람들의 상호부조를 위한 사회복지 정책 또한 기존의 사회적 관계(예: 가족이나 마을 등)가 갖는 한계를 넘어서기 위해 필요한 새로운 사회적 관계를 맺어 가는 과정을 통해 추구된다.

사회정책은 국가나 지방자치단체와 같은 공공 기구, 민간 차원의 조직이나 단체, 개인 등이 제공하는 각종 사회적 서비스와 활동들을 모두 포함해서 실행된다. 또한 그러한 활동들이 이루어질 수 있는 시스템을 조성하는 등과 같은 간접 지원들도 사회정책의 영역에 해당한다.[13] 사회정책은 이러한 개입을 통해 사회적 자원이 적정하게 분배되고, 사람들의 삶의 질이 높아지는 것을 목적으로 한다. 예를 들어, 사람들이 건강하게 안심하며 살 수 있고, 자신의 인권과 자립, 존엄을 지킬 수 있는 그런 사회를 만들려는 것이다.

사회정책이 다루는 구체적인 영역에 대해서는 학자나 나라들마다 일정한 차이가 있다. 영국의 1944년 「베버리지(Beveridge) 보고서」[14]에서는 사회정책의 영역을 사람들의 삶을 위협하는 5가지 위험 요인(궁핍, 질병, 무지, 불결, 무위(실업))에 대응하기 위한 5가지 사회적 서비스(소득보장, 보건, 교육, 주택, 고용)로 규정했다. 칸(A. Kahn)은 여기에 대인적 사회서비스(personal social service)를 추가해서 사회정책의 영역을 6가지 사회적 서비스로 제시하였다.[15]

일반적으로 사회정책이라 하면 칸이 제시한 바와 같은 6가지 영역(소득보장, 보건, 교육, 주택, 고용, 대인적 사회서비스)을 여타 정책들과 구분하는 범주로 삼는다.[16] 사회정책의 영역을 이렇게 본다면, 이는 광의적 사회복지 영역들과도 일치한다. 즉, 사회정책은 넓은 의미에서의 사회복지 정책과 같은 것이 된다. 반면, 사회복지를 협의적 개념에 두고 본다면, 사회복지 정책은 사회정책의 6가지 영역 중 대인적 사회서비스와 주로 관련된다.

현실적으로 우리나라에서 사회복지 정책은 사회정책의 제반 영역들에 걸쳐져 있고(광의적), 한편으로는 특정한 영역을 고수하고도 있다(협의적). 이러한 우리나라 사회복지 정책이 담당하는 영역은 [그림 3-1]처럼 나타낼 수 있다. 여기에서 우리나라 사회복지 정책의 영역은 사회정책과 관련해서 니은(ㄴ)자 모양의 구조를 보인다.[17]

[그림 3-1]의 ㄴ자 모형이 제시하는 바는 사회복지 정책의 영역이 두 가지 차원에서 결정된다는 것이다.[18] 하나의 차원은 우리나라에서 사회복지 정책은 사회정책의 여러 서비스 중 하나로서 독자적인 영역을 가지는 부분이다. 소득보장이나 건강·보건 정책

등의 여타 서비스들과는 구분되는 특정한 사회복지 서비스의 영역이 따로 있다는 뜻이다. 그림에서 음영 표시된 ㄴ자의 왼쪽 세로 영역이 이를 나타내는데, 전통적으로 사회복지라는 용어와 결부되어 있는 사회 문제와 서비스, 전문성 등이 여기에서 나타난다. 예를 들어, 사회복지관이라든지 장애인생활시설 서비스 등과 같은 것들은 여타 사회정책 영역의 서비스들과 뚜렷이 구분된다.

사회복지 정책의 또 다른 차원의 영역은 여타 사회정책 분야와의 연관성에서 발생한다. 그림의 ㄴ자 모형에서 아래쪽 가로 부분이 이를 나타낸다. 이 영역은 사회복지의 기능적 통합이라는 제도적 특성에 따른 것인데, 사람들의 삶과 복지는 특수화된 기능 (예: 소득, 의료, 심리)의 문제들을 각기 해결한다고 성취되지 않으므로 이들 기능과 활동을 두루 통합하는 기능을 사회복지 제도가 담당한다는 의미다.

> 아동을 사회적으로 돌보고 육성하는 일은 어린이집 서비스 등과 같은 특정한 기능만으로 해결될 수는 없고, 소득보장을 비롯해서 건강, 교육, 주택, 인권이나 후견, 심지어는 마을 만들기와 관련된 제반 다른 서비스 영역의 활동들과 연결되어 통합되어야만 하는 것이다. 이를 사회복지 제도의 고유한 활동으로 규정한다.

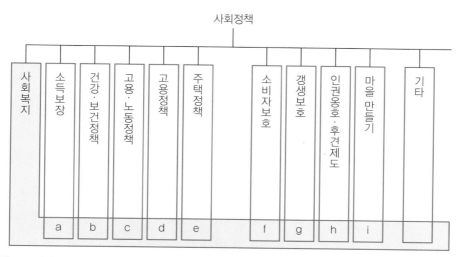

a. 생활보호/특별 융자제도 등 b. 의료보호/의료사회복지/장애인체육 등 c. 자활/작업장/직업재활시설 등 d. 방과후프로그램/학교사회복지 e. 취약계층주거지원사업/모자원 시설 등 f. 노약자 유인광고금지 등 g. 특수가정상담/취업연계 등 h. 복지서비스 연계/자립지원 등 i. 커뮤니티 케어 등

그림 참고: 古川孝順 (2009). 社会福祉の拡大と限定. 中央法規.

그림 3-1 니은(ㄴ)자형 사회복지 정책의 영역

사람들의 상호부조라는 기능은 개별적이고 특정한 영역에서 배타적으로 수행될 수 없고, 여러 영역에서의 기능과 연결된 채로 통합되어야 한다. 이런 차원에서 사회복지 정책은 여러 사회정책 영역의 기능들을 연결하고 묶는 기능을 가진다.

결론적으로, 사회복지 정책은 사회정책 전반에서 다루어지는 문제와 서비스들 중 사회복지만의 고유한 영역과 함께 다른 정책 영역들에서의 기능을 연결하는 통합적 기능의 영역도 가진다. 즉, 사회복지 정책은 빈곤이나 정신건강, 돌봄 등과 같은 사람들의 삶에 직접 개입하는 독자적 영역뿐만 아니라, 주택이나 교육, 의료 등의 특수 기능들에 간여해서 사람들의 삶을 개선하는 통합적 목적에 기여하는 노력의 영역까지를 포함한다.

4. 사회복지의 공급 방법

사회들마다 사회복지의 개념과 특성은 현실적으로 사회복지의 서비스가 어떻게 공급되는지에서 드러난다. 사회복지 제도나 정책이 현실적으로 구현되기 위해서는 합리적인 공급 방법이 필요하다. 사회복지 서비스는 국가 혹은 지방자치단체의 공공 주체나 영리나 비영리 목적의 민간 주체에 의해 수행될 수 있다.[19] 서비스의 내용이나 수단도 현금을 이전하는 것에서부터 휴먼서비스를 제공하는 것에 이르기까지 다양한 방법을 채택할 수 있다.

1) 공급 주체

사회복지 서비스를 공급하는 주체는 몇 가지 기준을 통해 구분해 볼 수 있다. 먼저 적용되는 규제들의 성격 차이를 의미하는 부문(sector)의 기준이 있는데, 이에 따라 사회복지 서비스의 공급 주체는 공공 부문과 민간 부문으로 구분된다. 담당하는 인구나 문제의 규모, 성격 등의 차이에 따른 층위 기준으로는 중앙 주체와 지방 주체로 구분된다. 서비스 공급에서 적용하는 기술적 속성에 따른 차이로서는 전문직과 일반인 주체로 구분해 볼 수 있다.

(1) 공공과 민간

공공(public) 부문은 기본적으로 정부 방식에 근거해서 서비스를 공급하는 주체들로 구성된다. 정부 방식이란 법에 의해 세금(사회보험금 등 포함)을 징수하고, 관료제적 원칙에 입각해서 프로그램이나 서비스를 구조하고 실행하는 것을 말한다. 사회복지 서비스를 공급하는 공공 부문의 주체에는 중앙이나 지방 정부뿐만 아니라, 공단이나 공사 등과 같이 정부 방식에 준해서 활동하는 조직 단위들도 포함된다.

민간(private) 부문이란 정부 방식에 기준해서 운영되지 않는 모든 주체를 포함한다. 여기에는 비영리(non-profit) 목적뿐만 아니라, 영리(for-profit) 목적의 조직들까지도 해당될 수 있다. 비영리 민간 주체들은 전방위적으로 사회복지 서비스의 공급에 참여하지만, 영리 주체들은 서비스 공급체계 내에서 일부 역할에 제한되는 경우가 많다.

사회복지의 공급 주체로서 공공과 민간 부문은 각기 다른 특성을 보인다. 이를 정리하면 〈표 3-1〉과 같다. 공공 주체는 법률 등에 기반하여 강제성을 부과할 수 있으므로, 대규모적인 사회복지 서비스를 지속적이고 안정적으로 공급하는 데 유리하다. 또한 관료제적 조직 방식을 근간으로 하므로, 서비스 공급에서 공정성과 규칙성을 담보하기도 쉽다. 반면, 공공 부문의 주체들은 대규모 조직의 특성상, 개별적인 현장 상황에 대해 융통적이고 민감하게 반응하기 힘들다. 반면, 민간 부문의 주체들은 법제적인 강제성보다는 자발성을 전제로 사회복지 서비스 공급에 참여한다. 공공 부문에 비해 민간 부문은 다수의 소규모 비영리나 영리 주체들이 각기 독립적으로 활동하므로 관료제적 조직 체계의 필요성이 덜하다. 그에 따라 공공 주체에 비해 민간 주체에 의한 사회복지 서비스 공급은 보다 융통적이고, 편의적이며, 신속할 수 있다.[20]

서구 복지국가들에서는 1980년대 이후 신보수주의 이념이 확산되면서, 사회복지 서비스의 공급을 공공 주체들에서 민간 부문의 주체들로 이전하는 추세를 보여 왔다. 이 같은 민영화(privatization)는 공급 주체의 성격 변화와 연관되어 있다. 사회복지 공급에서 민영화가 타당한지에 대한 평가는 현재에도 계속되고 있는데, 민영화에 따른 비용

표 3-1 **사회복지 서비스 공급의 공공 주체와 민간 주체 비교**

	규모	참여	조직 방식	특성
공공 주체	대규모	강제적	강한 관료제	엄격성, 공정성, 둔감성
민간 주체	소규모	자발적	약한 관료제	융통성, 편의성, 민감성

문제가 관건이 된다. 예를 들어, 민영화를 하게 되면 개별적으로 작동하는 무수한 수의 민간 주체를 통합적 서비스 공급을 위해 조율해야 하고, 이들이 공적 편익과 도덕성을 추구하는지를 공공 부문이 일일이 감독해야 하는 비용이 발생한다.

사회복지 공급 주체로서 공공과 민간 부문의 적합성은 서비스 영역에 따라 차이가 있다. 연금 서비스와 같이 전국가적 성격의 사회복지 공급은 민간 부문의 주체들이 수행하기 어렵다. 반면에 특정 지역의 특수한 문제를 다루는 서비스에서는 중앙정부와 같은 공공 부문 주체가 오히려 효율적으로 기능하지 못한다. 유사한 맥락에서, 표준화가 가능한 현금 급여는 공공 부문의 주체가, 현장에서의 융통성이 강조되는 대인적 휴먼서비스는 민간 부문의 주체가 보다 유효하다.

우리나라를 비롯해 대부분의 복지국가들에서는 현재 사회복지 서비스 공급에서 공공과 민간 부문의 주체들이 섞이는 혼합 추세에 있다. 제도적으로도 공공과 민간 주체들 간의 연결이 강화되고 있어서, 부문 간 경계를 엄밀하게 긋기 어려운 경우도 많다. 예를 들어, '종합사회복지관'이라는 사회복지 서비스의 경우, 설립 주체는 공공(주로 지방자치단체)이지만 이를 운영하는 주체는 주로 위탁받은 민간(사회복지법인 등)이다. 그렇다면 종합사회복지관이라는 사회복지 서비스의 공급 주체는 공공인가, 아니면 민간인가? 현재 대인적 사회복지 서비스 영역에서 나타나는 추세, 즉 전형적인 공공과 민간 주체 간의 구분이 의미 없게 되는 이런 현상을 '복지혼합(welfare-mix)'이라 부른다.

(2) 중앙과 지방

사회복지의 공급 주체는 중앙과 지방 차원으로 구분된다. 국가 범주에서 수행되는 사회복지 서비스의 공급은 보통 중앙정부나 공단, 전국 규모의 민간 기구(사회복지공동모금회, 삼성재단 등) 등의 중앙 주체가, 지역적 특성이 반영되어야 하는 사회복지 서비스들은 지방자치단체, 지역의 공공 재단이나 법인, 마을 단위 등의 지방 주체가 담당한다. 사회복지의 공급 주체를 중앙과 지방 차원으로 구분하는 이유는 사회복지 서비스나 프로그램이 대상으로 하는 인구 집단의 규모나 성격, 서비스의 특성 등에 따라 이들의 장단점이 달라지기 때문이다. 예를 들어, 국민 전체를 대상 인구로 하는 건강보험 등은 중앙 주체가, 마을 단위에서 공동육아와 같은 서비스는 지역 주체가 보다 효과적으로 수행할 수 있다.

특정 사회복지 서비스들의 경우에는 중앙 주체가 아닌 지방 주체가 수행해야 할 필

요가 있다. 서비스의 대상이나 수행 영역이 특정 커뮤니티의 욕구나 성향을 반영해야
만 하는 경우다. 지역사회복지 프로그램들이 대개 이와 같다. 예를 들어, 특정 마을 단
위의 고유한 특성을 반영한 노인 돌봄 시스템을 구축하는 것이다. 지역 내 생활공간에
서 긴밀한 대인관계를 통해서만 수행될 수 있는 사회복지 프로그램이나 서비스들인 경
우에는, 획일적인 관료제적 운용 원리를 따르는 중앙 차원의 주체들보다 지역 환경에
따라 유연성을 발휘할 수 있는 지방 주체들이 보다 적합하다.[21]

우리나라의 사회복지 역사에서는 공공 프로그램들이 지역적 특성의 개입을 가급적
최소화하려는 경향을 보여 왔다. 지역균형발전이 강조되면서, 지역 간 차이를 발생시
키지 않고 전국적 단위에서 동일하게 프로그램을 실행하는 것이 필요하다고 여겨졌기
때문이다. 그래서 지역에서 실행되고 있는 많은 사회복지 서비스나 프로그램도 실제로
는 중앙정부와 같은 주체들이 공급을 주도해 왔다.[22] 근래에는 국가 정책이 자치분권
을 강조하면서 사회복지 공급에서 지방정부를 포함한 지역의 다양한 주체들의 역할이
확대되고 있다.[23]

(3) 전문직과 일반

사회복지 서비스를 제공하는 인력은 전문직과 일반 주체로 구분된다. 전문직(profe-
ssional)이란 특정 서비스 영역에 대해 전문적인 지식과 자격을 갖춘 직업군을 말한다.
일반적으로 전문직의 활동에 대해서는 배타적인 권한과 책임을 법제적으로 규정한다.
의료 서비스 활동에 대해 의사나 간호사 등의 전문직 주체에게 일정한 배타적 권한과 책
임을 법적으로 부여하듯이, 사회복지 서비스 제공에 있어서도 일정 부분 전문직의 권한
과 책임을 규정하고 있다. '사회복지사'가 그 대표적인 전문직에 해당한다.[24]

일반 주체란 전문직이 아닌 인력이나 자원봉사자, 시민이나 주민 등을 포괄한다. 비
전문직 인력 주체는 활동의 방식에서 전문직 주체와는 차이를 보인다. 전문직 인력은
전문직의 가치와 지식을 기반으로 서비스를 제공한다.[25] 이에 비해 비전문직 인력은
소속된 조직의 임무나 개인적 사명에 따라 활동한다. 일반 행정직 인력은 정부 조직에
서 부과한 임무와 절차를 수행하고, 자원봉사자나 시민들은 자신들의 사명감이나 자발
성에 기초해서 사회복지 활동에 참여한다.

길거리에 아픈 사람이 누워 있을 때, 그를 돕고자 하는 의지가 충만한 일반인 수백 명이 있더

라도 그를 낫게 하기는 어렵다. 그보다는 비록 관심이 없더라도 그 사람이 아픈 이유와 치료 방법을 알 수 있는 한 명의 의사가 그를 낫게 하는 데 필요하다. 이렇게 치료 활동 자체는 전문 직 의사를 주체로 해야 하지만, 아픈 사람을 발견하고 그를 치료할 의사를 찾아 연결하고, 치료 비용을 조달하는 등의 활동에서는 일반 주체의 역할이 필요하다.

사회복지 서비스를 공급하는 전체 과정에는 전문직과 일반 주체가 모두 필요하다. 다만, 서비스의 영역이나 내용에서의 차이에 따라 공급 주체로서 전문직과 일반 주체 의 유용성이 각기 다르게 나타난다. 이는 앞서 말했던 바와 같이 사회복지 서비스를 공 급하는 역할을 수행함에 있어서 공공과 민간, 중앙과 지방이 각기 다른 장단점을 가지 는 것과 같은 맥락이다.

2) 급여 형태

사회복지 정책은 프로그램이나 서비스 단위를 통해 사람들의 필요(needs, 욕구)를 충 족시키는 목적의 활동을 한다. 유사한 목적의 사회복지 정책들이라 해도 그것을 실행 하는 수단인 급여 유형을 어떤 것으로 할 것인지 따라 상이한 결과를 초래할 수 있다. 급여(provision)란 대상자에게 전달되는 서비스나 프로그램의 내용물을 말한다. 사회복 지 프로그램이나 서비스가 제공하는 급여의 유형은 크게 '현금'과 '현물'로 구분되고, 현 물은 '대인적 서비스'가 대표한다.

(1) 현금 급여

사회복지 제도에서 현금 급여는 아동수당 등의 데모그란트(demogrant),[26] 각종 연금 이나 생계비, 기타 현금 이전 목적의 프로그램들에서 채택되는 급여 유형이다. 현금은 수급자(급여를 받는 사람)에게는 최대한의 편익을 준다. 수급자가 자신에게 가장 가치 있는 재화나 서비스를 구매할 수 있는 자유재량권을 극대화할 수 있기 때문이다.[27] 이 에 반해 현물은 수급자에게 공급자가 의도한 서비스 내용을 직접 제공한다. 치료가 필 요한 사람에게는 치료를, 양식이 필요한 사람에게는 양식을, 교육이 필요한 사람에게 는 교육을 직접 제공하는 것이다.

기초연금 프로그램은 현재 현금 급여로 제공된다. 이 프로그램은 애초에는 노인교통승차권

지원 시책으로부터 시작되었다. 이것은 이용권 방식의 현물 급여로서, 동사무소 등에서 노인들에게 일정한 매수의 승차권을 직접 배포했었다. 노인들의 나들이와 외출을 지원해서 노인들이 신체적, 사회적으로 건강한 삶을 유지하는 데 도움을 준다는 것이 정책적 취지였다. 그러던 것이 노인들의 요청(승차권 이용의 불편함)과 행정 비용의 과다(승차권 배포의 일에 매달려야 하는 공무원)로 인해, 같은 액수의 현금으로 바뀌어 노인교통지원금이라는 명목으로 지급되게 되었다. 현재 이 지원금은 기초연금에 흡수되었다.

위와 같은 급여 형태의 변화로 노인들의 만족도는 높아질 수 있다. 그 돈으로 각자 자신들에게 최대한의 효용 가치를 주는 것을 선택해서 가질 수 있기 때문이다. 예를 들어, 술이나 담배를 살 수도 있고, 화투 자금으로 쓸 수도 있다. 비록 이전과 이후에 노인들에게 지급되는 급여의 총액은 동일하다고 해도, 현물에서 현금으로의 급여 유형 변화는 정책효과를 크게 변화시킬 수 있다. 행정 비용의 감소라는 측면에서 정부의 편익이 증가했지만, 프로그램의 원래 목적이었던 '나들이 장려를 통한 노인 건강 증진' 그리고 숨은 목적이었을 '의료비 재정 부담의 감소'라는 사회적 차원의 정책 편익은 감소할 수 있다.

현금 급여의 장점은 수급자가 자신의 효용(utility)을 극대화할 수 있다는 것이다. '개인의 최대 선이 사회의 최대 선'이라는 공리주의 관점에서는, 현금 급여가 사회적 효용도 극대화할 수 있다고 본다. 그럼에도 현금 급여는 특정 사회복지 프로그램이나 서비스에서는 적용될 수 없는 경우도 많다. 수급자에 대해 의도된 서비스 목적이나 내용이 직접 전달되는지를 확신할 수 없기 때문이다. 수급자의 자유선택 가능성을 극대화하는 현금 급여의 특성상, 현금 급여를 통해서는 특정 프로그램의 의도된 목적(예: 교육이나 치료)에 따르도록 수급자를 통제하기 어렵다.[28] 그래서 사회복지 프로그램에서 현금 급여 전략은 대개 수급자가 정당한 권리로서나, 프로그램에 대한 기여의 대가(merit-base)로서 인정될 때에만 채택되는 경우가 많다.[29]

사회복지 프로그램들에서 현금 급여의 유형은 산업사회적 삶의 위험을 회피하는 데 쓰였던 일차적 수단이었다. 현금은 생계유지에 필수적인 자원들, 의식주를 비롯한 문화사회적 재화나 서비스를 확보할 수 있는 권리와 같다. 산업사회를 살아가는 대부분의 임금노동자에게 실업이나 질병, 고령 등으로 인한 노동 중단은 화폐소득의 상실로 이어지고, 곧바로 삶의 기본적인 생존권을 박탈당하게 한다.[30] 대부분의 산업사회 복지국가에서는 사람들을 이러한 위험들로부터 보호하기 위해 임금 소득과 유사한 유형의 현금 급여를 제공한다.

(2) 현물 급여

현물 급여는 수급자에게 제공되어야 할 서비스의 내용물을 직접 제공하는 것이다. 특정한 물품이나 서비스를 대상자에게 직접 전달하거나, 혹은 이용권(바우처, voucher)을 제공해서 특정 물품이나 서비스로만 교환하도록 하는 것 등이 모두 현물 급여의 유형에 속한다.[31] 정부가 개인들이 특정 물품이나 서비스를 구입하는 것에 대해 조세 감면 등을 해 주는 것 ― 이를 조세 지출이라 한다[32] ― 도 일종의 간접적인 현물 급여에 속한다.[33]

사회복지 프로그램들에서 현물 급여의 전략을 쓰는 것은, 현금 전략과는 달리 공급자의 관점에서 사회적 효용성을 극대화하는 데 유리하다. 사회 전체의 편익(예: 청소년 육성)을 위해서는 개인들에게 자신이 원하는 것을 소비할 수 있는 재량권을 주는 것보다는 특정 내용의 서비스(예: 학교 교육)를 강제해야 할 필요가 있기 때문이다. 그럼에도 불구하고, 현물 급여는 공급자의 관점에서 수급자가 무엇을 필요로 하는지를 판단해야 하고 ― 이를 욕구사정(needs assessment)이라 한다 ― 또한 급여 제공의 의도가 성취되었는지를 확인하는 데 상당한 행정 비용이 소요되는 단점이 있다.

(3) 대인적 서비스 급여

대인적 서비스는 현물 급여의 일종이다. 공급자에 의해 수급자가 무엇을 필요로 하는지가 결정되어 전달되기 때문이다. 현물 급여 중에서도 대인적 서비스는 사람에게 직접 의도된 변화를 발생시키는 것을 목적으로 하는 대인적 활동이다. '서비스'란 사람들에게 유익을 제공하는 유무형의 내용물들을 포괄하는 일반적인 의미로 쓰이므로, 대인적 활동에 국한하여 '대인적 서비스' 급여라고 한다.

> 공부를 하도록 학생에게 책이나 컴퓨터를 제공하는 것이 물품 급여라면, 교사가 학생과 마주 앉아 공부를 가르치는 것이 대인적 서비스 급여다. 장애인활동보조나 노인장기요양, 보육 서비스는 내용적 측면에서 모두 대인적 서비스 급여 유형에 속한다.

우리나라에서는 근래 사회적 돌봄과 같은 보편적 사회서비스들에서 대부분 대인적 서비스의 급여 전략을 채택하고 있다.[34] 이때 사회서비스의 '서비스'는 대부분 대인적 서비스를 뜻한다. 우리나라의 사회보장에 관한 급여를 규정하는 법에서도 사회보장 급여의 유형을 '현금, 현물, 서비스 및 그 이용권'으로 명시하고 있다.[35] 여기에서 서비스 급여는 현금이나 현물(물품) 급여와 구분되는 유형이므로, 사회서비스 급여라고 하면 곧 대인적 서비스를 의미하는 것이 된다.

특정 사회복지 정책이나 프로그램이 어떤 급여 전략을 채택할지는 일종의 손익교환 (trade-off) 성격을 띤다. 무엇을 얻고, 무엇을 잃을지를 저울질해야 하는 것이다. 현금 급여의 전략은 행정 비용이 적게 들지만, 사회적 편익을 담보하기 어렵다. 반면, 현물 급여는 행정 비용이 많이 발생한다. 특히 대인적 서비스 급여에 가장 높은 행정 비용이 든다. 하지만 특정 사회적 목적과 성과를 의도하기에는 현금보다 현물이, 현물 내에서 도 대인적 서비스 급여가 가장 효과적이다.[36]

미 주

1) Dolgoff, R., & Feldstein, D. (2013). *Understanding Social Welfare: A Search for Social Justice.* Singapore: Pearson Education, pp. 103-130.

2) Barker, L. (1995). *The Social Welfare Dictionary* (3rd ed.). Washington, D.C.: NASW, p. 357.

3) 이에 따라 같은 '사회복지'를 말하지만, 한편에서는 협의적 개념으로, 다른 한편에서는 광의적 개념으로 간주하는 경우가 흔하다.

4) 이런 식의 개념 정의는 돌고프와 펠드스타인(2013)이 시도한 바 있다. 참고: Dolgoff & Feldstein, *Understanding Social Welfare*, pp. 103-130.

5) 예를 들어, '자녀는 부모를 부양한다'라는 것은 가족 제도의 핵심 가치이자 역할 행동들에 대한 하나의 규범인데, 법은 이 중 일부만을 규정한다.

6) Dupré, L. (1993). 'The common good and the open society'. *The Review of Politics, 55*(4), pp. 687-712.

7) Huber, M., Maucher, M., & Sak, B. (2006). Study on Social and Health Services of General Interest in the European Union [Final Synthesis Report. DG EMPL/E/4, VC/2006/0131].

8) 일명 '탈복지국가'의 추세에서는 공동선을 구현하는 '사회적' 주체를 정부만이 아니라, 민간 부문의 비영리나 영리 조직들, 공동체와 연대, 종교 등으로 확대한다. 이를 복지 다원주의 (pluralism)라고도 한다. 복지국가와 탈복지국가, 다원주의의 추세 등에 대해서는 이 책 12장 에서 자세하게 설명한다.

9) Wilensky, H., & Lebeaux, C. (1965). *Industrial Society and Social Welfare.* NY: Free Press.

10) 사회서비스의 영역 구분을 위한 기준에서 그 의미가 잘 나타난다. 흔히 노인요양, 장애인활동 지원, 아동보육을 의료나 교육, 특수치료 서비스가 아닌 사회서비스의 범주로 포함시키는데, 그 이유가 사회적 관계 자체를 중요한 서비스의 내용으로 하기 때문이다. 정경희 등(2006)은 사회서비스를 '이윤추구를 일차적 목적으로 하지 않으면서, 사회적 욕구 충족에 초점을 두는 집합적이고 관계지향적인 활동'으로 정의하는데, 앞부분이 공적 편익의 기준을 뜻하고, 뒷부 분이 사회적 관계 활동이 서비스의 본질이라는 기준이다. 참고: 정경희 외(2006). 한국의 사 회서비스 쟁점 및 발전전략 [한국보건사회연구원 연구보고서 2006-18].

11) Dolgoff & Feldstein, *Understanding Social Welfare*, pp. 103-130.

12) (일본) 社會福祉士養成講座編輯委員會 (2014). 現代社会と福祉(4판). 中央法規.

13) 많은 나라에서 사회정책은 여지껏 정부 정책을 중심으로 해 왔지만, 근래 지역이나 민간 활동 이 강조되는 추세에서 지방자치단체나 민간 조직, 단체, 개인에 의한 정책들도 점차 사회정책

에서 의미 있는 비중을 차지한다. 참고: 상게서.

14) 이 보고서는 현대 사회정책의 방향을 정립하고 복지국가의 원형을 만드는 데 기여했다.

15) Kahn, A., & Kamermans, S. (Eds., 1976). *Social Services in International Perspective: The Emergence of the Sixth System*. Washington, D.C.: Government Printing Office.

16) 社會福祉士養成講座編輯委員會, 現代社会と福祉.

17) 일본 사회복지학계에서는 이를 L(영어 알파벳)자형이라고 한다. 참고: 상게서.

18) ㄴ(니은)자형의 사회복지 영역에 대한 그림은 일본 후루카와 교수의 L(엘)자형 사회복지의 개념에 대한 아이디어를 차용한 것이다. 참고: 古川孝順(2009). 社会福祉の拡大と限定. 中央法規.

19) 사회복지 정책이란 반드시 국가나 공공 기구의 차원에서만 형성되는 것은 아니다. 다양한 층위에서 사회복지 정책이 결정될 수 있다. 예를 들어, 국가 차원에서 빈곤 문제에 개입하기를 결정하거나, 민간 기구가 특정 아동 집단의 문제 해결을 위해 노력할 것을 결정하는 것 등이 모두 사회복지 정책에 해당한다.

20) 이와 같은 공공과 민간 주체의 이론적인 성격 구분이 우리나라의 사회복지 실천 현장의 역사에서는 적절히 들어맞지 않는 경향이 있다. 이는 공공과 민간 주체의 성격 차이에 대한 이론의 문제라기보다는, 우리나라의 사회복지 실천 현장에서 민간 주체가 민간의 성격을 띨 수 없었던 역사적 제도 특성에 기인하는 것이다. 이에 대해서는 6장 한국 사회복지 제도사에서 설명한다.

21) 이때 지역 주체는 반드시 공공을 뜻하지는 않고, 민간의 특성도 혼재된다. 예를 들어, 마을공동체가 공공 주체인지 또는 민간 주체인지에 대한 엄격한 구분은 가능하지 않다.

22) 어떤 지역에 거주하더라도 동일한 이용 자격을 가지도록 하려면, 국가적 서비스 방식으로 제공되어야 한다. 그러한 서비스들에 대한 재원은 중앙정부 등이 주도적으로 마련하게 된다.

23) 이에 대해서는 이 책 14장 커뮤니티 케어에서 자세하게 설명한다.

24) 예를 들어, 국민기초생활보장 서비스를 현장에서 집행하는 주체로서의 사회복지직 공무원은 사회복지사 자격을 보유해야 하는 등이다.

25) 전문직 인력을 전문가라고 하는데, 전문가는 특정 서비스 영역의 전문직이 갖춘 인과론적 지식과 방법을 교육을 통해 이수받고, 특정 실천에 대한 숙련성(expertise)을 인정받아야 한다. 전문가의 자격은 대체로 이를 검증하는 절차(시험, 실습 등)를 통해 부여된다. 사회복지 전문직에 대해서는 이 책 9장 사회복지 전문 실천에서 자세히 설명한다.

26) 데모그란트란 연령이나 성별, 인종 등 인구학적 조건을 기준으로 지급되는 급여를 말한다.

27) 같은 금액의 현금처럼 느껴지는 것이지만, 백화점 상품권 10만 원과 현금 10만 원도 받는 사람의 입장에서는 효용성의 크기가 차이 난다.

28) 예를 들어, 보육료를 부모에게 주었을 때, 아동에게 가장 바람직한 소비(예: 건강 식단)를 할 것이라는 보장이 없다. 부모와 아동이 건강하지 못한 음식(예: 비만 식품)을 소비했더라도, 그들 자신은 그것으로 최대한의 효용을 느꼈다면 공리주의 입장에서는 여전히 최대한의 선이 추구된다. 문제는 개인이 만족하는 소비를 왜 사회가 지원해야 할 것인지의 문제다.

29) 사회보험의 수급권이 그러한 대표적인 경우다. 사회보험의 대부분은 현금 급여의 수단을 채택한다. 정당하게 보험료를 납부한 대가로 받은 것이다. 그러므로 수급 급여에 대한 활용은 개인 스스로의 최대한 행복 추구에 맡겨질 수 있게 된다.

30) 과거와는 달리 현대사회의 사람들은 돈으로 생계를 꾸려 간다. 그래서 돈이 없다는 것은 과거 농경사회의 사람들에게 가족이 없다는 것과 같은 정도의 치명적 위험이 된다. 둘 다 생계에 직접적인 영향을 미치는 것이기 때문이다.

31) 이용권이란 현물 혹은 서비스 모두에 대해 적용될 수 있는 것으로, 현물이나 서비스의 공급 내용물을 제공받을 수 있는 권리 증서다. 그러므로 넓은 의미에서의 현물(in-kind)로 묶인다.

32) 예를 들어, 연말세금정산에서 특정 교육을 이수하는 데 지불했던 비용을 세금에서 감면하거나 면제해 주는 것이다. 이러한 급여 방식은 행정 비용이 적게 든다는 장점이 있다. 현물 급여를 제공하기 위해 세금을 걷고, 대상자를 선정하여 이들에게 급여를 전달하는 데에는 방대한 행정 비용이 발생한다. 세금 혜택을 통한 조세지출의 방식은 그와 같은 막대한 비용을 생략할 수 있게 한다. 문제는 이것이 세금을 내는 사람들에게만 적용될 수 있는 수단이라는 것이다. 사회서비스 수급자의 상당 몫을 차지하는 저소득자나 공공부조 대상자들에게는 이러한 수단이 적용되기 어렵다.

33) 개인이 특정 재화나 서비스의 소비를 전제로 혜택을 준다는 점에서 이들은 모두 현물 급여에 포함될 수 있다. OECD는 국가들 간 사회적 지출(social expenditure)을 비교하기 위해, 직접 현금/현물을 지출하는 정부지출(government expenditure)과 대비해서, 조세지출(tax expenditure)의 항목을 별도로 둔다.

34) 참고: 김은정(2014). "주요 국가의 사회서비스 공급주체 성격변화와 정책적 쟁점". 한국사회와 행정연구, 25(1), pp. 169-195.

35) 이는 정부의 사회복지 급여 제공을 다루는 「사회보장급여법」(시행 2016. 8. 4.) [법률 제13994호, 2016. 2. 3., 일부개정)을 통해 확인된다. 여기에서 이용권이란 단지 급여의 성격 유형이라기보다는 서비스 급여의 제공 방식(급여의 이용을 보장하는 증서)을 뜻한다. 이용권 중에서도 서비스를 명시하는 것은 사회서비스에 해당한다.

36) 이런 점에서 국민의 기본생활권(national minimum, 사회권) 보장과 관련된 프로그램들에서는 현금 급여, 특정 사회 문제의 해결을 의도하는 프로그램들에서는 현물 급여 중에서도 대인적 서비스 급여의 전략을 채택하는 경향이 있다.

사회복지의
이념과 역사

2부에서는 사회복지의 이념과 역사적 발달에 대해 설명한다. 먼저, 4장에서는 현대사회의 사회복지가 제도로서 성립하는 데 관련된 동기와 이념들을 살펴본다. 사회복지 제도가 단순히 기술 체계가 아니라, 사람과 사회가 만들어 내는 다양한 동기와 이념, 가치들로 이끌어지는 것임을 설명한다. 5장에서는 영국과 미국, 일본의 순서로 산업화된 국가들에서 사회복지 제도가 어떻게 발달되어 왔는지를 설명한다. 이어 6장에서는 우리나라의 고유한 사회복지 제도가 성립된 역사적 경과와 현재 모습을 설명한다.

제4장
사회복지의 동기와 이념

현대사회의 사회복지를 추동하는 힘 혹은 동기는 무엇일까? 박애주의나 이타주의, 종교적 사명 등을 들 수도 있지만, 이들은 개인적 차원의 자선 동기에 가깝다. 제도적 차원의 사회복지는 그보다는 다른 힘들에 의해 움직인다. 사회복지를 제도로서 만들어 내는 주된 힘은 정치·경제적 동기나 시대적 이념들로부터 나온다.

1. 사회복지의 제도적 동기

현대사회에서는 사회복지가 제도로서 성립되게 하는 힘이 있다. 이 힘은 근원적으로 도시산업사회의 문제 해결에 대한 필요에서 나온다. 산업 구조와 사람들의 삶의 양식이 바뀌고 가족 제도가 공동체 사회로서의 기능을 수행하기 어렵게 되면서, 이를 대신하는 제도로서의 사회복지를 만들어 내려는 힘이 발생한다. 이러한 힘은 개별 사회들마다의 정치·경제적 동기와 결부되어 현실적인 사회복지 제도를 성립시킨다.

1) 정치적 동기

사회복지 정책이나 프로그램들은 흔히 정치적인 이유로 지지되고 실행된다. 정치(politics)란 넓은 의미에서는 사회구성원들 간 대립과 갈등을 조정하고 해결하는 것을 말한다. 좁은 의미에서는 그런 목적을 위해 특정 세력이 권력을 획득하고 행사하는 과정을 뜻한다. 사회복지를 제도화하는 데 작용하는 힘에는 이러한 광의와 협의의 정치적 동기가 모두 들어 있다.[1]

정치적 권력 획득과 유지   민주사회에서 정치 제도는 세력들 간 경쟁을 통해 다수 구성원의 지지를 획득한 세력이 집권을 하는 방식으로 운영된다. 이 과정에서 각 정치 세력들이 제시하는 사회복지 정책의 내용과 방법에 대한 청사진은 이들 간 경쟁에서 중요한 역할을 한다. 19세기 독일 제국을 일으킨 '철혈 재상' 비스마르크(Bismarck)가 당시 독일에 사회보장 제도를 일찌감치 도입했던 이유는 인본주의나 이타주의와 같은 동기로는 설명되지 않는다.[2] 그보다는 반대 정치세력(사회민주당)이 사회보험 제도를 통해 유권자인 노동자들로부터 지지를 획득하려는 것에 위협을 느껴, 오히려 비스마르크가 이를 서둘러 채택했다는 것이 정설이다.[3] 이처럼 사회복지가 제도적으로 성립하는 데는 정치 세력의 권력 획득을 위한 동기가 중요하게 작용할 수 있다.

사회적 불안의 억제나 회피   사회복지의 제도적 성립을 촉발시키는 또 다른 정치적 동기는 사회적 불만이나 동요로 인해 기존의 사회 질서가 전복되는 것을 막으려는 힘에서 나온다. 근대 사회복지 제도의 출발을 상징하는 영국의 1601년 「구빈법(Poor Law)」이 제정될 당시에는, 산업화로 인해 농지를 잃고 떠돌아다니는 부랑인들이 영국 전역에 막대한 수에 이르렀다. 이들이 약탈을 일삼거나 폭도로 변하면서 사회적 불안과 동요가 감당하기 어려울 정도가 되었으므로, 국가적 차원에서 부랑인에 대한 지원이나 제재를 가할 목적으로 「구빈법」이 제정되었다.[4] 이처럼 사회복지 제도는 사회적 불안정을 회피하려는 정치적 동기로부터도 성립될 수 있다.

2) 경제적 동기

사회복지를 제도적으로 성립되게 하는 힘은 경제적 동기에서도 나온다. 일반적으로 경제(economics)란 사람들이 집단 안에서 상호 작용을 통해 재화를 생산하고 소비해서 생계를 이어 가는 모든 행위를 말한다. 사회복지 제도는 사람들의 경제적 행위가 원활하게 이루어질 수 있게 도움을 준다는 측면에서 경제적 동기로부터도 성립된다.

사회 문제의 비용 감소   사회복지 정책이나 프로그램은 사회 문제의 위험이나 이로부터 초래되는 사회적 비용을 줄이는 데 도움을 준다. 사회 문제들은 사회적 불안을 유발하고, 그에 따라 경제적 손실이 초래된다. 예를 들어, 노동자들이 파업을 하는 경우, 기업이 멈춰 서고 국가 경제의 손실과 같은 막대한 사회적 비용이 발생한다. 사회 문제를 해결함으로써 사회적 불안을 줄이거나 예방할 수 있는 사회복지 제도들, 예를 들어 최저임금제나 고용보험 제도는 노동 문제와 관련된 사회적 비용을 줄이려는 경제적인 동기에서 비롯된다.

생산과 소비의 선순환   사회복지 제도의 경제적 동기는 생산과 소비 자체를 진작시키는 효과에서도 비롯된다. 자본주의 산업사회에서는 상품이 생산되고 소비되어야 경제가 작동한다. 상품 생산을 위해 사람들이 고용되고, 이들이 임금 소득을 받아서 상품을 소비하고, 그러면 다시 상품 생산과 고용이 계속되는 과정이 되풀이된다. 자유주의 시장 경제는 생산과 소비 양축이 긴밀히 연결되어 작동한다. 그에 따라 어느 한쪽의 문제는 곧바로 다른 쪽의 문제가 되어 불경기와 같은 악순환에 빠지기 쉽다.

사회복지 제도는 이와 같은 자유주의 경제가 초래하는 생산과 소비의 악순환을 끊어내는 데 기여할 수 있다. 고용보장 프로그램, 직업훈련이나 재활 프로그램, 나아가 아동 조기교육 프로그램까지도 전체 사회의 경제적 생산력을 중장기적으로 증대시키는 데 도움을 준다. 경제적 생산성을 저하시킬 것 같은 최저임금제와 같은 사회복지 정책도 중장기적으로는 사회의 경제적 생산성을 높이는 데 기여할 수 있다. 적정 임금을 보장해서 노동력이 피폐화되는 것을 막으면 생산 측면의 경제가 건강해지고, 이는 다시 소비 경제를 활성화시킬 수 있다.

사회복지 정책이나 프로그램이 사람들에게 지급하는 현금성 급여도 경제 활성화에 기여한다. 다수의 저소득자에게 지급되는 현금 급여의 대부분은 곧바로 직접 소비로 연결된다. 소수의 고소득자가 보유한 현금은 직접 소비보다는 저축이나 투자를 통해 생산 부문으로 들어가는 비중이 크다. 이는 생산 측면의 경제를 자극할 수는 있지만, 소비를 진작시키는 효과는 낮다. 따라서 소비 부진으로 유발되는 경제적 침체기에서는 고소득자로부터 저소득자로 재원을 적극적으로 이전하는 조치, 즉 세금을 거두어 복지 급여로 지출하는 사회복지 제도가 경제 활성화에 기여할 수 있다. 사회복지 제도의 성립에 이 같은 경제적 동기가 있는 것이다.

2. 사회복지의 배경 이념

사회복지는 사람들의 복지를 사회적 차원에서 다루는 것이다. 그러므로 제도로서의 사회복지는 사회구성원들이 가지는 사회에 대한 믿음 혹은 이념에 기반한다. 이념(ideology)이란 사람들이 가지는 신념 체계로서, 무엇이 옳고 그른지에 대한 가치 판단과 행동을 하게 만드는 것이다. 한 사회에서 나타나는 사회복지 제도의 성격은 이러한 사회 이념들의 영향을 받는다.[5]

1) 이타주의와 인도주의

이타주의(altruism)란 다른 사람들을 이롭게 하는 것이 옳다는 믿음이다. 이는 자신의 이익을 우선하는 이기주의(egoism)와 반대된다. 이타주의는 사람들에게 희생과 봉사에 관한 가치를 숭상시키고, 베풂이나 나눔과 같은 자선적 활동을 유발한다. 이타주의는 개인 차원의 신념이지만, 결과적으로는 상호부조의 사회복지 제도를 성립시키는 이념적 동기가 될 수 있다. 이타주의자일수록 사회복지 정책이나 프로그램을 지지할 가능성이 크기 때문이다.

인도주의(humanitarianism)란 인간의 존엄성을 최고의 가치로 여기고, 인종, 민족, 국가, 종교 따위의 차이를 초월하여 인류의 안녕과 복지를 꾀하는 것을 이상으로 하는 사상이나 태도를 말한다.[6] 인도주의는 휴머니즘에 사상적 기초를 두는데, 휴머니즘(humanism, 인본주의)이란 인간은 존재 그 자체로서 존엄하며, 모든 인간의 생명과 삶은 동등하게 중시되어야 한다는 것이다. 인도주의는 이러한 휴머니즘을 통해 왜 우리가 다른 사람들의 복지와 행복을 위해 노력해야 하는지 그 이유를 찾게 해 준다.

이타주의와 인도주의, 휴머니즘 등의 이념이나 사상은 사회구성원들에 내재되어 있으면서, 사회복지 정책이나 활동이 조성되고 실천되는 과정 속에 다양한 양상으로 반영된다. 이러한 이념들은 반사회적(이기적)이기보다는 친사회적으로 작용하는 것이므로, 대부분의 사회에서는 이들 이념을 구성원들에게 널리 확산시키기 위해 노력한다. 문화와 교육 제도가 주로 그런 노력을 하지만, 사회복지 제도 또한 경험을 통해 이타주의나 인도주의 이념이 사람들에게 체득되게 한다. 예를 들어, 자원봉사 활동의 경험은 사람들의 인도주의 이념을 강화시킬 수 있다.

2) 개인주의와 집합주의

사회복지 제도는 구성원들이 가지는 사회 이념에 의해 영향을 받는다. 어떤 사회 이념들도 '사회가 개인들의 복지에 영향을 미친다'를 부정하지는 않는다. 다만, 그런 사회가 어떠해야 하는지에 대해서는 이념들 간에 상당한 차이가 있다. 개인주의와 집합주의의 차이가 이를 대표한다. 이들은 모두 사회구성원의 복지와 행복을 위해 사회가 존재한다는 것을 믿는다. 그럼에도 그런 사회가 개인의 자유를 중시해야 할지, 아니면 집단의 이익을 강조해야 할지에서 서로 다른 믿음을 가진다.

개인주의(individualism)는 사회의 초점을 집단보다는 개인에 두고, 개개인의 이익을 최대화되도록 하는 사회가 옳다고 믿는다. 이는 경제 이념으로서의 공리주의나 자유주의에 보다 맞닿아있다. 개인들이 각자 자신들의 이익을 위해 시장 내에서 자유롭게 일할 수 있을 때, 전체로서의 집단(사회)도 최적의 상태, 즉 최대의 행복이 추구될 수 있다는 것이다. 그래서 개인주의적 이념에서는 가능한 한 개인의 자유가 최대한 보장될 수 있도록 정부 등이 사회적 규제를 최소화하는 '작은 정부론'을 선호한다.

집합주의(collectivism)는 사회의 초점을 개인보다는 집단에 두고, 집단이 잘 되도록 해서 개개인이 혜택을 얻는 것이 바람직하다고 믿는다. 이는 정치 이념으로서의 진보주의나 사회민주주의와 상대적으로 가깝다. 집합주의는 개개인의 자유 행위가 지나친 경쟁이나 불평등과 같은 모순을 통해 사회 응집력을 약화시키고, 이에 따라 생산성이 저해되면 결국 집단 구성원 개개인들도 손해라고 본다. 그래서 집단(구성원들)에 대한 관리나 규제의 필요성을 강조하고, 이를 위해 정부 등의 공적 기구의 역할을 중시한다.

특정 사회가 개인주의와 집합주의 이념 중 어떤 것을 더 중시하는가는 그 사회의 사회복지 제도가 형성되는 과정이나 특성에도 많은 영향을 미친다. 개인주의가 우세한 사회, 예를 들어 미국과 같은 사회에서는 사회복지 제도가 전체 사회구성원을 대상으로 하기보다는 부득이한 경우에 놓인 취약 인구들에 집중해서 최소한의 사회적 안전망을 제공하는 데 초점을 두어 왔다. 그래서 사회복지 공급의 주체도 가급적 정부 조직보다는 민간이나 지역 차원에서의 자발적 활동 조직을 장려한다. 이런 경우의 사회복지 제도는 보통 잔여적, 선별주의적 경향을 띤다.

반면, 집합주의가 우세한 사회들, 예를 들어 스웨덴 등의 북유럽 국가들에서는 사회복지 제도가 집단 전체의 이익에 기여하는 방향으로 형성된다. 그러므로 집단 구성원 전체를 사회복지의 권리와 의무의 대상으로 규정하는 보편적 방식의 사회복지 제도가 구축되는 경향이 강하다. 소수 취약계층을 위한 사회적 안전망이 별도로 구축되기보다는, 이들을 보편적 복지제도의 대상으로 함께 포함시킨다. 이에 따라 사회복지 제도는 많은 경우 거대 조직을 필요로 하게 되고, 그에 따라 정부 조직과 같은 공공 부문의 역할이 크다.

3) 보수주의와 진보주의

사회복지 제도의 성격에 영향을 미치는 이념으로는 보수주의와 진보주의도 있다. 이념이란 사회구성원들 다수의 가치 지향성을 나타내는데, 보수와 진보는 '기존의 것' 혹은 현재 상태(status quo)를 지켜야 하는지를 두고 지향하는 바가 차이 난다. 보수주의란 현재 상태를 지키는 쪽이 옳다고 믿고, 진보주의는 변화시키는 쪽이 옳다고 믿는다. 보수와 진보가 주장하는 이념의 내용은 각 나라들이나 시대에 따라 '기존의 것'이 무엇이었는지에 따라 다르다. 예를 들어, 시장경제 체제를 유지해 왔던 국가들에서 보수주의는 자유주의적 이념을 뜻하지만, 통제경제 체제하에 있었던 나라들에서는 보수주의가 집합주의적 이념을 띤다.

이렇듯 보수주의와 진보주의는 특정 내용에 관한 이념 지향의 차이가 아니기 때문에, 사람들은 정치, 경제, 사회, 문화적으로 다양한 영역마다 보수와 진보의 입장을 제각기 따로 가질 수 있다. 예를 들어, 경제 분야에서는 진보적 이념을 가지는 사람이 사회문화적으로는 보수적 이념의 가치를 선호할 수 있다. 경제는 바꾸는 것이 옳고 문화는 전통을 지키는 것이 옳다고 믿는 것이다. 더 세부적으로 들어가면, 각 영역 안에서도 보수와 진보의 입장들이 다양하게 분화될 수 있다.

현재 시점에서 대부분의 나라에서는 보수와 진보의 이념을 주로 자유시장 경제에 대한 태도로 구분한다. 사유재산권이나 기업의 자유로운 활동권을 강조하는 자본주의적 시장경제의 기조를 유지하고자 하는 입장을 보수주의로, 이러한 기조가 초래해 왔던 사회적 불평등을 적극 해소하기 위해서 국가의 개입을 강화해야 한다는 입장을 진보주의로 간주한다.

보수와 진보 이념은 구체적으로 경제와 복지 제도의 운용 방식에 대해 명확히 대립되는 입장을 갖는다. 보수주의는 시장 안에서 개인의 자유를 강조하고, 이에 따른 개인 책임 또한 강조한다. 국가의 과다한 복지 개입은 시장경제를 위축시켜 사회구성원들의 삶을 오히려 어렵게 한다고 믿는다. 시장경제가 활성화되어 경제적으로 성장하면 그것의 혜택이 전체 사회구성원들에게 돌아간다는 낙수효과(trickle-down)를 강조한다. 보수의 입장에서는 기존의 시장경제 체제를 지키고 싶어 하고, 정부 등에 의해 소득 재분배를 강화하기 위한 사회복지 제도의 확대에 반대한다.

진보주의 입장은 자본주의와 자유시장 경제가 초래하는 사회적 불평등의 문제에 주목한다. 자유주의 경제가 초래하는 '빈익빈 부익부' 현상은 그 자체로서 정의롭지 못할 뿐만 아니라, 궁극적으로는 공동체로서의 사회를 파괴하고, 그 안에서 살아가야 할 구성원 집단 전체를 위험에 빠트릴 것으로 믿는다. 보수주의자들이 신봉하는 경제와 복지의 낙수효과는 현실에서 거의 나타나지 않고, 오히려 성장 위주의 경제 정책은 사회적 양극화를 부추겨 궁극적으로 공동체 사회의 안정을 파괴할 것이라 우려한다. 따라서 진보의 입장에서는 자유주의적 시장경제의 문제를 해결할 수 있는 주체로서 국가의 역할을 강화하기 위한 사회복지 제도의 확대를 원한다.

민주주의 국가들에서는 선거와 같은 정치적 과정을 통해 이런 보수와 진보의 주장들이 표출되고, 충돌하고, 타협되는 의사결정에 이른다. 한 사회에서 사회복지 제도가 형성되고 발전되어 가는 과정에서는 특히 경제와 복지 문제를 둘러싼 보수와 진보 이념의 정치적 대립과 타협은 불가피하게 발생한다.

4) 평등주의와 공평주의

사회복지 제도에는 평등과 공평에 대한 이념도 반영되어 있다. 평등(equality)이란 일반적으로 동등한 상태를 뜻한다. 공평(equity)이란 치우침이 없이 공정한 상태로 동등하다는 뜻이다. 사회복지 제도에서는 특히 평등과 공평, 공정함에 대한 이념은 매우 중요하다. 이런 이념을 구성원들이 어떻게 가지느냐에 따라, 사회복지 정책의 수립에서부터 실천 과정에 이르기까지 제도 전반의 양상이 달라질 수 있다.

평등은 단순하게는 불평등하지 않은 상태를 의미한다. 그러나 현실적으로 무엇을 그러한 상태라고 해야 할지에 대해서는 사람들마다 믿는 바가 다를 수 있다. 예를 들어,

모든 사람이 소득 불평등이란 바람직하지 않고, 이를 평등하게 만드는 것이 옳다고 믿는다 하자. 그럼에도 어떤 것이 평등한지에 대해서는 제각기 견해가 다를 수 있다. 소비할 수 있는 소득이 결과적으로 평등해야 할지, 아니면 소득을 얻을 수 있는 기회가 평등하게 주어져야 할지, 그것도 아니면 소득을 얻기 위해 노력한 만큼에 비례해서 평등해야 할지가 다르다. 이들을 각기 결과적 평등주의, 기회적 평등주의, 비례적 평등주의라고 한다.

일반적으로 사람들은 복지국가를 결과적 평등주의의 지향과 결부시킨다. 결과적 평등주의를 강조하는 복지국가의 정책은 사람들의 최종 가처분 소득 수준을 동등하게 만들려 한다. 이를 위해서는 고소득자로부터 세금을 거두어 저소득자에게 복지 급여로 이전하는 방법 등을 쓰기 쉽다. 그래서 복지국가를 반대하는 사람들은 이로 인한 해악을 강조한다. 복지 급여가 근로 의욕을 저하하고 복지 의존성을 키워 사회의 건강성을 약화시키고, 이로 인해 궁극적으로 전체 사회가 빈곤의 평등화를 초래할 수 있음을 우려한다.

이념 자체에 대한 비판과 별개로 현실적으로도 결과적 평등주의가 완전하게 구현되는 사회를 만들기란 어렵다. 특히 자유주의 시장경제를 근간으로 하는 사회에서는 더욱 그렇다. 그래서 현실 사회들에서는 기회적 평등주의 혹은 비례적 평등주의에 입각한 복지 정책들이 실용적 목적에서 함께 추구된다. 기회적 평등주의 입장의 복지 정책은 사람들이 소득을 얻을 수 있는 기회를 동등하게 주는 것에 초점을 두고, 교육이나 취업 등에서 경쟁할 수 있는 기회를 평등하게 보장하려 한다. 이처럼 기회적 평등주의는 경쟁의 가치를 중요시한다는 점에서 자유주의 이념에 보다 부합된다.

비례적 평등주의는 기회의 평등보다는 개인의 노력이나 사회적 기여 만큼에 비례하는 평등이 공정한 것으로 본다. 사람들은 저마다 보유하는 자원이나 능력에서 차이가 나는데, 경쟁의 기회만 동등하게 보장한다고 해서 평등한 결과가 도출되기 어렵다고 본다. 비례적 평등주의는 기회의 평등 자체만으로는 정의롭지 않다고 보는 점에서 공평주의와 대개 일치한다.

> 공평주의자들은 자유주의자들이 선호하는 기회적 평등을 '기울어진 운동장'의 논리로 반박한다. 100미터 달리기 시합을 하면서 똑같은 출발선상에서 뛸 수 있는 기회를 사람들에게 주더라도, 내리막길을 차지한 사람과 오르막길에 선 사람은 이미 불평등한 결과를 예비한 것과 같다.

단순한 결과적 평등주의에 비해 공평주의 입장을 따르는 비례적 평등주의에서는 공정함이 강조될 수 있지만, 그럼에도 이를 현실 정책으로 구현하기는 쉽지 않다. 공정함에 대한 판단 기준이 사람들마다 각기 다를 수 있기 때문이다.

> 10명의 사람에게 음식을 나누어 준다고 해 보자. 각자에게 똑같이 1/10씩 나누면 평등하지만, 공평한지는 알 수 없다. 공평은 공정함의 기준이 무엇인지에 따라 다를 수 있기 때문이다. 10명이 음식을 사는 데 기여한 금액에 비례해서 나누는 것이 공정한가? 배고픈 정도나 덩치에 비례해서 음식을 나누는 것이 공정한가? 앞으로 커 나가야 할 어린이와 이제껏 고생해 온 노인 중 누구에게 더 나누어 주는 것이 공정한가?

현실적으로 사회적 불평등을 다루는 사회복지 제도는 자유주의 입장에서의 기회적 평등주의만을 수용하기는 어렵다. 경제와 복지를 구분해서 보자면, 시장경제 사회에서는 경제 제도가 기회적 평등주의에 입각해 있고, 복지 제도는 오히려 그로부터 발생하는 폐해에 대응해야 하는 입장에 있다. 그러므로 어떤 사회에서든 사회복지 제도는 일정 정도로 결과적이거나 비례적인 평등주의의 입장을 반영한다.

3. 분배와 정의에 관한 사상

사회복지는 분배의 정의와 밀접히 관련되어 있다. 사람들은 사회를 이루고 사는데, 삶에 필수적인 생산과 소비도 다른 사람들과의 관계를 통해 가능하다. 혼자서 사냥해 먹고사는 표범과는 달리, 사람은 가족이나 공장, 시장, 국가 등의 사회를 통해 생산하고, 교환하거나 분배받아, 이를 소비하면서 살아간다. 혼자서 먹잇감을 포획한 표범에게는 분배의 고민이 없을 것이다. 사람들은 사회적 협업을 통해 생산하므로, 생산물에 대한 분배의 고민은 당연하다.

분배란 사람들의 사회적 삶에서 핵심을 이루는 것이다. 이는 사회에서 정치가 필요한 이유이기도 하다.[7] '정의롭다'는 개념도 대체로 여기에서 도출되었다. 어떤 사회에서도 분배란 당위(must)로서, 분배의 필요성 자체를 정의라고 하지 않는다. 정의(justice)란 '어떻게'에 관한 문제다. 어떻게 나누는 것이 정의로운가? 이것은 오랜 인간 역사에 걸쳐 끊임없이 이어져 오는 질문이다.

기원전 5세기경 그리스 철학자 아리스토텔레스는 '기여에 따른 분배가 정의롭다'고 했다. 이는 비례적 평등의 공평주의를 주장한 것이다. 각 개인이 생산에 기여한 정도에 따라, 그만큼 자기 몫을 가져가는 것이 공정하다는 것이다. 이러한 아리스토텔레스의 정의론은 비록 단순하게 여겨지지만, 이를 현실에 적용하기는 간단치 않은 문제가 있다. 생산에 대한 기여를 무엇으로 보아야 할지이다.

두 사람이 함께 신발을 만들어서 판다. 단순히 각자가 신발을 처음부터 끝까지 같은 모양으로 만든다고 하자.[8] 한 사람은 7켤레, 한 사람은 3켤레를 하루 동안 만들었고, 그것을 모아 함께 팔아서 모두 10만 원을 벌었다. 그러면 비례적 공평에 따라 7만 원, 3만 원으로 나누어 가지면 정의롭게 될까? 단순하게는 그렇다. 그러나 만약 한 가지 조건만이라도 더 추가해서, 3켤레를 만든 사람이 7켤레를 만든 사람보다 인상이 좋아서 손님을 끌어오는 기여를 더 많이 했더라면, 이때에도 7만 원과 3만 원으로 나누는 것이 정의롭다고 할 수 있을까? 좋은 인상의 기여는 몇 만 원의 배분 가치로 보아야 정의로울까?

현대사회는 아리스토텔레스 시대의 분업 생산과는 비교조차 할 수 없을 만큼 고도로 복잡화된 분업 생산의 체계를 가진다. 이로 인해 설령 '기여에 따른 배분'을 정의로운 것으로 받아들인다고 해도, 이를 구현하기 위해 모두가 만족하는 현실적 기준을 찾아내는 것은 지극히 어려운 일이다.

자동차를 생산하는 과정에는 수많은 사람이 무수하게 분화된 작업을 한다. 내연기관 자동차에 보통 3만 개가량의 부품이 들어간다고 하면, 이것만으로도 최소 3만 가지의 서로 다른 일(기여)을 하는 사람들이 있다. 자동차를 한 대 팔아서 생긴 수익금을 어떤 기여의 기준(들)에 입각해서 사람들에게 나누는 것이 정의롭다고 할 수 있을까? 과연 이런 시도조차도 가능할까?

현대사회에서 분배와 정의에 대한 사상은 크게 두 가지 철학적 사조의 흐름으로 나타난다. 하나는 공리주의이고, 다른 하나는 공리주의에 반(反)하는 것들이다. 근래에는 고전경제학의 기반인 공리주의를 극복하려는 사상들이 활발하게 나타나는데, 현대 경제철학에서는 존 롤스의 '정의론'과 아마르티야 센의 '잠재능력 이론'이 이를 대표한다.

1) 공리주의

공리주의(utilitarianism)는 자유주의 정치경제 체제를 지탱하는 핵심적인 사상이다.

공리주의는 배분에 대한 정의로움의 기준을 '최대 다수의 최대 행복'에 둔다. 여기에서 사람들은 고통과 쾌락으로 반응하는 존재라고 전제된다. 사람들은 고통은 최대한 줄이고 쾌락은 최대한 높이려는 선택을 한다는 것이다. 사람들은 늘 그런 계산하에서 합리적으로 행동한다고 가정한다. 그렇다면 '가능한 최대 다수의 구성원들이 최대한의 쾌락(행복, 효용)에 도달되게 하는 것'을 사회적 분배의 기준으로 삼는 것이 옳다. 이것이 공리주의의 정의론이다.

공리주의에서 사회란 곧 사회를 구성하는 사람들의 단순 합이다. 그래서 사회적으로 정의롭다는 것은 그 구성원들의 만족 총합이 최대가 되는 것과 같다. 즉, 사회구성원들 각자가 가지게 될 효용(x_i)이 있다면, 그 합(Σx_i)이 최댓값이 되도록 하는 것이다.

> 밥을 많이 먹는 사람(A)과 적게 먹는 사람(B)이 있다고 하면, 이들에게 단순 평등의 방법으로 밥을 똑같이 나누어 주면 밥을 먹어서 느끼는 행복감이 대식가에게도(x_A), 소식가에게도(x_B) 낮게 나타날 것이다. 따라서 두 사람에게 분배로 인한 행복 총량($\Sigma x = x_A + x_B$)은 그만큼 낮다. 같은 양의 밥이라도 대식가에게는 많이, 소식가에게는 적게 배분하면 두 사람이 느끼는 행복의 총량은 증가할 수 있다. 후자가 더 정의롭지 않을까?

오늘날 시장경제 체제를 옹호하는 자유주의 이념은 이와 같은 공리주의적 원리를 기저로 한다. 그러므로 자유주의 경제 이념의 한계는 곧 공리주의 원리의 문제와 결부된다. 공리주의 사상의 가장 큰 문제는 소수의 효용이 다수의 효용을 위해 쉽게 무시된다는 것이다. 다수의 합(Σx)이 최대가 되도록 한다는 기준을 고수하기 때문이다.

> 소수의 가난한 사람이 사는 동네를 철거해서, 많은 사람이 편히 살 수 있는 고층 아파트로 바꾸는 것은 공리주의의 입장에서는 사회적으로 최선의 선택이 될 수 있다. 비록 철거를 당한 소수의 불행 값을 더하더라도, 다수의 행복 값이 이를 압도하는 상황이면 그 사회의 행복 총량은 최댓값에 도달할 수 있기 때문이다.

현실 정치경제에서는 흔히 다수의 행복을 위해 소수의 희생이 정당시되는 경우가 많다. 다수결의 민주주의에 의해 형성된 정부라면 특히 이러한 공리주의적 이념으로부터 벗어나기 힘들다. 문제는 다수를 위해 소수를 희생할 수 있다는 이러한 공리주의적 사상이 철학적으로 치명적인 결함에 기반하고 있다는 것이다. 공리주의의 문제는 다수와 소수의 문제를 물질의 양이 아니라, 인간과 인간의 삶의 측면으로 다루어야 한다는 점을 중시하지 않는다는 것이다. 공리주의는 인간 삶의 가치를 단지 물질적 고통과 쾌락에 대한 반응치로 축약시켜 다루기 때문에, 이를 가지고 '인간 사회'의 정의로움을 말하기는 어렵다.

2) 롤스의 정의론

근래에는 고전적 공리주의에 대한 비판을 통해 이를 넘어서는 정의론을 제시하려는 노력들이 활발하게 나타난다. 현대 정치철학자 존 롤스(J. Rawls)가 이를 대표하는데, 롤스는 사회복지 정의론의 개념 정립에도 상당한 영향을 미친다. 롤스의 정의론은 사회적 자유주의(social liberalism)의 관점을 따른다.[9] 사람들은 재능이나 속성을 차별적으로 타고나고, 살아가면서 얻는 행운도 마찬가지로 차등적으로 주어진다는 것을 전제한다. 다만 사람들마다 차별적으로 타고나거나 갖게 되는 이러한 개별 성격에 대한 가치나 의미들은 사회적으로, 또 사람들마다의 해석에 의거해 달리 평가된다고 본다.

> 어떤 사람이 키가 크거나 작게 타고난 것은, 그 개성 자체로 좋고 나쁘기보다는 이에 대한 주위의 평가에서 그 유리함과 불리함이 결정되기 쉽다. 선반을 높게 만들어 놓은 곳에서는 큰 키를 타고난 것이 유리하게 되지만, 선반이 낮은 곳에서는 키 작은 사람이 유리하다. 키가 크고 작다는 개성 자체가 유불리를 결정하는 것은 아니다. 결국 사람들마다의 유불리는 사회적으로 판단된다.

사람들마다의 타고난 재산이나 속성, 행운의 개성이 자연스럽게 사회경제적 불평등을 초래하지는 않는다. 인위적인 사회 제도나 사회적 관계의 속성들(예: 선반 높이)에 의해서 사람들의 개성이 평가받고 결과적으로 차이가 발생한다. 즉, 사회경제적 불평등은 자연스러운 것이 아니라, 인위적이고 사회적으로 결정된다는 것이다. 그럼에도 불구하고, 사회구성원들 간 소득과 재산의 분배를 개인의 개성에 기반한 자유주의 경쟁에 따른 결과로만 치부하는 것은 적절하지 않다. 즉, 정의롭지 못하다.

롤스의 정의론에서의 핵심은 기회균등의 원칙과 차등의 원칙에 있다. 이를 '최소 극대화' 원리라고도 하는데, 사회적으로 혜택을 가장 적게 가진 사람들에게 가장 많은 혜택이 돌아가도록 하는 분배가 옳다고 보는 것이다. 즉, 사회경제적으로 불균등한 분배가 정의롭다고 하는 것이다. 이는 공리주의적 원리와 현격하게 다르다. 공리주의에서는 경제적 이익의 관점에서 '사회 내 평균적인 사람들의 기대를 최대화하는 것'을 사회적 정의로 간주한다. 반면, 롤스의 정의론은 공평의 실현이라는 관점에서 '주어진 제약 조건하에서 가장 불우한 사람들의 기대를 최대한으로 높이는 것'을 사회적 정의로 간주한다.

이러한 롤스의 사상은 '평등주의적 자유주의'라고도 불리는데, 자유주의를 전제로 하면서 평등도 강조하기 때문이다. 그래서 결과적 평등주의라기보다는 비례적 평등 혹은 공평주의의 입장에 가깝다. 롤스의 정의론은 정치적 자유나 사상적 자유, 사유재산권 등과 같은 자유주의적 기본권이 모든 사람에게 보장되어야 함을 강조한다. 그럼에도 부나 자원의 불평등 문제는 개인들에게 주어진 자유만으로 해결될 수 없으므로, 규제를 통해 불평등한 부를 재분배하려는 노력이 정당하다고 본다.

3) 센의 잠재능력 이론

경제철학자 아마르티야 센(A. Sen)도 공리주의를 극복하기 위한 대안적 이념을 제시하였다. 센은 특히 공리주의가 전제로 하는 '이기적 경제인'의 개념을 비판하고, 이기적 행위와 효용(쾌락)의 극대화가 결국에는 전체 사회의 비극을 초래한다고 보았다. 고전 경제학에서 가정하는 '이기적으로 행위하는 합리적 인간상'은 인간을 단지 '돈'의 작용에만 근거하여 이해하려고 할 뿐, 인간의 진정한 복지를 결정하는 행동의 동기와 윤리적 관계 등을 폭넓게 고려하지 못한다는 것이다.

센은 인간의 복지를 다음처럼 규정한다. '인간이 보람 있고 가치 있는 삶을 살려면 적절한 영양섭취, 건강 유지, 질병 예방, 사망 회피 등과 같은 기본적인 것들을 갖추어야 하지만, 행복감, 자기존중, 공동체 참여 등과 같은 한층 더 복잡한 것들도 다양하게 성취해야 한다.'[10] 이에 따르면 인간의 복지를 저해하는 빈곤이란 단순히 물질 자체의 부족을 의미하지 않는다. 이는 기존 경제학이 빈곤을 소득 수준이나 경제적 능력의 관점으로만 접근하는 것과 다르다.

센은 빈곤을 사람들이 구매력을 행사할 수 있는 재화 소득(돈)이 없는 상태 그 자체가 아니라, 자신의 잠재능력을 키울 기회가 박탈된 상태로 규정한다. 잠재능력(capability)이란 사람들이 자신의 웰빙 혹은 복지를 위해 선택할 수 있는 기능들의 합을 말한다. 사람이 잘 살아간다는 것은 자신이 어떤 상태(being)에 있고 싶은지, 어떤 행동(doing)을 하고 싶어 하는지에 따라 달라질 수 있다. 따라서 사람들에게 복지란 그런 상태와 행동을 달성할 수 있게 하는 기능을 선택할 수 있는 자유, 즉 잠재능력을 얼마나 보유하는지에 따라 결정된다. 복지란 곧 사람들에게 자신의 삶의 내용을 선택할 수 있는 자유도를 얼마나 가지도록 할 것인지에 달려 있다는 것이다.[11]

센의 잠재능력 이론은 개인의 소득과 소비, 효용 등에 매여 있는 기존 공리주의 기반의 경제학을 벗어난다. 잠재능력 접근이 사회정책의 설계에 주는 함의는 단순하지만 심오하다. 공급된 재화의 총량을 곧 공급받은 개인들의 효용 총량과 동일하게 간주해서는 안 된다는 것이다. 동일한 재화량이라도 그것을 받는 사람이 어떤 상태나 행위를 원하는지, 어떤 상황에 처해 있는지에 따라 그것이 잠재능력에 미치는 영향은 다를 수 있다. 그러므로 사회정책은 화폐액과 같은 획일화된 기준을 적용하기보다는, 사람들의 개별화된 잠재능력을 극대화하는 접근이 바람직하다고 본다.

4. 사회복지의 실천적 이념

현실 제도로서의 사회복지에는 목적이나 목표, 활동과 실천 방법에 이르기까지 다양한 실천 이념이 암묵적으로 작용한다. 실천 이념이란 사회복지의 실천 과정에 있는 사람들이 인간과 사회를 어떻게 이해하고 행동하는 것이 바람직한지를 알려 주는 믿음이다. 사회복지의 실천 과정은 과학적 이론을 중시하지만, 큰 틀에서 실천의 기저에는 다양한 실천 이념이 깔려 있다.[12]

1) 자기 책임의 이념

현대사회에서 자주적 시민은 자신의 생활에 책임을 져야 하는 것을 당연시한다. 스스로가 스스로를 도와야 한다는 자조(自助) 사상은 근대사회로 접어들면서 강화되었다. 근대 시민혁명을 통해 등장한 시민(civilian)의 개념은 봉건사회의 신분적 속박에서 해방되어 생명권, 자유권, 평등권을 천부적으로 갖는 독립된 존재로 규정되었다. 근대 시민에게는 이동이나 거주의 자유에서부터 직업선택, 재산 소유의 자유, 사상이나 표현의 자유에 이르기까지 타인에게 위해를 가하지 않는 범위 안에서 포괄적인 자유를 향유할 수 있는 권리가 주어졌다. 대부분의 나라는 이를 법률적으로 보장한다.

이와 같은 시민적 자유권은 자신의 삶에 대한 신분적 억압이나 공동체로부터의 부당한 간섭으로부터 해방을 의미했지만, 한편으로 그 자유에는 자신의 삶은 자신이 스스로 책임져야 한다는 자기 책임의 이념도 함께 들어 있다. 근대 시민권 사상에 기반해서 자유주의 시장경제가 성립되었고, 이 안에서 사람들은 부자가 되거나 가난하게 되는 것도 결국 자기 책임이라고 믿게 된 것이다. 이러한 자기 책임의 이념은 곧 '자신은 스스로가 도와야 한다'는 자조(self-help)의 이념과 결부된다.

근대사회의 이념적 근간을 형성하는 자조 생활, 개인 책임의 원칙은 현대의 문화와 사람들의 인식 속에 여전히 깊숙한 뿌리를 내리고 있는데, 사회복지 정책이나 행정, 실천의 제반 과정이나 의사결정들에도 지대한 영향을 미치고 있다. 현재에도 자기 책임과 자조의 이념은 사회복지 전문적 실천의 중심 원리로 구현되어 있다.

2) 사회적 생존권의 이념

근대적 시민 사상이 부여하는 개인의 자유권은 이전 시대의 신분적 예속과 속박으로부터 벗어나는 과정에서는 혁명적인 의미를 가졌다. 그러나 근대 자본주의가 심화되면서 이러한 개인의 법적 자유권이 가지는 실질적 의미에 대해 많은 논란이 제기되었다. 시장 경쟁에 필요한 자원이나 능력이 부족한 다수의 사람들에게는 선택의 자유란 단지 형식적인 권리에 불과할 뿐이다. 자본주의 생산 양식하에서 이윤을 창출할 수 있는 생산 수단을 가지지 못한 임금노동자들에게 노동이나 직업 선택의 자유는 실제로는 '빈곤할 자유' 혹은 극단적으로 '굶어 죽을 수 있는 자유'를 의미할 수 있다.[13]

자유가 어떤 사람들에게는 오히려 불리한 조건을 만들어 낼 수 있다는 문제로 인해 개인에게 주어진 해방과 자유의 의미는 사회적 관계 속에서 다시 파악되어야 한다는 사상이 나타난다. 20세기 이후 복지국가들에서 시민적 자유권에 더해 사회적 생존권(사회권)을 보장하기 위한 제도적 장치에 주력하게 된 것도 이와 관련된다. 사회적으로 생존할 수 있는 권리를 보장한다는 것은 단지 누군가로부터 구속받지 않고 살 수 있는 소극적 의미에서의 자유를 보장하는 것과 다르다.

노동자와 자본가의 관계에서 노동자들은 그 누구도 구속이나 속박을 받아 억지 계약을 맺지 않아도 되는 자유를 갖지만, 이것이 노동자를 자본가와 실질적으로 평등한 주체로 만들어 주지 않는다. 노동자와 자본가의 관계는 시장 계약 측면에서 보면 명백히 약자와 강자 관계이며, 약자의 권리는 쉽게 침해될 수 있다. 따라서 실질적인 의미에서 약자의 권리를 증진시키기 위해서는 노사 관계에서의 형식적 자유가 일정하게 제한될 수밖에 없다. 노동자의 단체교섭권이나 파업권을 보장하고, 최저임금제나 노동기본법을 두는 것도 이런 이유에서다.

이처럼 복지국가는 노동자들을 포함하여 모든 국민의 사회적 생존권을 강화하는 조치를 한다. 아동이나 노인, 장애인에 대한 돌봄도 이제까지와 같은 개인(가족)의 책임만으로 두지 않고, 사회적 책임의 성격을 강화하고 있다. 이에 따라 근대적 자조-책임 이념도 지속적으로 수정되고 있다. 인간으로서의 존엄을 유지하기 위해 필요한 최소한의 자원을 확보하지 못하는 사람들(예: 기초생활보장 제도의 대상)에게는 자기책임 원칙이 유예되며, 다수의 사회구성원에 대해서도 사회적 책임의 원칙이 강화되면서 일상생활 전반에 사회적 개입(예: 아동수당이나 기초연금 제공)이 확대되고 있다.

3) 정상화 이념

정상화(normalization) 이념은 장애인에 대한 사회적 관점의 변화와 함께 등장한 것이다. 1960년대 북유럽을 중심으로 장애인의 시설보호에 반대하는 탈시설화 운동이 일어났는데, 이 과정에서 정상화의 이념이 발달하게 된다. 이는 장애인들이 시설 환경이라는 비정상적인 상황에서 특수한 보호를 받기 보다는 일반적인 혹은 주류 사회 내에서 정상적인 생활을 영위하는 것이 바람직하다고 믿는 것이다.[14] 이 같은 정상화 이념은 1981년 유엔 '세계 장애인의 해' 선포를 계기로 전 세계적으로 확산된다.

정상화가 실현된 상태에서 보자면, 장애인은 비장애인과 완전히 구별되는 배타적 범주의 인구가 아니다. 이전에 장애인들은 신체적 또는 정신적 기능에서 '장애'가 있어서 정상 인구와 완전히 다른 존재로 간주되었다. 이러한 배타적 범주화는 장애인들을 차별하거나 혹은 동정하는 경향을 만들어 내었다. 하지만 '장애인'을 비장애인과 배타적으로 구분하지 않으면, 장애라는 특성은 사람들 간에 존재하는 여러 가지의 '다름' 중 하나로 인정될 수 있다.

마치 성별(여자와 남자), 출신 지역(경상도와 전라도), 얼굴 모양(네모와 길쭉)이 서로 다른 것처럼 장애(두 발로 걷는 것과 휠체어를 타는 것)도 그저 사람들 간에 존재하는 차이에 불과하다.

장애란 우리가 이를 어떻게 규정할지에 따라 결정되는 것이고, 이를 장애의 관점에서 보지 않으면 그것은 개인들이 각자 다르게 가지는 개성의 차이가 된다. 휴머니즘의 관점에서 이들 개성은 하나같이 존중받아야 하는 것이다. 정상화 이념에서는 이처럼 사람들의 인식 변화를 통해 정상화의 이념이 구현되어야 함을 강조한다.

정상화의 이념이 장애인에 대한 관점에만 머물지 않고 사회의 다른 구성원들에게도 확대되면, 사회통합의 이상에 가까워진다. 장애를 하나의 개성으로 볼 수만 있다면, 노인이나 다문화 인구, 성적 소수자 등의 특성에 대해서도 똑같이 인식하는 것이 가능해질 수 있기 때문이다. 사회통합이란 궁극적으로 이런 상태의 이념이 사람들에게 보편적으로 갖추어진 상태를 말한다. 오늘날 이 같은 정상화 이념은 사회복지의 실천 영역 전반으로 확장되어 가고 있다.

4) 탈시설화와 재가주의 이념

사회복지 서비스의 지원 방식에는 크게 두 가지 유형이 있다. 하나는 시설에 입소시켜 생활 전반을 지원하는 방식(예: 요양원서비스)이고, 다른 하나는 서비스 대상자가 자신의 집에서 생활하며 서비스 이용을 지원받는 방식(예: 노인복지관서비스, 방문돌봄서비스)이다. 후자가 재가주의(在家主義)에 입각한 서비스 지원 방식이다. 사회복지의 오랜 역사에서는 시설 입소 방식의 서비스들이 주가 되었는데, 영국 등에서 1960년대 이후 탈시설화를 강조하며 재가주의 이념과 방식들이 확대되기 시작했다.

재가주의라는 것은 시설에 수용되어 도움을 받기보다는 자신의 집에서 생활하면서 필요한 도움을 받게 하는 것이 바람직하다는 이념이다. 우리나라의 경우에도 오랜 기간 사회복지 서비스가 고아원, 양로원, 모자복지원, 장애인시설, 부랑인시설 등에 대상자를 수용하는 방식으로 제공되었으나, 1980년대 중반 이후 '재가서비스'라는 명칭의 복지서비스 형태가 확대 공급되기 시작했다. '사회복지관' 명칭의 서비스들이 증가한 것도 이러한 재가주의 사상의 확산과 관련된다. 재가주의가 강조되었던 배경에는 탈시설화와 정상화의 이념들이 깔려 있다.

탈시설화는 '시설병' 문제에 대한 인식에서부터 비롯된다. 사람들이 시설에 입소해서 생활하다 보면 자신의 삶에 대한 주체 의식을 자의든 타의든 침해받기 쉽다. 심한 경우에는 부당한 징벌이나 학대, 열악한 처우조차 감수해야 할 경우가 생기고, 그런 과정에서 자립 생활에 대한 의지도 약해지기 쉽다. 시설 입소 기간이 길어지면 점차 시설에서 벗어나기가 두려워질 수 있고, 그로 인해 시설이라는 특수한 생활환경에서 다시 평상적인 삶으로 돌아오는 '정상화'가 제대로 이루어지기 어려울 수 있다. 이것이 이른 바 '시설병'이라는 이름의 병폐다.

재가주의 이념이 '집'이라는 물리적으로 독립된 장소 자체를 강조하는 것은 아니다. 사람들에게 집이란 자신이 주체적으로 살아가는 곳을 상징하는데, 주체적인 삶을 영위하기 위해서는 사회 생활을 통해서 자신이 타인들과 독립적인 관계를 맺을 수 있어야 한다. 사람들이 자신이 속한 사회 집단 속에서 주체적인 삶을 지속적으로 영위하도록 하려면, 시설에 입소되어 지역사회와 단절된 상태에서 서비스를 제공받기보다는 자신의 집에 머무르면서 생활에 필요한 도움을 제공받을 수 있어야 한다.

이처럼 재가주의 사상은 고령자, 장애인, 아동 등 누구든지 가능하다면 시설 입소의 서비스를 피하게 하고, 자기 집에 거주하면서 지역사회에서 생활하도록 하자는 것을 정책적 표어로 삼는다. 그럼에도 재가주의 이념과 정책이 그 자체로서 선(善)이 될 수는 없다. 재가주의란 사회복지에서는 방법론에 해당하는 실천 이념이고, 그것 자체가 인간의 존엄한 삶이라는 목적과 저절로 맞아떨어지는 것은 아니다.

> 중증 장애인이나 초고령자와 같이 거동 자체가 불가능한 경우, 무조건적인 탈시설 재가주의에 대한 강조는 오히려 이들의 삶의 질을 악화시키는 결과를 초래할 수도 있다. 목적과 수단의 가치가 전도될 수도 있는 것이다. 물론 이런 경우에도 시설 환경을 소규모화하거나, 시설을 지역사회에 개방하는 등으로의 변화 노력은 필요한데, 이것도 일종의 재가주의 이상의 적용이라 볼 수 있다.

이처럼 재가주의의 이념은 사회복지 서비스에서 대상자를 수동적으로 도움을 받는 존재가 아니라, 주체적으로 활동하며 지역사회를 살아가는 주체로 만들도록 한다. 그래서 지역사회가 이들에게 삶의 일상적인 공간이 될 수 있도록 하는 것을 강조한다. 재가주의의 사상은 사람들의 복지를 지역사회와 결부시켜 다루는 지역(사회)복지 혹은 커뮤니티 케어의 실천 지향들과도 긴밀히 맞닿아 있다.

5) 사회적 포용(包容)의 이념

사회적 포용(social inclusion)이란 1980년대 이후 유럽 사회에서 본격적으로 부각된 이념이다. 주로 이주노동자에 대한 배척 운동과 이들에 대한 사회적 배제에 대응하기 위한 사상으로서, 이를 구현하기 위한 제반 정책이나 활동들을 포함한다. 흔히 사회적 포용이란 정상화 이념이 발전된 형태로도 이해된다. 정상화가 신체적, 정신적 기능이 떨어지거나 결손을 가진 사람들을 사회에 통합하려는 시도라면, 사회적 포용은 보다 다양한 차원에서의 이질성을 가진 사람들을 그 이질성 그대로 사회에 포용하려고 하는 이념이라고 할 수 있다.

근래 많은 사회에서는 사회적 배제의 문제가 이민자나 소수인종뿐만 아니라, 빈곤자, 장애인, 고령자, 여성, 이주노동자, 비정규노동자, 성소수자 등에 이르기까지 사회 전반의 소수집단(minority groups)들이 경험하는 문제로 확장되고 있다. 그래서 사회적 포용의 접근은 이들 소수집단이 경험하는 배제의 문제를 특정한 사회의 영역만의 문제가 아니라, 제반 사회적 관계들과 제도들에 포괄된 것으로 다룬다. 따라서 사회적 포용 이념은 단순히 사회복지에만 해당되지 않고, 보다 폭넓은 사회 제도의 전반에 걸쳐 추구되어야 할 정책이나 실천 활동의 이념으로 발전되고 있다.

6) 이용자 주권과 자기 결정의 이념

사회복지 서비스는 오랫동안 일종의 '조치' 방식으로 시행되어 왔다. 조치(措置)란 서비스를 제공하는 쪽(예: 정부 기관)에서 서비스 대상자가 어떤 서비스를 어디에서 어떻게 받게 할 것인지를 결정하는 방식을 뜻한다. 이런 경우에 서비스 대상자는 서비스 이용에 관한 선택권을 갖지 못한다. 우리나라에서도 이전에는 사회복지 서비스들의 대부분이 이러한 조치 방식에 입각해서 제공되었다. 이 경우에 서비스를 받는 수급자를 '대상자'라고 한다. 서비스를 제공하는 사람의 관점에서 서비스의 대상이 된다고 판단된 사람인 것이다.

과거에는 사회복지의 개입이나 지원을 받는 대상에 대해서는 시민으로서의 자유권을 제한하는 것이 가능하다는 생각이 만연했다. 오랜 기간 사회복지 대상자를 자기 선택이나 자기 결정의 주체로서 인정하지 않는 것을 당연시해 왔던 것이 사실이다.

과거에 모자원[15]에서는 시설에 수용된 어머니와 자녀들은 출입의 자유, 종교적 자유, 심지어는 생활 목표나 습관 형성의 자유, 통장 관리에 대한 자유까지도 제한받았다. 당시에는 이것이 당연한 것으로 여겨졌다.

근래 사회복지 현장에서는 복지서비스 대상자의 개념이 '이용자'라는 개념으로 바뀌어 가고 있다. 이런 변화의 결정적인 계기는 사회서비스의 이용권(voucher) 제도가 제공해 주었다. 이용권 방식은 서비스 수급자에게 서비스 제공자나 서비스 내용, 이용 방식 등을 선택할 수 있는 권리를 일정 정도 부여하는 것이다. 이것은 구매력을 가진 소비자들이 시장에서 자신들이 원하는 서비스를 선택하는 자기 결정이 사회적 선(good)을 초래한다는 믿음에 기반한다.

사회서비스 바우처 제도는 사회서비스의 공급 환경도 시장과 유사하게 만들어서, 이용자 선택권과 자기 결정의 원리가 작동되도록 하려는 것이다. 현재는 보편적 사회서비스로서의 노인장기요양, 장애인활동보조, 어린이집 서비스 등이 모두 이러한 원리를 근간으로 하고 있다. 이용자 선택과 자기 결정의 방식은 이용자의 자유권을 확대시켜 주지만, 한편으로는 서비스 이용 결과에 대한 책임도 일정 부분 이용자에게 부과되는 측면도 있다.

미 주 🔍

1) Macarov, D. (1995). *Social Welfare: Structure and Practice*. Thousand Oaks, CA: Sage.

2) 실제로 비스마르크는 공장에서의 여성과 아동의 노동 시간을 제한하는 데 반대했고, 농업이나 공장에서의 국가의 간섭도 반대했다.

3) Briggs, A. (1965). 'The welfare state in historical perspective'. In M. Zald (Ed.), *Social Welfare Institutions*. NY: John Wiley, pp. 37–90.

4) 그러므로 당시에 구빈 제도는 사회보장의 관점이 아니라, 경찰 조치의 일환에 가까웠던 것이다. 절망적인 기근을 방지함으로써, 구빈 제도는 사회에 대한 잠재적 위협이나 사회의 동요를 줄일 것으로 기대되었다. 이 시기에 사회복지 동기의 상당 부분은 사랑보다는 두려움에서 기인되었다는 것을 부정하기 어렵다. 가난한 사람들에게 식량을 제공하는 것은 이들이 일으킬 수 있는 소요와 적색 테러에 대한 두려움으로부터 회피하는 방법이었다. 참고: Attlee, D. (1920). *The Social Worker*. London: Bell.

5) 참고: Macarov, *Social Welfare*.

6) 네이버 국어사전. https://ko.dict.naver.com/#/search?query=인도주의&range=all

7) 정치(politics)란 사람들이 사회적으로 행동하게 만드는 힘(power)에 관한 것이다. 예를 들어, 민주국가의 정치는 다수결의 힘을 통해 누구로부터 얼마의 세금을 걷고 누구에게 얼마를 나누어 줄지를 결정하는 정부를 운용한다.

8) 예시 참고: 〈EBS 다큐프라임–법과 정의 2부〉. https://www.youtube.com/watch?v=C-R-05aopSk

9) 리버럴리즘(liberalism)은 사전적 의미로는 '모든 개인의 인격 존엄성을 인정하며 개인의 정신적, 사회적 활동에 대한 자유를 가능한 한 증대시키려는 입장 혹은 그러한 생활 방식'을 뜻하는데, 이를 단순히 우리말 번역으로 '자유주의'라고 하면 부적절한 뉘앙스를 초래할 수 있다. 반공주의적 보수주의의 입장에 있는 사람들이 흔히 자신을 자유주의자로 표방하기 때문이다. 미국에서 리버럴리즘이란 '사회적 자유주의'라는 입장에서 개인의 자유와 권익 신장을 위해 사회(국가)의 역할을 보다 적극적으로 강조한다. 우리나라에서 이를 진보주의라고도 부르는 이유도 이 때문이다.

10) Sen, A. (1999). *Development as Freedom*. NY: Alfred Knopf.

11) 참고: 김영종(2014). 복지사회의 개발: 지역 및 공동체 접근. 학지사.

12) 참고: (일본)社會福祉士養成講座編輯委員會(2014). 現代社會と福祉(4판), 中央法規, pp. 180–185.

13) 사회주의자 마르크스(K. Marx)의 생각이다. 봉건사회에서 노동력은 공동체의 자산이었기 때

문에 굶어 죽지 않도록 공동체가 도움을 주었지만, 개인 단위로 파편화된 자본주의 경제에서는 현실적으로 다수의 노동자가 그 어떤 공동체로부터의 도움에서도 배제된 채로 혼자 굶어 죽을 수 있는 자유를 획득한 것이라고 비꼬아 말하는 것이다.

14) 노멀라이제이션을 '정상화'라고 칭하는 것은 '정상'에 반하는 '비정상'의 의미를 전제로 하는 것이므로 부적절할 수 있다. 그보다는 특수한 상태로 두는 것을 평상적인 상태로 되돌린다는 의미에서 '평상화'라는 용어가 더 적절할 것 같다. 그럼에도 현재 우리나라에서는 용어 사용의 합의는 정상화로 되어 있다.

15) 한국전쟁 중에 나타난 서비스의 유형으로 자녀가 있는 전쟁 미망인 유가족을 시설에 수용해서 보호하는 방식이다. 아직까지도 모자원 명칭의 서비스가 우리나라에 몇 군데 남아 있다.

제5장
각국의 사회복지 역사

역사는 방향을 가진 흐름이다. 우리가 사회복지의 역사를 이해하려는 것도 그런 흐름을 알기 위해서다. 사회복지의 흐름을 알면 왜 우리가 지금과 같은 사회복지 제도를 가지게 되었으며, 앞으로의 방향은 어떨지를 예상해 볼 수도 있다. 상호부조 기능으로서의 사회복지는 인류 사회의 역사와 함께 시작되었지만, 현대사회에서 제도로서의 사회복지는 그 역사가 근대 산업사회로부터 출발한다.

1. 근대 이전의 사회복지

근대사회란 어의적으로는 현재와 가까운 시기의 사회라는 뜻이다. 근대사회의 핵심적 성격은 보통 산업화에서 찾는다. 단순히 말하자면, 가족 중심의 농경사회가 공장제 중심의 산업사회로 바뀌는 시점을 근대사회의 기점으로 한다.[1] 이러한 산업화를 기본 골격으로 한 근대사회는 현대에까지도 이어지고 있다. 이런 점에서 사회복지의 성격도 근대사회를 기점으로 그 이전과 이후가 분명히 구분된다.

1) 고대사회의 구제와 박애

근대 이전의 사회복지는 현대적 맥락의 '사회복지'와는 개념 자체가 다르다. 사회복지를 단지 상호부조의 기능이 집단에서 어떤 형태로든 수행되는 것 자체로만 본다면, 근대 이전의 농경사회들에서도 사회복지는 있었다고 할 수 있다. 그럼에도 이들은 개념적으로 구제나 박애, 시혜 등에 보다 가깝다.

구제(救濟)란 어려운 처지에 놓인 사람들을 누군가가 돕는 것을 말한다. 구제자 개인 차원에서는 선의나 가르침에 따른 일방적인 도움이지만, 집단 차원에서는 그것이 집단 (구성원) 유지에 기여하므로 궁극적으로는 호혜적인 상호부조가 될 수 있다. 그런 까닭에 고대사회에서부터도 다양한 성격의 구제 행위가 장려되어 왔다.[2] 이방인에 대한 친절을 미덕으로 한다든지, 걸인을 박대하지 못하게 한다든지, 과부나 고아 등의 약자를 공동체가 보호토록 하는 것 등이다.

함무라비 법전 고대의 구제에 관한 기록은 기원전 2,000년경 「함무라비 법전」에서 부터도 찾아볼 수 있다.[3] 총 282조의 법조문 가운데 과부와 고아, 약자에 대한 구호 방법의 규정들이 법전의 약 1/4 정도를 차지한다. 예를 들어, '사람이 포로가 되었고 그의 집에 먹을 것이 없으면, 그의 아내는 다른 남자의 집에 들어가도 그 여자에게 죄가 없다'(134조)고 규정한다. 비록 약자를 보호하는 방법이 대부분 가족 체제에 의무를 부과하는 형태이지만, 혈연관계에 있지 않는 배우자나 고아 등의 구제 방법을 국가가 규정했다는 점에서는 사회복지적 성격을 가진다.

불교 불교는 기원전 6세기경 인도에서 석가모니에 의해 창시된 종교다. 불교는 지혜를 통한 깨달음을 가르치는 한편, 자비(慈悲)의 실천 사상도 함께 강조한다. 자비는 사람들과 더불어 즐거움과 괴로움을 함께 한다는 마음 자세이자 실천이다. 여기에서 사람들이란 가족 공동체의 범주 바깥에 있는 타인들을 의미한다. 석가모니의 '출가'도 그것을 상징한다. 그러므로 불교에 담겨 있는 실천적 사상은 '더불어' 살아야 하는 상호부조의 사회적 범주가 가족을 뛰어넘을 수 있어야 함을 보여 준다. 이는 훗날 아쇼카 왕이 광대한 인도 제국을 건설하는 데도 유용한 규범으로 활용될 수 있었다.

아리스토텔레스의 사회적 동물 기원전 4세기경 그리스 철학자 아리스토텔레스는 인간을 '정치적 동물(zōon politikon)'이라 했다.[4] 당시에는 정치가 곧 사회를 의미하는 것이었으므로, 오늘날에는 이를 '사회적 동물'이라고 한다. 인간은 모여서 살아가야 하는 군집적인 존재이므로, 자기 생존을 위해서라도 집단을 유지하는 노력(혹은 희생)을 필히 해야 한다는 뜻이다. 이를 위해서는 상호부조와 같은 협력적 규범이 집단에 갖추어져야 하는데, 아리스토텔레스는 '사람은 자신의 동료들을 돕고, 협력해야 한다'라든

지 '받는 것보다는 주는 것이 더 축복받는 행위다'라는 말로 이러한 협력적 규범을 강조
했다. 아리스토텔레스가 살았던 시대는 도시국가들 간 경쟁, 즉 집단 간 투쟁의 결과가
사람들의 생존을 좌우했다. 그러므로 집단 내에서 개인들의 이타적 행위가 곧 집단의
생존을 보장하고, 그로 인해 그 집단을 통해 살아가는 개인들도 혜택을 받는다는 생각
이 뚜렷하게 나타났다. 당시 그리스에서 출현한 이와 같은 정신은 뒤에 기독교의 '박애
(博愛)' 사상으로 확장되어 현재까지도 이어지고 있다.[5]

　이처럼 고대사회에서부터도 곤경에 처한 자나 도움이 필요한 사람을 구제하는 다양
한 방법이 강구되어 왔다. 심지어는 고대에 존재했던 노예제나 축첩제, 안락사 등도 현
재의 시각에서는 비인간적이고 비윤리적인 것으로 여기지만, 당시로서는 구제와 도움
에 관한 방법의 일환이었다고도 본다. 오늘날에는 비록 구제의 방법들이 달라졌지만,
'타인을 도와 자신을 돕는' 상호부조적 기능의 필요성은 이처럼 고대로부터도 뿌리를
내리고 있다.

2) 유대-기독교의 서구 사회

　유대-기독교의 사상은 서구 문명의 근간으로 작용한 것으로, 오늘날에는 서구 문명
이 확산되면서 범세계적으로 영향을 미치고 있다. 유대-기독교는 근대 사회복지의 사
상적 근간으로서 특히 중요한 의미를 가지는데, 상호부조의 공동체 사회 범주를 가족
이라는 폐쇄적 집단으로부터 넘어서게 만드는 데 기여했다.

　고대 유대교의 교리는 공동체 사회를 유지하는 원리를 '자선(charity)' 개념에 바탕한
다. 유대교의 가르침에서는 '누구든 늙거나 병들어서 도움 없이 살아갈 수 없는데도 자
신의 체면을 앞세워 자선의 필요를 받아들이지 않는다면, 그 사람은 죄를 짓는 것과 같
고 처벌을 받아야 한다'고 했다.[6] 즉, 자선은 주어야 하는 것을 넘어서서 받아야 하는 것
조차 의무로 규정한 것이다. 유대인들의 행동 규범서인 『탈무드』에는 이런 자선의 집행
방법 ─ 자선 기금을 모으는 것에서부터 대상을 찾아 전달하는 것에 이르기까지 ─ 이
세세하게 규정되어 있다.

　기독교 역시 큰 틀에서는 유대교의 자선적 전통을 이어온다. 기독교의 가르침은 좋
은 행실, 적에 대한 사랑, 사랑과 자선을 통한 천국에의 입성 등을 강조한다. 이는 구약
성경의 정신이나 유대 법과 관습에서부터 유래된 바가 크다.[7] 초기 기독교 신약성경

의 자선에 대한 가르침은 마태복음 '심판의 날' 구절, '헐벗고 굶주린 자들에게 베푸는 것이 곧 나에게 베푸는 것이나 마찬가지다'에서 요약적으로 드러난다.[8] 이러한 정신은 기독교의 전파와 함께 서구 사회에 베풂과 자선의 실천이 자연스러운 덕목이 되도록 했다.

초기 기독교에서는 소규모의 공산주의적 공동체 활동 자체가 상호 돌봄 시스템으로 기능했다. 그러다 4세기경 로마 제국에서 기독교가 공인되면서부터는 교회가 공식적인 자선 시스템으로서의 역할을 한다. 교회의 수와 재산이 증가하고 한편으로는 로마 제국의 넓은 지역들로 사람들이 자유롭게 이동하게 되면서, 교회는 대규모적 사회를 범주로 하는 사람들 간 자선과 도움의 체계적 기구를 갖출 필요가 있었다. 유럽에서 6세기경부터 나타나기 시작한 수도원이 대표적으로 그러한 공식적인 자선 수행 기구가 되었다.

중세 시대에는 병원과 같은 보다 전문적인 공식 자선 기관들도 나타났다.[9] 중세에는 도움이 필요한 사람들에게 병원(hospital)이 중요한 도움의 원천으로 기능했다. 중세의 병원은 의료뿐만 아니라, 여행자, 고아, 노인, 걸인 등 모든 도움을 필요로 하는 사람을 돕는 기관이었다. 중세 초기에 병원은 수도원 근처나 주요 도로 변에 위치했다.[10] 그러다 점차 도시에 나타나고, 교구 차원의 시 정부가 이를 떠맡아서 하게 되면서 복음적 자선에서부터 세속적 자선으로 성격이 바뀌었다.[11]

2. 16세기 근대국가의 성장과 사회복지

유럽에서는 근대로 들어서면서 중세의 장원과 봉건 제도가 해체되어 갔으며, 대규모 사회경제적 혼란과 소요도 많이 발생했다. 15~16세기 영국의 인클로저 운동은 이러한 대규모 혼란을 초래한 대표적인 예다. 인클로저(enclosure) 운동이란 장원을 소유한 영주들이 기존의 소작인 농지들을 회수해서 양들을 방목하는 목초지로 바꾸었던 움직임을 말한다.[12] 양을 기르는 일에는 농업 노동과는 달리 많은 수의 노동자가 필요 없다. 그래서 수많은 농노와 가족이 생산 수단이었던 농지로부터 쫓겨나게 된 것이다.

이들이 농노의 신분에서 해방되어 자유민이 된 것은 곧바로 걸인이나 부랑인이 될 자유를 얻게 된 것과도 같았다. 이와 같이 토지라는 생산 수단을 잃게 된 사람들에게 유일하게 남겨진 것은 노동력밖에 없었고, 도시의 공장들에서는 이러한 넘쳐나는 자유민들을 대량의 값싼 노동력으로 활용(착취)할 수 있었다. 영국의 산업혁명도 이로부터 촉발된 바가 크다.

산업화가 시작된 17세기 근대국가들은 이중적인 딜레마에 처하게 된다. 구제나 도움을 필요로 하는 사람들의 수는 사회적 안정을 위협할 정도로 늘어나지만, 중세사회의 핵심적인 구제 기구 역할을 했던 교회(수도원) 등은 오히려 퇴조하는 상황에 놓이게 된 것이다. 그럼에도 이를 대체할 방법을 찾지 못하던 근대의 초기에는 많은 사람이 극심한 빈곤과 생계의 위협을 직면하면서 살아야 했다.[13]

중세의 몰락과 산업화 사회로의 진입이 가장 빨랐던 영국에서 이러한 문제가 두드러지게 나타났다. 그에 따라 영국에서는 이미 14세기경부터 산업 노동을 규제하는 일련의 조치부터 취하기 시작했다.[14] 그러나 그런 것들만으로는 근대 산업사회가 당면하는 거대한 사회경제적 문제를 해결할 수 없음을 깨닫게 된다. 이런 시기를 거쳐 16세기 후반에 이르면 영국을 필두로 한 근대국가들에서 비로소 노약자 등에 대한 구제가 국가 차원의 공식적인 제도로서 필요함이 인정된다. 근대적 의미의 '사회복지' 개념이 성립되는 것도 이 시기로부터다.

3. 영국의 사회복지

영국은 산업자본주의적 사회 변화에 대응하기 위해 사회복지의 제도화를 일찍이 16세기 말부터 시작했다. 그 후 여러 경과를 거쳐 1940년대에 이르러서는 현대적 사회보장제도를 확립하고, 복지국가를 실현했다. 영국 사회복지의 역사적 경험과 이로부터 도출된 실천 지식들은 현재까지도 다른 많은 나라에 영향을 미치고 있다.

1) 엘리자베스 구빈법(1601년)의 성립

영국에서 근대적 의미의 사회복지 제도가 등장하는 시기는 절대왕정이 도래하는 시대와 일치한다.[15] 중세에는 복지 문제에 대한 대응을 장원(莊園) 체제하의 봉건영주와 교회의 교구, 수도원이 담당했다. 이러한 영국의 중세 구빈 제도는 절대왕정 시대(15C 말~17C) 들어 와해된다.[16] 이 시기는 절대왕정 국가의 중상주의 정책과 양모 산업의 확장으로 말미암아 많은 수의 농민이 토지에서 내쫓기면서 대량의 빈민과 유민(流民)이 발생한 때였다. 그럼에도 전통적으로 구빈 기능을 수행해 왔던 봉건 영주와 수도원과 같은 종교 기구는 힘을 잃었다. 이 시기에 진행된 종교개혁으로 말미암아 수도원들이 수행해 왔던 빈민에 대한 구제 사업들이 대거 축소되었기 때문이다. 그로 인해 이제 절대왕정의 국가가 공동체 사회의 주체로서 이들 대량의 빈민을 구제할 책임을 안을 수밖에 없게 되었다. 그 결과, 지역의 영주나 종교에 기반을 구 복지제도를 대신해서 국가 차원의 근대적 복지제도가 등장하게 된다.

영국의 근대국가로의 성장은 이와 같은 구제 제도의 국가적 차원의 필요성과 깊숙하게 연관되어 있다. 근대국가는 빈민에 대한 수호자의 역할을 확장함으로써 국가적 기틀을 더욱 확고히 할 수도 있었다. 1601년의 「엘리자베스 구빈법(Poor Law)」이 이를 상징하는데, 이 법은 종래의 빈민 구제 관련 법령들을 국가 차원에서 집대성하여 체계화한 것이다. 법에서는 빈곤자에 대한 일차적 부양 의무와 책임을 가족에게 두었지만, 가족의 보호를 벗어난 사람들에 대해서는 교구(parish, 지역행정구역 단위) 차원에 구제를 행할 것을 규정했다. 빈민을 유형으로 구분했는데, 도움이 마땅히 필요한 자(노동능력이 없는 빈민)에게는 구호를 제공하고, 도움이 마땅히 필요 없는 자(노동능력을 가진 빈민)는 강제노역을 하는 작업장이나 교정원에 보내도록 했다. 부모가 없거나 보호가 필요한 아동의 경우에는 도제 방식과 같은 입양 위탁을 권장했다.

구빈법에 근거해서 구호의 실제 과정을 집행하는 사람을 '빈민감독관'이라 했는데, 이들의 역할은 구빈세를 교구민들에게 징수하는 한편 빈민이 발생하면 이들을 유형으로 선별해서 각기 해당되는 조치를 하는 것이었다. 구빈세(poor tax)는 구빈법을 집행하는 데 필요한 재원 수입으로, 교구민들로부터 주로 재산세나 주민세 등의 방식으로 염출되었다. 부유한 가문이나 개인들로부터의 사적 기부금 등으로 보충되기도 했다.

영국의 국가 차원의 구빈 제도는 「엘리자베스 구빈법」으로 집대성된 이후, 구체적인 실행 방법을 둘러싸고는 다양한 변화와 발전이 시도되어 왔다. 그럼에도 법 제정 후 약 300년에 이르도록 그 근원적인 골격은 훼손되지 않은 채 유지되어 왔다.[17] 이 법에 담긴 사상과 원리는 당시 영국의 식민지였던 미국에도 영향을 미쳤으며, 현재까지도 많은 나라에서 공공부조 행정의 사상적 뿌리를 형성하고 있다.[18]

2) 구빈법의 변천 (1601년 이후~19세기 중반)

「엘리자베스 구빈법」은 애초에 강력한 절대왕권에 의해 중앙집권적으로 빈민을 통제하는 의도를 가졌다. 그러다 1650년대 전후 영국 사회의 변화에 따라 기존의 중앙집권적 구빈제도가 분권화되는데,[19] 이로 인해 구빈의 실행이 지방 교구(행정구역)들에 위임된다. 그러자 재정적 부담 등의 이유로 교구들 간에 빈민의 유입을 거부하는 현상이 나타나는데, 한편에서는 농경 기반의 귀족들이 자신들의 땅에서 농촌 노동자들이 전출해 나가는 것을 막으려는 노력과도 들어맞았다. 영국에서「정주법」(1662)은 이런 사회적 맥락에서 제정된 것이다. 이 법의 주된 내용은 교구에 이주해 오는 사람이 장차 구빈법의 대상자가 될 것으로 판단되면 40일 이내에 추방할 수 있게 한 것이다.

18세기 후반에 들어서서 영국에서는 산업혁명이 본격화된다. 이제까지의 농업사회적 양식이 빠르게 산업사회적 양식으로 변모해 간다. 초기 자본주의에서 나타나는 자본 축적의 과정은 많은 임금노동자를 빈민 계층으로 전락되게 만들었다. 종래의 구빈 제도로는 도저히 이러한 새로운 산업 노동자 계급의 빈민에 효과적으로 대응하기 어렵게 되었다. 그래서 새로운 형태의 구빈 제도들이 등장하게 되는데, 대표적인 것이「길버트법」(1782)과「스핀햄랜드법」(1795)의 제정이다.

「길버트법」은 종래의 엄격한 구빈법 규정 ─노동 능력이 있으면서도 걸인이나 부랑인이 된 빈민은 반드시 작업장(workhouse)에 수용시켜 그 안에서 노역을 시키고 구제해 준다─ 을 완화해서, 작업장 간의 연합이나 작업장 바깥에서의 노동을 통한 구제도 허용해 주었다.「스핀햄랜드법」은 여기에서 한층 더 나아가 노동 수입만으로는 최저 생활을 유지하기 어려운 근로 빈곤층에 대해서도 구빈 급여를 지급해 줄 수 있도록 했다.[20] 이들 법은 한편으로는 빈민에 대한 사회적 책임을 확대했다는 긍정적인 측면도 있지만, 한편으로는 고용주가 부담해야 하는 피고용인들에 대한 생계의 책임을 납세자인 노동자 시민들에게 널리 전가시키는 시초가 되었다는 부정적 평가도 받는다.[21]

18세기 후반이 되면 영국에서는 자본주의가 자유주의 사상으로 뒷받침되며 급격히 발달하게 된다. 자유주의 사상은 국가의 개입이 아닌 자유로운 시장 작동을 통해 사회 문제가 해결되어야 함을 강조하기 때문에, 구빈법의 실행에 대해서는 비판적인 자세를 견지했다. 애덤 스미스(A. Smith)를 비롯한 자유주의 사상가들은 인도주의나 도덕적 근거를 들어 구빈 제도의 폐지까지 주장했다.[22] 이 시기에 칼머스(T. Chalmers) 목사의 견해는 당시 자유방임 사상이 구빈 행정을 어떻게 보았는지를 대변한다.

> 인도주의를 명분으로 공공이나 교회가 시행하는 구빈 행정은 막대한 낭비와 비효율성을 조
> 장한다. 구빈 제도는 빈민을 비도덕적으로 만들고, 자기 부양에 대한 의지를 파괴하고, 친척
> 이나 친구, 이웃이 이들을 돕고자 하는 의지를 파괴하고, 개인들의 박애와 자선 동기를 억제
> 하는 데 기여한다.

이러한 사상적 흐름에 의거해서 1834년에는 「신구빈법」이 제정된다. 이 법은 구빈
기관들끼리 서로 협의해서 빈민들의 구제 행위가 남용되지 않도록 하고, 구호의 수준
도 노동을 통해 받을 수 있는 급여의 수준을 초과할 수 없게 했다. 무분별한 구빈 제도
를 억제하기 위해 행정 시스템을 강화하려는 것이었는데, 결과적으로는 구빈 재정을
감축하는 경제적 성공은 거두었던 것으로 평가된다. 다만 구빈 제도의 본래 목적인 빈
곤 문제의 개선에는 기여하지 못하고, 오히려 빈곤 문제를 방치하게 되어서 빈곤의 악
순환을 유발시켰다는 비판도 받는다.

영국에서 19세기까지 이어져 왔던 여러 종류의 구빈법에 기저하는 사상은 빈곤의 원인
을 개인에게 두는 원인론에서 벗어나지 못했다.[23] 빈곤은 일차적으로 사람들의 능력
이나 태도, 불운에 의해 발생하는 문제라는 것이었다. 사회구조적 원인에 의한 빈곤 문
제 ─자본주의 시스템에 내재된 경기 순환 사이클이나 불경기로 인한 구조적 실업, 공
중보건 환경의 열악함이 초래하는 질병, 제한된 교육 기회로 인한 노동력 저하 등─ 를
다루는 접근은 구빈법 체제하에서는 나타날 수 없었다.

3) 사회개혁과 구빈 제도의 변화 (19세기 후반)

19세기 말 영국에서는 자유방임적 자본주의의 심화로 인한 폐해가 본격적으로 나타
났다. 자유방임 자본주의란 자본가와 노동자 모두를 시장 생산체제 안에서 '자유'롭게
활동하도록 둔다는 것이다. 이것이 현실적으로는 생산수단을 소유한 자본가가 무산자
인 노동자를 제한 없이 착취할 수 있는 자유를 준 것과 마찬가지가 된다. 그 결과, 자유
방임적 자본주의 말기에 해당하는 19세기 말과 20세기 초에 이르면, 여러 차례의 자본
주의적 경기 사이클에 따른 경제 공황들까지 겪으면서, 절대 다수의 임금노동자가 빈
곤의 경계로까지 내몰리게 된다.

이런 영향으로 이 시기 영국에서는 자유방임적 자본주의 경제의 실체에 대한 문제가 보다 뚜렷하게 대중에게 인식되고, 그에 따라 대중의 기존 사회 체제에 대한 혐오와 분노가 분출된다. 1870년대에 나타난 대규모 경제 공황과 그로 인한 대량 실업 등으로 영국의 노동자 계층은 자유주의에 대한 환멸을 갖게 되었다.[24] 이를 계기로 노동자들이 세력화해서 정치에 참여하려는 움직임이 본격화되고, 한편으로 시민 계층이 의식 변화를 통해 사회를 개혁하자는 운동도 활발하게 나타났다. 1890년에 창단된 노동당, 1884년 결성된 페비안 협회(Fabian Society)가 이를 대표한다.[25] 공통적인 기조는 정부가 자유방임적 시장경제 제도의 미비점을 적극 개선할 책임을 가져야 한다는 것이었다.

이런 배경하에서 19세기 말 영국에서는 구빈 행정에 관한 새로운 사회철학적 사조가 일어난다.[26] 기존의 구빈법 체제로는 자본주의 사회의 구조적 문제를 근본적으로 해결할 수 없다는 인식이다. 이에 따라 빈곤에 대한 원인론을 개인에서부터 사회 구조 측면으로부터 도출하려는 노력이 활발히 나타났다. 1886년 찰스 부스(C. Booth)의 런던시 사회조사나 1902년 라운트리(S. Rowntree)의 요크시 사회조사는 빈곤에 관한 사회적 원인론을 과학적으로 규명한 연구들로서 상당한 사회적 반향을 일으켰다.[27]

> 찰스 부스의 사회조사는 기존의 빈곤에 대한 사람들의 생각을 상당히 변화시켰다. 이 조사에서는 당시 런던 인구의 1/3이 빈곤선 이하로 생활하고 있고, 그 원인이 불충분한 임금과 열악한 거주환경, 불결한 위생시설 등에서 기인한다는 것을 경험적 근거로 보여 주었다. 소수의 불쌍한 사람이 아니라 대량의 인구가 빈곤선 이하에서 살고 있다는 사실만으로도 빈곤의 원인이 개인들의 게으름이나 무능력으로 설명될 수 없음을 입증한 것이다.

19세기 후반 영국에서는 이러한 다양한 사회개혁 움직임에 힘입어 사회복지에 대한 접근에 근원적인 변화가 나타나기 시작한다. 영국의 노동당이 추구했던 '복지의 국가주의' 이념도 이때 나타났다.[28] 일명 '복지국가'에 대한 이념이 태동된 것이다. 실제 제도로서 나타난 일차적인 변화는 영국에서 사회보험이 제도화된 것이다. 당시 독일이 먼저 도입했던 사회보험 제도의 영향을 받아 보험 방식의 사회복지 제도가 성립된다.[29]

정부 차원과는 별도로 민간 차원에서의 박애주의 접근들도 활발하게 나타났다. 구빈법하에서 공적 구호소들은 대부분 열악한 수준에 머물 수밖에 없었는데, 이를 개선하기 위해 많은 민간 자선기관이 생겨났다.[30] 당시 홍수와도 같이 쏟아지는 민간의 자선활동에 대해서는 우려와 비판도 많았다. 자유주의자나 사회주의자 모두 지나친 민간 자선 활동을 비난했다. 자유주의자들은 지나친 자선 활동이 사람들을 빈곤 상태에서 못 벗어나게 한다고 주장했고, 반대로 사회주의자들은 민간의 자선이 사회구조를 변화시키려는 노력을 가로막는다고 비판했다.

이러한 비난에 대응하면서 민간 자선 활동을 정비하고자 1869년에는 런던에서 COS(Charity Organization Society, 자선조직협회)가 결성되었다. 민간 부문의 합리적 자선을 성장시키고, 어려움을 겪는 사람들에게 개별화된 효과적인 도움을 주는 것을 장려하기 위함이었다. COS는 공적 구빈의 확장을 반대했고, 빈민에 대한 정부 지출을 축소하는 것을 지지했다. COS 회원인 자원봉사자들은 빈곤 가족에게 돈이나 의복, 음식도 지원했지만, 그보다는 도덕적 영향력을 행사하는 것을 더욱 중시했다.

COS의 이러한 활동은 후에 사회사업에서의 케이스워크(casework) 혹은 개별 사회사업 방법론이 발달하게 된 시초가 되었다. 당시에도 이미 규모가 큰 지역에서는 활동가들이 더 이상 자원봉사자만으로 충당되기 힘들었으므로, COS가 유급직원을 채용하여 케이스워크를 수행하는 경우도 있었다. 후에 이들이 발전하여 전문 사회사업가 집단이 된다. 또한 지역사회 기관들 간의 네트워크 등을 통해 문제 해결을 시도했다는 점에서 오늘날의 지역사회조직(community organization) 접근의 한 뿌리를 형성한다고도 본다.

이 시기에 민간 복지 활동의 또 다른 유형인 이주정착(settlement, 세틀먼트) 운동도 나타났다. COS 운동이 자선사업의 체계화 혹은 조직화를 의도했다면, 이주정착 운동은 집단적 사회참여의 방법으로 빈곤 문제를 해결하려는 시도였다. 이 운동은 대학생 등의 자원봉사자가 빈민 지역에 이주해 들어가 살면서 빈민들의 삶을 연구하고, 그들을 돕거나 교육시키는 등의 역할을 하는 것이다. 1884년에는 영국의 한 교구에 토인비홀(Toynbee Hall)이라는 이름의 대학 인보관 건물이 건립되었는데, 이것이 이주정착 운동을 전담하는 세계 최초의 인보관(settlement house)이었다.[31]

인보관 사업에 참여한 자원자들은 단순히 구호물 배포만으로 빈곤이 해결되지 않으며, 정신적 변화가 필요하다고 믿었다. 인보관 사업의 근본 의도는 교육받은 사람들이 빈곤한 사람들 사이로 들어와 공통된 일이나 연구를 통해 이들과 상호 교류하는 과정에서 문화적 영향이 전파되도록 하는 것이었다. 인보관 사업은 오늘날 사회복지 실천에서 집단사업(group work) 방법에 대한 이론적 기초를 제공했으며, 지역주민들의 조직화를 통해 빈곤 문제에 대응했다는 점에서 사회복지 실천의 지역사회조직 방법에 대한 또 다른 뿌리가 되었다.

4) 영국 복지국가의 성립 (20세기 초~중반)

영국의 복지국가는 앞서 설명했던 바와 같이 20세기 초 일단의 사회보험 제도들을 도입하면서 출발했다. 그러나 1930년대의 세계적 경기 불황을 경험하면서, 자유방임적 자본주의 경제 체제의 위험성은 몇몇 사회보험 제도만으로는 대처 불가능하다는 인식이 증가하였다. 경기 불황은 국가나 세계 경제에서 공급이 수요를 초과하는 현상때문에 발생하는 것이므로, 불황을 극복하고 실업을 없애려면 수요를 적극적으로 증대시키는 것이 필요하다는 사상도 나타났다. 케인즈(Keynes) 경제이론이 이를 대표했다.

케인즈 이론은 국가가 시장에 개입해서 ― 공공 지출 등을 확대해서 ― 수요를 의도적으로 증대시킴으로써 경기 불황이 극복될 수 있음을 경제학의 논리로서 정리한 것이다. 이 이론은 영국 사회가 이 시기까지 당면해 왔던 경제적 문제를 해결하려면 시장을 넘어서는 국가의 역할이 중요함을 제시한 것이었다. 이는 경제에 대한 국가의 개입이 정당화될 수 있는 근거가 된다. 그리고 이것은 곧바로 영국에서의 복지 체제에 대한 근원적인 변화, 즉 경제-복지의 결합 체제를 출범시키게 만들었다. 현대적 의미의 복지국가가 이로부터 비롯된 것이다.

영국에서 '복지국가(welfare state)'라는 용어가 널리 사용되기 시작한 것은 제2차 세계대전 때부터였다.[32] 전쟁 중에는 국가가 국민들을 인적 및 물적 자원의 동원에 헌신적으로 동참하게 하는 것이 중요한데, 이를 위해서는 국민들에게 국가 공동체에 대한 믿음을 줄 수 있어야 한다. 이런 배경하에서 전쟁 중에 영국은 국가 차원의 공동체를 위한 상호부조 시스템, 즉 사회복지 제도의 구축에 대한 합의가 쉽게 이루어질 수 있었다.[33]

전쟁이 한창 진행 중이던 1942년에 영국 의회에 제출된 「베버리지 보고서(Beverage report)」는 상호부조의 국가 공동체에 대한 구상을 사회보장 제도의 형태로 담은 것이다.[34] 여기에서 '사회보장'이란 실업이나 질병, 재해로 인해 소득이 중단되거나 감소했을 때, 노령으로 은퇴할 때, 세대주 사망으로 부양 결손이 발생한 때, 출생이나 사망, 결혼 등으로 예외적 지출이 필요한 때에 국가가 개입해서 최소한의 생활이 가능한 소득을 보장해 주는 것을 의미했다.

「베버리지 보고서」를 토대로 영국에서는 근대적 사회복지 제도가 본격적으로 성립된다. 전쟁 후 새롭게 들어선 노동당 정부에 의해 가족수당이나 보건서비스, 공공부조 등에 관한 다양한 입법이 대거 이루어졌다. 영국 정부는 1944년에 사회보장청을 설치했으며, 1948년에 근대적 의미의 공공부조법인 「국민부조법」을 제정하면서 300여 년 역사의 구빈법 시대를 공식적으로 마감하였다. 이후로 이렇게 성립된 국가의 모습은 '복지국가'라고 불리고, 많은 다른 나라에서도 이를 국가 차원의 사회복지 제도를 구축하는 전형으로 삼았다.

5) 복지국가의 위기와 대응 (20세기 후반~현재)

20세기 중반이후 영국의 복지국가 모형은 안정적인 경제 성장과 함께 근 30여 년 간 성공적으로 유지되어 왔다.[35] 그러던 것이 1970년대 중반에 들어 위기가 닥친다. 1973년과 1974년에 두 차례의 석유파동이 있었고, 이는 세계 경제에 치명적 타격을 입혔다.[36] 영국에서도 물가가 오르고 경제성장이 위축되는 문제가 심각하게 나타났다. 완전 고용이 무너지면서 대량 실업이 발생하고, 이를 사회보장 제도로 막으려다 보니 국가 재정이 막대한 적자를 입었다. 국가의 재정 적자는 다시 물가 상승을 부추기고, 경제 성장의 위축과 실업 문제를 더 악화시키게 되었다. 이른바 '복지-경제의 악순환'에 사로잡히게 된 것이다.

1970년대 후반에 이르러 영국에서는 복지국가 위기론이 심각하게 대두된다. 1979년에는 신자유주의 이념을 표방한 마거릿 대처(M. Thatcher) 수상의 보수당 정부가 출범하면서, 복지국가에 대한 대대적인 개혁을 추진하게 된다. 이른바 대처리즘은 자유주의 경제 체제의 강화를 기치로 내건다. 국가의 경제와 복지는 결합체의 성격을 띠는데, 경제 측면의 자유화는 필연적으로 복지에도 관련된 영향을 미치게 된다. 경제와 복지 모두에서 정부의 개입을 가능한 한 줄이는 것이 옳다는 이른바 '작은 정부론'이 등장한다.

대처리즘의 경제 방식은 공급 측면(supply side)을 활성화하는 것에 초점을 둔다. 그래서 케인즈주의에서 강조해 왔던 공공지출을 통한 수요의 증대가 경제를 활성화한다는 이론을 폐기한다. 대신에 공급 측면, 즉 기업이나 생산자(공급자)들의 자유로운 활동을 보장해야 경제에 활력이 생기고, 그것이 고용을 증진시키고 임금을 통해 소비력의 증대로 나타나고, 이것이 다시 공급을 자극해서 경제의 선순환이 작동한다는 자유주의 경제 이론을 새롭게 채택한다. 18세기에 대두된 자유주의 사상의 기조를 따르면서 20세기 후반 다시 부각되었다는 점에서 이러한 사상을 신자유주의라 한다.

신자유주의 방식의 경제는 경쟁과 자율에 의해 움직이는 시장 방식을 선호하고, 이를 위해서는 국가가 경제에 개입(공공지출, 각종 규제, 세금 등)하는 것을 최소화할 필요가 있었다. 공공지출의 감축이나 각종 규제 완화, 감세 등의 조치들이 모두 이와 관련된다. 또한 국유 산업이나 국영 기업들을 매각이나 위탁 등의 방식으로 민간 부문에 넘기는 민영화를 시도했다. 베버리지식 복지국가 ─국가에 의한 전 국민 대상의 사회보장─ 도 해체의 대상이 되는데, 그에 따라 사회복지 제도의 보편주의적 원칙을 축소하고 선별주의적 정책 기조를 강화한다.[37] 이러한 일련의 추세를 이른바 '탈복지국가'라고 부른다.

이 같은 20여 년에 걸친 보수당의 복지국가 개혁은 1997년 토니 블레어(T. Blair) 수상의 노동당이 집권함으로써 새로운 국면을 맞이하게 된다. 블레어 정부가 내건 슬로건은 '제3의 길'로 대표된다.[38] 제3의 길(the third way)이란 '고복지-고부담-저효율'로 요약되는 사민주의적 복지국가 노선도 아니고,[39] '고효율-저부담-불평등'으로 정리되는 신자유주의적 시장경제 노선도 아닌 새로운 길이라는 뜻이다. 즉, 노쇠한 복지국가도 아니고, 불량한 자본주의 국가도 아닌 새로운 국가의 모형을 제시한 것이다. 제3의 길에 기반한 '능동적(active) 복지국가'에서 제시하는 주된 전략은 사회투자 국가, 복지 다원주의, 의식 전환이었다.[40]

영국은 2000년대 이후 현재까지도 기존 복지국가에 대한 개혁 노력을 지속해 오고 있다. 블레어 정부 이후로도 복지개혁의 핵심은 '일하는 복지(welfare to work)'에 두고 있는데, 이는 의존형 복지로부터 자립형 복지로의 전환을 강조하는 것이다. 근래 영국 복지국가의 개혁에서 중심이 되고 있는 사안은 보건과 복지 서비스 분야에서 중앙정부의 역할을 축소하고, 지방정부와 지역사회의 기능을 강화하는 것이다.[41] 이는 대인적 휴먼서비스로서의 보편적 사회서비스들이 확대 공급되는 과정에서, 커뮤니티의 기능과 역할이 보다 중요하게 됨을 나타낸다.[42]

4. 미국의 사회복지

미국 사회복지의 역사적 전개는 영국과는 상당한 차이를 보인다. 한 국가로서 미국이 형성되고 발달해 온 맥락이 영국과 현저하게 달랐기 때문이다. 영국은 자유방임의 폐해를 겪으면서 국가의 복지 역할이 강조되어 왔던 반면, 개척주의 국가인 미국에서는 개인주의와 자원주의(volunteerism) 기반의 사회복지 제도가 선호되었다.[43] 사회사업(social work)이라는 전문직이 미국의 사회복지 역사에서 큰 비중을 차지했던 것도 이와 관련이 있다.

1) 전문직의 발달 (19세기 중반~1920년대)

미국에서 근대적 의미의 사회복지가 등장한 것은 19세기 중반 이후다.[44] 남북전쟁 (1861~1865) 이후 가속화된 공업화로 인해, 산업들이 집중되던 북동부 지역에서부터 사회복지의 수요가 급격하게 나타나기 시작한다. 이 지역을 중심으로 구대륙으로부터 이민자들이 유입되고, 공장 지대로 인구 집중이 일어났다. 이들 인구는 대개 불안정한 경제적 기반을 갖추고 있으므로 자본주의 경기 변동 등과 같은 사회구조적 요인에 취약할 수밖에 없었다.

이런 상황에서 근대적 성격의 사회 문제가 본격화된다. 실업자와 빈민들이 대량으로 발생하고, 도시는 슬럼화되고 공중위생이 열악하게 된다. 이로 인해 사회적 일탈과 범죄, 정신질환 등 온갖 형태의 사회병리 현상이 만연하게 된다. 한편, 이런 문제들에 대응하는 체계로서의 가족이나 지역공동체와 같은 자원은 찾기 어려웠다. 도시 유입 인구 자체가 그런 전통적인 자원에서부터 떨어져 나온 사람들이기 때문이다. 이에 따라 이 문제를 해결하기 위해서는 새로운 '사회' 자원이 필요하다는 인식이 생겨났다.

이런 시대적 배경하에 미국에서는 19세기 말부터 각종 사회복지 서비스 기관들이 활발하게 나타나기 시작한다. 이들 기관은 일부 주(州) 정부 시설을 제외하고는 많은 경우 민간의 자발적인 노력에 의해 설립되었다.[45] 여기에서 민간이라 하면 상공인이나 지식인, 종교인 등과 같은 개인적 동기와 자발성에 입각해서 활동하는 사람들이나 그들의 조직을 말한다. 이 시기의 민간 활동을 대표하는 것이 1889년에 제인 애덤스(J. Adams)가 인보관으로 설립한 헐 하우스(Hull House)다.[46]

당시 사회복지 서비스가 급속히 확대되면서 서비스 조직들의 수도 늘어나게 되었다.[47] 이때는 사회복지 서비스 기관의 운영이 대부분 기업가나 그 가족들에 의해 이루어졌다. 초기 민간이나 공공 사회사업 관련 기관의 리더십은 기업가 중심의 이사회가 보유했는데, 이들이 기관 운영 자원을 조달하고 배분하는 데 있어서 핵심적인 역할을 수행했다. 자선 행정의 효율성 제고를 위해 영국의 모델을 도입해서 만든 지역 COS(자

선조직협회)들에서도 개인 기업가들이 대부분 리더십을 가졌다.[48]

　미국 사회에서 사회사업의 전문화는 20세기 초에 들어서서 본격적으로 진행된다. 비록 19세기 말에 이미 다양한 사회사업 활동이 등장했지만, 그 일을 하는 사람들이 특정한 교육 기반을 공통적으로 갖추고 있지는 않았다. 초기 사회사업 활동을 했던 사람들은 다양한 성격의 자발적 참여자들로서, 자원봉사자, 시민지도자, 사회개혁가, 직장인, COS 회원, 인보관 참여자, 아동복지시설의 관리자 등이 특정한 유대 관계가 없이 '느슨한' 집합의 상태를 이루고 있었다.[49]

　20세기 초반에 들어서야 이들은 자신들이 하는 일이 공통적인 성격을 가지고 있음을 공유하게 되는데, 이에 따라 병원, 법원, 학교, 정신 분야 등에 사회사업이라는 독자적으로 식별되는 영역을 구축한다. 이러한 사회사업 영역이 확장되면서 이에 대한 공통의 가치와 지식 기반을 갖추려는 전문직화의 노력도 함께 나타났다. 대학들에 사회사업 전문직 교육과정이 설치되고, 사회사업가 전문직 협회도 등장하게 된다. 사회사업방법론의 전문적 기초를 제공한 리치먼드(M. Richmond)의 책『사회진단(Social Diagnosis)』(1917)이 출간된 것도 이런 노력들이 결집된 결과이다.

　이런 과정을 거쳐 미국의 사회사업은 전문직으로 인정받게 되는데, 이 과정에는 특히 의료 및 정신치료 분야에서 활동했던 서비스 실천가들의 영향이 컸다. 이들 분야에서는 전문직이 되기 위한 요건으로 특정한 교육 이수와 자격 인증을 강조했기 때문이다. 한편, 이들 분야를 중심으로 사회사업이 전문직 인정 과정을 거치게 되면서, 초기 미국의 사회복지 분야를 지배했던 가치와 방법론들이 의료나 정신치료에서의 대인적 인과론과 서비스에 치우치게 되었던 것도 사실이다. 이로 인해 이후에도 미국의 사회복지에서는 사회구조와 시스템의 변화를 통해 복지를 구현하려는 사회복지 정책이나 행정 접근의 노력들이 지체되어 나타난다.

2) 사회복지의 팽창 (1930~1970년대 말)

　1930년대를 전후해서 미국의 공공 사회복지는 대규모의 변화를 겪게 된다.[50] 1929년에 시작된 미국의 경제 대공황은 대규모의 실업자와 빈곤 문제를 양산했는데, 이로 인해 미국 사회는 민간이나 자발적 사회복지 시스템으로서는 더 이상 감당할 수 없는 문제들이 존재함을 인정하게 되었다. 그에 따라 1935년에「사회보장법(Social Security

Act)」을 제정하고, 연방정부나 지방정부 차원에서 공공에 의한 사회복지 정책들을 본 격적으로 실행한다.

지방정부들에서 빈민이나 노인, 장애인 등 취약계층에 대한 공공부조 프로그램을 확 대함에 따라,[51] 이들을 대상 인구로 하는 공공 복지서비스 조직이나 기관들의 수와 규 모가 급격히 증가했다. 이들 공공 기관들은 이전까지 민간 부문에서 운영하던 기관들 에 비해 보다 위계적이고, 관료적이고, 규칙에 의해 통제되는 성격을 띠었다. 이런 환 경하에서 서비스를 실행해야 하기 때문에 사회복지 전문직은 기존의 대인적 서비스실 천에 더해서, 정책이나 행정에 대한 방법적 지식들을 강화해야 했다.

미국에서 1950~1960년대에는 빈민 등에 대한 구제나 도움을 대부분 정부 부문의 공 공부조가 담당하게 됨에 따라, 이전까지 그런 역할에 매여 있었던 민간 사회복지 기관 들이 보다 전문적인 서비스 분야로 넘어갈 수 있었다. 한편, 공동모금 제도가 활성화되 고,[52] 서비스 이용료 수입이 확대되면서 민간 기관들의 재정 여건이 좋아졌고, 그에 따 라 민간 사회복지 기관들의 수와 규모도 증가하였다.

1960년대에는 연방정부가 '빈곤과의 전쟁(War on Poverty)'을 선포하면서 각종 복 지 관련 대안적 프로젝트들이 실행되었다. 주정부나 지방정부 후원으로 지역사회행동 (community action)을 주도하는 기관들이 도시에 설립되기 시작했는데, 이러한 기관들 은 기존 복지 기관들과는 달리 새롭고 대안적인 서비스들을 제공했다. 서비스 구조와 공급 방식에서 관료제적 성격을 최소화하고, 기관의 의사결정에 이용자들을 대폭 참여 시키는 운영 방식을 채택하기도 하였다. 대표적으로 지역들마다 설치된 지역사회정신 보건센터(CMHC)가 이러한 커뮤니티 참여적 모형을 따랐다.[53]

1970년대에 들어서면 미국도 영국과 마찬가지로 오일쇼크로 인한 세계경제의 위기 를 경험한다. 이에 따라 1960년대 '뉴딜(New Deal)' 정책을 통해 대거 확장되었던 사회 복지 프로그램이나 서비스 기관들의 재정적 지속가능성에 대한 문제가 제기되었다. 그 와 함께 이들 수많은 프로그램이 과연 원래의 사회적 목적(탈빈곤) 달성에 효과적으로 기여하고 있는지, 오히려 복지에 대한 의존성을 심화(빈곤의 영속화)시키는 것은 아닌 지를 우려하게 되었다.[54] 이러한 우려는 복지 프로그램과 서비스가 확대될수록 복지 대상자는 줄어들지 않고 늘어났다는 수치 등을 통해서도 확산되었다. 이에 따라 사회 복지 분야 전반에서 재구조화의 필요성이 부각된다.[55]

3) 사회복지의 재구조화 (1980년대~현재)

영국과 유사하게 미국에서도 1980년대에 들어서면서 중앙정부의 사회복지 역할을 축소해야 한다는 기조가 강화되기 시작한다. 보수당인 공화당의 로널드 레이건(R. Reagan) 행정부가 출범하게 된 것도 이러한 경향을 가속화하였다. 이른바 레이거노믹스라 불리는 레이건 정부의 경제 기조는 영국의 대처리즘과 같이 시장 중심의 공급 측면을 강조하기 위해, '작은 정부, 규제 철폐, 감세'라는 핵심 가치를 내걸었다.

이 시기 미국에서 사회복지 부문에 대해 민영화를 시도한 것도 마찬가지 맥락이었다. 사회복지 서비스를 제공하기 위해 세금 자원으로 공공 조직을 직접 운영하는 대신에, 민간 프로그램에 대해 보조금을 지급하거나 민간 기관들로부터 서비스를 구매하는 방법 등을 선호하게 되었다.[56] 이에 따라 정부 보조금이나 서비스구매계약(POSC)으로 유지되는 수많은 민간 사회복지 서비스 기관이 만들어졌다.[57]

민영화와 함께 시장화도 사회복지 서비스 부문에 도입되었는데, 아동과 노인 인구를 대상으로 하는 서비스 공급에 이윤 추구 목적의 사기업들까지 참여하게 된다. 양로원, 홈케어(재가돌봄), 알코올중독 치료 등의 분야에서는 영리 목적의 서비스 조직들이 상당한 비중을 차지할 정도로 팽창했다. 기업과 산업체들에서 자체적으로 도입하는 산업복지 프로그램(EAP 등)에 대해서도 이러한 영리 민간 기관들이 적극적으로 참여하게 되었다.[58]

미국에서는 1980년대 이후 현재까지도 보수주의적 성향이 지속되고 있으며, 결과적으로 공공 사회복지 프로그램들은 계속해서 긴축의 위협에 처해 있다. 1990년대에 들어서서는 공공부조 관련 사회복지 프로그램들의 대규모 감축이 현실화되었다. 민주당의 빌 클린턴(B. Clinton) 정부는 1996년에 「개인책임 및 노동기회조정법(PRWORA)」을 제정함으로써, 미국 사회복지 정책의 역사에 획기적인 변화를 만들어 냈다.

PRWORA는 공공부조 대상자의 복지의존을 감소시키는 것을 목적으로 제정된 법으로서, 개인의 책임과 근로를 통한 자립 강제를 주요 내용으로 한다. 이 법의 제정으로 근 60년의 역사를 가진 미국의 '빈곤아동가족지원(AFDC)' 프로그램이 폐지되고, '빈곤가족한시지원(TANF)' 프로그램이 등장했다.[59] TANF 프로그램의 주요 특징은 빈곤 가족의 취업이나 결혼을 장려해서 빈곤층의 행동 변화를 유도하고, 복지 의존을 감소시키는 것을 일차적 목적으로 한다는 것이다. 이를 강제하기 위해 개별 대상자의 생애 총

복지수급 기간을 한정했고, 프로그램 실행의 주된 권한과 책임을 주정부에 이양했다.

　미국에서는 이후로도 1998년의 「인력투자법(WIA)」이나 조지 부시(J. Bush) 공화당 행정부의 2005년 「적자감축법(DRA)」 등에 나타났던 바와 같이, 공공 부문의 복지서비스를 민영화, 지방화, 시장화(영리화)하려는 신자유주의적 기조가 유지되어 오고 있다.[60] 비록 민주당의 오바마(B. Obama) 행정부에서 공공의료 시스템의 일부를 도입하기도 했지만, 전반적으로는 탈복지국가의 신자유주의 추세를 유지하고 있다. 이로 인해 미국의 사회복지 서비스가 공급되는 체계는 더욱 다원화, 다선화되는 추세를 보이고 있다.[61]

5. 일본의 사회복지[62]

　일본은 서구 열강들에 비해 비교적 늦은 시기에 산업화가 진행되었다. 일본에서 산업화로 인한 사회 문제들이 본격적으로 등장하고, 이에 대응하기 위해 현대적 의미의 사회복지가 모색되기 시작한 것은 제2차 세계대전이 종전되면서부터다. 전쟁 패배 이후 일본에서는 사회 전반에서 구조 개혁이 진행되었으며, 현재와 같은 사회복지 제도의 기반도 이로부터 성립되었다. 일본의 사회복지는 다른 산업화된 국가들에 비해 상대적으로 낮은 수준의 국가 복지의 기조를 이어 오고 있다.[63]

1) 사회복지의 기반 형성기 (1945~1959년)

　1945년 8월 전쟁에서 패배한 일본은 연합국(미국)의 점령하에 놓이게 된다. 과중한 전비 부담으로 1945년의 실질국민소득은 전쟁 전 1935년의 반으로까지 떨어져 국민 생활이 곤궁하게 되었다. 전쟁 중에 나타났던 식량난은 전후에 더욱 가중되었다. 제대 군인과 외국으로부터의 귀환자로 인해 인구는 급격히 증가한 반면, 1945년에 쌀 농사는 대흉작을 보여 국민 생활의 궁핍은 한층 심각해졌다. 이러한 와중에 빈민 구제와 같은 사회복지 활동은 연합군총사령부(GHQ)를 위시한 해외 민간단체들의 원조에 상당 부분 의존할 수밖에 없었다.[64]

　이런 이유로 일본에서 근대 사회복지 제도의 기반을 닦는 작업은 GHQ의 주도하에 진행되었다. 1946년 GHQ는 일본 정부에 대해 각서 「사회구제(SCAPIN775)」를 발효하면서, 구제의 기본 방침으로 ① 무차별 평등, ② 국가 책임, ③ 필요 충족이라는 세 가지 원칙을 제시했다. 이에 기반해서 이 시기 사회복지의 현안 과제였던 기아와 고아, 전쟁 피해자, 빈곤자 등에 대한 문제와 대책들이 강구되었다. 그 결과 「생활보호법」(1946), 「아동복지법」(1947), 「신체장애자복지법」(1949)이라는 이른바 복지3법이 제정되었다. 이들은 사회복지의 시설과 운영 관리 사항들을 규정한 「사회복지사업법」(1951)과 함께 이후 근 50년간 계승될 일본 사회복지 제도의 토대가 되었다.[65]

복지3법에 관한 행정 사무는 지방자치단체에 의해 실행되었는데, 이 시기 일본 사회복지 행정의 특징은 '선별주의'와 '행정서비스'로 대변된다. 전쟁으로 인한 피해와 일본 경제의 파탄 등으로 빈민, 아동, 장애인 등을 구제하는 데 필요한 재원이 부족한 상태에서 선별과 집중 전략이 불가피한 것이었다. 정부는 선별적 방식으로 '조치사무'를 실행했다. 조치사무란 행정 관청이 대상자 실태를 파악해서 그에 따라 구호 물자를 제공하거나 시설 입소와 같은 조치를 취하는 것이다. 일반 행정직 공무원들이 이러한 조치 사무를 수행했다.

이 시기 일본 사회복지에서 지역의 역할은 전반적으로 미미했다. 비록 대부분의 사회복지 활동이 지역에서 실행되지만, 지역이 주체적으로 추진한 사회복지 사업은 많지 않았다. 이는 지방자치단체나 민간 사회복지 기관에서 이루어지는 활동에서도 마찬가지였다. 지역주민 가운데서 '민생위원'을 임명해서 지역 내 저소득 세대의 자립 촉진을 돕도록 한다든지, 민간 형식의 '사회복지협의회'가 어린이회나 부모회 등과 같은 지역주민 활동을 지원하거나 '보건복지지구'를 조직한다든지 하는 활동들이 지역복지적 성격을 일부 띠었다.[66]

2) 사회복지의 확대기 (1960~1973년)

일본은 1950년대에 경제가 부흥되고, 그로부터 외국의 원조를 벗어나 자립을 시작한다. 1960년대에 이르러 일본은 이미 고도 경제성장기를 맞이한다. 이에 따라 전반적인 국민 생활의 수준이 향상되었으나, 한편으로 그러한 혜택의 대상에 속하지 못한 모자세대나 장애아, 장애자 등의 열악한 생활 여건이 새로운 사회복지의 대응 과제로 떠올랐다.[67] 또한 인구 구조가 급속히 변화되기 시작하면서 1970년에 이미 고령화율이

7.1%에 달하는 고령화 사회로 진입하였다. 그에 따라 노인 인구의 케어 문제도 본격적인 국가적 관심 사항으로 등장했다.

　이러한 문제들에 대응하기 위한 노력으로 일본은 「모자복지법」(1964), 「정신박약복지법」(1960), 「노인복지법」(1963)을 새롭게 제정했다. 앞선 시기에 제정되었던 3법에 더해서 이제 복지6법 체제가 되었다. 이와 함께 국민연금과 국민건강보험과 같은 기본적인 사회보험 제도도 창설되었다. 1963년 정부에 의한 「사회복지시설정비긴급5개년계획」에는 '특별양호(養護)노인홈' 등의 사회복지 시설과 인력 확충도 포함되었으며, 이에 따라 사회복지 서비스의 양적 확대도 진행되었다. 결과적으로 정부의 사회복지 예산도 급속히 증가하게 된다.[68]

　이 시기에는 또한 고도 경제성장에 결부한 2차, 3차 산업으로의 경제 구조 전환이 가속화되면서, 농촌에서 도시로의 인구 이동이 현저하게 나타났다. 도시 지역은 과밀하게 되고, 농촌 지역은 반대로 과소하게 되는 '커뮤니티의 약체화'가 심각한 문제로 대두되었다. 이에 일본 정부는 1971년 중앙사회복지심의회가 '커뮤니티 형성과 사회복지'에서 제시된 바와 같이, 국가가 지역사회 공동체 형성에 관심을 갖고 개입하는 정황도 나타났다.[69]

3) 사회복지의 전형기(轉型期) (1974~1990년)

　이 시기 일본 사회복지는 일종의 패러다임적 변화를 경험한다. 국가의 복지 재정 부담이 크게 증가한 것도 이러한 변화의 원인이지만, 급격한 고령화 등으로 인해 휴먼서비스에 대한 욕구가 변용(變容)된 것에 기인하는 바도 컸다. 1960년대에서 1970년대 초까지 일본의 사회복지 확대는 파이(pie) 논리를 기저로 했다.[70] 파이 논리란 성장 논리라고도 불리는데, 경제성장의 과실을 키운 다음에 이를 나누면 분배의 몫이 더 커진다는 것을 의미한다. 이 논리는 1950년대 경제성장으로 키운 파이로 인해 보다 적극적인 분배를 실행했던 사회복지 확대 시기(1960~1973)에는 들어맞을 수 있었다.

　그러나 일본도 1970년대에 일어난 두 차례의 오일쇼크로 인한 세계적 불경기의 여파를 겪고, 경제가 저성장 시대로 돌입하게 되면서 파이 논리에 의거한 복지 확대는 더 이상 불가하게 되었다. 오히려 이전 시기에 확대되었던 사회복지 정책들을 재정적으로 지원할 여력이 있을지에 대한 의문과 비판이 증가했다. 그럼에도 인구 고령화는 이전보다 한층 더 진행되어, 와상노인[71] 등에 대한 개호(介護, 돌봄)서비스에 대한 수요는 오히려 더 확대되고 있었다. 이런 상황에 대해 일본 정부는 사회복지 제도의 패러다임 자체를 바꾸어 보려는 시도를 하게 된다.

이 시기에 등장한 이런 노력을 '복지재평가' 작업이라고 한다.[72] 이를 통해 고령화로 인한 재정 부담이 가중되고 있는 연금이나 의료보장 분야들에서 국가 재정 투입의 비중을 낮출 수 있는 방안들이 강구된다. 이와 함께 사회복지 서비스 분야 전반에 대한 재평가도 시도되었다. 이제까지 생활시설 중심이던 사회복지 서비스들을 재가서비스 방식으로 바꾸어 나갈 필요성도 여기에서 제기되었다.[73] 노인홈과 같은 생활시설을 지역사회에 개방하여 재가복지 서비스의 거점으로 활용하자는 현실적인 방안까지도 제시되었다.

1979년에 제시된 '신경제사회7개년계획'에서 이러한 일본의 사회보장 재정립을 위한 기본 방향이 드러났다. 사회보장을 확충하기 위해 국가 재정의 경직화를 초래해 왔던 서구 '복지국가'들과는 달리, 일본은 독자노선으로서의 일본형 '복지사회'를 지향할 것을 천명했다. 복지사회란 '개인의 자조(self-help) 노력에 덧붙여 가족, 근린(이웃), 지역사회 등의 연대를 기초로 하고, 정부는 효율에 의거해서 적정한 수준의 공적 복지를 보장하는 데 중점을 두는 것'으로 규정했다.[74]

이러한 방향이 천명된 것은 일차적으로는 국가재정 부담의 완화가 절실하게 필요했기 때문이다. 또한 그에 못지않게 이 시기에 이미 국민들의 생활양식과 의식, 사회적 욕구들이 고도화되고 있어서 이에 대응할 필요가 반영된 까닭도 있다. 과거 절대 빈곤의 시기에 현금 급여의 공급이 중시되었다면, 고령자나 아동 등의 돌봄이 사회화되는 시기에는 대인적 휴먼서비스 급여가 주가 된다. 이런 서비스는 국가의 재정 투입만으로 해결되지 않고, 가능한 한 지역사회의 가까운 곳에서(近隣), 유연성 있는 서비스 기제가 필요하다고 보았다.

이러한 복지 욕구의 성격 변화에 기초해서 커뮤니티 케어(community care)를 강조하는 지역복지, 재가복지, 공사(公私) 역할 분담 등이 강조되었다. 재택(在宅)을 전제로 하는 커뮤니티 케어의 사업 방향은 노인복지뿐만 아니라 장애인복지, 아동복지 분야들에도 폭넓게 적용되었다.[75] 일본에서 지역복지는 시·정·촌(市·町·村)[76]의 기초자치단체와 사회복지협의회가 추진 주체로서의 역할을 중심적으로 담당한다. 특히 노인문제에 대한 대처가 중요해지면서, 지역복지에서의 보건과 복지의 연계에 대한 논의도 활발하게 나타났다. 의료개호 대상 고령자에 대한 지원을 복지서비스와 연계하는 보건복지 통합서비스 시스템을 구축하는 노력이 전개되었다.

4) 서비스 시장화와 지역복지 전개기 (1991년~현재)

1990년대에 접어들어 일본에서는 거품 경제가 붕괴되면서 경제가 침체되는 가운데, 세계적으로도 유례를 찾기 어려운 급속한 고령화와 소자화(少子化, 저출산) 현상이 나타난다. 이를 배경으로 사회복지 시스템의 본격적인 개혁이 착수되었다.[77] 1990년에 행해진 사회복지 관련 8법의 개정은 이에 따른 결과이다. 이로부터 재택복지 서비스의 법제화, 복지서비스의 지방자치단체로의 권한 이양, 보건과 복지 분야에서의 지역복지 계획 수립 등이 본격 추진된다.[78]

2000년에는 기존의 「사회복지사업법」이 전면 개정되면서, 법 명칭도 아예 「사회복지법」으로 바뀐다. 여기에는 지역복지와 계약주의가 변화의 두 축을 이룬다. 먼저 이 법에서는 '지역복지의 추진'이라 불리는 장이 새롭게 추가되고, '지역에 있어서 필요한 복지서비스의 총합적인 제공'과 '지역주민 등의 이해와 협력'으로 복지를 추진한다는 조문이 추가되었다. 현재에 이르기까지 일본은 사회복지(특히 노인복지)에서 지역사회를 강조하는 제도적 변화를 지속적으로 추구해 오고 있다. 2000년 시행된 「개호보험법」이 2014년까지 개정되어 오는 과정에서도 '지역포괄케어시스템'을 강화해 왔으며, 지역을 기반으로 서비스를 구축하고 지역이 주체가 되어 예방 측면의 사업들을 다양하게 전개하는 방향성을 강화하고 있다.

2000년 「사회복지법」 개정의 두 번째 중심축은 계약주의 도입이다. 2000년 법 개정을 기점으로 사회복지 서비스를 공급하는 방식이 대대적으로 변화하게 된다. 대표적으로는 복지서비스가 전달되는 방식이 이전의 조치 제도에서부터 계약 제도로 바뀐 것이다.[79] 2000년 제정된 「개호보험법」을 비롯해서 장애인 관련 사회복지서비스 법들에서도 이러한 추세가 일관적으로 나타난다.[80] 여기에서의 근본 기조는 사회복지 서비스의 전달체계를 이용자 중심주의로 바꾸는 것이다.

이를 위해 사회복지 서비스의 공급에 영리 목적의 시장사업자가 진입하도록 허용했다. 개인 등의 민간이 보육시설(우리나라의 어린이집)을 설치하거나 공공 보육시설을 위탁받아 운영할 수 있도록 했고, 2003년부터는 사회복지 서비스의 모든 분야에서 영리

기관의 참여 가능성을 확대시켰다. 영리 부문의 참여를 조장하려는 것은 사회복지에 대한 국가 재정 부담의 완화와 함께, 사회서비스 시장의 확대에 따른 고용 창출과 증대에 대한 기대도 포함되었다. 그럼에도 영리 부문의 사회복지 서비스 진입 정책의 효과에 대해서는 일본 사회에서 아직까지도 상당한 논란이 있다.[81]

미 주 🔍

1) 산업화가 근대사회 출발을 견인하는 데 가장 결정적인 영향을 미친 것은 사실이다. 하지만 사실상 근대사회 출발에 대한 이해는 경제적 측면뿐만 아니라 정치, 사회적 측면 모두를 고려할 때 더 깊어진다. 사회적 차원에서 신분제의 와해, 그리고 이와 맞물린 정치적 참정권의 확대와 민주주의 이념의 확산 등은 근대사회의 또 다른 특성을 구성한다.

2) 비록 원시사회에 대해서는 기록이 부재한 까닭으로 알 수는 없지만, 문자 기록이 나타나는 때에 이미 그에 관한 가치나 규범들이 발견된다는 것은 이전부터도 사회복지적 기능이 존재했음을 말해 주는 것이다. Trattner, W. (1998). *From Poor Law to Welfare State* (6th ed.). NY: Free Press.

3) 함무라비 법전(Code of Hammurabi)은 기원전 1792~1750년에 바빌론을 통치한 함무라비 왕이 반포한 고대 바빌로니아의 법전이다. 이보다 100여 년 이상 앞선 수메르 법전이 발견되기 전까지 세계에서 가장 오래된 성문법으로 알려져 있었다.

4) 김홍중(2012). "인간이란 무엇인가?" 월간경영계. 392, pp. 58-59. [http://www.kefplaza.com/labor/manage/econo_view.jsp?nodeid=289&idx=10933].

5) 오늘날 영어의 philanthropy(박애)는 그리스어로 사랑을 뜻하는 필로(philo)와 인류를 뜻하는 엔트로포스(anthropos)가 합쳐진 것이다. 박애의 사상은 혈연적 단위의 가족 구성원을 벗어난 인류적 공동체 단위가 기능하는 데 필요하다.

6) 유대 철학자 마이모니데스(Maimonides, 1135~1204)의 가르침이다. 참고: Trattner, *From Poor Law to Welfare State.*

7) 예수 이래로 베드로(Peter)와 바울(Paul) 등 초대 기독교회 창시자들은 유대인이었다. 따라서 신약성경도 구약성경 못지않게 자선을 강조한 경구를 많이 가지고 있다.

8) 여기에서 '나'는 하나님이 대표하는 우리 전체를 의미하는 것이라고 하면 베푸는 자신까지도 베품을 받는 것이 된다. 신약성경 The Last Judgment (마태복음 MATT. 25: 31-46).

9) 서구 사회의 역사에서 중세(Middle Ages)란 보통 476년 서로마제국이 멸망한 때부터 1453년 동로마제국이 멸망한 때까지의 약 천 년을 말하는 것이다.

10) 14세기 중반경에는 영국에만 수백 개의 이런 병원 시설이 존재했고, 각 시설은 수십에서 수백 명까지를 수용할 수 있었다.

11) Trattner, *From Poor Law to Welfare State.*

12) 인클로저 운동이란 토머스 무어(Tomas Moore)가 『유토피아(Utopia)』라는 책에서 '양이 인간을 잡아먹는다'라고 비난했던 것으로, 인클로저는 울타리를 친다는 것을 의미한다. 당시 해외 식민지 무역이 확대되고 모직물 산업의 수익성이 높아지면서 나타났던 현상이다.

13) 장원 공동체 안에서 영주와 교회로부터 보호를 받았던 많은 농노는 근대라는 새로운 시대에 상당한 삶의 불안정을 경험해야만 했다. 극심한 실업과 빈곤으로 인해 생존을 위한 구걸과 도둑질, 폭력이 증가했다. 특히 도움을 필요로 하는 많은 사람이 집결하는 도시 상업 지역들에서 이러한 현상은 극심했다.

14) 1349년 국왕 에드워드 3세가 「노동자법(Statutes of Labours)」을 제정하게 되는데, 흑사병 후에 노동력이 부족해지고 저소득계층이 높은 임금을 요구하는 데 대한 대응으로 제정한 것이었다. 그 내용은 ① 임금 상한선 설정, ② 무능력자와 실업자의 여행 제한, ③ 고용주가 실업자를 강제로 고용 가능, ④ 노약자 아닌 사람에 대한 자선 금지 등을 담고 있었다. 이 법이 의미하는 바는 곧 '모든 정상적인 사람은 법에 의해 정해진 임금 수준으로 자신이 거주하는 지역에서 일을 해야 한다'는 것이었다. 이를 근대국가에서의 사회복지 정책에 대한 국가의 입법적 간여에 대한 시작점으로 보기도 하지만, 그 초점이 대개 노동력의 안정적 확보에 주어져 있어 이를 사회복지의 입법이라고 보기는 어렵다.

15) 영국 역사에서 절대왕정의 시대는 튜더(Tudor) 왕조가 들어서 왕권 강화의 계기가 마련된 1485년경을 기점으로 하는 것이 일반적이다.

16) 절대왕권이 교회를 지배하는 과정에서 수도원을 해산한다. 1536년 영국왕 헨리 8세에 의해 수도원 해산법이 만들어져 수도원의 막대한 토지 재산 등이 국가에 귀속되었다.

17) Friedlander, W. (1961). *Introduction to Social Welfare*. NJ: Prentice-Hall.

18) 예를 들어, 300년 후 한국의 공공부조 제도에서 노동 가능자를 구별해 내어 차등 지원하는 등이 「구빈법」의 전통과 맞닿아 있다.

19) 이 시기 영국 사회의 변화란 절대왕정이 폐지되고 올리버 크롬웰(O. Cromwell)에 의한 부르주아 공화정이 들어서는 등 중앙집권력이 약화되는 것을 뜻한다.

20) 참고: 김동국(1994). 서양사회복지사론. 유풍출판사, p. 121.

21) 고용주들이 부담해야 할 피고용인들에 대한 최저생활 보장 수준의 임금을 구빈세가 대신해 주게 되면, 고용주들은 낮은 임금 수준을 계속 지급하게 되고, 그에 따라 구호 대상자들의 수는 더욱 증가하게 된다. 이는 다시 구빈세율을 높아지게 만들고, 결과적으로 납세의무를 가진 일반 다수 노동자 시민에게는 오히려 어려움을 증가시킨다. 이런 형태의 문제는 현재에도 사회복지 정책의 중요한 주제가 되고 있다.

22) 애덤 스미스(A. Smith)의 자유방임 경제 이론, 벤담(J. Bentham)의 공리주의 경제학, 타운젠드(J. Townsend) 목사의 신학, 존 스튜어트 밀(J. S. Mill)의 철학 등이 이 시대의 자유주의 사상을 대변한다.

23) 원인론(etiology)이란 어떤 현상에 대한 원인이 무엇인지에 대한 설명이다. 동일한 현상이라도 원인론에 따라 다르게 설명될 수 있다.

24) 안병영(1984). "복지국가의 태동과정의 비교연구". 한국행정학보, 18(2), pp. 423-444.

25) 페비안 협회는 버나드 쇼(G. B. Shaw), 웹 부부(Beatrice Webb & Sidney Webb) 등의 지식인 중심으로 결성된 것이다.

26) 남기민(2003). 현대사회복지학(2판). 양서원, pp. 53-58.

27) 상게서.

28) 안병영, "복지국가의 태동과정의 비교연구", pp. 423-444.

29) 독일은 재상 비스마르크가 사회주의를 탄압하면서 한편으로 노동 안정을 꾀하기 위해 사회 보험 제도를 일찍이 도입했다. 이 영향으로 영국에서도 1897년의 「근로자보상법」, 1908년의 「노령연금법」과 함께 1911년에는 의료보험과 실업보험을 내용으로 하는 「국민보험법」이 제 정되었다. 이 시기 영국의 사회보험은 독일식 제도의 영향을 받기는 했지만, 독일 비스마르 크식 사회입법이 의도했던 노동 통제의 목적보다는 노동자 보호의 목적에 비교적 더 충실했 다고 평가된다. 참고: 남기민, 현대사회복지학.

30) 1860년대에는 런던의 모든 교회와 100여 개의 자선기관이 현금이나 음식, 옷, 땔감 등으로 개 인이나 가족을 지원했다. 참고: Friedlander, *Introduction to Social Welfare*.

31) 토인비는 교구 목사였던 바넷(Barnett)의 요청으로 교구에 이주해와 활동을 하다 1883년에 폐렴으로 사망했던 아널드 토인비(Arnold Toynbee)라는 옥스퍼드 대학교 졸업생 이름이다. 그를 추모하기 위해 친구들이 기금을 모아 건물을 세워 그의 이름을 붙인 것이 '토인비 홀'이 다. 인보관은 현재 우리나라의 지역 사회복지관과 비슷한 기능을 했으므로, 이를 사회복지관 으로 칭하는 경우도 있다.

32) 김상균(1986). 각국의 사회보장. 유풍출판사, p. 81.

33) 처음에는 전쟁에서의 부상이나 사망, 물적 손실 등의 위험에 대해 사회구성원들의 안녕을 보 장하는 보훈 차원의 복지제도에 대한 필모로서 출발이 되었으나, 그러한 필요성이 전체 사회 구성원으로 확산되어 일반 사회보장 제도로의 발전까지도 이끌어 간다.

34) 보고서의 명칭은 'Social Insurance and Allied Services, Report by Sir William Beveridge, Presented to Parliament by Command of His Majesty, November 1942, HMSO, CMND 6404' 이다. 원본 보고서는 300쪽에 이르는데, 사회보험과 관련 서비스들에 대한 가정, 방법, 원칙 등이 상세하게 보고되어 있다. 참고: http://www.sochealth.co.uk/history/beveridge.htm.

35) 장인협 · 이혜경 · 오정수(1999). 사회복지학. 서울대학교 출판부, p. 45.

36) 아랍의 산유국들이 석유 생산을 통제하면서 유가가 급격하게 상승했고, 이에 따라 값싼 석유 에 기반해서 산업 성장과 번영을 구가했던 세계 경제 전반이 큰 충격을 받았다.

37) 이 과정에서 공공 복지 재정의 지출을 통제하고, 사회보장과 복지서비스 전달체계를 변화시 켰으며, 복지 의존도를 낮추기 위해 대중에 대한 도덕재무장 전략을 사용하였다. 주요 정책

변화의 내용은 다음과 같다. 첫째, 연금 부문에서 국가에 의한 소득비례 연금체계를 수정하여 급여 수준을 저하시키고, 민간 금융기관을 통한 개인연금을 장려한다. 둘째, 아동수당과 주택수당의 급여 수준을 동결하거나 실질적 급여를 저하시킨다. 셋째, 국민보건서비스에 대해서는 민간병원의 설립을 장려하고, 의료부문에 내부 시장 개념을 도입하여 시장원리를 강화한다. 넷째, 주택부문에서는 지방정부 소유의 공공주택을 대대적으로 매각하는 민영화 조치를 취한다. 다섯째, 대인사회서비스 부문에서는 지역사회 보호(community care)를 강조하여, 지방정부 사회서비스국의 조직과 운영을 개혁하여 서비스 전달체계에서 공공 부문의 역할을 축소하고 민간 부문의 역할을 강화한다.

38) 이는 앤서니 기든스(A. Giddens)가 1998년 펴낸 책의 제목으로, 사민주의(1노선)와 신자유주의(2노선)가 아닌 제3의 대안 노선에 대한 구상을 이론적으로 체계화한 것이다.

39) 사민주의란 사회민주주의의 약자인데, 자유주의와 사회주의의 중간 정도의 입장을 취한다. 자유주의보다는 사람들의 삶에 대해 사회(국가)적 개입의 필요성을 더 인정한다. 사회주의 이외의 국가들에서 전형적인 복지국가는 대개 사민주의의 입장을 반영한다.

40) 사회투자(social investment) 국가란 국민들에게 노동 참여를 강조하는 것으로, 복지는 경제적 급여를 직접 제공하기보다는 인적 자원에 투자해야 한다는 것이다. 복지다원주의(welfare pluralism)란 기존의 중앙정부 중심의 복지 공급을 지양하고, 지방정부나 비영리 부문(제3부문), 기업, 종교, 지역사회 등으로 복지 공급의 주체가 다원화되는 것이 적절하다는 것이다. 의식 전환을 강조하는 이유는 복지국가의 의존성을 줄이자는 것에 있다. 복지국가의 원래 기조는 물자나 자원을 제공하는 것 자체보다는 위험을 공동체적 방식으로 부담하자는 것에 있다. 그러므로 일을 통한 개인들의 독립성과 진취성을 강조하는 인식 전환의 노력이 필요하고, 그 결과 도덕적 해이를 막고 국가에 대한 경제적 의존을 줄일 수 있다고 본다. 참고: 원석조(2001). **사회복지정책학원론**. 양서원, pp. 160-164.

41) 중앙정부가 지방정부에 대해 지방교부세나 보조금 등을 지급하고, 이를 직접 통제하고 관리하기보다는 성과관리 방식의 수행성과 측정으로 전환하는 것도 그러한 노력의 일환이다. 수행성과 측정(performance measurement)은 성과관리의 방법인데, 지방정부가 구체적인 성과지표와 그것을 수행하는 데 필요한 재원 이전을 요청하면, 중앙정부가 적절하게 합의될 수 있는 선에서 적절한 재원을 교부금으로 이전하고, 후에 중앙정부는 지방정부의 업무 수행을 성과 측정을 통해 판단해서 상벌이나 제제를 가하는 방식의 관리를 한다는 것이다.

42) 이에 대해서는 이 책 13, 14장에서 자세하게 설명한다.

43) 자원주의란 프랑스 사회학자 알렉시스 드 토크빌에 의해 강조되었다. 1830년대 초 미국을 방문했던 토크빌은 자발적 참여를 통한 자유민주주의의 활발함을 보고 이것이 미국의 힘이라고 했다.

44) Austin, D. (1995). 'Management overview' in Encyclopedia of Social Work (19th ed., Vol. 2), pp. 1642-1658.

45) 주정부들이 설치하는 사회복지 기관은 대부분 수용시설이었는데, 이들은 오늘날 재활이나 보호, 치료라는 사회복지 서비스의 목적보다는 사회적 일탈자에 대한 격리와 통제 목적의 서비스 성격이 강했다.

46) 제인 애덤스(Jane Adams)가 영국 런던의 토인비 홀을 방문하고 그에 감명을 받아 시카고 지역에 설립한 것이다. 처음에는 유치원으로 문을 열었으나, 곧 다양한 빈민 교육이나 옹호 활동 등을 전개했다.

47) Austin, 'Management overview', pp. 1642-1658.

48) 상게서, pp. 1642-1658.

49) Patti, R. (1983). *Social Welfare Adminstration: Managing Social Programs in a Developmental Context.* NJ: Prentice-Hall, pp. 1-5.

50) Austin, 'Management overview', pp. 1642-1658.

51) 대표적인 프로그램들로는 ADC(Aid to Dependent Children), OAA(Old Age Assistance), AB(Aid to the Blind) 등이 있었다. ADC는 빈곤 가족에 대한 지원인데, AFDC(Aid to Families with Dependent Children)로 바뀌었다가 현재는 한시적 TANF로 운영되고 있다. OAA는 노인들의 빈곤 억제로서 지급되는 노령수당과 같은 것이며, AA는 시각장애인들에 대한 지원이다.

52) 지역사회의 모금 운동의 창구를 일원화하기 위한 노력들이 연합기금의 형태로 조직화되었는데, 처음에는 '커뮤니티체스트(Community Chest)'에서 '유나이티드펀드(United Fund)'로 바뀌었다가 현재 '유나이티드웨이(United Way)'가 이를 대표한다.

53) CMHC는 Community Mental Health Centers의 약자다.

54) Austin, 'Management overview', pp. 1642-1658.

55) 보다 체계적이고 과학적인 프로그램 기획과 구성, 관리, 평가 등에 관한 지식과 기술을 사회사업가들이 갖추도록 하기 위해 대학 교육과정을 변화시키는 노력들이 이루어졌다. 참고: 상게서, pp. 1642-1658.

56) 참고: Bendick, M. (1989). *Privatizing the delivery of social welfare services: An idea to be taken seriously*' in Privatization and the Welfare State. Princeton University Press; ⟨Austin, 'Management overview', pp. 1642-1658⟩에서 재참고.

57) 서비스구매계약(POSC, Purchase Of Service Contract)이란 정부가 서비스를 직접 생산하지 않고, 민간 등으로부터 생산된 서비스를 계약을 통해 구매해서 이용자에게 제공하도록 하는 것이다.

58) EAP란 Employee Assist Program의 약자로서, 기업이 직원들의 복지와 건강한 노동생산성 유

지를 위해 건강관리나 심리 상담, 중독 치료, 가사나 양육 도움 등에 이르기까지 지원을 실시하는 것을 말한다. 산업복지와 EAP에 대해서는 이 책 11장 사회복지 서비스에서 보다 자세하게 설명한다.

59) PRWORA(Personal Responsibility and Work Opportunity Reconciliation), AFDC(Aids to Families with Dependent Children), TANF(Temporary Aids to Needy Families). 이들의 명칭만 비교해 보아도 두 가지 접근의 차이를 쉽게 확인할 수 있다.

60) 민영화(privatization)는 공공 조직이 수행하던 역할을 민간 조직으로 이전하는 것을 말하고, 이를 위해 서비스구매계약(POSC) 등의 방식을 주로 쓴다. 지방화는 주로 연방정부의 기능을 지방정부로 이전하는 것을 뜻하는데, 지방정부는 이를 민영화나 시장화와 결합해서 사회복지서비스를 공급하는 경향을 띤다. 시장화(영리화)는 영리조직의 사회복지서비스 분야에의 참여를 개방하는 형태로 나타난다. 사회복지 서비스구매계약의 당사자로 영리조직도 허용된다는 것이다. 이에 관한 자세한 내용은 이 책 13장 사회서비스와 거버넌스를 참조.

61) 다원화는 사회복지서비스 공급의 주체가 지방정부, 민간비영리조직, 영리조직 등으로 다양해지는 현상이고, 다선화는 이들 간의 연결망 회로가 다수로 증가하는 것을 의미한다. 이러한 경향성은 사회복지서비스 공급의 전달체계를 상당히 복잡하게 만들고 있으며, 그에 따라 관리 비용도 증가시키고 있다.

62) 〈古川孝順(후루카와코우준, 2002). 社会福祉学. 誠信書房, pp. 185-214〉의 시기 구분을 따랐으며, 시기별 요약 설명은 〈小松理佐子(고마쯔리사코, 2006). 福祉国家の形成・再編と社会福祉政策. 中央法規. pp. 172-174〉를 주로 참조.

63) 이에 대한 이유로서, 일본은 기업 중심의 복지체제가 상대적으로 발달해서 낮은 수준의 국가복지를 보충했다고 보는 견해가 있다. 참고: 조영훈(2006). 일본 복지국가의 어제와 오늘. 도서출판 한울.

64) 小松, 福祉国家の形成・再編と社会福祉政策, p. 172. GHQ란 General HeadQuarters의 약자다.

65) 상게서, p. 172.

66) '보건복지지구 조직'이란 보건과 복지에 관계되는 활동들을 수행할 목적으로 지역을 일정한 단위로 묶어 주민 참여를 유도하고, 지원하는 것이었다. 주민 참여를 용이케 할 목적으로 대개 초등이나 중등 학군(學群)을 활용했다. 그럼에도, 이런 노력들이 지역이 독자적인 주체가 되는 활동이라기보다는, 국가의 복지행정에 대한 민간 협력이나 주민 참가의 정도에 머물렀다. 참고: 함세남 외 (2001). 사회복지 역사와 철학. 학지사.

67) 小松, 福祉国家の形成・再編と社会福祉政策, p. 173.

68) 이 시기를 '확대기'로 부르는 이유도 이러한 비중 있는 제도와 예산의 급증이 있었기 때문이다.

69) 함세남 외, 사회복지 역사와 철학.

70) 이는 경제성장 우선주의-후분배를 강조할 때 쓰였던 논리다. 트리클 다운(trickle down) 효과라고도 하며, 1960~1970년대 우리나라의 경제성장 드라이브를 위한 근거 논리로도 사용되었다. 2000년대 후반 신자유주의를 강조했던 이명박 정부에서 이 논리가 다시금 등장했다.

71) 와상(臥床)노인이란 고령으로 인해 거동이 어려워 병상에 누워 있는 노인을 말한다.

72) 小松, 福祉国家の形成・再編と社会福祉政策, p. 173.

73) 생활시설이란 서비스를 받는 사람들이 자신의 집을 떠나 시설에 입소해서 생활에 필요한 서비스를 받는 곳이다. 양로원이나 장애인생활시설 등이 이런 형태다. 재가(在家)서비스란 자신의 집에서 살면서 필요한 서비스를 방문자들을 통해 받는 것이다. 재택(在宅)서비스라고도 한다.

74) 小松, 福祉国家の形成・再編と社会福祉政策, p. 173.

75) 함세남 외, 사회복지 역사와 철학.

76) 우리나라의 시·군·구 정도의 행정 제도상 위계에 해당한다. 일본에서는 도도부현(都·道·府·県)이 광역지방자치단체로서 우리나라의 광역시·도에 해당한다.

77) 小松, 福祉国家の形成・再編と社会福祉政策, p. 173.

78) 상게서, p. 173.

79) 조치제도는 공공이 대상자에 대해 특정 시설을 지정하여 이용하게 만드는 것이고, 계약제도는 대상자에게 특정 서비스를 이용할 권리를 부여하고 시설 선택은 이용자에게 맡기는 제도다. 우리나라의 사회서비스 바우처 방식이 일본에서는 계약제도와 유사하다.

80) 2003년 4월에는 「신체장애자복지법」 등의 개정에 의해 장애자 복지 분야에 '지원비 제도'가 도입되었다. 그에 더해 2006년 4월부터는 「장애자자립지원법」도 시행된다.

81) 사회서비스 분야의 일자리가 취업 조건이 열악한 비정규직 중심으로 확대되는 문제, 사회복지 서비스가 상품화되면서 평등과 연대, 공동체적 이념의 기반이 무너지는 문제, 효율성을 앞세워 공평성이 저해되는 문제 등이 그러한 논란의 중심에 있다.

제6장
한국 사회복지 제도사

우리나라에서 사회복지 제도가 형성된 역사는 서구 사회와는 상당히 차이가 난다. 서구 사회는 산업화의 문제에 대응하며 몇 세기에 걸쳐 점진적으로 사회복지 제도가 형성되었다. 그에 반해 우리나라는 식민통치, 한국전쟁과 남북 분단, 정치경제와 사회문화의 급격한 변화 과정을 겪으면서, 불과 반세기 만에 서구 사회 수준의 사회복지 제도화에 도달했다. 비록 서구 국가와 마찬가지로 우리나라도 산업화 문제에 대한 공통적인 대응으로 사회복지가 제도화되었지만, 제도의 특성은 우리나라만의 고유한 역사적 경로와 시기를 따라 형성되었다.[1]

1. 사회복지 제도의 형성기 (1950~1970년대)

우리나라에서 근대적 의미의 사회복지는 1950년 한국전쟁을 기점으로 본격화된다. 그 이전에도 조선말 개화기부터 시작된 기독교사회관 운동이라든지, 일제강점기 시절의 「조선구호령」 제정과 고아원 설치, 인보관 사업 등의 활동은 있었다. 그럼에도 이들은 선교나 자선, 시혜가 일차 목적이었고, 활동의 규모나 범주도 제한적이어서 제도적 차원의 사회복지였다고 하기 어렵다. 한국전쟁은 이전까지의 상호부조에 관한 사회적 질서를 철저히 파괴함으로써 제도로서의 사회복지가 성립되는 것을 불가피하게 만들었다.[2]

1) 한국전쟁과 외국원조

1950년 발발한 한국전쟁으로 대량의 전재민(戰災民)이 발생했으며, 이들에 대한 의식주 해결, 의료와 교육 지원, 생업 마련 등과 관련해서 막대한 구호 수요가 나타나게 되었다. 1953년에 파악된 요구호 대상자 수는 당시 인구의 절반에 가까운 1,000여 만 명에 이르는 것으로 보고되었다.[3] 전쟁은 농경사회 자체의 경제적 기반마저 파괴함으로써 가족이나 지역이 공동체적 복지 기능을 수행할 수 없게 만들었다. 그로 인해 제도적 차원의 사회복지가 이 시기에 긴박하고도 절실한 필요성으로 나타난다.[4]

당시 자유당 정부는 이런 상황에 대응할 정치·경제적 역량이 없었으므로, 구호의 문제는 미국 등 외국 정부와 원조단체의 지원에 거의 전적으로 맡겨졌다. 정부 차원에서의 구호 노력은 국제연합(UN)의 구호 물품이나 미국 정부로부터의 잉여농산물을 지원받아 이를 배분하는 것이 대부분이었다. 민간 차원에서는 외국원조단체(외원단체)의 활동이 활발하게 전개되었다.[5] 당시 외원단체연합회에 등록한 선교/원조 단체들만 해도 최대 100여 개가 넘었을 정도였다.[6] 이들은 대개 선교와 구호를 병행하는 경우가 대부분이었다.[7] 당시 고아원을 비롯한 대부분의 민간 사회복지 시설들은 외원단체의 지원에 거의 전적으로 의존하고 있었다.[8]

> "1945년의 해방과 1950년의 한국동란을 거치면서, 외국의 무상지원 자원에 힘입어 복지시설이 급격히 증가되어 왔던 것이다. 특히 1950년 이후에 여러 가지 복지시설이 급격히 증가했지만 그 많은 시설의 거의 전부가 운영자의 깊은 박애심의 발로에 바탕을 두었는지는 의심스럽다. … 1968년도에 시설사회사업의 중심을 이루고 있는 525개소의 아동시설 중에 외국 민간원조단체의 원조를 받고 있는 시설이 478개로서 총 아동시설의 91.0%에 달하고 있는데 … 우리나라의 시설 사회사업의 외부의존도, 특히 외국의 지원 자원에 대한 의존도가 대단히 높다는 것을 알 수 있다."[9]

이들 외원단체가 단순히 물질적 지원만 해 준 것은 아니었다. 이들은 구호 활동의 조직 방식, 이와 관련된 지식이나 기술 등도 함께 전파하였다.[10] 당시 서구식 전문 사회사업이 사회복지 현장에 널리 보급되는 과정에서, 사회사업(social work)이 곧 사회복지라고 인식되게 된 데는 이러한 맥락이 작용했다. 외원단체들은 공식 조직(시설 등)을 통한 전문적 구호를 선호했는데, 이런 까닭으로 고아원과 같은 민간 사회복지 시설들이

활발하게 설치되었고 사회사업가(social worker)들에게 운영이 맡겨졌다.[11]

2) '사회복지' 개념의 제도 형성

우리나라의 법제에서 '사회복지'라는 용어는 1961년 제정된「생활보호법」에서 최초로 등장한다.[12] 대한민국 정부 수립 후 최초 사회복지 입법에 해당하는 이 법의 제1조는 "본법은 노령, 질병 기타 근로능력의 상실로 인하여 생활유지의 능력이 없는 자등에 대한 보호와 그 방법을 규정하여 사회복지의 향상에 기여함을 목적으로 한다"고 천명하는데, 여기에서 사회복지 개념의 등장을 볼 수 있다.「헌법」을 포함하여 우리나라 모든 법제에서 '사회복지'라는 용어가 쓰인 것은 이때가 최초였다.[13] 이를 통해 비로소 사회복지가 법제도적 개념으로서의 자격을 공식적으로 갖춘다.

1960년대는 군사정부가 들어서면서 1950년대 이래 지속되던 단순 구제 일변도의 사회사업 방식에 의문이 제기되면서 대안적 방향에 대한 모색이 활발해지던 시기였다.[14] 「생활보호법」이 제정되었던 1961년 전후는 외원단체들에 의한 구호가 범람하면서 탈법이나 비리 등 여러 폐해가 심각한 문제가 되고 있었다. 여기에다 구호의 실질적인 효과를 높이려면 단순히 물자 지원에만 치중해서 안 되고, 대상자들의 의지나 역량을 강화하고 경제적 기반을 조성하는 역할까지 해야 한다는 주장들도 활발하게 나타나고 있었다.[15]

이에 따라 기존의 구호나 사회사업과는 차별되는 새로운 방식의 사회적 도움 활동이 필요하다는 인식이 나타났고, 이를 '사회복지'라는 개념으로 식별하게 된다. 원래 '사회복지(社會福祉)'라는 단어는 일본식 한자 조어(造語)를 본딴 것이기는 하지만,[16] 당시 우리의 시대적 상황과 요구에 부합되는 개념이었기에 차용될 수 있었다. 이 당시 군사정부는 경제 발전과 빈곤 탈피를 위해 국제연합 등이 주도하는 사회개발(social development) 접근을 받아들이는 것을 필수적으로 여겼다.[17] 사회개발 접근에서는 사람들 스스로가 빈곤으로부터 벗어나려고 노력하도록 만드는 것이 중요하고, 사회적 지원은 여기에 초점을 두어야 한다는 것을 강조했다. 1960년대 말부터 시작된 '새마을 운동'이 이러한 사회개발 접근의 대표적 예다.[18]

사회복지는 이러한 맥락을 배경으로 등장했으므로, 당시 사회개발 접근에서 강조되던 '의식 변화'와 '자조적 참여' 등의 이념이 자연스럽게 사회복지의 빈곤 구제 방법과 결합되게 된다.[19] 이와 같은 초기 사회복지 개념이 현실적으로 적용된 사례는 1963년 목포시에 '목포사회복지관'이라는 이름의 시설이 설치된 것이었다.[20]

이후 '사회복지 서비스' 혹은 '사회복지 사업'이라는 개념은 주로 빈곤한 취약인구를 대상으로 민간 부문이 직접적인 도움을 제공하고, 공공 부문은 이를 법제도적, 재정적 측면에서 지원하거나 통제하는 방식의 제도를 뜻하게 되었다. 1960년대 후반에 들어오면 이러한 초기 '사회복지' 개념의 용법은 학계와 교육계에서도 널리 받아들여졌다.[21] 우리나라에서 사회복지란 단순히 수사적 의미를 넘어서서 특정한 제도적 방식을 일반화하는 개념이 되었던 것이다.

1970년에 제정된 「사회복지사업법」은 이러한 사회복지의 개념이 법제도로서 안착된 것을 의미한다. 비록 우리나라 사회복지 역사의 초기에 형성되었던 '사회복지'의 개념이 이후의 시대적 상황과 요구에 따라 확대 변화되어 왔지만, 그럼에도 개인 차원의 변화를 강조하고, 민간과 공공의 공동 역할을 중요시하는 서비스 양식 등은 현재에도 우리나라 사회복지의 고유한 특성으로 남겨져 있다.

이 시기에 형성된 '사회복지(social welfare)'의 개념은 이처럼 빈곤 구제 사업을 위한 민관협력의 제도적 틀로서 규정되었으나, 한편으로는 '사회보장(social security)'의 개념과 결부되는 경향도 나타나기 시작한다. 이 시기에는 사회복지와는 다른 기제로 운영되는 근대적 특성의 사회보장 제도의 성립에 대한 움직임도 나타나기 시작했던 것이다. 이때 사회보장 제도는 국가가 주된 책임을 가지면서 전체 국민을 대상으로 최소 생활을 보장해 주는 제도로 인식되었고, 이 점에서 민간의 자발적 기제를 가져왔던 사회복지 제도와는 개념적으로 명확히 합치되지는 못했다.[22]

> 비록 명목상으로만 존재했던 법이기는 하지만, 1963년 제정된 「사회보장에 관한 법률」에서 '사회보험'과 '공공부조'를 사회보장이라 규정한다. 여기에 사회복지 서비스나 사업은 규정되어 있지 않다. 그러다 이 법이 1995년 「사회보장 기본법」으로 전면 개정되면서 이때 비로소 사회보장에 '사회복지서비스'가 포함된다.

전 국민의 최소한 소득보장을 목표로 하는 사회보장 제도로 대표적인 것은 사회보험이다. 사회보험은 보험료 납부를 전제로, 재해나 질병, 노령, 실업 등과 같은 사회적 위험 발생 시 보험가입자의 최저한의 소득을 보장해 주는 제도이다. 임금노동이 산업의 근간을 이루게 된 근대 시장경제체계가 확대되면서 대부분의 국가에서는 20세기 이후

임금노동자들의 안정적 일상생활을 위협할 수 있는 주요 사회적 위험에 대비하는 제도를 갖추어야 했다.

　이 시기에 우리나라에서 가장 먼저 확립된 사회보험 제도는 산재보험이다. 1963년에 「산업재해보상보험법」이 제정되면서 1964년부터 산재보험 제도가 실시되었다. 초기에는 상시고용근로자가 500인 이상인 광업이나 제조업 분야로만 산재보험이 한정적으로 적용되었으며, 이후 상시고용근로자 규모를 줄이고 업종도 확장시키면서 점차 이 제도의 적용범위가 보편적으로 확장되었다. 근대적 사회보험 제도를 최초로 확립한 독일에서도 산업재해에 대한 보상의 필요성이 가장 먼저 제기되었고 사회보험 방식으로의 제도화에 대한 논의도 가장 먼저 시작되었다.[23] 이는 근대 초기 노동자들이 직면했던 가장 위협적인 위험요인이 산업재해였다는 것을 보여 준다. 우리나라에서도 산재보험이 사회보험 방식의 사회보장 제도 중 가장 먼저 실행되었다는 것은 우연이 아니다.

　한편, 질병이라는 사회적 위험에 대비한 사회보험 제도인 의료보험 제도는 1970년대에 확립되었다. 형식적으로는 1963년 「산재보험법」 제정과 동시에 「의료보험법」이 제정되었으나, 사회보험 제도가 갖추어야 할 핵심 요소인 강제적용 규정이 결여되어 있어서 실효성이 없었다. 이후 1976년에 「의료보험법」이 전면 개정되면서 1977년 최초로 실효성 있는 의료보험 제도가 실시되었다. 산재보험과 마찬가지로 의료보험 제도도 실행 초기에는 상시고용 근로자가 500인 이상인 대규모 사업장 근로자, 공무원, 교직원 등으로 적용 대상이 한정적이었으나, 점차 그 대상을 보편적으로 확대해 나갔다. 이 시기에는 의료보험 조합이 지역의보조합, 공무원교직원의보조합, 직장의보조합으로 구분되어 있었으며 이러한 분리된 관리운영 방식은 1990년대 후반까지도 계속 이어졌다.[24]

2. 사회복지 제도의 확대기 (1980~1990년대)

　1980년대 들어서면 한국 사회복지의 현실은 이전과는 다른 방향으로 전개된다. 이전까지 경제성장을 위해 분배와 복지를 의도적으로 억압했던 독재 정권은 1980년대의 정치경제적 상황에서 한계에 부딪힌다. 경제개발 우선주의 정책 기조로서는 더 이상 국민들의 복지 욕구에 대응할 수 없게 되었음이 드러난다. 이에 국가 정책의 기조는 사회개발을 경제개발과 함께 강조하는 방향으로 바뀐다. 정부 정책에서 사회복지 정책이 차지하는 위상이 높아지기 시작한 것이다.[25] 이런 결과로 사회복지 서비스의 공급이 다양한 인구 대상으로 확대되고, 서비스의 내용도 실질적으로 확충되기 시작한다.[26]

1980년대가 되면 각종 사회복지 관련법들이 정비된다. 1982년에는 「생활보호법」이 1961년 제정 이래 처음으로 개정되는데, 이때 비로소 빈곤자들에 대한 생활보호의 내용과 방법이 구체적으로 정리되었다. 생활보호 제도에 자활보호 급여가 명시된 것도 이때였다.[27] 사회복지 서비스와 관련된 제반 법들도 제정되거나 정비되었다. 1981년에 「노인복지법」과 「심신장애자복지법」을 처음 제정하고, 1961년 제정된 「아동복리법」도 전면 개정하여 「아동복지법」으로 대체하였다.

1983년에는 「사회복지사업법」이 1970년 제정 이래 처음으로 전면 개정되었다. 여기에 '국가와 지방자치단체는 사회복지를 증진할 책임을 진다'라는 (복지 증진의 책임) 조항이 신설되면서, 사회복지에서 공공 부문의 책임이 비로소 명문화된다. 이 개정법에서는 또한 '사회복지사'라는 전문직이 규정되는데, 전문직으로서의 요건인 교육 이수와 자격 검증의 방법이 법제화된 것이다. 이전까지는 사회복지 시설에서 일하는 사람들을 통칭해서 사회복지 '종사자'로만 규정했다.[28]

이 시기에는 이런 법제들의 정비와 함께 사회복지 서비스들의 영역과 공급량이 대폭 확대된다. 이전까지 수용시설(생활시설) 위주로 제공되던 사회복지 서비스가 지역사회복지관과 같은 다양한 이용시설, 전문 상담이나 치료 등을 제공하는 사회복지 기관들에서의 서비스로 확대된다.[29] 이러한 서비스들은 과거 단순 수용보호 서비스(주로 의식주 제공)와는 달리 휴먼서비스 전문 인력들을 필요로 했다. '사회복지사'라는 전문직이 법제화된 것도 이런 맥락에서였다.

1980년대에 들어서면 사회복지 시설들에 대한 외원이 대부분 종료되고, 정부 보조나 공동모금, 기부나 후원, 이용료 수입 등이 이를 대체한다. 정부로부터의 공적 재원이 민간 사회복지 시설들에 투입되면서부터, 이들 시설은 보다 강화된 공적 통제와 감독하에 놓이게 된다. 폐쇄적 조직 운영에서 벗어나 시설을 개방하고 성과에 대한 사회적 책임성을 제시할 것에 대한 요구도 높아졌다.

1980년대 후반이 되면 사회복지를 관리하는 공공 부문에도 많은 변화가 나타난다. 1987년에 사회복지전문요원 제도가 처음 도입되었는데, 사회복지사를 공무원으로 채용해서 읍·면·동 일선에서 공공부조(생활보호 등) 업무를 전담하도록 했다.[30] 초기에 시범적으로 시행되었던 이 제도는 그 후 일련의 변화를 거쳐 현재는 공공 사회복지 행정 전달체계의 중추를 이루고 있다.[31] 이 시기 공공 사회복지의 확충을 위한 노력은 1999년 「국민기초생활보장법」 제정으로 귀결된다. 이 법은 기존의 「생활보호법」을 대체하는 것으로, 법 명칭에서도 드러나듯 국가가 국민의 최저생활에 대한 책임을 '보호'에서부터 '보장'의 개념으로 전환한 것이다.[32]

우리나라에서는 1990년대 중반 지방자치제도가 복원되는데, 그로 인해 공공 사회복지 전달체계에서도 변화가 나타나기 시작한다. 과거 중앙정부에 의해 획일적 방식으로 시행되던 다수의 사회복지 서비스들이 지방자치단체를 통해 다차원적이고 복합적인 방식으로 시행되게 되었다. 이러한 과정에서 공공 사회복지 행정의 복잡성이 증가되었고, 결과적으로 사회복지 서비스 전달체계를 효과적으로 정립해야 할 필요성이 한층 증가하게 되었다.

1990년대에는 우리나라 사회복지 분야에도 세계적 신자유주의 조류가 영향을 미친다. 이에 따라 사회복지 서비스의 시장화 혹은 서비스 시장의 개방화 시도가 나타난다. 1997년 「사회복지사업법」을 개정하면서, 사회복지법인만이 아니라 개인 등도 사회복지 사업을 할 수 있도록 허용했다. 또한 사회복지 시설의 설치도 상당 부분 허가제에서 신고제로 바꾸었다.[33] 사회복지 서비스 시장을 개방하는 의도는 보다 많은 서비스 공급 주체를 사회복지 사업에 참여시켜서, 급속히 확대되는 사회복지 서비스의 수요에 효율적으로 대처하기 위해서였다.

1980~1990년대에 나타났던 이러한 사회복지 서비스 전반의 확장은 곧 이들 서비스를 제공하는 인력에 대한 필요를 크게 높였다. 특히 사회복지사 전문직에 대한 수요가 많아졌는데, 이에 대응해서 대학들의 사회복지 교육과정도 급속히 증가했다. 1980년대에만 전국적으로 30개 대학에서 사회복지학과 혹은 사회사업학과가 신설되었으며, 1990년대 후반으로 가면 한국사회복지대학협의회에 등록된 대학들의 수만 해도 50개를 넘겼다.[34] 이에 따라 사회복지사 인력의 과다 배출 우려까지도 나타났다.[35]

이 시기에 사회복지의 개념은 사회보장 제도의 틀에 점차 포함되기 시작한다. 비록 사회복지 개념의 주된 활동 범주는 사회복지 서비스의 공급에 있었지만, 공공부조의 영역과 밀접히 결합되면서 제도로서의 사회복지는 사회보장 제도의 일환으로 규정된다. 1995년 제정된 「사회보장기본법」에서 사회복지서비스가 기존의 사회보험과 공공부조에 더해 사회보장의 주요 영역으로 인정된다. 사회보장이란 국가의 책임을 규정하는 것이므로, 이때에야 법제도적으로도 사회복지서비스에 대한 공급과 관리가 국가의 책임에 들어간다. 그러면서 사회보험이나 공공부조와 같은 사회보장의 다른 제도들과 사회복지 제도가 본격적으로 연결된다.

1980년대로 접어들어서 나타난 인구 구조와 사회경제적 환경의 변화는 사회보험 제도에도 큰 영향을 미쳤다. 최초로 노령연금제도가 만들어진 것이 1980년대 중반이다. 1986년에 「국민연금법」이 제정되었는데,[36] 2년여의 준비 기간을 거쳐 1988년부터 국민연금제도가 시행되었다. 제도 시행 초기에는 상시근로자가 10인 이상인 사업장의 근로자로 적용대상이 한정되었으며 이후 적용대상의 범위를 점차 넓혀 나갔다. 1995년에 비로소 농어민까지 적용대상으로 포함시켰다. 이후 도시의 지역가입자까지 범위를 확장하면서 1999년에는 전 국민 연금가입 시대를 열었다.[37]

4대 보험 중 가장 마지막으로 법제화된 제도는 고용보험 제도다. 1993년 「고용보험법」이 제정되고 이후 1995년부터 고용보험 제도가 실행되었다. 우리나라뿐만 아니라 대부분의 국가에서 사회보험 제도 중 가장 늦게 제도화되는 것이 고용보험이다. 다른 사회보험 제도에서 대응하고자 하는 사회적 위험들(산업재해, 질병, 노령)과는 달리, '실업'이라는 위험에 대한 대비책을 마련하는 것은 근로동기를 약화시킬 가능성이 크다고 보기 때문이다. 우리나라에서도 고용보험의 필요성과 문제점에 대한 논쟁이 오랜 기간 이어졌으며, 결과적으로 1990년대 중반이 되어서야 이 제도가 실행될 수 있었다. 고용보험 제도는 1997년 IMF 구제금융 사태가 발발하면서 급속하게 확장되기 시작했으며, 가장 짧은 기간 안에 적용대상의 범위를 전 국민으로 확장시켰다.[38]

3. 사회복지 제도의 변혁기 (2000년대 이후)

2000년대를 전후한 시기에 한국의 사회복지 환경은 또다시 급격히 변화한다. 1997년 외환위기를 겪으면서 한국 사회에서는 정치, 경제, 사회 영역 전반의 구조적 취약성이 드러나고, 인구사회의 구조 변화와 신경제에 따른 새로운 성격의 사회 문제들에 대한 우려도 높아졌다. 이에 따라 2000년대에 들어서는 복지국가의 틀을 강화하자는 주장이 힘을 얻는다.[39] 그럼에도 한편으로는 신자유주의 사조의 영향하에 놓여 있던 탓에, 복지국가의 확장 방식을 둘러싸고 사회적 논쟁이 격화되었다.[40]

우리나라에서는 2000년대 들어 인구사회 구조의 파괴적 위험성이 본격적으로 드러나기 시작한다. 급속하게 진행되는 저출산·고령화로 인해 인구 구조가 위축, 왜곡되는 현상이 나타나게 된 것이다. 이는 일차적으로 가족 공동체의 기능을 위협한다. 예를 들어, 한 명의 자녀가 두 명의 부모를, 그것도 오랜 기간 돌볼 수 있을까? 그래서 사회복지 제도를 통해 국가공동체의 기능이 이러한 자녀의 역할을 대체해야 하는데, 사회적으로 보면 소수의 근로 세대가 다수의 피근로 세대를 부양해야 하는 것이다.

저출산과 고령화는 인구 구조 자체로도 위협적이지만, 여성 인구의 성격 변화로 인한 가족 기능의 축소와 맞물리면서 문제가 증폭된다. 우리나라에서는 여성의 사회적 경제 활동에의 참여가 지속적으로 증가해 왔는데, 여성의 고용률은 2000년에 이미 50%에 육박했다.[41] 아동이나 노인, 장애인 등에 대한 돌봄을 대개 여성이 가정 안에서 수행해 왔기 때문에 여성의 시장경제 활동 증가는 곧바로 돌봄 공백의 문제를 야기한다. 사회적 돌봄 체계의 구축이 시급하게 된 것이다.

2000년대에 들어서면 신경제 체제로의 이행에 따른 사회적 변화와 관련된 문제들도 본격적으로 제기된다. 고도의 지식–서비스 산업 경제로 접어들수록 경제와 복지의 선순환의 논리가 작동하지 않게 된다.[42] 이러한 사회가 되면 소수의 지식 자본을 소유한 집단과 다수의 일반 노동집단 간의 빈부 격차가 확대되며 사회적 양극화가 심화된다. 신자유주의적 신경제는 또한 국가 간 경계를 옅어지게 하는데, 그에 따라 이주노동자나 결혼이주민들(우리나라의 경우에는 탈북민 포함)이 증가하고 이들에 대한 사회적 차별이나 배제와 같은 문제도 함께 증폭된다.

신경제로 인한 빈부격차의 확대와 양극화, 이주민이나 소수자에 대한 사회적 배제와 차별 등의 문제는 모두 사회통합을 저해한다. 한 사회에서 사회통합이 깨지면 사회적 불안정이 초래되고, 그 결과 범죄를 비롯한 사회적 일탈들이 증가하게 된다. 이로 인해 그 사회는 막대한 사회적 비용을 치러야 하고, 이 과정에서 사회 자체가 붕괴될 수도 있다.[43] 사회통합의 문제는 단순히 사회적 가치나 도덕적 덕목의 차원을 넘어서서, 국가공동체 자체의 지속가능성에 관한 문제가 된다.

2000년대 이후 새롭게 인식되고 있는 이와 같은 사회 문제들은, 기존의 산업사회적 위험(대표적으로 고용 중단에 따른 소득 상실)과 구분하는 차원에서, '신사회적 위험'이라고 불린다.[44] 신사회적 위험(new social risks)은 산업사회적 빈곤 문제들과도 연결되어 있다. 그럼에도 문제의 본질에서 차이가 있는데, 물질적 차원의 절대적 빈곤보다는 불평등, 기회 박탈, 소외 등과 같은 상대적 빈곤의 성격이 더 강하다. 상대적 빈곤과 관련되는 사회 문제는 심리사회, 정치경제적 측면들이 혼재되어 있는 것으로, 단순히 '경제성장으로 복지 구현'이라는 개발주의적 접근으로 다루어질 수 없다.

이에 따라 우리나라에서는 2000년대에 들어 신사회적 위험들에 대응하려는 새로운 패러다임의 사회정책에 대한 논의와 시도가 나타난다. 기존의 사후지원 위주 ― 빈곤 후에야 작동하는 지원 ― 의 사회보장 제도로는 신사회적 위험의 복합적 문제들에 대응하기 어려우므로, 예방적, 선제적, 사회투자 성격의 사회정책적 접근의 확대가 필요하다는 입장이 부각되었다. 이런 배경에서 보편적 사회서비스 정책이 도입되고 급속히 확장된다. 아동과 노인, 장애인에 대한 사회적 돌봄을 비롯해서 출산장려나 청년 고용 지원 등이 이러한 사회서비스들에 해당한다.

2000년대 이후 우리나라의 사회복지는 제도적 차원에서 중요한 개념 전환을 이룬다. 이제까지 '빈곤 문제를 해결하기 위한 선별적 지원'으로 인식되어 왔던 사회복지가 '다수 국민들에 대한 보편적 지원'의 개념으로 전환되기 시작한 것이다. 비록 현실적으로는 빈곤 등의 취약계층에 대한 보호가 다른 사회 제도들이 감당하지 않는 사회복지 제도의 고유 영역으로 강조되지만, 일반 인구가 취약 상태로 전락하지 않도록 예방하는 사회서비스를 제공하는 것도 사회복지 제도의 중요한 기능으로 자리매김된다.[45]

> 2007년 「노인장기요양보험법」이 제정되면서 저소득, 독거노인 위주의 사회적 돌봄이 보편적 사회보험 방식으로 전환되었다. 2011년부터 장애인에 대한 활동지원서비스가 소득 수준과 관련 없이 보편적으로 제공되게 되었다. 또 2013년부터는 모든 소득계층의 아동들에게 보육 서비스(어린이집 등)가 실시되었으며, 2019년에는 보편적 아동수당 제도가 전면 도입되었다.

노인장기요양보험 제도는 2000년대 들어와서 새롭게 시행된 사회보험 제도이다. 급속하게 진행되어 온 고령화와 가족의 돌봄기능 약화 문제에 대응하기 위해 2000년대 초반부터 노인요양 제도의 필요성이 본격적으로 논의되기 시작했다. 2007년 고령화 사회를 대비한 '노인보건복지종합대책'을 통해서 '공적 노인요양보장 제도'의 도입이 발표되었다. 사회보험과 조세 방식을 혼합해서 사회보험료와 세금을 재원으로 하는 보편적 형태의 장기요양서비스 지원 방식이 채택된 것이다. 2008년부터 노인장기요양서비스는 사회보험 제도의 틀에서 시행되고 있다.

한편 2000년대 이후 이와 같은 보편적 복지 확장에도 불구하고, 복지 공급의 방식은 신자유주의적 기조를 탈피하지 못했다. 이런 점에서 비록 '복지국가'의 영역은 확대되었지만, 이를 실행하는 방식은 오히려 '탈복지국가'의 추세를 따랐다고도 평가된다. 보편적 사회서비스가 도입되던 2000년대 중반은 국가 재정관리에서 신자유주의적 '신공공관리론'이 지배적이던 시기라는 점도 이러한 추세와 밀접히 관련된다.[46]

이런 결과로 사회복지 공급 방식에서 획기적인 변화가 나타나는데, 2000년대 중반 이후 보편적 사회서비스 공급의 대부분에 이른바 바우처(이용권) 제도가 도입된 것이다. 이 제도는 사회서비스에 시장화 기제를 도입한 것으로, 사회서비스의 제공자들이 영리를 목적으로 하는 시장 사업자로서 참여할 수 있도록 한 것이다. 이를 통해 막대한 수요의 사회서비스에 대응하여 국가 기제(공공서비스 시설들의 설치)의 확대 없이도 효율적으로 공급하고자 하였다. 2007년부터 지역사회서비스투자사업, 2011년부터 제공되고 있는 장애인활동지원서비스, 2013년 전면 보편화된 보육서비스 등이 모두 바우처 공급 방식을 따른다. 여기에서 서비스 제공자들(어린이집, 요양병원, 방문요양보호사, 장애인활동보조인 등)은 바우처를 보유한 잠재적 고객들을 확보하기 위해 경쟁을 하게 되는데, 이론적으로는 이러한 경쟁이 이용자들에 대한 서비스 질을 높일 것으로 기대되었다.

바우처 제도에서 국가의 역할은 사회서비스가 필요한 대상을 지정하고, 바우처의 발행과 관리 정도만으로 최소화될 수 있다. 국가가 사회서비스 제공자들을 일일이 통제(서비스 품질 관리 등)하려면 막대한 행정 비용이 드는데, 바우처 제도는 그런 부담에서 벗어날 수 있게 해 준다. 시장 방식에서 서비스 품질관리는 기본적으로 서비스 제공자들 간 경쟁과 이용자의 합리적 선택을 통해 이루어진다고 가정하기 때문이다. 시장에서 이루어지는 구매 혹은 재구매 자체가 서비스 품질에 대한 만족도를 나타내기 때문에 국가는 개입을 최소화할 수 있다.[47]

2020년대 현재는 바우처 제도를 비롯해 2000년대 이후 보편적 사회서비스 영역에서 확대되었던 신자유주의적 사회복지 공급 방식에 대한 반성적 논의가 나타나고 있다. 시장 방식의 바우처 제도가 이론적 기대와는 달리 서비스 질의 제고에 기여하지 못한다는 비판이 제기되는데, 이는 대인적 휴먼서비스로서의 사회서비스와 시장 기제의 특성들이 적절히 결합되기 어렵다는 점과도 관련된다. 사회서비스 공급에서 공공성을 보다 강화해야 한다는 주장이나 시도들도 이런 맥락에서 나타난다.[48]

이와 함께 사회서비스 공급에 대한 패러다임 자체를 바꾸려는 주장도 나타나는데,

이에 따라 커뮤니티 케어 혹은 지역사회 통합돌봄과 같은 정책들이 대두된다. 이들 정책에서는 공급자의 성격이 공공인지 민간인지가 중요하지 않고, 지역사회나 공동체 등이 얼마나 활성화될 수 있는지가 중요하다. 비록 현재까지도 뚜렷한 정책 기조를 형성하지는 못하지만, 그럼에도 이러한 방향으로의 사회복지 정책 패러다임의 전환이 필수적이라는 것에는 공감대가 형성되어 있다.[49)]

4. 우리나라의 현행 사회복지 제도와 체계

사회복지란 구성원들이 소속감을 가지고 살아가는 공동체 사회의 범위에서 상호부조의 사회적 기능을 수행하는 모든 활동을 의미한다. 여기에는 공식적 활동뿐만 아니라 비공식적 활동들도 모두 포함된다. 현재 우리나라에서 국가 차원의 공식 제도로서 사회복지는 일차적으로 '사회보장' 제도의 틀 안에서 제시될 수 있다.

1) 사회보장 제도

현재 우리나라의 사회보장 제도는 「사회보장기본법」에서 그 대강을 제시하고 있다. 여기에는 사회보장의 목적을 실현하는 수단으로 3가지 유형의 하위 제도가 제시되어 있는데, 사회보험과 공공부조, 사회서비스가 그에 해당한다.

사회보험(social insurance) 기본적으로는 산업사회의 임금노동 관계에서 발생하는 위험들(실업, 산업재해, 노령, 질병)에 대비하기 위해 국가가 산업체 임금노동자들을 대상으로 보험 가입을 강제하는 것이었다. 근래에는 이에 국한하지 않고, 건강보험이나 국민연금 등의 경우에서처럼 국민 개인 차원의 사회보험 가입도 장려되고 있다. 현재에서는 4대 사회보험(국민연금, 건강보험, 산업재해보험, 고용보험)이 운용되고 있으며, 2008년부터 노인장기요양보험 제도가 건강보험에 덧붙어 시행되고 있는데 이를 포함하면 5대 사회보험이 된다.

공공부조(public assistance) 국가가 국민의 기초생활 수준을 보장해 주는 제도다. 공공부조는 보험료 납입자를 대상으로 하는 사회보험과는 달리, 국민의 자격만으로 잠재적 수급 권리를 부여한다. 국민기초생활보장 제도가 대표적인데, 국민이면 누구든 최소한의 기본생활에 필요한 수단(소득이나 돌봄, 교육, 치료 등)이 부재한 경우에 국가가 이를 보장한다. 현재 우리나라의 국민기초생활보장 제도에서는 생계급여, 의료급여, 주거급여, 교육급여, 해산급여, 장제급여, 자활급여를 제공하고 있고, 각 급여에 대한 수급자격은 개별적으로 책정되어 있다. 공공부조 제도를 운용하는 데 필요한 재원의 대부분은 일반 조세 방식으로 염출된다.

사회서비스(social service)　사회적 돌봄을 중심으로 대인적 서비스를 보장해 주는 제도다. 사회서비스는 사회보험과 공공부조와 달리 대상이나 재정 방식의 차이에 따라 제도적 특성이 규정되지 않는다. 즉, 사회보험이나 공공부조의 대상자가 사회서비스를 수급할 수도 있고, 사회서비스 운용을 위한 재원도 사회보험금, 조세, 이용료 등 다양할 수 있다. 사회서비스가 독자적인 영역으로 간주되는 특성은 '대인적 휴먼서비스'라는 급여 양식에 있다.[50] 사회보험이나 공공부조는 주로 소득상실의 위험에 대한 대응 성격이 강하므로, 주로 현금 이전과 같은 급여 전략이 중심이 된다. 반면, 사회서비스는 돌봄이나 교육, 건강, 자활 등과 같은 대인적 변화 목적에 직접 개입하는 서비스 전략을 위주로 한다.

2) 사회보장의 공급체계

체계란 그것을 구성하는 요소들과 그들 간의 관계로 이해된다. 국가의 사회보장 체계를 구성하는 제도적 요소들은 크게 사회보험과 공공부조, 사회서비스가 있는데, 이들은 각각이 다루는 사회 문제의 성격에서부터 급여의 성격, 재원조달 방식, 조직과 전달체계의 구성 등에 따라 특성이 달리 나타난다. 〈표 6-1〉은 현재 우리나라 사회보장 제도에서 공급하는 급여들을 보여 주는데, 이를 체계로 나타내면 [그림 6-1]과 같다.

[그림 6-1]은 우리나라 사회보장 급여의 공급체계를 하나의 개념적 틀에서 파악되게 한다.[51] 여기에서 사회보장 급여의 공급체계는 사회보험, 공공부조, 사회서비스라는 제도 부문들로 나누어지고, 이들에서의 급여의 흐름을 통해 국가적 차원에서 사회보장의 수요와 공급 간 체계의 특성이 어떻게 나타나는지가 드러난다. 그림에서 네모는 부문을 의미하고, 화살표는 공급 내용의 이전 경로를 뜻한다.

우리나라의 사회보장 체계가 [그림 6-1]에 나타나 있다. 개인이나 기업은 기여금이나 세금, 구매와 후원, 혹은 회비 등의 방식으로 사회보장 급여가 공급되는 데 필요한 자원

| 표 6-1 | 사회보장 급여의 유형과 내용, 조직 체계 |

	급여	주 유형	관리조직 체계
사회 보험	국민연금/건강보험/산재보험/ 고용보험/노인장기요양보험 등	현금	공단
공공 부조	생계급여/기초연금/ 장애수당 등	현금	중앙정부/지자체
사회 서비스	생활시설/이용시설/보육/ 노인 돌봄/ 장애인활동지원 등	서비스	공공(공단/중앙정부/지자체) + 민간(영리/비영리/사회적 경제조직)

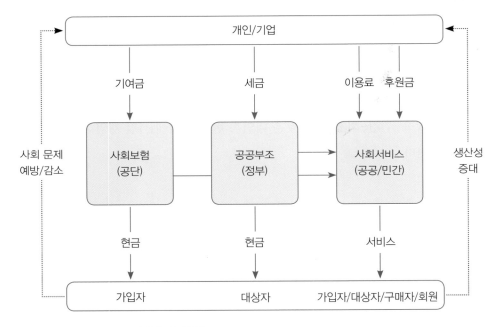

| 그림 6-1 | 우리나라 사회보장 제도의 체계

을 각 제도 부문마다 각기 다른 명목으로 제공한다. 공단이나 정부 조직과 같은 공공 부문, 영리 기업이나 비영리 기관 등과 같은 민간 부문의 조직들이 이들 자원을 이전받아 사회복지의 다양한 급여 형태로서 현금이나 대인적 서비스 등을 생산하고 제공한다.

국민이나 주민은 가입자 혹은 대상자, 이용자, 회원 등의 자격으로 사회보장 급여를 소비한다. 국민이나 주민은 이를 통해 자신이 직접 효용을 누릴 수도 있고, 여타 사회 구성원들의 효용 증가를 통해 공동체 사회의 부정적인 외부효과(externality)가 감소되어 간접적인 혜택을 누릴 수 있다.[52) 국민이나 주민이 사회보장 급여를 수급함으로써 사회 전체로 보면 궁극적으로 사회 문제가 예방되거나 감소되는 효과가 나타난다. 또 사회구성원들의 인적 자원에 투자함으로써 중장기적으로 사회적 생산성을 높이는 데도 기여한다. 이를 통해 개인이나 기업이 경제활동을 지속할 수 있게 되면 다시금 사회보장 재원이 확충될 수 있기 때문에, 사회보장의 공급체계가 경제와 복지의 순환 과정을 되풀이할 수 있게 된다.[53]

미 주

1) 사회복지의 역사적 시기 구분은 관점에 따라 다양할 수 있다. 정책과 행정의 관점에 따라서도 중요한 변화의 기점들이 다를 수 있고, 실천의 입장에서도 그럴 수 있다. 제도적 관점도 그중 하나로서, 포괄적인 틀의 형태로 사회복지의 역사를 볼 수 있게 한다. 우리나라 사회복지의 역사를 제도적 발달의 관점에서 보자면, 제도가 형성되는 시기부터, 확대의 과정을 거쳐, 현재와 같은 제도적 변화가 모색되는 시기로 구분될 수 있다.

2) 1945년 해방을 기점으로 할 수도 있는데, 이 시기에 강제징용자들이 귀국하면서 이들의 국내 재정착 등에 대한 욕구가 발생하고, 한편으로 해방 후의 정치적 혼란기에 경제적 궁핍도 나타났기 때문이다. 비록 그 어려움의 크기는 막대했으나, 그럼에도 이것은 이전까지의 패턴에서 벗어나지는 않는다. 적어도 상호의존의 기본 기제로서의 가족이나 지역 공동체가 붕괴되지는 않았기 때문이다. 1950년 한국전쟁은 이와 달랐다.

3) 하상락(1989). 한국사회복지사론. 박영사, p. 89.

4) 김영종(2003). "한국 사회복지조직의 형성 과정에 관한 역사적 연구". 한국사회복지행정학, 10, pp. 31-62; 김영종(2017). 사회복지행정(4판). 학지사.

5) '외국민간원조단체'란 본부가 소재하고 있는 본국 정부의 직접 통제를 받지 않고 외국에서 원조 활동을 전개하는 비영리 민간 조직체를 지칭했다.

6) 1952년 3월에 한국 내 외원단체들이 KAVA라는 연합체를 결성했는데, KAVA(Korea Association of Voluntary Agencies)는 우리말 공식 명칭으로 '외국민간원조기관 한국연합회' 였다. 여기 기록에 의하면 외원단체가 1950년에서 1960년대까지 55개가 신규 등록했으며 최대 등록 수는 1970년 말 기준 111개까지 달했다. 1950년대 후반에는 외원단체들이 한국 정부의 보건사회부보다 더 많은 재정을 사용하고 있었으며, 심지어는 외원단체들을 통칭하는 KAVA를 '제2의 보사부'라고 불렀다는 기록도 있다. 참고: 최원규(1996). 외국민간원조단체의 활동과 한국 사회사업 발전에 미친 영향. 서울대학교 대학원 박사학위논문.

7) 당시 자료는 미국 국적의 외원단체가 다수를 차지했으며, 아동청소년과 부녀가정에 대한 구호나 선교 사업 등에 치중했음을 보여 준다. 참고: 한국사회복지연구소(1972). 한국사회복지연감. 농원문화사, p. 679; 보건복지부(1971). 보건사회행정백서, p. 281.

8) 김영종, "한국 사회복지조직의 형성 과정에 관한 역사적 연구", pp. 31-62.

9) 한국사회복지연구소, 한국사회복지연감, pp. 32-33.

10) 대다수의 연구자와 문헌에서 외원단체를 서구의 전문 사회사업 개념과 실천 방법을 한국에 소개한 주체로 간주하고 있다. 참고: 김영종(2017). "우리나라 사회복지 전달체계와 담론적 작용". 한국사회복지학, 69(1), pp. 175-197.

11) 외원을 받기 위해서는 외원이 요구하는 서비스 형식을 갖추어야 하는데, 그것이 사회사업과 같은 것이다. 김영종, "한국 사회복지조직의 형성 과정에 관한 역사적 연구", pp. 31-62.

12) 해방 후에도 1961년 이전에는 일제 강점기에 만들어진 「조선구호령」(1944년 제정)에 의거해서 생활보호에 관한 정부 업무의 근거를 가져왔다. 1961년 제정된 「생활보호법」의 부칙에 '단기 4277년 3월 제령 제12호 「조선구호령」은 본법 시행일에 이를 폐지한다'에서 이를 확인할 수 있다.

13) 김영종, "우리나라 사회복지 전달체계와 담론적 작용", pp. 175-197.

14) 성민선(2010), "Rekkebo의 기록을 통해 본 한국 사회사업의 초기(1955-1965)". 사회복지리뷰, 15, pp. 129-156; 최원규(1998). "초기 사회사업 개념 형성에 미친 외원단체 활동의 영향; 〈카나다 유니테리안 봉사회〉의 사례를 중심으로". 사회복지연구, 11, pp. 161-203.

15) 최원규, "초기 사회사업 개념 형성에 미친 외원단체 활동의 영향", pp. 161-203.

16) 일본에서는 '사회사업'이라는 용어가 전후 일본 사회에서 민간에 대한 전시 동원 체제에 대한 부정적인 뉘앙스가 있었고, 이를 대체하는 차원에서 공적 책임 부분(복지사무소 등)을 강조하는 새로운 개념으로 '사회복지' 사업이라는 용어를 선택했다. 일본은 전쟁 중이던 1935년에 입법했던 「사회사업법」을 대체하는 의미로, 1951년에 「사회복지사업법」을 제정했다. 김영종, "우리나라 사회복지 전달체계와 담론적 작용", pp. 175-197.

17) 정근식·주윤정(2013), "사회사업에서 사회복지로: '복지' 개념과 제도의 변화". 사회와 역사, 98, p. 28.

18) 새마을 운동은 1960년대 이후 새롭게 형성되던 '사회복지' 담론에 사회개발의 이념적 접근이 결합되게 만들었다. 김영종(2015). "한국 사회복지관의 제도적 정체성 규명에 관한 연구". 한국사회복지행정학, 17(3), pp. 27-56; 김영종, "우리나라 사회복지 전달체계와 담론적 작용", pp. 175-197.

19) 김영종, "우리나라 사회복지 전달체계와 담론적 작용", pp. 175-197.

20) 목포사회복지관이라는 명칭이 등장하고 사용되기 시작한 시점은 1963년에서 1964년 사이의 일이었을 것으로 추정되지만, 등기로 기록된 시점은 개소일(1964. 11. 16.)이다. 이 시설의 창립에 기여한 외원기관 USC(캐나다 유니테리안 봉사회)는 한참 후까지도 이를 목포 'Social Service Center'라고 표기했는데, 우리나라의 참여자들은 이를 '사회복지관'이라고 불렀던 것이다. 여기에서 초기 '사회복지' 개념의 형성 맥락을 엿볼 수 있다. 목포사회복지관의 설치와 초대 관장을 맡았던 김만두의 증언에서 이것이 잘 나타나 있다. "(이 새로운 시설에 대한 우리말 명칭을 고심하다가) 당시 혁명 정부 때 보건복지부 장관 … 이 국제대회에 갔다가 사회복지라는 용어를 배워 왔다. (그의) 이야길 들으니 지금 하고 있는 이 사업이 딱 사회복지라는 생각이 들었다."(자료: 〈http://jungbu.welfare.net/bbs/board.php?bo_table=elder&wr_

id=9 (사회복지사역사정보. 사회복지사중부정보넷. 원로역사증언. 김만두)). 여기에서 '이 사업'이란 수용시설 사업이 아닌 '지역복지/사회개발/전문치료'의 새로운 방향의 사업을 의미 했던 것이었다. 이런 개념에서 비롯된 '사회복지관' 사업은 현재 우리나라만 가지고 있는 고 유한 사회복지의 조직 유형이 되어, 2021년 현재는 전국적으로 500개가 넘게 설치되어 있다. 참고: 김영종, "한국 사회복지관의 제도적 정체성 규명에 관한 연구", pp. 27-56.

21) 민간 사회사업 기관들의 모임인 '한국사회사업연합회(1952년 결성)'가 1961년에 이미 '한국 사회복지사업연합회'라는 명칭으로 바뀌었던 것을 보아도 이를 짐작할 수 있다. 김영종, "우 리나라 사회복지 전달체계와 담론적 작용", pp. 175-197.

22) 이 시기에는 사회복지와 사회보장이 별개의 제도로서 인식되었으며, 각기 다른 학문적, 정책 적 맥락에서 설계되고 실행되었다. 이후 사회보장의 개념이 지속적으로 확장되면서 전 국민 의 최저한의 소득과 서비스를 보장해 주는 제도로 규정되어 왔다. 현재 사회보장은 사회보 험, 공공부조, 그리고 사회서비스를 포괄하는 법적 개념이다.

23) 이렇듯 사회보험을 최초로 제도화한 독일의 비스마르크 정부에서 사회보험 제도화에 대한 논의는 산업재해보상보험에 대해 더 먼저 이루어졌으나, 재정 부담을 자본가가 전적으로 맡 도록 하는 방식을 관철시키는 과정에서 논란이 있었다. 결과적으로 실질적인 제도화는 질 병보험(1883년) 보다 한 해 더 늦게 1884년에 이루어졌다. 참고: 이준영 · 김제선 · 박양숙 (2015). 사회보장론. 학지사, p. 86.

24) 상게서, p. 213.

25) 1980년대는 한국 근현대사에서 가장 주목할 만한 정치사회적 변혁이 나타났던 시기다. 비록 경제성장 우선주의의 정책 기조는 유지되었지만, 민주화를 지향한 정치질서의 재편은 사회 복지 확대의 필요성과 정당성 또한 강화시켰다. 사회 정의 실현, 빈부격차 해소, 생존권 보장 등과 같은 사회적 슬로건들은 이를 담을 수 있는 정책적 변화를 요구했고, 이 과정에서 사회 복지 정책이 확대될 수 있었다. 참고: 김영종, 사회복지행정.

26) 참고: 상게서.

27) 기존의 물품이나 현금 위주의 급여에서부터, 자활 서비스를 통해 대인적 서비스 급여(개인적 변화를 의도하는 직접 개입)가 공공 부문에 도입되었다는 의미가 있다.

28) 김영종, "우리나라 사회복지 전달체계와 담론적 작용", pp. 175-197.

29) 김영종, "한국 사회복지조직의 형성 과정에 관한 역사적 연구", pp. 31-62.

30) 공공부조가 이전까지 수용시설 위주의 원내구호(indoor relief)에서부터 재가이용이라는 원 외구호(outdoor relief)로 확장되는 과정에서, 수급대상을 어디까지로 해야 하는가에 대한 논 란이 발생하였다. 그 당시 보편적으로 쓰였던 '영세민'이라는 개념이 사실상 표적이 명확하게 구분될 수 없기 때문이다. 그로 인해 이에 관한 업무는 기계적 행정 절차가 아니라, 전문적인

인력에 의한 판단이 필요하다는 것이 인정된다. 또한 자활서비스나 상담서비스 등이 확장되면서 공공부조 업무의 성격도 전환되고 있었는데 이 또한 복지 분야에서 보다 전문성을 가진 공무원의 필요성을 높여 준 요인이 되었다. 김이배(2014). "사회복지전담공무원 직렬통합 논의의 쟁점과 향후 과제". 한국사회복지행정학, 16(3), pp. 147-179; 김영종, "우리나라 사회복지 전달체계와 담론적 작용", pp. 175-197.

31) 우리나라에서 공공부조 행정의 비효율성을 지적하는 연구는 서상목(1980)에서 비롯되는데, 여기에서 소득조사(means-test)의 부적절성으로 인한 문제가 제기되고, 그에 따라 사회복지 전문 행정체계를 갖출 필요가 있음이 주장된다. 1986년 정부합동으로 발표된 '국민복지증진대책'에서는 '영세민 선정에서 부당하게 누락된 자를 위한 신청보호제도의 도입 등으로 영세민 선정 절차상의 불만소지를 해소하기 위해, 영세민 밀집지역(96개소)의 동사무소에 복지전문요원을 배치'가 제시되었다. 2021년 1월 기준 통계청의 사회복지전담공무원 현황에는 현재 전국 2만 6천 명가량(2019년 말)이 배치된 것으로 나온다.

32) 이 법은 공공부조의 급여 대상에서 전근대적인 인구학적 범주를 철폐하였으며, 시대적 변화에 따라 새로운 공공부조 급여들을 신설하였고, 무엇보다 근로능력이 있는 수급자들에게도 자활사업의 참여를 전제로 조건부 공공부조 수급자격을 부여했다는 점에서 큰 변화를 보여 주었다. 자활사업이란 노동능력이 있는 사람이 급여를 받기 위한 전제 조건으로 참여해야 하는 사업인데, 이는 자활을 위한 노력 ─ 교육이나 상담, 직업훈련 등에 참여─ 을 지원하기 위한 것이다. 참고: 김영종, **사회복지행정.**

33) 허가제에서는 주무 관청이 시설 설치를 허가해 주는(혹은 허가해 주지 않은) 판단 권한을 가지고 있지만, 신고제에서는 시설 설치를 원하는 주체가 일정한 요건만 갖추어서 신고하면 설치가 가능해지게 되었다.

34) 한국사회복지(사회사업)대학협의회(1997). 회원명단.

35) 참고: 김영종, **사회복지행정.**

36) 1973년에 「국민복지연금법」이 제정된 사실이 있다. 그러나 이 법은 제정만 되었을 뿐 사문화되어 그 내용이 실행되지 못하였다. 1986년 「국민연금법」이 제정되면서 이 법은 폐지되었다.

37) 김기원(2016). **사회보장론.** 정민사, p. 311.

38) 김태성·김진수(2013). **사회보장론**(4판). 청목출판사, p. 351.

39) 이 시기에 대한민국 헌정 사상 최초로 진보 정권이 들어서게 된 것도 이와 무관하지 않다.

40) 신자유주의는 시장경제를 강조하는 과정에서 국가의 적극적 개입 역할을 축소하려는 지향을 보인다. 반면, 복지국가는 기본적으로 국가 혹은 정부의 기능 확대를 필연적으로 수반하므로, 이를 둘러싼 보수와 진보 진영 간의 의견 대립은 불가피하다.

41) 고용률이란 15세 이상 인구 중 취업자가 차지하는 비율을 나타낸다. 참고: 통계청. 경제활동

인구조사.

42) 기업의 성장이 고용의 증가와 연동되지 못하는 이른바 경제와 복지의 디커플링(decoupling) 현상이 나타난다.

43) 참고: 김영종, 사회복지행정.

44) 이는 구사회적 위험이 없어졌다는 것이 아니라, 이에 더해 새로운 사회적 위험들이 중첩된 것이라는 의미다. 그럼에도 전체 사회적으로는 복지 문제의 성격과 대응 방향은 달라져야 하는 것이다. 이에 대한 자세한 논의는 이 책 12장 복지국가의 전망에서 다룬다.

45) 모든 사회정책이 일거에 보편적으로 변하기는 어렵다. 대개는 점진적 변화의 과정을 밟는다. 2007년 「기초노령연금법」으로 실시되기 시작한 노인 인구에 대한 기초연금은 대상인구의 범주를 점차 확대시키고는 있지만, 2020년에도 여전히 소득기준에 따라 하위 80%만을 선별해서 제공된다.

46) 신공공관리론(new public management)이란 정부 조직 등의 공공 부문은 가급적 직접 서비스 공급을 피하고, 이를 민간 부문이 대행케 하는 것이 바람직하다는 것이다. 공공이 민간을 관리하는 방식도 과정을 일일이 통제하려면 막대한 관리 비용이 발생하므로, 성과를 위주로 공공과 민간이 계약하는 방식을 강조한다.

47) 바우처 방식의 사회서비스 공급 기제에 대한 자세한 설명은 이 책 13장 사회서비스와 거버넌스 참조.

48) 문재인 정부가 '사회서비스원'을 지방자치단체에 설치하려는 의도가 이에 해당한다.

49) 이에 대해서는 이 책 14장 커뮤니티 케어에서 자세하게 설명한다.

50) 사회보험이나 공공부조의 경우는 각 제도의 목적이나 작동 방식, 조직 체계 등에서 비교적 분명히 구분되지만, 사회서비스의 경우는 그 성격 규정이 뚜렷하게 차별적이지는 못하다. '사회서비스'가 때로는 휴먼서비스 급여의 특성을 말하기도 하고, 때로는 사회보장 관련 서비스들을 통칭하는 것으로도 쓰이기 때문이다. 우리나라의 사회보장 제도 안에서 규정되고 있는 사회서비스의 핵심적 특성은 현재로서는 그것이 '소득보장'을 목적으로 하는 것이 아니라 '서비스 보장'을 목적으로 하는 것이라는 데 있다. 이에 대해 이 책 13장 사회서비스와 거버넌스 참조.

51) 그림 참고: 김영종(2019). 한국의 사회서비스: 정책 및 실천. 학지사.

52) 부정적 외형이란 한 개인에게 주변 환경이 자신의 삶에 긍정적이지 못한 측면으로 형성된 것을 뜻한다. 예를 들어, 자신이 사는 동네에 범죄율이 높게 나타난다면 그 개인은 그만큼의 부정적인 외형을 가지는 것이다.

53) 참고: 김영종, 한국의 사회서비스.

제3부

사회복지의
필요와 방법

3부에서는 사회복지의 필요와 방법을 설명한다. 7장은 사회복지가 다루는 사회 문제와 필요(needs)는 무엇이고, 어떻게 확인되는지를 설명한다. 8장에서는 필요 충족을 위한 방법으로서 사회복지 정책이나 행정에 대해 설명한다. 9장은 직접적인 서비스 활동 방법으로서의 전문적 사회복지 실천에 대해 설명한다.

제7장
사회 문제와 필요

사람들은 살아가면서 많은 문제를 해결해야 하고, 필요한 것들을 충족시킬 수 있어야 한다. 사람은 다른 사람들과의 관계 속에서 살기 때문에, 사람의 문제나 필요는 대부분 사회적 성격을 가진다. 그래서 사회복지는 사람들의 복지를 사회 문제와 필요의 측면에서 다룬다.

1. 사회 문제란

사람은 일생 동안 온갖 문제에 당면하고, 이를 해결해 나가야 한다. 배고픔의 문제를 해소해야 하고, 몸이나 마음이 아픈 문제들도 극복해야 한다. 돌봄을 주고받거나 공감하고 소통할 수 있는 사람들과의 관계가 소원해지는 문제도 막아야 한다. 어떤 문제는 개인이 겪는 고통을 나타내고, 어떤 문제는 그런 고통을 초래하는 원인을 가리킨다.[1] 어떤 문제는 크고, 어떤 문제는 작다. 어떤 문제는 자신만의 것이지만, 어떤 문제는 다른 사람들과 관계된 것이다. 어떤 것은 스스로 해결할 수 있지만, 어떤 것은 외부의 도움을 받아야만 한다.

사람들이 겪는 모든 문제는 개인 차원에서의 고통으로 경험된다. 그러나 개인적으로 고통을 느낀다고 해서 이를 개인적인 문제라고 단정할 수는 없다. 이들 중 많은 경우는 사회 문제의 성격을 띤다. 사회 문제란 문제가 발생한 원인이나 그 문제를 해결하기 위한 방법과 자원들이 사회적으로 존재하는 문제를 말한다. 사람의 삶은 워낙 사회와 밀접하게 결부되어 있어서, 어떤 문제들도 순수하게 개인적이 되기는 어렵다.

어떤 사람들이 실연을 하고 극심한 마음의 상처와 고통 때문에 자살을 생각한다고 하자. 이들의 문제는 개인적인 문제로 여겨지기 쉽다. 문제가 개인의 선택이나 내면으로부터 발생했기 때문이다. 그런데 만약 이들이 문제 해결에 필요한 사회적 자원 — 가족이나 친구 등 친밀한 의논 상대, 전문상담 기관 등 — 을 각기 다르게(불평등하게) 가지고 있다면, 그에 따른 결과도 불평등하게 나타날 수 있다. 예를 들어, 어떤 사람은 도움을 받아 문제를 이겨내 살아남고, 어떤 사람은 도움을 못 받아 자살에 이를 수 있다. 그렇다면 이 문제는 개인적인가, 아니면 사회적인가?

사회 문제는 우리가 규정하는 것이다. 즉, 사회 문제란 '다수의 사람들이 바람직하지 않은 상태라고 인식하고, 그에 대해 사회적인 대책이 필요하다고 인정하는 것'을 말한다. 그러므로 사회 문제는 특정 사회와 시대에서 사람들이 가지고 있는 가치와 인식에 의거해서 변화될 수 있다. 예를 들어, 우리 사회에서는 얼마 전까지만 해도 부모가 아이를 훈육하기 위해 체벌을 가하는 것을 당연히 필요한 것으로 인식했다. 아이조차 이를 '사랑의 매'로 인식했다. 현재는 부모의 체벌을 아이에 대한 폭력으로, 아동학대로 규정한다. 즉, 사회 문제가 된 것이다.

사회복지가 다루는 사회 문제는 '사람들의 비(非)복지 상태나 이를 초래하는 조건'이다. 사람들의 비복지 상태란 사람들이 헐벗고 굶주리거나, 병들고 아프거나, 버려지는 것 등으로 인해 사람들이 힘들고 고통스러운 상태에 있는 것을 말한다. 이는 빈곤이나 비위생, 배제 등과 같이 그러한 고통을 초래하는 조건들과 함께 사회복지가 규정하는 두 가지 차원에서의 사회 문제가 된다. [그림 7-1]에서의 예가 이를 나타낸다.

문제를 조건과 증상 차원으로 구분해 보는 이유는 그에 따라 문제 해결을 위한 접근 방법이 달라지기 때문이다. 예를 들어, 사람의 배고픔을 증상 차원에서 해결하려면 밥을 주는 것이지만, 조건 차원에서는 배고픔을 유발했던 빈곤이나 방임, 소외의 구조를 변화시켜야 한다. 노숙자 문제에 대해 '밥퍼' 활동을 제공하는 사회복지 서비스는 증상 차원의 사회 문제에 접근하는 것이고, 보편적 '기본소득'을 해결 방안으로 제시하는 사회복지 정책이 있다면 이는 조건 차원에서 접근한 것이다.

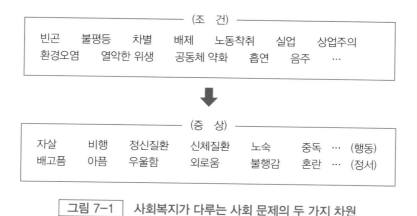

그림 7-1   사회복지가 다루는 사회 문제의 두 가지 차원

2. 빈곤과 불평등의 사회 문제

빈곤은 인류 역사에서 가장 오래된 사회 문제이다. 이 문제는 모든 사회에서 현재에도 지속되고 있고, 향후에도 완전한 해결이 기대되기 어렵다. 아직도 제3세계의 가난한 나라들에서는 굶주림이 일상처럼 되어 있는 경우도 많다. 다수의 문명국가에서조차, 비록 증상은 다르게 나타나지만, 빈곤은 여전히 심각한 사회 문제로 존재한다.

1960년대 미국의 존슨(L. Johnson) 대통령이 '빈곤과의 전쟁(war on poverty)'을 선포했다. 이 당시는 미국이 달나라에 로켓을 보내 착륙시켰던 때다. 그러한 엄청난 과학 기술을 보유한 부유한 나라임에도 불구하고, 당시 뉴욕의 뒷골목에는 노숙자들이 넘쳐 나고 있었다. 그래서 이런 이해되지 않는 상황을 바로잡고자 미국이 전쟁을 선포한 것이다. 그러면 반세기가 지난 지금 미국에서 빈곤 문제는 해소되었는가? 아직도 뉴욕의 노숙자 무료급식소에는 긴 줄이 늘어서 있다.

우리 사회에서도 이는 마찬가지다. 고급 뷔페의 넘쳐 나는 음식들이 상징하는 풍요로운 사회의 한켠에서는 생활고를 견디지 못해 자살하는 가족이나 결식아동들이 여전히 존재한다. 우리는 경제 개발을 통해 세계 10위권의 선진국이 되었다지만, 그렇다고 해서 빈곤 문제가 사라지지는 않았다.

우리 사회에서 빈곤 문제는 굳건히 남아 있지만, 과거와는 달리 이를 쉽사리 인식하기는 더 힘들게 되었다. 빈곤 문제의 성격이 물질적 차원에서 심리사회적 차원으로, 절대적 기준에서 상대적 기준으로 변화되고 있기 때문이다. 빈곤이란 단순히 사람들의 물질적 생계 유지(의식주 등)의 어려움에 국한되지 않고, 불평등에 관련된 심리사회적 측면의 문제들을 포함하는 것이다. 그래서 빈곤은 '저절로' 인식되기 힘들고, 그런 만큼 빈곤에 대한 보다 적극적인 개념 규명의 노력이 중요하게 된다.

1) 빈곤의 개념

빈곤이 사람들의 삶에 궁핍을 초래하는, 바람직하지 않는 사회 문제라는 것은 누구나 인정한다. 그러나 그것을 어떤 상태와 기준으로 규정할 것인지에 대해서는 사회나 개인들마다 상당한 차이를 보인다. 빈곤에 대한 개념은 크게 두 가지 ─ 협의와 광의 ─ 로 정의될 수 있다.

- 협의의 빈곤: 화폐 소득의 부재
- 광의의 빈곤: 사람들에게 필요한 삶의 기회가 부재

(1) 협의의 빈곤

화폐 소득, 즉 돈이 부족하거나 부재한 상태를 뜻한다. 산업사회의 시장경제하에서 사람들은 직업에 따라 임금 소득의 수준이 다르고, 상속이나 부동산 등의 보유 자산에 따라서도 소득이 차이 난다. 산업사회 사람들에게 소득(income)은 삶에 필요한 재화와 교환될 수 있는 역량을 의미한다. 일반적으로 교환 가치의 크기로 규정되는 소득은 화폐적 단위로 나타낸다. 그렇다면 빈곤이란 어느 정도로 '돈을 적게 가진' 상태를 의미할까?

빈곤의 상태를 화폐 기준의 소득액으로 규정하기 위해 긋는 기준선을 '빈곤선(poverty line)'이라 한다. 현실적으로 선별적 사회복지 정책의 상당 부분은 빈곤선을 긋는 의사결정에 할애된다. 공공부조 프로그램이나 각종 사회복지 서비스들이 현장에서 집행될 때, 대상 선정이나 우선순위에 대한 결정이 대부분 빈곤선을 기준으로 이루어지기 때문이다.

빈곤선을 찾는 데는 두 가지 기준 ─ 절대적, 상대적 ─ 이 사용될 수 있다. 절대적 기준의 빈곤선은 삶을 영위하기 위한 최소한의 물품 소비에 필요한 액수를 기준으로 긋

는다. 반면, 상대적 기준의 빈곤선은 전체 사회구성원의 소득 분포를 고려해서 상대적
으로 낮은 액수를 기준으로 긋는다.

절대적 빈곤선은 흔히 최저생계비 계측을 통해 결정된다. 최저생계비란 '삶에 필수적
인 재화'란 무엇이고, 이를 '최소한 만큼' 소비하는 데는 돈이 얼마나 드는지를 계산한 것
이다. 이때 최저생계에 해당하는 항목들이 무엇이고 소비량을 얼마로 볼 것인지에 따라
최저생계비 혹은 빈곤선의 기준 금액은 달라진다. 의식주 등과 같이 개인 차원의 신체 유
지나 생리적 필요 충족에 소요되는 비용에 국한할 수도 있고, 최소한의 사회 문화 활동 참
여에 필요한 교통비나 통신비, 신문구독료나 외식비 등까지를 포함할 수도 있다.

상대적 기준의 빈곤선은 사회 전체 사람(가구)들의 소득 분포를 놓고서 상대적으로
낮은 소득의 시작점을 찾는 것이다. 여기에서 빈곤이란 다른 사람(가구)들에 비해 상대
적으로 낮은 위치에 있는 상태라고 규정되는 것이므로, 사회적인 소득 분포의 양상과
생활기준에 대한 인식 요인들이 반영된다.

> 한 사회의 소득 분포의 양상은 분위(quintile, 5, 10, 100분위 등)와 중위소득(median
> income)의 개념으로 나타낼 수 있다. 예를 들어, 어떤 사회의 전체 구성원이 100명이 있고,
> 이들을 소득 기준으로 가장 낮은 사람부터 1번에서 가장 높은 사람 100번까지 한 줄로 세운
> 다 하자. 소득을 5분위로 나눈다는 것은 1번부터 20번째 사람까지는 소득 1분위 계층, 21번
> 부터 40번째 사람까지는 2분위 계층, … 81번부터 마지막 100번째 사람까지는 5분위 계층
> 으로 분류하는 것이다. 중위소득이란 소득 분포에서 중간(50번과 51번 사이)에 위치한 사람
> 의 소득을 말한다.

상대적 빈곤이란 '다수가 일반적으로 누리는 것을 현저하게 누릴 수 없는 형편이 되
는 정도'로 정의되는데, 이에 해당하는 소득 금액의 최소 기준을 찾으면 그것이 상대적
빈곤선이 된다. 보통은 '다수가 일반적으로 누리는 것'을 중위소득의 개념으로 치환한
다. '현저하게' 누리지 못하는 형편의 정도는 소득분위의 개념을 사용해서 중위소득의
2/3, 1/2, 1/3 이하(혹은 미만)의 소득으로 규정될 수 있다. 예를 들어, 중위소득이 200만
원인 사회에서 그 금액의 1/2에 해당하는 100만 원을 상대적 빈곤선으로 규정하면, 그
미만의 소득을 가진 사람(가구)들은 빈곤 계층으로 분류된다. 여기에 포함되는 사람들
의 수를 전체 인구 수에 대비한 것이 상대적 빈곤율이다.[2]

우리나라에서는 2015년 이전까지는 대부분의 공공부조 프로그램에서 최저생계비

계측에 의한 절대적 빈곤선을 적용하였다. 2015년에 공공부조의 대표적인 프로그램인 기초생활보장 제도가 맞춤형 개별 급여로 개편되면서, 빈곤선의 계산도 중위소득을 근거로 하는 상대적 빈곤선 방식으로 변경되었다. 보건복지부는 해마다 중앙생활보장위원회를 개최해서 다음 해에 적용할 빈곤선의 기준을 심의·결정하고 공표하는데, 2015년 이후로는 기준 중위소득과 그에 따른 상대 빈곤선을 정하는 것이 핵심적인 사안이 되고 있다.[3]

(2) 광의의 빈곤

넓은 의미에서 보자면, 빈곤은 단지 '돈 없음'에 한정된 문제가 아니다. 그래서 협의적 빈곤 개념에서 화폐 소득 기준의 '빈곤선'이 마치 빈곤 자체인 것처럼 다루어지는 것은 부적절하다. 비록 현실적인 정책을 수립하고 집행하는 목적에서는 화폐액 차원의 기준선이 필요하지만, 그것만으로는 빈곤의 내밀한 실상을 파악할 수 없으며 적절한 해결 방법도 찾기 어렵다.

> 수도원 생활을 하는 수사나 수녀들은 협의의 빈곤 개념으로는 절대적, 상대적 기준 모두에서 빈곤자다. 자신에게 귀속되는 화폐소득 금액을 기준으로 하면, 최저생계비든 중위소득의 1/2 기준이든 무엇을 적용해도 그 이하에 해당되기 때문이다. 그럼에도 이들을 가난한 사람이나 '빈곤' 계층으로 규정하기 어렵다. 실제로 빈곤이 의미하는 바는 '돈 없음' 자체가 아니라, 그로 인해 초래될 수 있는 '사람들의 고통'이기 때문이다. 그런데 이들은 이러한 고통을 경험하지 않을 가능성이 높다. 이렇게 '돈 없음'에도 사람들이 고통스럽지 않고 행복할 수 있다면, 그래도 이를 빈곤이라 규정하는 것이 옳을까? 나아가 만약 빈곤의 개념에 '마음'의 요소를 포함한다면 이들 중 다수는 빈곤하지 않는 것을 넘어서 부자로 규정되기 쉽다.

사회학자 막스 베버(M. Weber)는 넓은 의미의 빈곤을 사람들이 '생활 기회(life chances)를 박탈당한 상태'로 규정한다.[4] 생활 기회란 사람이 자신의 삶을 온전히 살아갈 수 있는 가능성을 말하는데, 이는 삶에 필요한 유·무형의 자원들(의식주, 교육, 건강, 돌봄 등)에 접근할 수 있는 능력에 따라 좌우된다. 사람들이 생활에 필요한 자원을 획득하는 능력은 돈뿐만 아니라, 사회적 지위나 정치적 권력에 따라서도 달라진다. 이런 관점에서 베버는 빈곤을 경제적 계급에 의거한 소득(income) 박탈, 사회적 지위에 의거한 위신(prestige) 박탈, 정치적 힘에 의거한 권한(authority) 박탈이 종합적으로 작용하는 것으로 정의한다.

광의의 빈곤에서도 경제적 차원의 소득 박탈은 일차적으로 중요하다. 이것이 대개 다른 차원의 박탈들과도 밀접하게 연결되어 있기 때문이다. 이들이 연결되어 있는 양상은 각 사회들마다 다르게 나타난다. 평등한 사회일수록 하나의 박탈이 다른 박탈들을 결정하는 현상은 약할 것이고, 자유 자본주의와 같이 불평등한 사회일수록 경제적 빈곤이 사회적 또는 정치적 빈곤을 종속시키기 쉽다.

광의의 빈곤 개념을 심리적 차원까지로 확장하면, 빈곤이란 '상대적 박탈감'까지를 포함하는 개념이 된다.[5] 여기에서는 빈곤의 본질을 사람들의 실제 삶에서 나타나는 현상에서 찾는데, 낮은 소득이나 위신, 권한의 박탈과 같은 빈곤의 조건 자체들이 아니라 그것들이 개인들의 삶에 초래하는 무력감이나 자기 비하가 보다 큰 해악으로 작용한다는 것이다. 무력감에 빠지면 질 높은 교육이나 취업에 접근할 수 있는 능력이 저하된다. 그래서 돈도 더 적게 벌고, 위신이나 권한도 더 적게 가지게 된다. 그로 인해 다시 그 개인의 박탈 상황은 더 악화된다.

이와 같은 빈곤의 악순환은 빈곤 개념에 심리적 차원까지를 포함해야만 이해될 수 있다. 빈곤의 심리적 작용은 단지 개인적 차원에서뿐만 아니라, 집단적 차원에서도 전개될 수 있다. 집단 차원에서 일어나는 빈곤의 심리적 악순환은 '빈곤 문화'로서 나타난다. 빈곤 문화(culture of poverty)는 그 자체로도 사람들의 삶의 기회를 제한하는 환경으로 작용한다. 어떤 집단이 빈곤 문화를 가지게 되면 그 집단에서 태어난 개인은 자기의지와 상관없이 그러한 문화적 가치(자기 비하나 무력감 등)를 습득할 수밖에 없다. 그런 점에서 이것 자체가 사람들의 삶의 기회를 제약하는 빈곤 문제가 된다. 이런 관점에서는 빈곤을 해결하기 위해 개인별로 경제적 지원을 확대하는 방식 ― 현금 이전 등 ― 이 최선책이 아니라고 본다.

빈곤 문제는 단순히 화폐 소득의 결여와 같은 상태만으로 이해되기는 어렵다. 비록 협의적 개념으로 빈곤선을 규정하는 것이 현실적인 정책 실행을 위해 필요하지만, 수많은 사회 문제들의 기저에서 작용하는 거대악과 같은 빈곤의 본질적 양상은 광의적 개념으로 파악되어야 한다. 그래야만 빈곤이라는 조건이 사람들의 삶에 초래한 실질적인 고통을 이해할 수 있고, 이를 해결하기 위한 사회복지 활동의 정당한 방향도 찾을 수 있다.

2) 소득 불평등

빈곤이 사회적으로 위해(危害)한 이유 중 하나는 이것이 사람들 사이에 불평등하게 존재하며 나아가 이러한 불평등은 지속적으로 더욱 심화된다는 것에 있다. 불평등(inequality)은 사회를 구성하는 근본 원리인 '사회 정의'를 위협한다. 사회 정의(social justice)란 사람들이 공동체 사회를 형성하고 발전시켜 가기 위해 필요한 것이다. 공동체 사회란 일차적으로 구성원들 간 호혜적 관계에 대한 기대로 성립되기 때문에, 사회적 정의 혹은 올바름에 대한 기준은 그런 기대의 충족 여부에 달려 있다. 그 점에서 부의 불평등은 공동체 사회의 정의 기준에 위배된다.

비록 현실적으로는 올바름에 대한 세세한 판단들이 간단치 않지만, 그럼에도 분업을 통해 공동체 사회를 이루고 살아왔던 사람들에게 정의란 마치 본원적으로 내재된 사회적 감성과도 같다. 사람들은 사회의 부(wealth)가 일부에게 편중되는 것을 이유를 막론하고 올바르지 않다고 느낀다.

> 만약 분업화된 공동체 사회가 아니라면, 정의의 기준은 달라질 수 있다. 국가 차원의 분업공동체가 성립되기 이전인 조선 시대에, 곤궁한 제주의 어부들과 부유한 경기 땅의 농부들이 있었다면, 과연 그들은 서로를 비교하며 조선을 정의롭지 않은 사회라고 했을까? 그들은 분업으로 묶여 있지 않았기 때문에, 경제적 호혜성의 기대에 따라 발생하는 정의감이 작동하기는 어려웠을 것이다.

> 산업사회는 근본적으로 경제적 분업의 공동체 성격을 띤다. 누구는 물건을 만들고, 누구는 나르고, 누구는 팔고, 누구는 청소하고, 누구는 돌보고, 누구는 가르치고, 누구는 관리하는 식으로 각자의 일을 한다. 이 중 하나의 일이라도 안 되면, 톱니바퀴처럼 물려진 사회는 작동을 멈추고 그 안에서 모두가 살아가기 힘들다. 이런 사회에서 제주 사람의 곤궁을 경기 사람이 남의 일처럼 볼 수 있을까? 경제적 분업 사회에서는 호혜성에 대한 기대가 공동체 전체 단위에서 정의감으로 나타난다.

분업 사회에서의 정의가 반드시 절대 평등을 뜻하는 것은 아니다. 정의란 오히려 상대적 평등으로서의 공평의 가치에 더 가깝다. 예를 들어, '기여한 만큼 받는다'면 비록 불평등하더라도 공평하지 않다고 느껴지는 않는다. 조건을 달리해서 '필요한 만큼 받는다'도 공평의 느낌을 저해하지는 않는다. 어떤 경우에도 '무조건 똑같이 받는다'라는 결과적 절대 평등은 공평의 측면에서는 오히려 불평등하게 여겨질 수 있다.

'분배의 정의는 공평'이라는 것은 사회적 불평등을 이해하는 열쇠다. 시장경제에서 사람들은 노동으로 기여를 하고, 그 대가를 임금으로 배분받는다. 임금 액수가 곧 시장이 평가한 노동 가치가 된다. 자유주의 경제에서는 사람들 간 임금액의 차이가 크다. 그만큼 불평등한 것이다. 그럼에도 이것 자체만으로 분배의 정의에 문제가 있다고 단적으로 말하기는 어렵다. 이런 불평등이 불공정한 것인지를 판단할 기준이 없기 때문이다.

불평등을 정의로움의 관점에서 이해하기 위해서는 불평등의 성격을 파악해야 한다. [그림 7-2]는 우리나라 전체 임금소득자들의 임금 분포(2013년 기준)를 그래프로 나타낸 것이다.[6] 여기에서 볼 수 있듯이, 사람들의 임금 소득은 상당히 차이가 있다. 전체 소득자의 4%가량이 월 100만 원 미만의 저임금을 받고, 10%는 월 600만 원 이상의 고임금을 받는다. 그림에서는 이 같은 실제 소득 분포의 양상이 굵은 곡선으로 그려져 있다. 가는 곡선은 가상적으로 소득이 '정규 분포'된 경우를 나타낸다.

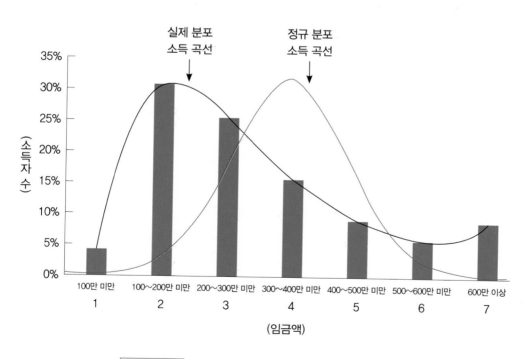

그림 7-2　전체 근로소득자 임금 분포 (2013년 기준)

정규 분포(normal distribution)란 통계적으로 무작위의 자연 상태에서 나타날 수 있는 확률 양상이다. 평균값을 중심으로 좌우가 대칭되는 분포의 형태이다. 이를 임금의 경우에 대비해 보면, 평균 임금의 소득자 수가 가장 많고, 고소득자와 저소득자의 분포가 유사한 비중을 차지하는 것이다. 여기에도 불평등은 뚜렷이 존재한다. 다만 정규 분포 양상의 불평등은 무작위적 자연 상태에 존재하는 것으로, 적어도 사람들의 작위 — 약탈이나 착취 등 — 로 인해 발생한 불평등의 양상과는 다를 것이다. 실제 소득 분포를 정규 분포에 대비해서 파악해 보려는 이유가 여기에 있다.

현실적으로 나타나는 임금 소득의 분포는 대부분 [그림 7-2]의 실제 소득 분포 곡선의 양상과 같다. 여기서는 저소득자들이 다수를 차지하기 때문에, 왼편으로 찌그러진 곡선의 형태가 나타난다. 그리고 고소득자는 길게 오른편으로 뻗어간다.[7] 이런 경우에는 평균 소득액(전체 사회의 소득 총액 ÷ 전체 소득자 수)이 그 사회의 소득 수준을 대표하지 못한다. 다수의 사람은 저소득이지만, 소수 사람의 고소득이 계산에 함께 포함되어 실제보다 높은 평균 소득처럼 나타나기 때문이다.

이런 양상의 불평등은 분명 '정규'적이지는 않다. 분업 공동체에서 생산된 부를 임금 소득으로 분배하는 기능이 '자연스럽지' 않게 왜곡된 것이다. 대부분 사회에서의 임금 소득의 불평등은 이런 왜곡된 양상으로 나타나고, 그로 인해 불평등이 공동체 사회의 정의로움을 해치는 문제가 된다. 이처럼 왜곡된 소득 불평등에는 경제적 계급이나 직업 집단 간 위계뿐만 아니라 다양한 원인이 섞여 있다. 예를 들어, 성별에 따른 소득 불평등이 그와 같다.

[그림 7-3]은 앞서 우리나라 전체 소득자의 임금 분포를 여성과 남성별로 분리한 것이다. 앞서 전체 분포에서와 같이 여성과 남성 집단 모두에서 좌편향(낮은 소득 구간에 집중)이 있지만, 그 정도가 여성이 남성들에 비해 훨씬 크다. 여성 소득자의 거의 50%가 월 100만~200만 원 미만의 임금을 받고 있다. 그에 비해 남성 소득자들은 좌편향이 상대적으로 덜하고, 600만 원 이상의 소득자 비율도 여성 소득자에 비해 5배 정도 많다. 이를 통해 성별에 따라 왜곡된 임금 소득의 불평등이 확인될 수 있다.[8]

이처럼 사회적으로 존재하는 불평등은 대부분 다양한 요인에 따라 이중 삼중으로 왜곡된 양상을 보인다. 한 개인의 입장에서는 자신의 배분 몫(임금)이 자신의 개인적 능력이나 노력을 제대로 반영한 것이 아니라, 자신이 속한 경제 계급이나 직업 위계를 비롯해 성별, 연령, 출신지역 등과 같은 집단적 요인에 의해 왜곡되는 것을 받아들이기

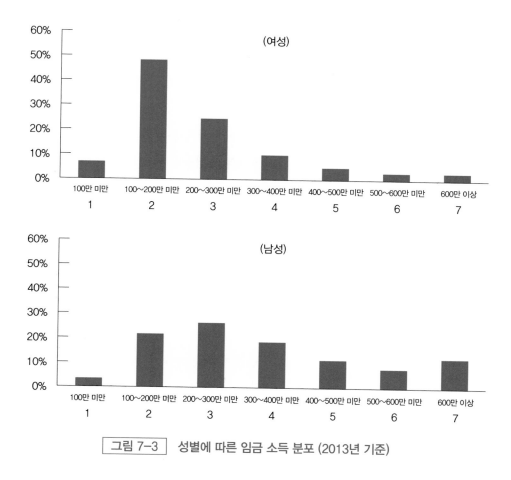

그림 7-3 │ 성별에 따른 임금 소득 분포 (2013년 기준)

어렵다. 한 여성이 낮은 임금을 받는 것이 그 일자리 자체의 경제적 가치가 낮아서가 아니라 여성 일자리들에 대한 사회적 편견이 작용해서라면, 이로 인해 발생한 불평등은 불공정한 것이며 정의롭지 않은 것으로 인식되는 것이다.

　공동체 사회를 구성하는 다수의 사람에게 불평등은 그 자체로서 정의롭지 못한 것으로 인식된다. 정의는 사람들이 호혜적 공동체 사회를 신뢰하게 만드는 기준인데, 정의의 기준이 약화되면 사회적 통합도 그만큼 약화된다. 개인이 다른 사람들과의 관계나 공동체의 목적을 위해 자신의 이익을 포기할 수 있는 것도 공동체의 호혜성이 정의롭게 작동한다는 믿음이 있어야 가능하다. 이 믿음을 잃으면, 개인들은 더 이상 사회 통합의 필요를 인정하지 않게 된다.

3) 사회적 대응

빈곤과 불평등은 그 자체로도 인간의 자유와 존엄을 훼손하는 치명적인 해악이지만,[9] 다른 수많은 사회 문제의 배후에 도사린 거대 잠재악으로서 여러 사회 문제를 양산해 낸다. 빈곤과 불평등은 범죄와 사회적 불안정의 일차 원인으로 지목되고, 개인 차원에서도 건강과 돌봄의 문제, 교육 기회에서의 불평등을 야기한다. 나아가 빈곤과 불평등이 사람들의 정신건강에 미치는 해악에 대해서도 많은 증거들이 제시되고 있다.

> 빈곤한 사람들이 부자들보다 우울증을 앓게 될 확률이 크다면, 우울증의 문제에는 빈곤과 불평등이라는 문제가 도사리고 있는 것이다. 그래서 비록 우울 증상은 개인적 차원에서 발현되지만, 이는 사회 문제로서 사회적 대응 노력을 필요로 한다. 마찬가지로, 가정폭력이 저소득층에서 빈발한다면 이 역시 빈곤 문제와 밀접히 관련되는 사회 문제로 규정된다.

빈곤과 불평등 문제에 대한 사회적 대응은 다양하게 나타난다. 각 사회의 이념적 성향이 사회 문제의 원인을 달리 규정하게 만들기 때문이다. 신자유주의 접근에서는 정규적 소득 분포의 불평등을 정당하게 보고, 현실에서 나타나는 비정규 분포가 정부의 노동 규제(최저임금제 등)로 인해 시장이 왜곡된 결과라 주장한다. 이런 주장에서는 정부의 규제(활동)를 축소하는 것이 정의로 간주된다. 이에 반해 사회주의 접근은 왜곡된 소득 분포가 자본주의 경제구조에 내재된 계급 착취에서 초래된다고 보기 때문에, 국가가 시장을 통제해서 이러한 왜곡을 막는 것이 정의가 된다.

복지국가는 소득 불평등의 해소와 관련해서 자유주의와 사회주의 입장을 절충한다. 소득의 불평등을 해소하기 위해 자유주의는 시장의 기능을 강조하고, 사회주의는 사회(국가 등)의 기능을 강조한다. 복지국가는 시장 방식을 통해 이루어지는 생산 과정 자체는 인정하되, 그 결과로 나타나는 불평등에 대해서는 국가의 재분배를 통해 완화한다. 그래서 복지국가에서 한 개인이 가지는 최종 가처분 소득의 수준은 시장 생산의 가치를 반영한 노동 임금과 사회적 재분배의 임금이 섞여서 결정된다.

사회적 분배의 크기는 개인이 공동체 사회의 유지와 지속에 필요한 가치에 의해 결정된다. 예를 들어, 어린아이들은 양육과 교육, 보호를 받을 필요가 있는데, 이는 공동체의 일원으로서 이들이 잘 성장해야 하는 사회적 가치를 갖기 때문이다. 이러한 장기적인 공동체 사회에 기여하는 정도는 시장이 이를 산정할 수 없다.[10] 그러므로 사회적 분배는 국가 등에 의한 사회복지 제도가 수행하는데, 이를 통해 자본주의 시장 구조에서의 소득 불평등도 완화된다.

빈곤과 불평등은 다양한 개념으로 규명될 수 있다. 그에 따라 이들에 대한 원인론이나 해결 접근들도 상이하게 나타날 수 있다. 현재 대부분의 산업사회 국가들에서는 빈곤과 불평등, 이와 연관된 수많은 사회 문제에 대한 접근에서 자유주의나 사회주의적 이념 어느 하나에 전적으로 치중하지 않는다. 대개는 이러한 이념들이 혼재되어 있는 복지국가 이념, 이른바 수정자본주의를 따른다. 다만, 그 안에서도 어느 쪽을 더 강조하는가에 따라 현실적인 사회복지 정책이나 제도의 특성에 차이가 발생한다.

3. 사회적 필요

사람들은 살아가면서 많은 것을 필요로 한다. 사람들은 이런 필요를 사회를 통해 충족한다. 사람들이 필요를 충족해서 생존할 수 있어야 사회도 존속할 수 있다. 그래서 개인적 차원의 필요들 중 많은 수가 사회적 필요로 규정된다. 사회복지 제도는 사회적 필요의 관점에서 개인이나 집단의 필요(욕구)를 충족시키는 공식적인 기능을 수행한다.

1) 필요 확인

필요(needs, 욕구)는 사람이 살아가기 위해 충족되어야 하는 것이다. 이는 흔히 원함(wants)과 혼동되기 쉽지만, 분명히 구분된다. 누군가 무엇을 원한다고 해서 반드시 사회가 이를 필요한 것이라고 인정할 수는 없다. 혹은 개인이 원하지 않는 무엇이라도 사회는 그것을 필요하다고 규정할 수도 있다.

> 어린아이가 아침에 학교에 안 가기를 원한다고 해서, 부모는 그것을 정당하게 필요한 것이라고 보지 않는다. 보통은 아이가 생각을 고쳐먹을 필요가 있다고 본다. 정신병원에 수용된 환자가 퇴소를 원한다고 해서, 퇴소의 필요성으로 곧바로 사정되지 않는다.

사회복지는 사회적 필요를 다룬다. 사회적 필요는 개인들의 원함에서부터 비롯될 수도 있고, 사회적으로 필요한 것이라고 판단되어 개인들에게 부과될 수도 있다. 어떤 경우에도 필요는 사회적 확인의 과정을 거쳐서 결정된다. 아무리 중요한 개인적 혹은 집단적 원함이라도 그것이 사회적 필요의 요건을 갖추었는지 확인되어야만, 사회복지적 개입이 요구되는 필요로서 인정된다. 이를 '필요 확인'이라 한다.[11]

필요 확인(needs identification)이란 사람이나 집단이 무엇을 필요로 하는지를 찾아내는 것이다. 이는 사회 문제의 확인과 마찬가지로 스스로 존재하는 것을 찾는 것이 아니라, 합의적으로 인식하는 것이다.

> 예를 들어, 사람들이 독감에 걸려 고통을 받는 문제가 있다. 특정 바이러스가 원인으로 밝혀졌다 해도, 그것만으로 사람들에게 무엇이 필요한지가 저절로 결정되지 않는다. 감기 바이러스의 치료제가 필요할 수도 있고, 예방 백신을 사람들에게 강제로 맞게 하는 것이 필요할 수도 있고, 사람들을 집 밖에 나오지 못하게 하거나, 독감에 걸린 사람을 돌봐 주는 일이 필요할 수도 있다. 이 중 어떤 필요가 현실적으로 충족이 가능한지, 가능하더라도 과연 그러한 필요를 충족시키는 것이 윤리적으로 문제는 없는지, 사회적으로 얼마나 비용이 많이 들 것인지 등에 따라 최종적으로 무엇이 사회적 필요로서 확인될 수도 있고, 탈락될 수도 있다.

현대사회의 특성상 사회복지의 필요 확인은 공식적으로 이루어진다. 현대사회에서 사람들은 소득 상실을 비롯해 숱한 사회 문제의 위험에 노출되어 있다. 위험 회피의 기능을 했던 가족과 같은 사적 자원들도 현저히 약화되어 있다. 그로 인해 위험 회피를 위한 상호부조의 기능이 보다 큰 사회 범주로 확산되는데, 이를 사회복지 제도가 담당한다. 사회복지 제도는 소규모의 비공식적 가족 체계와는 달리, 대규모의 사회구성원들을 하나의 체계에 묶어야 하므로 공식적 규범과 조직, 절차를 갖출 수밖에 없다.[12]

사회복지의 필요 확인은 공식적 체계의 다양한 층위에서 이루어진다. 먼저, 정책 차원에서는 '무엇이 우선 필요한지'를 확인한다. 이 과정에는 영향 세력들 간 힘겨루기가 있다. 예를 들어, 어떤 세력은 독감 치료제 개발이, 어떤 세력은 독감에 걸린 사람들의 생계 보장이 우선적으로 필요하다고 다툰다. 이러한 힘겨루기 과정을 거쳐서, 최종적으로는 '무엇'이 필요한지가 사회적으로 확인된다. 이러한 과정은 사회복지 활동이 이루어지는 사회의 범주에 따라, 국가나 지역, 마을, 기업 등의 거의 모든 정책 결정 과정에서도 마찬가지로 나타난다.

사회복지의 필요 확인은 행정 차원에서도 이루어진다. 정책에서 결정된 '무엇에 대한 필요'가 사람들에게 전달되려면 일련의 과정이나 절차가 구성되고, 조직 체계를 통해 이것이 집행되어야 한다. 이를 행정이라 하는데, 이 과정에서 보통 필요에 대한 현실적인 선정 기준이 마련된다. 그래서 행정 역시 실질적인 ― 때로는 보다 중요한 ― 사회적 필요 확인에 관한 의사결정을 담당한다. 필요하다고 확인된 '무엇'에 해당하는 사람들을 어떤 기준에서 어떤 방법으로 식별할지, 조직 체계의 구성이나 담당 인력의 성격을 어떻게 규정할지 등을 통해서 사회적 필요는 보다 구체적으로 규정된다.

실천 현장에서도 필요에 대한 확인 과정이 따로 이루어지는데, 이를 보통 욕구 사정(need assessment)이라고 한다. 사회복지의 필요들은 상당 부분 휴먼서비스와 연관된다. 휴먼서비스의 실천에서는 서비스 대상자로서의 특정 개인이나 집단이 바람직한 상태에 도달해야 하는 필요를 욕구로 사정한다. 이 과정에서는 특히 대상자마다 개별화된 욕구 사정이 이루어지는 것이 결정적으로 중요하다. 예를 들어, 표준화된 사회적 돌봄 서비스에 대한 정책적 필요 확인이 있었더라도, 실천 현장에서는 대상자의 개별화된 상황의 특수한 욕구들을 사정해야만 한다. 비록 미세하지만, 휴먼서비스의 성패 자체는 실제 이 과정에서 결정되는 부분이 크다.

2) 사회적 필요의 내용

사람들은 사회적으로 다양한 필요를 가지고 있으며, 이것이 충족되어야 한다. 사람들은 개인 차원의 심리사회적, 경제적 필요들뿐만 아니라, 사회 차원의 문제를 해결해야만 하는 필요를 가진다. 이러한 필요들이 일정한 조건을 갖추면 사회적 필요가 되는데, 사회적 필요의 내용은 크게 세 가지 차원 ― 소득, 정신건강, 돌봄 ― 으로 구분해 볼 수 있다.

(1) 소득

산업사회의 대부분 사람들은 노동을 통해 얻는 임금 소득으로 살아간다. 비록 금융 소득이나 이전 소득 등 다른 소득원을 갖는 것도 가능하지만, 이것은 극히 소수 집단에 대해서만 해당된다. 대부분의 사람들은 시장 노동에 참여해서 자신의 노동력을 팔고 임금 소득을 얻는다. 이를 노동력의 '상품화'라 하는데, 여기에서 사람들의 삶의 수준은 자신의 노동력 상품이 가지는 가치, 즉 임금 수준에 종속되기 쉽다.

오늘날 사람들의 소득과 관련한 문제나 필요는 대부분 노동력 상품화의 맥락에서 발생한다. 시장에서 자신의 노동력 상품 가치만으로 살아갈 수 있는 사람들에게는, 이와 관련된 사회적 필요가 발생하지 않는다. 사회가 이들에게 추가적인 소득을 지원할 필요를 확인하지 않는다. 소득에 관한 사회적 필요는 대개 노동력 상품의 가치가 낮거나 혹은 노동력 상품을 판매할 수 없는 사람들에게서 주로 나타난다.

> 아동이나 청소년, 장애인, 질환자, 노인 등 시장 노동에서 배제되는 사람들은 자신의 소득을 임금으로 확보할 수 없다. 육아 등 가사 노동을 하는 사람들도 마찬가지다. 공동체 사회의 관점에서는 이들도 함께 살아가야 하고, 그래서 이들에 대한 소득의 필요가 비상품화된 맥락에서 인정된다. 가족이 주된 공동체였을 때는 가족구성원 간 상호부조의 맥락이, 오늘날에는 국가 등의 확대된 차원의 공동체 사회가 이들에 대한 소득 필요를 충족시키는 주된 맥락이 된다.

특정 개인의 소득 부재가 사회적 문제와 필요로서 인정되는 까닭은 분업화된 산업 사회에서 살아가는 구성원들의 상호의존성 때문이다. 기능적으로 서로 밀접히 연결된 사회에서는, 소득 부재로 인한 빈곤이 해당 개인이나 특정 집단의 고통만으로 그치지 않는다. 소득이 부재하여 건강하지 못한 삶을 살아야 하는 사회구성원들이 많아지면, 전체 사회가 이에 대한 사회적 비용을 지불해야 한다. 예를 들어, 사회적 차원에서 노동력 손실이 발생할 수 있으며, 사회통합성이 훼손될 수 있고, 범죄나 반사회적 행위들이 증가할 수 있다. 그래서 특정 개인에게 소득을 지원하는 것이 사회적 필요가 되는 것이다.

소득과 빈곤에 관한 사회적 필요는 전통적으로 사회정책의 중심 주제가 되어 왔다. 경제정책이 주로 시장 소득을 다룬다면, 사회정책은 시장 소득의 한계를 보완하거나 대체하는 것에 초점을 두어 왔다.[13] 국가 차원에서의 사회정책은 대개 소득 불평등을 개선하는 목적에서 소득의 재분배에 관심을 둔다. 이를 구현하는 방법은 사회정책의 초점이 무엇인지에 따라 달라질 수 있다. 예를 들면, 교육이나 건강 증진의 기회를 확대할 수도 있으며, 보다 직접적으로 현금 이전을 강화하거나, 사회적 기여에 따라 소득을 지급할 수도 있다.

(2) 정신건강

정신건강(mental health)의 문제와 사회적 필요는 현대사회의 구조가 만들어 내는 측면이 크다. 현대 물질문명이 초래하는 인간의 소외, 도시사회의 가치나 규범의 혼잡함이 초래하는 아노미(anomie), 여타 환경적 요인들로 인해 사람들이 정신건강의 문제를 겪을 가능성이 크게 증가하고 있다. 물리적 원인을 제외한 대부분의 정신건강 문제는 사회적 차원의 문제로부터 발생할 가능성이 크다.

사회적으로 살아가는 사람들의 정신과 행동은 '사회화'의 영향을 크게 받는다. 사회화(socialization)란 개인이 사회구성원으로 받아들여지기 위해 필요한 가치나 규범, 지식을 습득케 하는 과정인데, 사회화된 개인들을 통해 그 사회는 문화적 연속성을 이어갈 수 있다. 우리가 한 개인의 정신이나 행동을 정상 혹은 비정상이라고 판단하는 기준도 사회화의 과정에 들어 있다.

> 사람이 많은 버스 안에서 혼자 웃는 것은 어느 정도와 모양까지가 '정상'일까? 미소 정도는 괜찮을까? 여름에 해수욕장 인근에서 수영복을 입고 어디까지 다녀야 '미쳤다' 소리를 듣지 않을까? 레깅스를 입고 소개팅에 나가도 될까? 웃음의 모양과 정도, 수영복 접근 가능 장소, 레깅스 착용 등은 사람들의 내면에 스스로 존재하는 도덕률이 아니다. 이들은 모두 다른 사람들과의 관계를 의식하는 판단 기준이며, 미처 의식조차 못했더라도 부모나 친구, 대중매체, 교육 등의 다양한 사회적 규범의 사회화 전달자들을 통해 습득된 것이다.

정신건강의 문제는 상당 부분 개인 차원의 병리만으로 설명되지 않는다. 사회가 혼란스러워지면, 개인들의 정신과 행동도 혼란스럽게 되기 쉽다. 현대사회에서는 가치나 규범, 지식이 급속히 변한다. 그에 따라 사회화를 통해 개인들에게 전달해야 할 공동체 사회의 문화도 안정적이지 못하고 혼잡하게 된다. 불안정한 사회적 가치와 규범들을 전달받게 되는 개인들의 정신과 행동은 혼란스러워지기 쉽다.

사회적 존재로서의 인간들이 경험하는 정신건강의 문제는 전형적인 사회 문제다. 사람들의 정신은 세상에 대응하며 살아가게 하는 주체인데, 이런 정신을 통해 사람들은 자신의 개인적 욕망을 통제하고 사회적 삶에서 인정된 범주 내에 머물게 한다. 정신이 건강하지 못하게 되면, 자기상실이나 우울, 자살을 비롯해 범죄나 비행 등의 각종 일탈 행동들에 빠져들기 쉽다. 이런 이유로 인해 개인 차원의 정신건강도 사회적 문제와 필요로서 확인된다.

(3) 돌봄

사람들은 누구나 생애주기나 불운으로 인한 삶의 위험 확률을 가진다. 그래서 모든 사회는 이에 대비하기 위해 공동체적 상호부조의 기능을 제도화한다. 가족이나 사회복지 제도가 이를 대표한다. 누군가는 아동기나 노년기에, 혹은 질병에 걸리거나 장애를 입게 되면 다른 누군가로부터 돌봄을 받아야 하는데, 이러한 상호부조의 기능을 다루는 집단의 범주를 공동체라 한다. 과거에는 가족 제도가 그런 공동체의 기능을 도맡았다면, 현재는 사회복지 제도가 사회구성원들 간 공식적인 계약의 형태로 이를 수행한다.

사회적 돌봄의 필요를 인정하는 기준이나 충족의 방법은 사회들마다, 그리고 시대에 따라 달라질 수 있다. 구성된 사회복지 제도의 계약 형태에 따라 공동체의 범주나 기능에 차이가 있기 때문이다. 잔여적이고 선별적 성격의 사회복지 제도에서는 사회적 돌봄의 필요를 가진 사람을 경제적 취약 인구로 한정하는 경향이 있었다. 비록 아동이나 노인, 장애인이라 해도 가족이 빈곤하지 않으면, 그 돌봄에 대한 필요는 가족을 통해 충족해야 하는 것으로 간주했다. 저소득자에 대한 사회적 돌봄의 필요성은 우리나라에서는 과거부터 보육원이나 사회복지관 등의 사회복지 서비스 제공을 통해 해결해 왔다.

보편적 성격의 사회복지 제도는 대다수 사람의 돌봄 필요가 적어도 가족 공동체만으로 충족될 수 없음을 인정한 것이다. 우리나라에서는 근래 사회적 돌봄 필요를 보편적인 인구들로 급속히 확대하고 있는데, 이는 특히 여성 인구가 시장 노동에 참여하는 비율이 높아지는 것과 밀접한 관련이 있다. 현재 보육과 노인장기요양, 장애인활동지원 등의 분야는 이미 사회적 돌봄의 필요를 광범위하게 인정하고, '사회적 서비스'들이 공급되고 있다. 많은 경우 소득이나 가족 상태의 '비정상' 여부가 사회적 돌봄 필요의 핵심적 기준이 되지 않는다.[14]

4. 필요 충족을 위한 공동체의 범주

사회복지는 사람들이 살아가는 데 필요한 다양한 것을 사회적으로 충족시키는 역할을 한다. 그 가운데서 특히 소득이나 정신건강, 돌봄의 필요와 관련해서는 사회복지가 전형적인 사회적 충족의 기제가 되어 왔다. 이를 위해 사회복지 제도는 공동체의 사회적 범주를 구성한다. 이에 따라 사람들의 사회적 필요는 다양한 층위의 공동체 범주들을 통해 충족된다.

국가 국가는 '일정한 영토와 거기에 사는 사람들로 구성되고, 주권(主權)에 의한 하나의 통치 조직을 가지고 있는 사회 집단'을 말한다.[15] 국민과 영토, 주권의 세 가지 기본 요소를 갖춘 실체를 국가라고 말한다. 국가는 보통 정부라는 통치 기구에 의해 움직인다. 정부는 국가 범주의 공동체에 포함된 국민들의 사회적 필요를 충족시키는 일을 한다. 연금이나 건강보험 등과 같이 국민 전체를 계약자로 하는 경우, 공공부조와 같이 대규모의 재원 확보와 관리 역량이 요구되는 경우, 국민 모두에게 최저생활 기준을 적용하는 경우 등에서는 국가의 통치 기제인 정부 조직이 공동체 범주를 운용한다.

국가를 움직이는 정부의 조직적 기제는 크게 입법부와 행정부, 사법부로 나뉘어 있다. 이는 「헌법」이라는 국민적 합의의 산물로서 법제도화된 것으로, 사회복지의 제도는 이러한 정부 조직의 활동에 의거하는 부분이 크다. 입법부는 법을 만들고, 행정부는 법을 집행하고, 사법부는 법 제정과 집행에서의 적정성을 판단하는 기능을 한다. 행정부로서의 정부 조직은 다시 중앙정부와 지방정부로 나뉜다. 과거 전형적인 복지국가에서는 중앙정부의 역할을 강조했으나, 현재는 커뮤니티에 대한 강조 등과 함께 지방정부로 복지 수행 역할의 중심축이 이동되는 추세에 있다.

커뮤니티   커뮤니티(community)란 복합적인 의미로 사용되는 용어다. 일반적으로 커뮤니티는 공동의 관심사와 이해를 가지는 집단을 뜻한다. 공동의 관심과 이해가 무엇인지에 따라 지역 커뮤니티에서부터 소수자 커뮤니티에 이르기까지 다양한 성격의 커뮤니티가 있다. 근래에는 온라인 기반의 커뮤니티도 활발하게 구성된다. 사회복지에서는 전통적으로 지역 기반의 커뮤니티를 강조해 왔는데, 그래서 커뮤니티를 보통 지역사회(local community)라고도 부른다.

사회적 필요 충족을 위한 공동체의 범주로서 지역사회는 보통 지방자치단체 혹은 지방정부와 같은 지리적 행정 경계로 규정된다. 지역사회를 행정 체계의 범주가 아닌 사람들이 자연스럽게 생활공동체로 인식하는 범위에 기초해서 구성할 수도 있다. 대개는 사회복지에서 커뮤니티적 접근이라고 하면, 이 두 가지 성격의 지역사회에 대한 의미가 혼재되어 있다. 일본에서는 지역사회를 사회복지의 주체로서 오랫동안 강조해 왔고, 이를 지역복지(地域福祉)라고 부른다. 우리나라에서도 2000년대 이후부터 커뮤니티 접근을 강화해 오고 있다.[16]

결사체   결사체(association)란 넓은 의미에서는 '특정한 목적을 추구하기 위해 하나의 조직체에서 함께 일하는 사람들의 집단'을 말한다. 결사체 기반의 공동체는 국가나 지역사회와는 다르다. 국민은 국가에 귀속되기 때문에 국가는 당연히 부여되는 의무와도 같은 공동체이고, 지역은 해당 지역에 살기 때문에 당연 귀속되는 공동체이다. 반면, 결사체는 공동의 목적에 일치되는 사람들의 자발적인 조직체라는 성격을 띤다. 예를 들어, 사람들이 공동의 목적을 적시하는 정관을 만들어서 조직한 단체로서의 사단법인, 특정 직업적 집단의 목적을 성취하기 위한 각종 단체나 협회, 사회적 경제의 형태로서 사회적 협동조합이나 사회적 기업, 기타 노인회나 장애인연합회 등도 모두 이러한 결사체에 해당한다.

사회복지의 공동체 범주로서 결사체는 국가나 지역사회 범주의 공동체에 비해 결사체에 참여하는 구성원들의 자발적 의사를 중시한다. 그러므로 참여의 열정과 의지, 집단의 역동성에 따라 결사체적 공동체가 수행하는 상호부조 기능의 역량이 좌우된다. 이는 한편으로 결사체가 가지는 한계도 된다. 참여자들의 열정과 의지는 언제든 쉽게 사라질 수도 있기 때문이다. 마치 연애의 감정만으로 백년해로를 약속하기 어려운 것과 유사한 맥락이다.

종교단체 종교단체는 특정 종교나 교리를 따르는 사람들의 모임이다. 이는 일종의 결사체로서의 성격을 가진다. 그러므로 결사체가 가지는 사회적 필요 충족을 위한 주체로서의 가능성과 한계를 공유한다. 그럼에도 일반적인 결사체보다는 비교적 안정성이 높을 것으로 기대된다. 종교단체의 특성상 구성원들의 진입과 탈퇴가 상대적으로 적을 것이기 때문이다. 과거 유럽의 중세시대에는 지역의 성당과 수도원을 중심으로 공동체의 기능이 수행되었고, 현재 우리나라의 사찰과 교회에서도 상호부조의 공동체 역할을 일부 수행하고 있다. 한편, 종교단체가 상조회나 협동조합을 설립하는 등으로 별도의 공식적인 결사체를 구성할 수도 있다.

가족 가족은 현재 독자적인 사회복지의 공동체로서 작용하기보다는, 여타 사회적 공동체들의 활동을 지지하거나 보완하는 등의 역할로 전환되고 있다. 현재 시장 경제에서는 가족의 경제적 기능이 배제되면서, 과거와 같은 상호부조의 공동체로서 독자적인 범주를 구성하는 데 현저한 제약을 받게 되었다. 그에 따라 국가나 지역사회, 결사체 등의 여타 사회적 공동체의 범주들에 역할이 상당 부분 이관된다. 그럼에도 가족은 사회구성원의 재생산(출산)과 사회화(양육), 돌봄(노인과 장애인)에 필요한 심리사회적 지지나 애정을 위해 필요한 공동체적 자원을 보유하고 있다. 그에 따라 현대 사회복지 제도에서도 가족의 공동체적 기능을 지지하는 노력을 여전히 중요시한다.

사회복지 기능의 공동체는 다양한 범주로 구성될 수 있다. 각각의 공동체 범주들은 함께 전체 사회의 상호부조 기능을 분담하지만, 그 과정에서 책임 영역의 설정과 관련된 갈등이 초래될 수 있다. 흔히 국가와 다른 공동체 범주들과의 책임 분담의 문제로서 표출된다. 현재 복지국가에서 국민의 기초생계 보장은 국가를 당연한 공동체의 범주로 보지만, 개인의 건강이나 교육, 돌봄 등의 생활보장 서비스 영역에 들어가면 국가, 지역 사회, 가족, 결사체 중에서 어떤 범주가 중심이 될지를 두고 논란이 있다.

현재 대부분의 복지국가에서 현안이 되어 있는 것은 돌봄(care)에 대한 사회적 필요 충족을 위한 공동체의 범주를 어디로 설정해야 하는지이다. 전적으로 국가가 맡아야 한다는 주장부터 가족에게 맡겨야 한다는 주장까지 양극단을 중심으로 광범위한 스펙트럼이 형성되어 있다. 다양한 공동체 범주가 조화롭게 돌봄을 수행하면 되겠지만, 현실은 언제나 무엇이 어느 정도의 책임과 기능을 맡아야 할지가 늘 분간되어야 한다.[17]

이 외에도 사회복지 공동체의 범주에 대한 결정은 급여나 서비스 활동의 특성에 따라서도 영향을 받는다. 대인적 휴먼서비스의 필요를 다루는 사회복지 활동에서는 정책과 행정, 현장 실천 간의 융통적이고 긴밀한 소통이 중요하다. 그래서 연금이나 건강보험 등과 같이 대규모 범주의 국가 공동체가 불가피한 경우가 아니면, 가능한 소규모의 공동체적 범주와 조직 기제를 강조하는 경향이 있다.

미 주 🔍

1) 예를 들어, 학교 생활에서 따돌림을 당한 학생이 겪는 심리사회적 고통도 문제고, 따돌림을 유발하는 원인이 되는 학교 문화도 문제다.

2) 우리나라 통계청에서는 상대적 빈곤선을 중위소득의 1/2 기준으로 두고, 상대적 빈곤율을 구한다. 가처분소득 기준으로 우리나라 2019년 상대적 빈곤율은 16.3%로 나타났다.

3) 2019년 보건복지부 장관이 공표한 2020년도 기준 중위소득은 4인 가구 기준으로 2019년의 461만 3,536원 대비 2.94% 인상된 474만 9,174원이었다.

4) 생활 기회란 각 개인들이 자신들의 삶의 질을 향상시키는 데 도움을 주는 기회를 말한다. 이는 확률적인 개념으로, 한 개인의 삶이 특정한 길로 귀결될 확률이 얼마일지를 설명하는 것이다. 이 확률은 재화를 조달하고, 직업을 가지고, 내적인 만족감을 획득하는 등과 같은 자신의 필요들을 충족할 수 있는 개인의 능력으로 구성된다. 참고: 고영복(2000). 사회학사전. 사회문화연구소.

5) Baratz, M., & Grigsby, W. (1972). 'Thoughts on poverty and its elimination'. *Journal of Social Policy, 1*(2), pp. 119-134.

6) 자료: 고용노동통계 2013년 기준.

7) 이 그림에서는 600만 원 이상을 모두 묶어 놓았기 때문에 늘어짐이 나타나지 않지만, 월 임금이 수억 원을 넘는 경우까지도 그대로 가로 축에 배치한다고 상상해 보면 알 수 있다.

8) 이를 두고 여성주의적 입장에서는 여성 일자리에 대한 기여 가치가 남성 중심의 사회에서 왜곡된 결과라고 간주한다.

9) 아마르티야 센(A. Sen, 1999)은 빈곤의 치명적인 해악을 인간의 자유 박탈로 본다. 빈곤으로 사람들이 자신들이 원하는 삶을 자유롭게 선택할 수 있는 역량이 없어지면, 사람들은 빈곤을 벗어날 자유 의지를 발휘할 주관자(agent)가 아니라, 도움에 의존하는 환자(patient)로 남게 되기 때문이다. 참고: Sen, A. (1999). *Development as Freedom*. NY: Alfred Knopf.

10) 그나마 소규모 가족 공동체에서는 개인의 장기적 기여 몫이 암묵적으로 합의될 수 있다.

11) 필요(needs)를 흔히 사회복지 교과서들에서는 욕구라고도 쓰는데, 여기에서 욕구 확인과 사정이란 필요 확인과 사정과 같다.

12) 국가 차원의 사회복지 제도라면 우리나라에서는 무려 5천만 명을 상호부조의 관계로 짜야 하는데, 이 때문에 관료제 등의 공식적 시스템이 불가피하다.

13) 사회정책은 사람들과 사회에 관한 국가의 정책인데, 군이 구분하자면 경제정책이 물가나 경기, 기업 등을 다룬다면, 사회정책은 보다 직접적으로 사람들의 차원을 다룬다. 교육이나 건강, 사회복지 등이 대표적으로 사회정책의 영역에 속한다.

14) 물론 사회서비스 운용에서 소득 수준에 따른 이용료의 차이를 두는 등은 존재하지만, 이것은 필요 확인보다는 수요의 조절과 관련된 것이기 쉽다.

15) 참고: Oxford Language and Google.

16) 예를 들어, 2003년 「사회복지사업법」을 개정하면서, '지역사회복지계획 수립' '지역사회복지협의체' 등의 설치를 의무화했다. 현재에도 커뮤니티 케어 혹은 지역사회 통합돌봄 등이 지역사회를 사회복지의 범주와 주체로 규정하려는 노력들이다. 이에 대해서는 이 책 14장 커뮤니티 케어에서 자세하게 다룬다.

17) 우리나라에서는 2000년대 이후에 아동 양육과 노인 돌봄, 장애인자립생활 등의 사회적 필요 충족을 위한 공동체 기능을 점차 국가 등의 사회적 책임으로 인정하는 추세를 보이고 있다. 그럼에도 비용 부담과 관련해서는 국가와 지역, 가족 주체들 간 갈등을 나타내고 있다.

제8장
사회복지 정책 및 행정

사회복지는 사회 문제를 해결하거나 사람들의 필요를 충족하기 위한 활동을 한다. 이러한 활동이 제도적으로 수행되는 방법은 크게 세 층위 ― 정책, 행정, 실천 ― 로 나누어진다. 사회복지의 정책과 행정, 실천은 방법적으로는 구분되지만, 현실적인 사회복지 활동은 이들이 모두 연결되어 이루어진다.

1. 정책과 행정, 실천의 관계

정책이란 무엇을 누가 어떻게 할지에 대한 의사결정이다. 사회복지 정책은 사회 문제와 필요를 확인하고, 어떤 서비스와 자원을 개입시켜서 어떤 변화를 기대할지에 대한 의도(intent)를 담는 것이다. 사회복지 정책의 의도는 행정 과정을 거쳐 현장에서의 실천 활동으로 구현된다. 행정은 일종의 교량(bridge) 역할을 하는 활동으로 조직이나 프로그램, 전달체계 등을 구조화하거나 관리한다. [그림 8-1]이 정책과 행정, 실천 활동의 관계를 행위와 대상으로 구분해서 나타낸다.

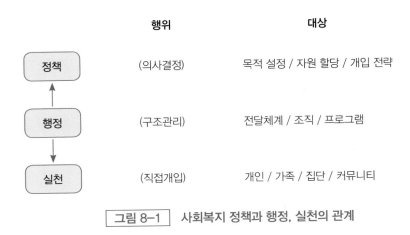

그림 8-1 사회복지 정책과 행정, 실천의 관계

정책적 의도와 목적이 결정되었다고 해서, 현장 실천이 그것을 그대로 구현해 낼 수 있을지는 미지수다. 때로는 정책이 의도했던 바가 실천 과정에서 정반대의 결과로 나타나게 될 수조차 있다.

> 장애인 편의시설 설치를 장려하는 의도에서 만들어진 정책, 예를 들어 「장애인복지법」의 관련 규칙들이 지역사회 현장에서는 오히려 장애인 관련 시설 설치를 꺼리게 만드는 결과를 초래할 수 있다. 설치에 필요한 사항들이 까다롭고 경직적으로 규정되어 있기 때문이다.

이처럼 사회복지 활동이 어떻게 실행되는가는 정책의 성립(법제정이나 예산 편성)만으로 결정되지는 않는다. 정책이 전달되는 행정적 과정, 실천 현장의 역동적 맥락 또한 똑같이 중요하다. 특히 대인적 휴먼서비스에 관련된 사회복지 정책에서는 휴먼서비스의 고유성을 다룰 수 있는 조직 행정과 전문적 실천의 여부가 정책의 성패 자체를 좌우할 수도 있다.

사회복지 활동은 사회 문제 해결과 필요 충족을 위한 공식적인 체계로 구성된다. 사회복지의 정책과 행정, 실천은 방법적으로는 구분되지만, 모든 사회복지 활동은 이들이 연결되어 함께 이루어진다. 다만, 특정 활동의 성격이나 대상, 상황에 따라 상대적으로 중시되는 방법은 다를 수 있다. 예를 들어, 생계급여 서비스에서는 정책과 행정 방법이, 대인적 휴먼서비스에서는 실천 방법이 보다 중시된다. 해당 서비스들의 실질적인 유효성이 그 층위에서 결정되는 부분이 보다 크기 때문이다.

2. 사회복지 정책

정책이란 '무엇을 할 것인가'에 대한 대안 선택과 의사결정의 과정이자, 그 결과로서의 계획을 말한다. 사회복지 정책은 사회복지 활동에 관한 정책적 의사결정의 과정과 결과를 말한다. 결과로서의 정책(policy)이란 의도하는 목적과 활동의 방법을 제시하는 것이다. 일반적으로 정책은 공공 부문의 활동을 뜻하는 경향이 있지만, 넓은 의미에서는 민간 부문까지를 포함한다. 특히 사회복지 분야의 정책에서는 민간 부문의 정책도 중요한 의미를 띤다.

1) 사회정책의 성격

사회복지 정책은 일반적으로 사회정책(social policy)과 밀접히 연관되어 있다. 넓은 의미에서 사회정책이란 '인간관계에 영향을 주는 행위의 과정과 사회 안에서 삶의 질에 영향을 주는 모든 행위의 경과'로 규정된다.[1] 이를 보다 일반적으로 사용되는 현실 개념으로 정의하자면, 사회정책이란 '시민들에게 서비스나 소득을 제공해서 그들의 복지에 직접적인 영향을 미치는 것과 관련된 정부의 정책'을 뜻한다.[2] 이러한 후자의 사회정책 개념은 보통 넓은 의미에서의 사회복지 정책의 범주와 일치한다.

오늘날과 같은 사회복지 정책의 양상은 20세기 중반 복지국가 체제가 등장하면서 본격화된다. 복지국가의 이념에 기반한 정부는 시민 생활의 여러 영역에 개입하는 사회정책들을 갖춰 왔는데, 사회보장과 고용, 보건, 주택, 교육 등의 사회서비스에 막대한 규모의 공공 지출을 해 오고 있다. 이것은 통상 사회복지 정책의 범주에 포함된다.

> 2020년 기준 OECD 국가들의 GDP 대비 공공 사회복지지출(social expenditure)은 평균 20%가량에 육박한다. 우리나라는 12.2%로 OECD 평균보다 여전히 낮지만, 그럼에도 증가 속도는 38개 회원국가들 가운데 가장 빠르다.[3]

사회정책은 경제정책과 밀접하게 관련된다.[4] 하나의 정부 정책 안에 사회정책과 경제정책이 섞여 있을 수도 있다. 대개 사회정책의 효과는 경제에 영향을 미치고, 경제정책의 효과 역시 사회적 측면에 영향을 준다. 경제정책의 결과로 경제가 성장해 완전고용이 실현된다면, 시민들의 복지가 향상되고 안정된다. 반대로 사회정책이 경제 시스템의 안정과 성장에 기여할 수도 있다. 예를 들어, 사회보장의 급여가 사람들의 가처분소득을 증가시켜 소비가 늘어나면, 생산을 자극해서 경제성장을 견인할 수 있다. 이 경우에 사회정책은 경제정책으로서의 기능도 가지고 있다.

2) 경제정책과 연관성

사회복지 정책이 목적으로 하는 경제적 복지 증진에 필요한 주요 정책 수단들은 경제정책에서부터 도출될 수 있다. 자본주의 국가의 정부는 시장경제 프레임 안에서 활동한다. 그 안에서 정부의 경제정책은 대개 재정이나 통화 정책의 형태로 나타난다.[5] 이들 정책의 결과에 따라 고용이 증가하거나 감소할 수도 있고, 재화나 서비스의 가격이 안정될 수도 있고 불안정해질 수도 있다. 또 사회 전체적인 부와 소득이 재분배 양상이 보다 평등해질 수도 불평등해질 수도 있다. 즉, 경제정책이 사회복지 정책의 효과를 내포하고 있는 것이다.

통화 정책 통화 정책(monetary policy)은 정부가 화폐의 공급, 즉 통화량을 조절하는 것으로, 이를 수단으로 해서 일정한 경제적 효과를 의도하는 것이다. 정부는 국채를 발행하거나 중앙은행의 이자율(혹은 할인율)을 조정해서 시중의 통화량을 조절할 수 있다.[6] 정부가 통화 정책을 통해 의도적으로 통화 공급을 늘리면 투자나 소비가 진작될 수 있고, 반대로 줄이면 인플레이션이나 경기 과열을 진정시킬 수 있다. 이처럼 정부는 화폐 공급을 수단으로 하는 통화 정책을 통해 경제의 건강성에 의도적으로 관여할 수 있다. 경제의 건강성 유지는 곧 그 안에서 살아가는 사람들의 생활 안정과 직결되는 문제이므로, 경제정책으로서의 통화 정책은 곧 사회복지 정책의 주요 수단이 될 수 있다.

재정 정책 통화 정책이 경제를 간접적으로 유도하는 방법이라면, 재정 정책은 정부가 보다 직접적으로 개입하는 방법이다. 재정 정책(fiscal policy)이란 특정 목적을 성취하기 위해 정부가 세입과 지출에 관한 결정을 내리는 것이다. 정부가 누구로부터 얼마만큼의 세금을 어떻게 거둘 것인지, 그리고 이를 어디에 얼마만큼 지출할지를 결정하는 재정 정책은 시장경제와 그 안에서 생활하는 사람들에게 심대한 영향을 미친다.

정부는 사회복지 지출만으로도 막대한 재정을 소요한다. 사회보험 지원이나 각종 공공부조 급여, 사회서비스 공급 등의 지출을 위한 재원은 대부분 세금(사회보험료 포함)

을 통해 확보한다. 이때 세금을 누구로부터 얼마를 거두어들일 것인지에 대한 세금 부과 정책은, 누구에게 얼마를 지출할지에 관한 정책만큼이나 개인과 기업의 경제적 상태에 중요한 영향을 미친다. 정부의 세금 부과 정책은 크게 세 가지 유형 — 누진세, 역진세, 정률세 — 이 있다.[7]

누진세(progressive tax)는 보통 개인이나 기업의 소득세에 적용되는데, 소득이 많은 사람은 낮은 사람에 비해 더 높은 세율을 부과하는 것이다. 예를 들어, 연 1천만 원의 소득자는 소득세율이 0%에 가깝고, 1억 소득자는 세율이 30%가량 되게 하는 것이다. 역진세(regressive tax)는 누진세와 반대로 작용하는데, 가난한 사람이 부자보다 소득 대비 더 높은 비중의 세금을 내는 것이다. 담배세나 주류세, 유류세 등과 같이 소비자에게 일률적으로 부과되는 소비세가 이에 해당한다.[8] 정률세(proportional tax, 비례세)는 소득 대비 동일 비율의 세금을 부과하는 것이다. 우리나라에서는 건강보험료 등이 비례세에 해당한다.[9]

재정 정책은 정부의 지출과 차입, 세율 변화를 통해 경제를 관리한다. 현대 정부에서 재정 정책의 역할이 적극적으로 강조된 것은 케인즈 경제이론에서 비롯된다. 20세기 전반 영국의 경제학자 케인즈(J. Keynes)는 자본주의 시장경제에서 나타나는 주기적인 경기 침체가 개인이나 기업이 소비와 투자를 동시에 억제하는 데 따른 결과로 보았다. 소비 감축은 생산의 감소를 초래하는데, 이로 인해 일자리 축소와 임금 저하가 초래된다. 그러므로 정부가 적극적인 재정 정책 — 세금 감축이나 지출 확대 — 을 통해 수요를 증가시키게 되면, 생산과 고용이 증대되어 경제를 선순환시킬 수 있다는 것이었다.[10]

조세 지출 조세 지출(tax expenditure)이란 정부 지출의 한 유형인데, 일반적인 지출 방식과는 다르다. 정부의 일반 지출은 정부가 거두어들인 세금을 할당 시스템(국회 등)을 거쳐서 집행하는 방식이다. 국방비를 비롯해서 기초생활보장 비용 등에 이르기까지 대부분의 정부 활동은 이러한 일반 지출의 방식을 따른다. 이에 반해 조세 지출이란 정부가 일정한 목적을 위해 개인이나 기업에 부과하는 세금을 감면하는 것으로, 그만큼이 정부가 할당 지출한 것 같은 효과를 낸다.[11]

조세 지출은 개인이나 기업이 특정한 소비, 예를 들어 교육이나 문화, 주거, 가족 돌봄 등과 같이 사회적으로 바람직하다고 판단되는 소비를 행하도록 장려하기 위해 활용된다. 근로를 장려하기 위해 근로자의 신용카드 사용액에 대해 소득공제를 해 주고,

사회적으로 필요한 지출인 보험료나 의료비, 교육비에 대해 세액 공제를 해 주는 등이 여기에 해당된다. 소득자의 자녀나 부모, 장애인 등 부양 가족에 대한 세금 감면은 가족 기능을 증진하고 가족 돌봄을 강화할 수 있다. 사회복지 기부금에 대한 세액 공제,[12] 장애인 고용 기업에 대한 세제 혜택 등이 모두 조세 지출 방식의 재정정책으로서 사회복지 정책의 효과를 내는 것이다.

3) 사회복지 정책 수립의 경로

사회복지 정책은 사회복지의 목적과 그 실현 방향에 관한 의사결정으로서, 정책 수립의 과정이자 도출된 결과물로 규정될 수 있다. 사회복지 정책을 포함한 공공 사회정책이 수립되는 공식적인 경로는 크게 다음과 같다.[13]

입법 입법부(legislation)는 법을 제정한다. 국회나 지방의회에서 제정된 법이나 조례는 해당 사회가 특정한 사회 문제나 필요들에 관해 취해야 할 방향을 설정한다. 이럴 때 입법부는 그 사회의 목적과 기대되는 활동들을 표현하는 공식적인 사회정책을 수립하는 것이다. 입법 경로란 정책적 의사결정이 법제정이라는 공식적 절차를 통해 이루어지는 것을 말한다. 2008년부터 시행된 노인장기요양 제도는 「노인장기요양보험법」의 제정을 둘러싼 입법 경로를 통해 사회정책의 의사결정이 이루어진 근래의 대표적인 예다.[14]

행정 명령 행정 명령은 대통령, 도지사, 시장, 군수 등이 법으로 부여된 집행 권한을 통해 정부 부처들로 하여금 특정한 행동을 하도록 요구하는 것이다. 이러한 행정 명령의 방식으로 규제나 탈규제의 부과, 기관에 대한 권한 위임, 프로그램이나 부서의 재조직, 폐지, 창출 등에 관한 정책이 수립될 수 있다. 예를 들어, 대통령령이나 지방자치단체장의 규칙 제정 등이 행정 명령에 해당한다. 많은 사회복지 정책이 세세한 부분의 의사결정을 통해 유효성이 달라지기 쉬운데, 그로 인해 입법보다 행정 명령의 경로가 오히려 중요성을 띠기 쉽다.

법 시행에 관한 정부 지침 정부 관료조직은 사회복지 정책에 여러 가지로 영향을 미친다. 입법이나 행정 명령 차원에서 성립되는 정책들은 시행 차원에서 정부 각 부서들이 실행 지침을 작성한다.[15] 이 과정에도 정책적 의사결정이 포함되는데, 문제는 부서에서 작성된 지침들이 너무 모호해서 정책의 실효성을 담보하기 어려울 수가 있고, 입법 제정의 원래 의도를 변경시킬 수조차 있다. 담당공무원이 숙지를 못하거나, 혹은 정부 기관들이 활동을 축소하여 정책을 왜곡시킬 수도 있다.

현장의 대인적 서비스 활동 자체가 효과성을 좌우하는 사회복지 프로그램들은 실제로 상위 입법이나 명령 차원의 정책 단계보다 실행 부서의 지침 작성이나 해석 차원의 정책적 의사결정이 오히려 업무에 더 큰 영향을 주는 경우가 많다. 심지어 정부 부서의 지침을 또 다시 해석하는 최일선의 공무원 담당자가 현장에서는 치명적인 정책적 의사결정의 경로로 간주되기도 한다.[16]

법원의 결정이나 판례　법원에 의한 결정도 사회정책의 내용과 방식을 보다 분명하게 규정하고, 정부와 사회적 행위에 대한 방향을 정립하는 데 기여할 수 있다. 예를 들어, 투렛증후군을 가진 사람이 장애인 등록을 하고자 하였으나 행정 당국에 의해 거부를 당하자 법원에 판결을 요청해서 승소한 경우가 있다.[17] 이 과정은 특정한 목적으로 수립된 사회복지 정책이 어떻게 집행되어야 하는지를 법원이 해석하여 판단해 준 것이다. 비록 법원의 결정이나 판례는 개별 사례에 대한 의사결정이지만, 이를 통해 관련된 사회복지 정책에 부과되어 있는 사회적 의사결정의 의미가 명료화된다. 이 같은 판단을 향후 정책 수립과 집행의 방향에 중대한 영향을 미친다.

3. 사회복지 행정

정책이 목적이라면, 행정은 정책적 목적을 실현하는 수단에 해당된다. 수단으로서의 행정은 주로 조직과 체계, 프로그램을 구조하고 관리하는 역할을 한다. 정책의 목적은 그 자체만으로 실천 현장을 작동하게 만들 수 없다. 특히 사회복지 서비스의 실천 현장에서는 휴먼서비스 속성의 조직 기구와 인력을 어떤 방식으로 운용하는가가 서비스 실행의 효과성을 좌우할 만큼 중요한데, 사회복지 행정이 이를 담당한다.

1) 행정의 역할과 수단

사회복지 행정은 정책과 실천을 잇는 가교 역할을 수행한다. [그림 8-2]의 화살표가 나타내듯이 사회복지 행정은 사회복지의 이념 및 정책과 서비스 실천을 양방향으로 잇는 역할을 한다. 정책의 목표나 내용이 실천 현장에 도달하게 만들고, 실천 현장의 실태와 요구를 파악하여 정책에 반영되게 하는 활동을 한다. 특히 휴먼서비스 속성의 사회복지 활동에서는 이 같은 행정의 양방향 가교 역할이 중요하다.[18]

[그림 8-2]에서처럼 사회복지 행정의 활동에서 주된 수단은 '조직'이다. 현대사회는 조직 사회다. 조직(organization)이란 사람들이 모여 공통된 목적을 가지고 짜인 방식으로 일을 나누어 하는 것, 혹은 그렇게 하는 구조나 기구를 의미한다. 현대사회의 주요 기능은 개인보다 조직을 기본 단위로 해서 수행된다. 제도적 사회복지 활동도 마찬가지로 조직 단위를 정책이나 서비스들이 전달되는 기본 단위로 삼는다.

> 아이들은 어린이집, 노인들은 복지관에서 서비스를 받는다. 그 안에서 보육교사나 사회복지사 개인들이 서비스 실천의 핵심적인 역할을 하지만, 그럼에도 서비스 전달의 기본 책임 단위는 조직 차원에 있다.

사회복지 행정을 담당하는 조직 단위들은 공식 조직의 성격을 띤다. 공식적(formal)이란 일정한 형식을 사회적으로 인정받는다는 뜻이다. 법이나 여타 사회적 규약을 통해 그러한 공식성이 사회적으로 인정된다. 예를 들어, 「민법」에 의한 사단법인, 「장애인복지법」에서의 장애인주간보호시설, 「사회적기업육성법」에 따른 사회적 기업, 시민사회가 결성한 '사회복지연대' 등이 모두 공식 조직이다. 일반적으로 조직이라 하면 대개 공식 조직을 의미하고, 예외의 경우에는 비공식(informal) 조직이라고 명시하는 경향이 있다.[19]

사회복지 행정의 조직 단위들은 공공(public)과 민간(private) 부문으로 구분될 수 있다. 부문(sector)이란 제도적 특성이 유사하게 나타나는 집단을 말한다. 공공 부문에 속

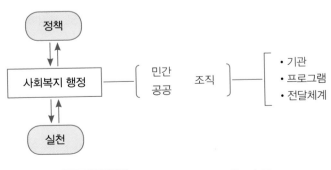

그림 8-2 사회복지 행정의 기능과 구조

한 조직들은 공적인 규칙(정부조직법 등)에 따라 작동하고, 민간 부문에 속한 조직들은 영리나 비영리 목적에 따른 제각각의 규칙들에 근거해서 작동한다. 사회복지 행정의 실행에는 정부나 공단 등의 공공 조직 단위들만 아니라, 수많은 민간 조직 단위도 중요한 역할을 한다.

> 국가는 노령, 질병, 재해, 실업에 대응하기 위해 보건복지부, 고용노동부 등과 같은 정부 부처뿐만 아니라, 국민연금공단, 국민건강보험공단, 근로복지공단 등과 같은 공식적 조직들을 운용한다.

> 지역사회 차원에서 사회(복지)서비스의 실천 기능은 대부분 민간 공식적 조직들이 수행한다. 일부만 예로 들더라도, 어린이집, 청소년수련원, 방과후교실, 지역아동센터, 아동보호전문기관, 청소년쉼터, 아동생활시설, 노인복지관, 노인대학, 노인보호전문기관, 양로원, 요양원, 전문요양원 … 등이 있다.

사회복지 행정에서 조직은 다양한 활동 양상 ─ 기관, 프로그램, 전달체계 등 ─ 으로 구성된다. 기관(agency)은 하나의 독립된 사업수행의 단위로서, 인적 및 재정적 차원에서 외부와의 경계를 형성하는 조직 양상을 뜻한다. 예를 들어, ○○청소년상담소, ○○장애인복지관, ○○보육원 등이 사회복지 기관이다. 프로그램(program)은 서비스의 흐름과 관련된 조직 양상을 나타내는 것이다. 하나의 프로그램 단위란 최소한의 기획이나 재정, 관리의 독자성이 인정된 경우를 말한다.[20] 전달체계란 다수의 조직 단위들이 연결된 형태를 띠지만, 그것 자체가 하나의 조직 양상에 해당한다.[21] 사회복지 전달체계는 특정한 사회복지 정책의 목적 실행과 관련해 연결되어 있는 다수의 기관과 프로그램의 네트워크를 말한다.

조직화된 사회복지의 활동들은 조직 자체의 운용 과정에 대한 이해를 따로 필요로 한다. 아무리 고상한 목적이라도 효과적인 수단을 갖추지 않으면 실현될 수 없다. 강을 건너는 데는 배가 필요하다. 사회복지 행정은 강을 건너려는 사회복지의 목적을 실현하는 수단으로서 배와 같은 것이다. 사회복지 행정에서 배는 곧 조직이다. 어떤 형태의 배를 어떻게 운영할 것인지가 사회복지 행정의 과업에 해당한다.

2) 사회복지 행정의 과업

사회복지 행정은 조직적 기제를 수단으로 해서 사회복지의 목적과 정책을 실천 현장으로 운반하는 역할을 한다. 조직적 기제란 기관이나 프로그램, 전달체계 등을 말한다. 사회복지 행정의 과업은 이들을 적절히 구성하고 관리해서, 정책적 목적과 의도가 효과적으로 실천되도록 하는 것이다.

(1) 조직 구성과 관리

사회복지 행정의 일차적 과업은 정책 수행을 위해 필요한 조직의 생성에서부터 성장, 유지, 해산에 이르는 과정을 담당한다. 이 과업 과정에는 일반 행정과 달리 휴먼서비스의 독특한 환경이나 가치 등이 필히 개입된다. 따라서 사회복지 행정은 조직의 구성과 관리에서 기업이나 일반 공공조직들과는 차별되는 과업 체계를 가진다. 주요 과업들은 다음을 포함한다.

환경 분석과 조직 구성 사회복지 조직은 외부 환경과의 긴밀한 영향 관계를 가진다. 그러므로 환경을 적절히 분석해서 조직 구조와 서비스 행태에 반영하는 일이 중요하다. 조직과 업무적으로 관련되어 영향을 주는 다양한 이해집단의 동향을 적절히 파악해서, 이를 기관이나 프로그램의 조직 구조나 인적 자원을 배치/재배치하고, 특정한 서비스 내용을 강화 및 축소하는 등의 일을 한다.

리더십과 수퍼비전 리더십이란 사람들을 이끄는 것이다. 조직 관리란 궁극적으로 구성원들이 효과적으로 일하도록 하는 것이 목적인데, 리더십은 리더(leader)와 팔로어(follower) 간 인간적 관계를 통해 이에 기여한다. 휴먼서비스를 수행하는 사회복지 기관들에서는 특히 리더십 기반의 조직 관리가 관료제-합리성 기반의 조직 구성만큼이나 중요하다. 수퍼비전(supervision)은 리더십에 인력 관리의 성격이 결합된 것으로, 전문직 직원들로 구성된 사회복지 조직을 관리하는 데 중요하다.

인적 자원의 개발과 관리 인사관리 혹은 인적 자원 개발이란 기관이나 프로그램 조직의 직원들을 관리하는 일이다. 조직의 목적 추구에 적합한 인력을 모집, 선발, 채용하고, 훈련이나 평가, 보상 시스템을 제공하는 것 등이 이러한 과업에 해당한다. 비영리 사회복지 조직에서는 인사관리에 자원봉사자 개발과 관리에 관한 과업도 중요시된다.

재정관리 재정관리란 조직의 목표 달성에 필요한 재원을 합리적인 기획을 통해 확보하고, 배분하고, 효율적으로 집행, 관리하는 과정의 전반을 말한다. 재정관리는 그 자체로서 한 조직 단위가 추구하는 목표나 실행 방식에 관한 대부분의 의사결정을 대변한다. 사회복지 조직에서도 재정관리의 기본 취지는 같지만, 실행 방법에서는 비영리라든지 휴먼서비스와 같은 고유한 환경과 가치 특성들이 반영된다. 예를 들어, 민간 사회복지 조직들은 외부로부터 다수의 자금(fund) 출처를 필요로 함에 따라, 자원 확보에서부터 책임성 제시에 이르기까지 재정관리의 복잡성이 커진다.

정보관리　수많은 사람이 수많은 조직 단위에서 복잡하게 의사소통이 확대되어 가는 현대사회에서는 정보를 관리하는 것 자체가 조직 관리에 필수적인 일이 된다. 사회복지 조직의 경우에도 이는 마찬가지다. 정보관리가 전산시스템을 통해 이루어지기 시작하면서, 대인적 관계의 질적 특성을 기반으로 하는 휴먼서비스의 관리를 표준화된 시스템에 일괄적으로 적용하기 어려운 문제라든지, 클라이언트에 대한 기밀성 유지와 같은 휴먼서비스 가치가 훼손될 수 있는 문제 등이 쟁점으로 나타난다. 사회복지 조직의 정보관리는 단지 기술적 차원이 아니라 윤리적 차원의 속성을 중시하는 과업이다.

(2) 프로그램 기획과 실행, 평가

사회복지 행정에서 프로그램의 기획과 관리도 주요 과업이다. 프로그램이란 특정 목적을 수행하기 위해 '일정 기간 지속되는 기관의 주요 활동 혹은 서비스의 진행 절차'를 뜻한다.[22] 프로그램의 실체는 자체적인 정책과 목적, 목표, 예산을 가지는 단위로 규정된다. 프로그램의 과정은 계획 수립, 실행 및 관리, 평가에까지 이르기까지를 하나의 주기로 하며, 이어지는 주기를 통해 프로그램이 지속된다.

계획 수립　프로그램의 계획이 수립되는 과정은 문제 분석 → 필요 사정 → 목적과 목표 설정 → 프로그래밍의 순서로 진행된다.[23] 문제 분석이나 필요 사정을 통해 프로그램이 추구할 목적과 실행 목표들이 결정된다. 프로그래밍이란 실행 목표들을 성취하기 위해 어떤 활동들이 언제, 누구에 의해, 어떻게 이루어져야 할지, 그리고 여기에 얼마만큼의 자원이 투입될지를 결정하는 것이다.

실행 및 관리　프로그램을 실행하고 관리하는 과업은 기관 관리의 내용과 상당 부분 중첩된다. 기관의 프로그램에 대한 인력과 재정, 정보를 관리하는 일이기 때문이다. 다만, 프로그램 차원의 실행과 관리 과업은 그것들을 프로그램의 과정이나 성과 측면에서 다룬다는 차이가 있다.

평가 프로그램의 평가는 내·외부적으로 요구되는 책임성 수행에 관한 과업이다. 평가란 프로그램이 의도된 목적을 성취했는지를 효과성이나 효율성 등을 기준으로 해서 파악해 보는 것이다. 효과성(effectiveness)이란 프로그램 수행의 결과로 의도된 목적이 달성되었는지를 보는 것이고, 효율성(efficiency)이란 프로그램의 성과를 투입된 비용에 대비해서 보는 것이다. 평가의 과정에서 도출된 정보들은 대외적으로 책임성을 제시하는 데 쓰이거나, 향후 프로그램의 발전을 위해 사용된다.

(3) 전달체계 운용

사회복지 전달체계의 운용도 사회복지 행정의 주요 과업이다. 전달체계란 사회복지의 목적을 수행하는 다수의 조직과 프로그램이 연결되어 체계적 속성을 띠는 것을 말한다. 공공부조 프로그램과 같은 국가 차원의 사회복지가 이루어지는 조직적 전달체계에는 국가가 제공하는 온갖 급여의 전달 경로에 위치한 공공 및 민간의 기관과 프로그램들이 있다. 대인적 사회서비스의 공급 경로에도 수많은 공공과 민간 조직이 다양한 역할 관계로 얽힌 복잡한 체계를 형성한다.

근래에는 사회복지 활동에서 지역사회 차원의 전달체계가 중요해지고 있다. 특히 다양한 성격과 유형의 주체들이 참여해서 활동하는 대인적 사회서비스들이 증가하면서, 그 중요성이 더해지고 있다. 이들을 국가 차원의 단일화된 관료제적 방식으로 조직하거나 관리하기 어려우므로, 지역사회 차원의 네트워크 방식의 전달체계가 중시된다. 우리나라에서 지방자치단체 차원의 사회복지 전달체계를 구축하려는 노력(예: 지역사회보장협의체 설치)도 이에 따른 것이다.[24]

[그림 8-3]은 개별 조직 단위들을 체계로 묶는 방식에서 관료제와 네트워크 체계가 어떻게 다른지를 보여 준다. 관료제 체계란 조직 단위들을 통일된 규칙으로 수직적으로 위계화시키고, 이들을 지시-따름의 관계로 연결하는 구조다. 반면, 네트워크 체계는 조직 단위들이 각자의 개별성을 유지한 채 수평적이고 동등한 위상으로 연결되는 구조다. 지역사회 차원의 사회복지 전달체계에서는 네트워크 방식이 선호된다. 각기 다양한 규칙으로 작동하는 지역사회의 공공과 민간 조직 단위들을 수직적인 명령 체계로 연결하기 어렵기 때문이다.

네트워크 방식의 체계가 연결되고 작동하는 원리는 엄격한 형식 구조와 명령-복종 관계가 아니라, 상호 신뢰에 기반한 자발적 공유와 협력 관계에 있다. 이 때문에 지역

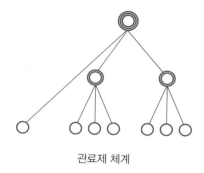 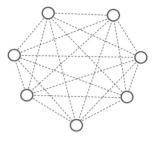

관료제 체계   네트워크 조직 체계

그림 8-3   관료제와 네트워크 조직 체계

사회복지 전달체계를 구축하고 활성화하는 그 자체가 곧 사회자본(social capital)을 축적하는 효과를 갖는다.[25] 사회자본은 사회적 교환 행위의 상호 신뢰성을 높여 사회적 '거래비용'을 줄인다. 사회복지 행정이 지역사회 전달체계를 구성하고 운용하는 과업은 단순히 기술적인 차원이 아니라, 지역사회복지를 통해 사회적 효율성을 제고하는 데도 기여한다.

4. 휴먼서비스의 사회복지 정책과 행정

사회복지 서비스는 일반 기업이나 공공행정 서비스들과는 구분되는 특성을 가진다. 이른바 휴먼서비스로서의 고유성이다. 휴먼서비스(human service)란 인간에 대한 직접 서비스들을 포괄하는 개념이다.[26] 휴먼서비스의 핵심적 본질은 서비스의 대상이 '인간 존재' 자체라는 점에 있다. 인간을 대상으로 하는 서비스들은 많이 있지만, 휴먼서비스는 '사람과 함께, 사람에 대해 직접적으로(directly with and on people)' 이루어지는 서비스라는 점에서 다른 서비스들과 뚜렷이 구분된다.[27]

> 단순히 사람을 '위하는' 서비스라 해서 그것을 휴먼서비스 혹은 사회(복지)서비스라 하지 않는다. 도로나 공원을 만들고, 거리를 청소하는 것과 같은 여타의 행정서비스들도 사람들의 복리를 위하는 것이기는 하지만, 사람들을 대상으로 '직접' 서비스가 이루어지지 않는다는 점에서 휴먼서비스라 하지 않는다.

사회복지 서비스에는 휴먼서비스의 본질이 깊숙이 내재되어 있다. 단순히 현금 이전

(cash-transfer)만이 목적이 아닌 대부분의 사회복지 서비스들은 제공자와 수급자 간 대인적 상호작용의 관계가 실천 과정의 핵심을 이룬다. 교육이나 의료, 돌봄, 자활, 상담 등에서 이를 잘 보여 주는데, 이러한 사회복지 서비스가 효과적으로 실행되는지는 휴먼서비스의 고유한 본질이 다루어질 수 있는지에 달려 있다.

휴먼서비스가 여타 서비스들과 차이 나는 고유성의 대부분은 서비스의 대상이자 원료이며, 생산 결과물이 모두 '인간'이라는 점에서 비롯된다. 그래서 휴먼서비스를 실행하는 원리는 인간의 고유한 가치와 특성에 기반한다.[28] 비록 인간 존재의 고유성을 둘러싸고 다양한 이념이 있지만, 사회복지에서는 휴머니즘의 이념에 입각해서 인간의 가치와 특성을 규정한다. 휴머니즘(humanism, 인본주의)이란 한마디로 인간 존재란 그 자체로서 가치와 도덕성이 있다는 믿음이다.

휴머니즘의 믿음은 다음과 같다.[29] 첫째, 인간은 도덕적 존재다. 둘째, 인간의 가치는 '사물'이나 '외형'이 아닌, '존재' 그 자체에 있다. 즉, 인간은 존재 그 자체로서 다른 인간들과 동등한 가치를 가진다는 것이다. 셋째, 그래서 인간 존재는 사물이나 외형 기준으로 남들과 비교될 수 없는 자신만의 유일무이한 개성(個性, individuality)을 가진다. 넷째, 인간은 창조적이며 자신만의 삶의 의미에 대한 추구를 지속한다.

현실 사회에서 휴머니즘은 지배적인 이념이 되지는 않는다. 휴머니즘은 많은 경우 현실적 의미보다는, 현실의 문제를 비추어 주는 이상으로 간주된다. 예를 들어, 산업자본주의의 몰가치적 합리성에 기반한 관료제 사회에서는 휴머니즘의 가치보다는 경제적 혹은 정치적 능력에 따라 인간 존재의 가치가 다루어진다. 사람이 존재 자체로서가 아니라 그가 보유하는 지위나 능력, 재산 속성 등에 따라 차등화되는 것이다.

현실적으로는 휴먼서비스 사회복지라 해도 큰 틀에서는 산업관료제 사회의 이념적 기반을 벗어나기는 어렵다. 이는 사회복지의 정책이나 행정의 수행에도 마찬가지로 적용되는데, 그럼에도 가능한 최대의 휴먼서비스 속성을 구현하는 것이 현실적 과제가 된다. 즉, 사회복지의 실천 현장에서 휴머니즘의 가치가 발현될 수 있는 정책이나 행정 환경을 가능한 한 최대화하는 것이다. 대표적으로는 사회복지 서비스의 실천이 사람마다의 고유한 개성을 인정하고, 통합된 상태로서 다루어질 수 있도록 정책을 수립하거나 실행 조직을 구성하는 과제다. 휴먼서비스의 실천 접근에서는 이를 개별화와 전일성 특성이라 한다.[30]

개별화 혹은 개성화란 모든 인간은 각기 다른 고유한 개성(個性)을 가진 존재로서 다루어져야 한다는 것이다. 이는 휴먼서비스 실천에서 인간 욕구를 유형화해서 다루는 '표준화' 생산 양식을 배격하고 개성을 존중하는 '맞춤형' 양식을 적용해야 함을 알려 준다. 전일성(全一性)이란 부분이 아닌 전체의 상태를 중시해서 보아야 한다는 것이다. 한 사람이 가지는 여러 문제(예: 질병, 실업, 빈곤, 정신불안, 가족불화)는 서로 밀접히 연관되어 있다. 하나의 문제를 다른 문제들과 연관시켜 보지 않으면 제대로 이해하거나 해결하기 어려우므로, 통합적 접근의 실천이 중요하다.

사회복지의 실천 현장에서는 개성화나 전일성에 기반한 휴먼서비스 접근이 일찍부터 사회복지 전문직의 고유한 가치와 지식을 형성해 왔다. 그럼에도 현실적으로 일반 정책이나 행정 환경을 지배하는 관료제적 이념 등의 장벽으로 인해 휴먼서비스의 고유성이 제한되어 온 것이 사실이다. 일반 정책이나 행정과 달리 사회복지 정책이나 행정은 이러한 한계를 가능한 한 극복하려는 노력을 중시한다. 휴먼서비스 전문직으로서 사회복지사 등이 사회복지 정책이나 행정 과정에 보다 적극 개입해야 할 이유도 여기에 있다.

```
            미 주                🔍
```

1) Gilbert, N., & Specht, H. (1981). 'Policy and institutions(pp. 66-73)'. In N. Gilbert & H. Specht (Eds.), *The Emergence of Social Welfare and Social Work*. Itasca, IL: F.E. Peacock Pub.

2) Marshall, T. (1955). *Social Policy*. Hutchinson University Library; Gilbert & Specht, 'Policy and institutions'.

3) 국회예산정책처(2021. 2. 24.). "OECD 주요국의 공공사회복지지출 현황". Nabo Focus. 30호.

4) (일본)社會福祉士養成講座編輯委員會(2014). 現代社会と福祉(4판). 中央法規.

5) Dolgoff, R., & Feldstein, D. (2013). *Understanding Social Welfare: A Search for Social Justice*. Singapore: Pearson Education, pp. 103-130.

6) 정부는 중앙은행을 통해 채권을 시장에 팔거나 사는데, 그에 따라 시중의 통화 공급이 축소되거나 확대될 수 있다. 중앙은행도 이자율을 높이거나 낮추어 시중의 통화량을 조절할 수 있다.

7) 세금 부과 방식을 둘러싼 재정 정책은 늘 많은 논란의 대상이 된다. 공평성이나 형평성, 세금 정의와 관련해서 수많은 이슈가 제기된다. 그에 따라 부가가치세나 일률과세, 공정세 등과 같은 대안적인 세금 부과 체계들이 계속해서 나타나고 있다. 부가가치세(VAT, value-added tax)는 공장 생산품과 서비스의 생산 각 단계에 부과되는 것이다. 일률과세(flat tax)란 개인이나 기업이 벌어들인 금액과 상관없이 일정한 세율을 적용하는 것으로, 예를 들어 개인이나 기업이 소득의 크고 작음과 상관없이 소득 중 5%를 세금으로 내게 하는 것이다. 공정세(fair tax)는 부자와 대기업이 '공정한 몫의 세금'을 내야 한다는 주장이다. 참고: Dolgoff & Feldstein, *Understanding Social Welfare*, pp. 103-130.

8) 예를 들어, 담배 한 갑을 살 때 지불하는 가격은 부자(A)나 가난한 사람(B)이나 똑같다. 여기에 소비세가 포함되어 있으므로, 국가는 A와 B가 담배를 소비할 때 동일한 금액(예: 1,000원)의 세금을 두 사람에게 부과한다. 이것만 보면 평등한 것 같지만, 소득 수준 대비 세금의 부담 측면에서는 B가 A보다 크므로, 결과적으로 국가가 가난한 사람에게 더 많은 세금 부담을 준 것과 같다.

9) 우리나라 2019년 기준으로 개인에게 부과되는 건강보험료는 '개인 보수월액 × 6.46%(동일 보험료율)'와 같이 정률적으로 적용된다. 이것은 소비세와 같이 동일 비율을 적용하는 것이지만, 소비액이 아닌 소득액에 대한 동일 비율이므로 소득의 크기에 따라 세금도 비례해서 커지게 된다.

10) Dolgoff & Feldstein, *Understanding Social Welfare*, pp. 103-130.

11) 우리나라에서 2019년 기준 조세지출의 총액은 47.4조 원가량으로, 이 해에 국세수입액이 294.8조 원이었음을 감안하면 국세 수입의 13.7%가량이 감면되어 개인이나 기업들에 이전

된 것으로 파악된다.

12) 사회복지법인에 대한 기부금의 손금산입이 예다. 손금산입(損金算入, deduction)이란 쉽게 는 기업 소득 가운데서 기부금을 손실금으로 간주해서, 거기에서 일정만큼을 세금 부과의 대 상에서 빼준다는 것이다. 이것 역시 사회적으로 바람직한 행위를 조장하기 위한 조세 지출의 전형적인 방식이다.

13) Dolgoff & Feldstein, *Understanding Social Welfare*, pp. 103-130.

14) 정부는 2001년에 장기요양보장 제도의 도입을 발표하는데, 이제까지 저소득층 중심의 선별 적인 장기요양서비스를 보편화해서 사회적 책임으로 하겠다는 정책 의도였다. 당시 집권당 한나라당도 건강보험 재정안정 대책으로 『건강보험재정파탄백서』를 통해 노인의료비를 분 리하여 노인개호보험과 같은 것을 검토하기로 한다. 2002년 12월 대선에서 노무현 후보는 '노인요양보장제도'를 공약 사항으로 제시하고, 당선 후 국정과제로 추진한다. 이를 입법화하 는 과정에서 제도 수행의 방식을 둘러싼 다양한 쟁점과 대안이 제기되었는데, 2007년 법안의 국회 통과로 제정된 「노인장기요양보험법」은 그에 대한 의사결정이 완수되었음을 뜻한다.

15) 보건복지부가 발행한 『희망복지지원단 업무안내 2019』가 한 예로, 여기에 ① 통합서비스 지 원과 찾아가는 복지 대상 발굴과 심층상담 방법, ② 이를 위해 읍·면·동에 복지전담팀 설치 와 복지 인력의 전문성 제고 방안, ③ 민관협력과 지역주민 참여 확대 등의 목적을 위한 지방 자치단체와 담당 공무원의 활동 방법이 구체적으로 명시되어 있다. 이들을 법 차원에서 세세 하게 규정할 수 없으므로, 정부 부서의 지침에 해당하는 업무안내 정도의 차원에서 제시할 수 밖에 없는 것이다.

16) 일선 현장에서는 이를 일명 '주무법'이라고도 부른다. 현장의 민간 기관들과 주로 관계하는 공무원이 7급이나 6급 정도의 고참들인데, 보통 이들이 '주무'라고 불린다.

17) 투렛증후군이란 일명 틱 장애에 해당하는 것이다. 원고는 이유 없이 신체를 반복적으로 움직 이는 운동 틱과 이상한 소리를 내는 음성 관련 틱 장애를 모두 가진 투렛증후군의 진단을 받 았다. 증상이 심해서 학교생활이나 대인관계가 힘들어 심리적 발달장애와 소아청소년기장 애 5급 판정을 받아 제2국민역에 편입되었던 바도 있다. 원고는 이러한 사유로 장애인 등록 신청을 하였으나, 국민연금공단에서 당시 「장애인복지법 시행규칙」에 열거된 장애의 종류 와 기준에 투렛증후군이 해당되는 바가 없다고 하여 등록이 거부되었다. 이에 원고는 이것이 부당하다고 소송을 제기하였는데, 1심과 2심에서의 판단이 달라, 대법원의 최종 판단을 구했 던 것이다. 대법원의 판단은, 첫째, 어느 특정한 장애가 이 사건 시행령 조항에 명시적으로 규 정되어 있지 않다고 하더라도, 그 장애를 가진 사람이 「장애인복지법」 제2조에서 정한 장애 인에 해당함이 분명하고, 단순한 행정 입법의 미비가 있을 뿐이라고 보이는 경우에는 행정청 은 그 장애가 시행령에 규정되어 있지 않다는 이유만으로 장애인 등록 신청을 거부할 수 없

다. 둘째, 피고는 원고의 장애가 이 사건 시행령 조항에 규정되어 있지 않다는 이유만을 들어 원고의 장애인 등록 신청을 거부할 수는 없고, 이 사건 시행령 조항 중 원고가 가진 장애와 가장 유사한 종류의 장애 유형에 관한 규정을 유추 적용하여 원고의 장애등급을 판정함으로써 원고에게 장애등급을 부여하는 등의 조치를 취하여야 한다는 것이었다. 참고: 장경찬 (2017. 8. 4.). "2016년 분야별 중요판례분석", 법률신문 [https://m.lawtimes.co.kr/Content/Article?serial=120072].

18) 김영종(2017). **사회복지행정**(4판). 학지사.

19) 조직이란 개념에는 공식 조직과 비공식 조직이 모두 포함된다. 공식(formal) 조직이란 공식적인 절차나 거래, 계약 등에 의한 관계로 사람들이 짜인 상태를 나타낸다. 비공식(informal) 조직이란 개인적인 친밀 관계라든지 소집단 등으로 사람들 간의 관계가 짜인 상태를 나타낸다. 일반적으로 조직의 대외적인 정체성은 공식적 측면의 조직을 따른다. 기업, 정부, 정당, NGO, NPO, 군대, 협동조합, 사회적 기업, 학교, 복지시설, 국제기구 등은 모두가 공식적 조직의 정체성으로 분간된다.

20) 예를 들어, 어린이집의 '야외활동학습' 프로그램에서부터 '국민건강보험' 프로그램 등에 이르기까지 규모와는 상관없이 서비스 흐름과 관련된 독자적인 조직 단위를 모두 프로그램에 포함한다.

21) 김영종(2017). **사회복지행정**(4판). 학지사.

22) 프로그램이란 용어 자체가 일반적으로 '특정한 목적을 수행하는 진행이나 절차'를 뜻한다. 김영종(2013). **프로그램 개발과 평가**. 학지사, p. 16; Martin, L. (2009). 'Program planning and management(pp. 339-350)'. In R. Patti (Ed.), *The Handbook of Human Services Management*. CA: SAGE Pub.

23) 이 순서는 논리적인 것으로, 현실적인 기획 과정에서는 순서대로만 이루어지는 것은 아니다.

24) 지역사회보장협의체란 「사회보장기본법」에서 제시하는 국가 및 지방자치단체 '사회보장 전달체계'의 일환으로 구성하는 조직체다. 이에 의거해서 2014년 제정된 「사회보장급여법」에서는 "시장·군수·구청장은 지역의 사회보장을 증진하고, 사회보장과 관련된 서비스를 제공하는 관계 기관·법인·단체·시설과 연계·협력을 강화하기 위하여 해당 시·군·구에 지역사회보장협의체를 둔다.'라고 규정하고 있다. 지역사회보장협의체는 실무협의체와 읍·면·동 단위 지역사회보장협의체를 구성하고, 지역의 지역사회보장계획 수립과 시행, 평가를 비롯해서 사회보장 관련 업무를 심의·자문하는 기능을 수행하도록 되어 있다. 협의체라는 명칭은 곧 네트워크 조직체를 뜻하는 것이다.

25) 사회자본(social capital)이란 개인이나 집단 간에 이로운 협력 행위를 촉진시키는 신뢰, 규범, 네트워크 등을 통칭하는 것이다. 사회적 윤리와 규율을 자발적으로 준수하려는 자세를 가진

참여자들 사이에서 형성되는 연대감이나 상호 관계를 의미한다. 이는 공공재적 성격의 사회적 역량으로, 행위자들 간 관계의 사회적 구조를 통해 개인들에게 객관화된 습성으로 싹트게 된다. 참고: 김영종 외(2007). 사회복지 네트워킹의 이해와 적용. 학지사, pp. 9-22.

26) 미국에서는 1970, 1980년대에 사회서비스, 교육, 의료 및 정신보건 등과 같은 대인 서비스 분야들에서 행정관리 기능들이 서로 유사함을 점차 인식하게 되면서, 포괄적인 개념적 틀로서의 '휴먼서비스 관리(management)' 혹은 '휴먼서비스 행정(administration)'이라는 용어가 차츰 널리 사용된다. 참고: Austin, D. (1995). 'Management overview'. In *Encyclopedia of Social Work* (19th ed., Vol. 2), pp. 1642-1658.

27) Hasenfeld, Y. (1983). *Human Service Organizations*. NJ: Prentice-Hall. p. 1; 김영종, **사회복지행정.**

28) 참고: 김영종, **사회복지행정.**

29) Weiner, M. (1990). *Human Services Management: Analysis and Applications* (2nd ed.). CA: Wadsworth Pub, pp. 3-25; 김영종, **사회복지행정.**

30) 참고: 김영종, **사회복지행정.**

제9장
사회복지 전문 실천

사회복지 실천이란 다양한 의미를 가진다. 넓은 의미에서 사회복지의 실천(action)이란 정책이나 행정을 비롯해 사회복지 목적을 실행에 옮기는 현장의 모든 활동이 해당된다. 이 가운데 사회복지 전문직의 가치와 방법에 기반한 활동을 전문적 사회복지 실천(practice)이라 한다. 일반적으로 사회복지 실천이라 할 때는 후자의 의미가 강하다.

1. 사회복지 실천의 관점

사회복지 실천은 궁극적으로 사람들의 복지(well-being)를 목적으로 한다. 사람들은 다양한 사회적 관계를 통해 살아가므로, 이들의 복지를 실천하는 활동도 그러한 관계 차원을 중시한다. 비록 개인의 복지 증진을 의도하지만, 사회적 차원의 문제나 필요를 다룬다. 전문적 사회복지 실천은 이러한 관점을 근간으로 한다.

1) PIE와 생태-체계 관점

사회복지 실천은 개인의 복지를 환경적 맥락에서 다룬다. 사람은 환경 속에서 다른 사람이나 집단, 사회 등과 관련을 맺으며 살아가기 때문에, 사람의 복지를 증진하려는 사회복지 실천도 환경을 중요시한다. 이를 '환경 속 인간(PIE, Person in Environment)' 관점이라 한다. 대부분의 전문적 사회복지 실천 접근들은 이러한 PIE 관점으로부터 실천 지식이나 기술들을 도출한다. 사회복지 실천의 대표적인 생태-체계 이론도 PIE 관점을 구체화한 것이다.

생태-체계(ecology-system) 이론이란 생태학과 체계론을 결합해서 인간 삶과 환경과의 관련성을 설명하는 것이다.[1] 생태학은 생물과 환경의 상호작용을 설명하고, 체계론은 현상을 부분 요소들 간 관계를 통해 설명하는 것이다. 사회복지 실천에서의 생물은 사람이고, 환경이란 사람을 둘러싼 물리적 및 사회적 요소들을 포함하는 것이다. 사회복지 실천에 생태-체계 이론을 적용하면, 사람들의 문제가 어떤 상황에서 어떤 차원의 체계 요소들과 관련된 것인지, 이를 해결하기 위해서는 어떤 차원의 요소들에 대한 개입이 필요한지 등을 판단할 수 있다.

[그림 9-1]은 개인과 환경의 관계를 생태-체계의 관점으로 나타낸 하나의 모형이다. 이 모형은 생태 체계의 차원을 마이크로, 메조, 엑소, 매크로 체계들로 구분하고, 각 체계의 영역과 체계들 간 영향 관계를 보여 준다. 예를 들어, 한 청소년(♟)의 사회적 환경을 이 모형에 따라 구분해 보자면 다음과 같다.

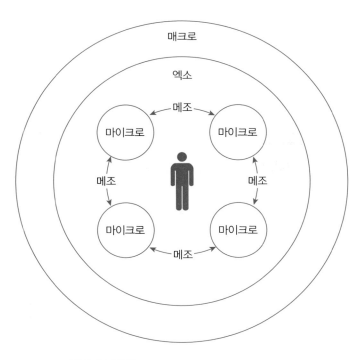

그림 9-1 개인과 환경의 생태-체계 모형

마이크로(micro) 체계　개인의 생활에서 직접적이고 대면적으로 상호작용하는 요소들로 구성된 체계다. 청소년에게는 가족, 학교, 친구, 교회 등이 이 차원의 체계 환경에 해당한다.

메조(meso) 체계　메조 체계는 마이크로 체계들을 개별 요소로 해서 이들 간의 관계로 나타나는 환경 체계다. 개인의 입장에서 가족과 학교 간 관계, 친구와 교회 간 관계 등이 메조 체계 환경이 된다.

엑소(exo) 체계　마이크로, 메조 체계의 상층 외부에서 형성되어 있는 환경 체계다. 엑소 체계를 구성하는 요소들은 대인적 관계 차원을 벗어난다. 청소년들의 행태에 영향을 미치는 거리 유해환경의 정도, 지역사회의 경제 상황이나 문화 수준, 지방자치단체나 시민사회의 정책 방향 등까지도 이에 해당한다.

매크로(macro) 체계　가장 거시적인 환경 체계다. 만약 엑소 체계를 지역사회 차원이라 할 때는, 매크로 체계는 국가사회 차원 정도에 해당한다. 청소년에 관한 국민 전반의 인식이나 태도를 비롯해서, 청소년에 관한 교육이나 문화, 복지 정책 등이 매크로 체계를 구성하는 환경 요소들이다.

여기에서 개인(🧍)도 하나의 체계로 간주될 수 있다. 유기체로서의 개인 역시 개별 요소들 간 관계로 형성된 하나의 체계다. 즉, 심리, 정서, 신체, 지능 등의 요소들이 유기적으로 연결된 체계의 상태로 이해될 수 있다. 이처럼 개별 인간 개체도 체계적 상태로 이해하게 되면, 개인 외부의 환경 요소들이 개인의 내부 체계 요소들과 각기 어떻게 상호작용하는지를 보다 다면적으로 파악할 수 있다.

> 친구들이라는 외부 환경의 마이크로 체계가 개인의 심리적, 신체적 차원의 요소들과 상호작용하는 관계는 각기 다르게 나타날 수 있다. 심리적으로는 즐거움을 주지만, 신체적으로는 힘들게 할 수 있다.

사회복지 실천에서는 이처럼 생태-체계 관점에서 환경과의 상호작용에 초점을 두고 개인의 복지에 접근한다. 사회복지에서 다루는 개인들의 비복지 문제는 대개 개인과 환경 간의 관계가 적절하게 기능하지 못할 때 발생하는 것으로 간주된다. 생태-체계 접근에서는 각 차원의 체계들 마다에서 발생하는 생태적인 현안이나 작동 기제가 각기 다르다고 본다. 따라서 전문적 사회복지 실천은 개인을 포함한 모든 차원의 생태-체계들을 이해하고 다루는 지식을 강조한다.

2) 전문적 실천

PIE 관점의 사회복지 실천을 위해서는 여러 차원의 지식들이 필요하다. 사람의 심리나 정서, 신체적 작용과 같은 개체 차원과, 생태-체계를 비롯한 환경 차원을 이해할 수 있는 지식이 필요하다. 또한 사람이 환경 체계와 관계하는 상호작용 차원을 이해할 수 있어야 하며, 문제 해결을 위한 방법적 지식을 갖추고 필요한 기술들도 발휘할 수 있어야 한다. 이를 위해 심리학과 사회학, 정치학과 정책학을 비롯한 인간과 사회에 관한 여러 학문 분야에서 지식이 차용된다. 차용된 지식 요소들은 사회복지 실천을 위한 독자적인 하나의 지식 체계를 이루는데, 이를 사회복지학이라 한다.

사회복지학은 사회복지의 고유한 사명과 가치, 관점에 근거해서 인간과 사회에 관한 여러 지식을 융합하고 이를 실천의 목적에서 재구성한 것이다. [그림 9-2]에는 사회복지 실천의 목적과 대상, 방법을 기준으로 주요 사회복지학 교과목들이 체계적으로 분류되어 있다.

사회복지학의 가치와 지식 체계에 입각해서 사회적으로 위임된 목적을 실천하는 사람들의 집단을 사회복지 전문직이라 한다. 전문직(professional)이란 특정 지식과 가치

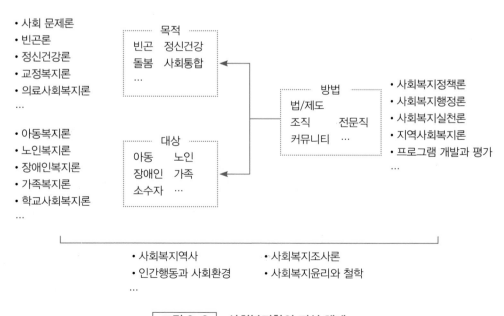

그림 9-2   **사회복지학의 지식 체계**

를 탁월하게 보유하고 있다는 것을 사회적으로 인정받은 집단이나 직종을 말한다. 주로 시험과 자격증 등을 통해 이러한 전문성을 인정받게 되는데, 이에 근거해서 해당 전문직에 특정 영역의 일에 대한 배타적인 권한과 책임이 사회적으로 부여된다. 의사나 간호사, 변호사, 사회복지사 등이 이러한 전문직에 해당한다. 현재는 사회복지학 관련 지정된 교과목들을 대학 등에서 이수하고, 국가시험을 통과하면 사회복지사 1급의 자격을 부여받는다.[2]

사회복지 실천을 위해 사회복지사 전문직만 필요한 것은 아니다. 예를 들어, 노인 돌봄에 관한 사회복지 실천을 위해서는 간호사, 요양보호사, 의사, 심리치료사, 물리치료사, 운동치료사 등 수많은 여타 전문직의 활동이 필요하다. 이들은 노인 개인에게 직접 개입해서 노인의 신체적, 심리적 변화를 유도하여 복지 증진에 기여한다. 물론 사회복지 실천이 이들 전문직의 활동만으로 이루어지는 것은 아니다.

사회복지 실천이 현장에서 제도화되기 위해서는 다양한 차원의 역할자들이 참여해야 한다. 예를 들어, 입법 활동을 하는 국회의원, 시·도의원, 기초의회의원 등을 비롯해서, 정책안을 작성하고 예산 할당을 받아 실천 현장을 조성하는 역할을 하는 공무원, 민간이나 기업의 공익재단 등에서 각종 자원을 지원하고 관리하는 담당자, 시민사회 참여자, 당사자나 가족, 자원봉사자 등에 이르기까지 실로 다양한 참여자가 중요하고도 불가피한 활동들을 해야 한다.

사람들의 복지 증진이라는 목적에서 보자면, 사회복지 실천은 이를 구현하기 위한 여러 활동의 묶음이 된다. 사람들의 문제나 필요는 개인의 심리나 신체적 상태를 비롯해서, 이와 상호적 작용을 하는 경제나 사회적 환경 요소들에 이르기까지 다양하고도 복합적으로 연결된 양상으로 나타난다. 그러므로 넓은 의미에서 사회복지 실천은 특정 분야에 국한된 활동만은 아니며, 사람들의 복지 증진을 위해 필요한 활동과 그 과정 모두를 일컫는 것이다.

여기에서 사회복지사 전문직은 사회복지 실천의 과정 전반을 다루는 역할을 맡는다. 개인이나 가족, 지역사회 등 클라이언트[3]의 문제와 환경에 대한 분석에서부터, 필요 사정, 개입 계획의 수립, 개입에 필요한 활동 결정 및 연결, 모니터링과 평가에 이르기까지 실천의 모든 과정을 사례별로 개별화해서 다루는 일을 한다. 이를 위해 대인 상담뿐만 아니라 집단 상담과 관리, 조직화 등에 대한 실천 기술이 종합적으로 요구된다. 이런 점에서 사회복지사 전문직의 성격은 다른 전문직들과는 달리 '제너럴리스트'로서의 고유

성을 띤다.[4)]

제너럴리스트(generalist)의 입장에서 사회복지사의 전문성은 특정한 분야의 치료 등에 관한 세부적인 지식이나 기술에 국한되지 않는다. PIE 관점에서 역력히 드러나듯이 사람들의 복지는 개인과 환경, 이들 간 상호작용이 함께 작용해서 하나의 개별화된 상태로 나타나는 것이다. 비록 여타 전문직들이 사람의 복지와 관련된 부분들을 각기 세분화해서 다루지만, 사람의 복지를 전일(全一)적 관점에서 개별화된 상태로 다룰 수 있는 실천은 사회복지사 전문직만의 고유한 영역이다. 현재 우리나라를 비롯한 대부분의 나라에서 사회복지사 전문직은 이러한 제너럴리스트로서의 성격을 기본적으로 가진다.

2. 개인과 가족에 대한 사회복지 실천

사람들은 살아가면서 많은 어려움과 고통, 스트레스를 경험한다. 현대사회에서는 이러한 문제를 개인이나 가족 차원에서 스스로 해결하기 힘들다. 그래서 제도적 차원의 도움이 필요하게 되는데, 현대사회에서는 그 상당 부분을 전문적 지원으로서의 사회복지 실천과 연결한다. 개인이나 가족에 대한 사회복지 실천은 전통적으로 케이스워크나 그룹워크의 방법으로 행해져 왔다.[5)]

1) 실천 방법과 절차

전통적으로 사회복지 실천의 대상자는 '클라이언트'라고 부른다. 클라이언트(client)는 의뢰인이라는 뜻인데, 대상자가 서비스 관계에 자발적이고 능동적으로 참여한다는 입장을 강조한다. 개인이나 가족을 클라이언트로 하는 전문적 사회복지 실천의 과정은 일반적으로 사회조사, 사정, 목적 설정, 계약, 개입, 평가와 같은 단계 절차로 이루어진다.[6)] 각 단계마다에는 인간 행동에 대한 이론과 지식이 적용된다.

사회조사 사회조사(social study)란 클라이언트 체계가 어떻게 구성되어 있는지, 클라이언트가 인지하는 필요는 무엇인지 등에 대해 자료와 정보를 획득하는 것이다. 클라이언트를 체계라고 하는 것은 문제를 가진 사람, 그 문제로 인해 고통을 받는 사람,

그 문제의 해결에 필요한 자원을 가진 사람 등이 각기 구분될 수 있기 때문이다. 사회조사의 단계에서 클라이언트 체계의 강점과 약점, 필요 등이 파악된다.

사정　사정(assessment)이란 사회조사 단계에서 획득된 정보를 통해 클라이언트 체계의 행동과 그것의 의미를 잠정적으로 판단하는 것이다. 사회복지 실천의 개입 과정에 클라이언트가 공식적으로 참여하는 것은 사정 단계에서부터다. 여기에서 클라이언트는 자신의 행동에 대한 스스로의 인식을 실천 이론과 인간 행동에 대한 지식을 통해여과시켜 봄으로써, 자신의 문제에 잠재되어 있는 근원을 찾아보게 된다.

목적 설정　목적 설정(goal setting)은 앞서 사정 단계에서 확인된 문제를 해결하기 위해 어떤 실행 전략이 적절할지를 결정하는 것이다. 클라이언트와 사회복지사는 클라이언트의 능력과 역량에 기초해서 여러 실행 전략의 대안들 중 클라이언트의 필요와 상황에 최적인 것을 선택하고, 그것을 단기 혹은 장기 목적으로 설정한다.

계약　계약(contract) 단계에서 사회복지사와 클라이언트(체계)는 설정된 개입 목적들을 성취하기 위해 노력할 것을 합의한다. 여기에서는 전문 실천가인 사회복지사의 역할이 명확하게 확인되어야 하고, 클라이언트는 확인된 욕구와 문제를 다루기 위한 과업들을 수행할 것에 동의해야 한다. 계약은 양측이 도달한 합의를 분명하게 해 주고, 정기적으로 개입 과정을 평가하는 데 있어서의 근거틀이 된다. 계약의 내용은 진행 과정의 상황 변화에 따라 변화될 수 있다.

개입　개입(intervention) 단계에서는 계약된 목적 성취를 위한 실질적인 행위가 이루어진다. 개인이나 가족에 대한 제너럴리스트 실천에서는 주로 상담이나 역할극, 커뮤니티 자원 동원, 지지 집단 설립, 대안적 돌봄 자원 발굴 등의 개입 전략이 활용된다. 이 과정에서 전문적 실천자는 개입 활동이 이루어지는 동안 클라이언트를 임파워(empower)시켜 변화를 만들어 내고, 정기적인 지원과 피드백을 제공하고, 클라이언트의 문제 해결 노력에 대해 솔직하게 칭찬해 주는 일 등을 한다.

평가　실천 과정의 마지막 단계로서, 실천자와 클라이언트가 이제까지의 개입 활동들을 검토해 보고, 문제 상황에 미친 영향을 확인해 보는 것이다. 평가는 클라이언트가 자신의 변화를 긍정적으로 받아들이게 하는 데도 필요하다. 클라이언트뿐만 아니라 사회복지 실천자에게도 평가가 필요하다. 무엇이 변화했고 왜 변화했는지, 변화가 제대로 이루어지지 않았다면 그 이유는 무엇인지, 향후에는 무엇이 필요할지 등이 평가를 통해 정리된다. 이에 기초해서 개입 실천은 지속되거나, 수정 혹은 종료될 수 있다.

2) 사회복지사-클라이언트 관계

사회복지사와 클라이언트가 상호 관계를 맺으며 실행되는 사회복지 실천의 과정은 표준화되기 어렵다. 개별 실천 과정마다 특정 클라이언트와 사회복지사는 각자의 개성을 가지고 참여하고, 이마저도 관계의 상호작용을 통해 지속적으로 변화해 가기 때문이다. 사회복지사-클라이언트 관계는 사회복지 실천의 성패를 좌우하는 핵심이지만, 적절한 관계를 형성하고 유지, 발전시키는 데 필요한 과업 절차들이 기계적인 매뉴얼로 제시될 수는 없다. 인간 존재의 불확정성을 다루는 휴먼서비스 관련 직종들이 기술직이 아닌 전문직이 되는 이유도 여기에서 비롯된다.

이런 이유들로 인해 사회복지사와 클라이언트의 실천 관계는 사회복지 전문직의 기저 공리(axiom)에 근거한 실천 원리나 가치들에 의해 유도된다.[7] 사회복지 전문직에서는 사회복지사와 클라이언트 간 '상호 신뢰'를 기저 공리로 해서, 개별화되고 변동적인 실천 상황을 효과적으로 이끌어가는 원리들을 제시한다. 이는 사회복지사의 행동을 규율하는 윤리 강령에도 상당한 비중으로 반영되어 있다.[8] 상호 신뢰의 공리에 기반한 사회복지 전문 실천의 주요 원리들은 다음과 같다.[9]

자기-결정　사회복지사는 클라이언트가 자신의 삶에 영향을 미치는 결정에서 클라이언트 스스로가 갖는 권리를 존중해야 한다. 사회복지사는 클라이언트가 적절한 선택을 할 수 있도록 지원할 수 있지만, 그럼에도 클라이언트의 결정에 지나친 영향력을 행사해서 그러한 결정으로부터 클라이언트가 소외되도록 해서는 안 된다.

비밀유지　클라이언트의 사생활이나 개인정보는 보호되어야 한다. 전문적 실천 관계에서 기밀성(confidentiality) 원리란 클라이언트와 사회복지사 사이에 공유된 정보는 누설되지 않고 지켜져야 한다는 것을 뜻한다. 실천 관계의 과정에서 클라이언트가 드러내는 기분이나 태도, 이야기 등을 사회복지사가 기밀로 지킨다고 믿어야 신뢰가 생겨나고, 이것이 효과적인 실천 개입의 밑거름이 된다.

개별화와 수용　모든 클라이언트는 저마다 필요나 열망, 강점과 약점 등에서 다른 사람들과는 차이 나는 개별화된 존재로서 다루어져야 한다. 수용(acceptance)이란 실천자가 가져야 하는 능력으로서, 클라이언트의 행동에서 나타나는 여러 문제 등에도 불구하고 클라이언트에게 내재된 존엄과 가치를 인정할 수 있어야 한다.

비심판적 태도　모든 인간 존재는 강점과 약점을 가지고, 특정 문제에 직면해서 감정이나 이성적으로 부적절한 선택이나 행동을 취할 수 있다. 클라이언트의 선택이나 행동에 대해서 사회복지사가 옳고 그름을 심판하거나 비난하면, 클라이언트와의 의사소통에서 장벽이 세워지고, 그 결과 이들과의 관계에서 신뢰가 형성되지 않는다. 클라이언트가 부적절한 행위나 태도를 보이는 경우 그것이 부적절함을 알려 줄 필요는 있지만, 그렇다고 해서 사회복지사가 클라이언트의 행동을 심판하거나 이들을 비난할 권리는 없다.

표현의 자유   사회복지 실천자는 클라이언트가 자신의 감정과 기분을 표현하려는 것을 장려해야 한다. 흔히 억눌린 감정들은 클라이언트를 무력하게 만드는데, 이것이 더 많은 문제 행동을 초래할 수 있다. 클라이언트가 사회복지사와의 관계에서 개방적이고 솔직한 자기표현을 할 수 있으려면, 상호 신뢰감이 형성되어 있어야 한다.

3) 실천 기술의 개발

현실적인 사회복지 실천에서는 지식(아는 것) 자체만이 아니라 그것을 적용하는 기술(skill)이 중요하다. 전문직에서 문제 해결을 위한 기술은 일종의 예술(art)에 해당하는데, 클라이언트와의 절제된 상호작용을 통해 지속적으로 풍부해지고 세련될 수 있다. 마치 외과의사의 수술 솜씨가 시간과 경험을 통해 발전되듯이, 사회복지사의 실천 기술 개발도 마찬가지다. 개인이나 가족, 집단에 대한 사회복지 실천을 효과적이게 하는 핵심 기술은 다음처럼 제시된다.[10]

개념 기술   개념(concept) 기술이란 클라이언트 삶에서 다양한 차원의 경험과 행동들을 서로 연관시켜 이해하고, 적절한 관점을 통해 다룰 수 있는 능력을 말한다. 개념 기술을 통해 사회복지사는 클라이언트와 관련된 많은 사건과 작용을 각기 분리된 실체가 아니라, 클라이언트의 행동과 상호 연관되어 나타나는 하나의 실체로 파악할 수 있다.

면담 기술   면담(interview) 기술이란 단순히 대화의 솜씨를 의미하지 않는, 실천의 목적 성취에 중요한 의사소통의 기술이다. 사회복지 실천의 면담은 용도에 따라 정보 수집, 진단, 치료 유형으로 구체화될 수 있다.[11] 실천가가 면담의 전문적 의도를 유지하면서, 클라이언트의 말과 기분에 민감해야 한다는 것은 모든 면담 기술에서 공통적으로 강조된다. 여기에 공감(감정이입)의 역량이 중요시되는데, 이는 실천 관계의 질을 나타내는 기준점과도 같은 것이다.

기록 기술　기록 기술이란 사례 기록을 적절히 작성, 유지하는 기술이다. 사례 기록은 클라이언트의 배경 파악, 문제와 필요의 본질에 대한 사정, 클라이언트-사회복지사 관계 활동에 필수적이다. 사회복지 실천은 여러 다른 전문직이나 관련자들의 활동이 연결되어 이루어지는 경우가 많으므로, 그들과의 소통이나 조정을 위해서도 기록 기술이 중요하다. 이는 또한 궁극적으로 사회복지 전문직의 실천 지식(이론)을 확충하는 데도 도움을 준다.

3. 집단에 대한 사회복지 실천

사회복지 실천에서 클라이언트의 문제들은 사회복지사-클라이언트 간 대인적 관계만이 아니라, 집단적 실천 방법을 통해서도 해결할 수 있다. 제너럴리스트 입장의 사회복지 실천자들이 특히 집단적 실천 방법을 유용하게 간주한다. 집단 단위에 대한 사회복지 실천의 방법을 흔히 그룹워크(group work)라고도 하는데, 이는 개인이나 가족 단위의 클라이언트에 대한 케이스워크(case work) 실천 방법과 구분된다.

1) 집단의 활용

집단 실천이란 집단의 기본 특성인 구성원들 간의 상호작용을 실천 방법으로 활용하는 것이다. 사회 집단은 다양한 동기로 형성되는데, 크게는 자연 집단과 계획 집단으로 구분된다. 자연 집단은 의도된 목적이 없이 사람들 간 공통의 관심사나 경험 등에서 자연스러운 끌림이 작용해 형성되는 집단이다. 계획 집단은 특정한 목적을 위해 의도적으로 사람들을 결집해 형성되는 집단이다. 사회복지 실천에서는 이들 두 유형의 집단을 모두 활용할 수 있다.

장애인부모회와 같은 집단은 자연적으로도, 계획적으로도 형성될 수 있다. 부모들이 자연스럽게 모임을 형성할 수도 있고, 사회복지사 등이 의도적으로 결집시켜 자조 모임을 만들 수도 있다. 어떤 경우든 부모들은 이 집단에 참여해서 다른 부모들과 삶의 경험이나 지식, 정보를 공유하고, 서로에게 정서적 지지나 사회적 참여에 대한 힘을 줄 수 있다.

집단 실천은 집단을 통해 발생하는 힘으로 개인이나 가족 등 클라이언트 체계의 복지를 향상시키려 한다. 따라서 기본적으로 클라이언트 체계가 갖는 문제나 이들의 사회적 필요를 확인하는 것은 개별 실천에서와 마찬가지다. 다만, 클라이언트 복지 향상의 목적을 위해 개인이 아니라 집단을 표적으로 구축하거나 유지, 활용하는 방법들이 따로 필요하다. 이러한 방법들이 전문적 집단 실천의 방법적 지식이나 기술을 주로 구성한다.

2) 사회복지 실천 집단의 유형

사회복지 실천에서 활용되는 집단들은 의도된 목적에 따라 다양한 유형으로 구분될 수 있다. 각 유형의 집단은 의도하는 바의 초점들이 다르고, 그 안에서 집단 구성원들 간 관계의 성격도 다르게 나타난다.[12]

레크리에이션 집단   집단 참가자들이 즐거움이나 오락, 경험을 공유하고, 이를 통해 상호작용이나 상호 지지, 사회적 교환 관계의 기회를 제공하는 목적을 가진다. 적절한 모니터링 환경하에서는 참가자들의 개인적 감정이나 욕구를 발산하기 위한 건설적 배출구로서 기능할 수도 있다. 예를 들어, 주민복지센터, YMCA, 지역사회복지관, 노인복지관 등에서의 레크리에이션 프로그램 집단이 이에 해당한다.

레크리에이션–기술 집단   레크리에이션 맥락에서 집단 참가자들이 기술 개발을 도모하는 목적을 가진다. 참가자들에게는 공예나 게임, 스포츠, 컴퓨터 등 다양한 분야의 역량 기술을 개발하는 과업이 부과되는데, 이를 위한 학습과정은 대개 숙련자들에 의해 지도된다. 예를 들어, 평생교육 프로그램, 지역사회복지관, 노인복지관, YMCA 등에서의 '교실' 프로그램들이 이에 해당한다.

교육 집단   참가자들이 특정 기술을 습득하는 것 자체를 주된 목적으로 한다. 집단을 통해 다양한 방식의 지식 이전이나 상호작용의 기회를 제공한다. 교육 집단의 리더는 해당 분야의 전문가가 맡는다. 다양한 학습 내용이 교육 집단을 통해 제공될 수 있는데, 예를 들어, 노화과정 이해, 고령부모 대응 방법, 부모 기술, 정신건강 이해, 외국어 공부 등이다.

사회화 집단   참가자들이 사회적 기술을 강화하고 사회적으로 바람직한 행동을 개발하는 것을 목적으로 한다. 예를 들어, 청소년의 분노조절 집단, 놀이를 통해 민주적 참여와 개인적 의사결정의 역량을 증진시키는 게임 집단 등이 이에 해당한다.

자조 집단 집단 참가자들이 스스로에 관련된 공통된 이슈를 다루는 데 필요한 도움이나 확신을 서로를 통해 얻기 위한 목적이다. 집단 참가는 자발적이거나 강제될 수도 있다. 예를 들어, 단주모임(AA) 집단은 음주운전자에 대한 법적 처벌을 일정 정도 경감하는 조건으로 강제될 수 있다.[13] 장애인부모회 등은 자발적 참가에 의한 자조 집단이다. 이들 자조 집단에서 전문 실천자는 대부분 촉진자로서보다는 집단이 활용하는 자원 제공자로서의 역할을 맡는다.

치료 집단 보다 심각한 개인적 혹은 감정적 문제를 가진 개인들에서 태도나 행동 변화를 촉진하기 위한 목적을 둔다. 집단 참가자들은 다른 사람들과의 관계를 통해 자신의 행동에 대한 반향을 확인할 수 있고, 다른 사람들을 돕는 역할을 통해 자기 긍정을 확대할 수도 있다. 치료 집단은 사회복지사나 임상심리치료사 등 일정 자격 이상의 훈련을 갖춘 전문가의 리더십하에서 진행된다.

개인적 성장 집단 참가자들의 자기-깨달음과 대인적 기술을 보조하는 것을 목적으로 한다. 이러한 집단에서는 주로 신뢰, 개방적 표현, 솔직한 피드백, 자신이나 다른 사람들의 감정에 민감하기 등이 강조된다. 그래서 이를 흔히 '민감성 집단'이나 '조우 집단(encounter group)'으로 부르기도 한다. 예를 들어, 적극성을 상실하고 자기비하적인 젊은 여성들을 돕기 위해 참가자들의 자기 탐색과 개인적 성장을 장려하는 집단이 전문 실천가에 의해 구성될 수 있다.

사회복지 실천에서 집단을 활용한 방법은 전문적 실천 과정의 특성을 띤다. 집단의 특성은 구성, 유형, 의도에 따라 광범위하게 다르다. 그 안에서 참가자 개인들이 가지는 삶의 스타일, 스트레스에 대한 감정적 반응, 역기능적 행동 패턴 등에 따라서도 집단 자체의 역동성은 각기 개별화된다. 그러므로 이러한 과정은 사전에 표준화된 절차 기술들에 적용될 수 없고, 개인과 집단에 대한 폭넓은 이해와 지식을 갖춘 전문적 실천자에 의해 개별화되어 다루어져야 한다.[14]

4. 매크로 사회복지 실천

사회복지의 매크로 실천이라 하면 생태-체계 관점에서 엑소 체계(예: 지역사회) 이상

의 거시적 사회체계에 대한 개입 활동을 뜻한다. 개인의 복지가 거시적 차원의 환경 요
소들로부터 영향받는 부분이 커질수록, 매크로 사회복지 실천의 중요성이 증가한다.
현대의 조직화된 사회에서 클라이언트 체계의 복지 추구와 관련된 기회와 한계들은 상
당 부분 이러한 지역이나 국가 사회 차원의 체계 환경들과의 관계 맥락에 들어 있기 때
문이다.[15]

매크로(macro) 사회복지 실천은 개인이나 가족에 대해 대인적, 집단적 관계로 직접
개입하는 마이크로(micro) 실천과는 접근 방법이 다르다. 매크로 사회복지 실천 접근은
지역사회를 변화시키거나, 정부와 민간의 정책이나 행정에 개입하고, 조사연구를 통해
사회 변화를 유도하는 등의 방법을 사용한다. 그로 인해 매크로 접근의 사회복지 실천
들은 비록 간접적이지만 환경 변화를 통해 광범위하고도 실질적으로 사람들의 복지 증
진에 기여할 수 있다.

1) 지역사회복지 실천

지역사회복지는 사람들의 복지 증진을 목적으로 지역사회 혹은 커뮤니티를 활용하
는 것이다. 커뮤니티(community)란 사람들에게 삶의 '공간'이면서, 사람들 간 '교류'의
장이다. 이러한 커뮤니티의 공간과 교류는 상호부조의 사회적 기능을 가능케 한다. 개
인 차원에서는 커뮤니티의 공간과 교류를 통해 사람들이 자신의 현실적 존재감과 정체
성(identity)을 확인한다. 이런 커뮤니티의 기능과 의미를 활용해서 사람들의 복지를 추
구하려는 것이 지역사회복지다.

지역사회복지의 '지역사회'란 곧 커뮤니티 기능의 공동체를 말한다. 과거에는 커뮤니
티 기능이 주로 지역(地域) 기반 공동체에서 작용했으므로, 지역사회가 곧 커뮤니티였
다. 그러나 현대에는 일과 주거가 분리되고 주거지 이동이 빈번해지면서 지역 기반 커뮤
니티의 공동체로서 한계가 커지고 있다.[16] 반면, 온라인 기반이나 이해관심 기반의 공
동체들이 실질적인 커뮤니티로서의 기능을 확대하고 있다.[17] 따라서 지역사회란 단지
지역이 아니라, 커뮤니티 기능의 장(場)을 포괄하는 의미로 간주되는 것이 바람직하다.

지역사회복지의 실천이란 지역사회의 커뮤니티 속성에 개입하는 활동을 뜻한다. 개
입 활동의 목적은 두 가지다. 사람들의 복지를 위해 커뮤니티를 구축하고(building), 구
축된 커뮤니티를 통해 사람들의 복지를 구현하는 것이다. 모든 지역사회복지 실천은

이러한 두 가지 목적의 활동을 한다. 이들 활동은 논리적으로는 순차적이지만, 하나의 활동 안에 두 목적이 공조된 경우도 흔하다. 커뮤니티 구축 활동이 그 자체로 사람들의 복지가 되고, 사람들의 복지 증진 활동이 곧 커뮤니티의 구축을 의미하는 것이다.

> 마을 만들기와 같은 커뮤니티 구축 활동은 여기에 참여한 사람들에게 공동체를 통한 소속감이나 사회적 인정, 사회자본 등의 심리사회적 편익을 제공할 수 있는데, 그것 자체가 사람들의 복지를 증진하는 것이다. 한편, 반대 방향으로 복지 증진을 위한 활동 과정이 커뮤니티 구축에 기여할 수도 있다. 지역사회의 다양한 주체가 참여해서 청소년의 복지를 증진하는 사업을 진행하게 된다면, 이 과정 자체가 커뮤니티 구축을 의미한다.

로스먼(J. Rothman)은 현실에서 나타나는 지역사회복지 실천들을 세 가지 접근 유형으로 구분하는데, 과업이나 과정 목적 중 무엇을 강조하는지의 차이를 주요 기준으로 삼았다.[18] 과업 목적이란 '사람들의 복지 증진'에 해당하고, 과정 목적이란 '커뮤니티 구축'에 해당한다. 모든 지역사회복지 실천에서는 두 목적이 혼재되어 있지만, 문제 인식의 차이에 따라 실천 접근들마다 강조하는 목적이나 추진 방법 등에 차이가 있다.

지역사회개발(local/community development)　사람들의 문제나 비복지의 원인을 커뮤니티 기능의 약화에서 찾는 지역사회복지 실천 접근이다. 커뮤니티가 부재하면 사람들은 소속감을 잃고, 사람들 간 교류가 중단되어 자기 존재감이나 정체성을 확인하기 어렵게 되고, 결과적으로 상호부조 기능의 공동체로부터의 경제적 및 심리적 안정을 기대할 수 없게 된다. 이렇게 되면 사람들은 복지의 필요를 공식 제도(사회서비스 등)에 의존할 수밖에 없고, 그로 인해 사람들은 복지의 수동적인 수급자가 되고 만다. 이렇게 되는 것은 개인적으로도 비복지이지만, 이러한 개인들이 누적되면 사회적으로도 복지 공동체의 지속가능성을 위협하는 해악이 된다.

이런 문제 인식에 입각해서 지역사회개발 접근의 실천에서는 커뮤니티 구축의 활동 과정 자체를 중요 목적으로 삼는다. 비록 공동체의 기능을 창출하고자 하는 목적에서 비롯된 활동이지만, 활동의 과정에서 참여자들에게 나타나는 변화를 더욱 중요한 것으로 간주한다. 커뮤니티 구축의 과정에 참여하는 사람들은 능동적이고 자조적인 주체로서의 자기 존재에 대한 인식을 할 수 있게 되어, 궁극적으로 자기-존엄성(self-esteem)을 증진시킬 수 있다. 이는 개인들의 복지를 향상시키면서 동시에 사회적으로도 커뮤니티의 지속가능성을 높여 준다.

이러한 이유들로 지역사회개발 접근 실천에서는 주민 참여와 합의적 의사결정을 핵심적인 전략 기제로 삼는다. 이들은 커뮤니티 구축을 위한 수단이면서, 한편으로는 그 과정 자체가 목적이기도 하다. 비록 주민 주체가 중심이 되지만, 다른 전문적 실천에서와 마찬가지로 이 접근의 실천에서도 전문 실천자가 개입할 필요가 있다. 이때 전문 실천자로서의 지역복지 실천가(community worker)에게 요구되는 대표적인 역할은 조성자(enabler)와 독려자(encourager)다.[19]

우리나라에서는 과거 새마을운동이 전면적으로 지역사회개발 접근을 채택해서 사회복지의 문제와 필요를 해결하려 했다. 일본에서는 현재에도 지역복지(地域福祉)를 통한 지역사회개발 접근의 실천 활동들이 폭넓게 이루어지고 있다.[20]

사회계획/정책(social planning/policy)   사람들의 문제나 비복지의 원인을 지역사회의 현재화(顯在化)된 문제 증상에서 찾는 실천 접근이다. 지역사회의 열악한 도시 인프라, 주택 부족, 범죄, 정신건강 문제 등이 사람들을 고통스럽게 만들고 복지를 저해한다. 이들 문제를 해결할 수 있는 합리적인 정책, 행정 기제가 지역사회에 부재한 것도 문제로 간주된다. 이들 문제는 주민들의 자발성이나 의지의 결집만으로 해결될 수 없다고 본다. 이는 마치 아픈 사람(지역사회)이 자신의 의지만으로 낫지 못하는 것과 유사한 맥락이다.

이런 문제 인식에 입각해서 사회계획/정책 접근의 실천에서는 지역사회의 환경 자체를 변화시키는 것을 주된 목적으로 삼는다. 이를 위해 사회 문제 해결에 합리적인 사고와 지식, 기술의 적용을 중시하는 전략을 채택한다. 문제와 관련된 과학적인 자료 수집과 분석, 문제 해결을 위한 최적의 수단을 찾아내는 합리적 기획(planning), 이에 입각한 합리적 정책 수행 등이 주요 활동이 된다. 여기에서 지역사회 주민들은 필요 확인의 대상이면서, 결과적으로 도출되는 프로그램이나 서비스의 소비자로 인식된다.

사회계획/정책 접근의 지역사회복지에서 전문 실천가는 지역사회 문제 해결의 합리적 과정을 개시하고, 이를 전개하는 데 필요한 제반 지식이나 기술을 동원하는 일을 한다. 개시자(initiator), 촉진자(facilitator), 동원자(mobilizer), 분석/평가자(analyzer) 등의 역할이 이에 해당되는데, 지역사회복지 실천가 스스로 전반적인 기획가(planner)의 역할을 맡기도 한다. 과거에는 도시계획(urban planning)을 비롯해서 사회정책들이 전반적으로 이러한 접근에 기초해서 이루어졌다. 현재에도 '지역사회보장계획' 수립을 비롯한 지방자치단체 차원의 법제적인 지역복지 활동들은 주로 이 같은 접근에 입각한다.

사회행동(social action) 사회행동의 실천 접근은 사람들의 고통이나 문제를 초래하는 원인을 사회적 차별과 배제로 보는 관점에서 출발한다. 사람들의 비복지는 부당한 사회적 권력 구조로 인해 집단적 차별이나 배제가 발생했기 때문이라고 보는 것이다. 지역사회에는 특권계층과 취약계층이 분리되어 있다. 사회적 취약계층은 불평등한 사회 권력구조로 인해 특권계층으로부터 자신의 정당한 부와 권력의 분배몫을 착취당한다. 그로 인해 삶의 기회나 질의 측면에서 부당한 박탈이 발생한다. 그리하여 정치적 권력이나, 사회적 지위, 경제적 자원 등의 모든 면에서 빈곤이 발생하게 되는 것이다.

이런 문제 인식에 입각해서, 사회행동 접근의 지역사회복지 실천에서는 지역사회의 권력과 자원의 재분배를 과업 목적으로 삼고, 이를 위해 취약계층의 사회적 영향력을 확대시키는 전략과 같은 과정 목적도 함께 강조한다. 사회행동 접근에서는 지역사회의 변화 표적을 특권계층에 두는데, 지방정부의 조직 단위나 책임자 개인이 그에 해당될 수도 있다.

사회행동 실천에서의 변화 활동의 전략은 취약계층의 의식화나 조직화, 정치적 행동화 등이다. 정치적 행동화란 취약계층이 가지는 힘의 상대적 우위를 증가시키기 위한 활동으로, 피켓팅이나 보이콧 등의 갈등적 전략에서부터 선거과정에 개입하는 참여적 전략에 이르기까지 다양한 방법이 동원된다. 이러한 전략 활동을 위해 전문 실천가는 개시자, 교육자, 옹호자, 선동자, 협상자 등의 역할을 한다. 사회행동 접근의 지역사회복지 실천은 복지 관련 시민단체의 활동들에서 대표적으로 나타난다.

2) 사회복지 정책 및 행정 실천

사회복지 정책과 행정에서도 매크로 실천의 전문적 방법이 적용될 수 있다. 사회복지에 관한 정책이나 행정 활동 모두가 전문적 실천을 필요로 하는 것은 아니지만, 목적이나 대상의 성격에 따라 전문적 실천 방법이 요구될 수도 있다.

정책 실천 사회복지 매크로 체계의 정책 형성이나 집행 과정에 개입하는 활동이다. 사회복지 정책은 공공 부문뿐만 아니라 민간 부문에서도 실행될 수 있는데, 공공 차원의 사회복지 정책, 즉 '정부가 사람들의 삶의 질에 영향을 주는 어떤 것을 할지, 하지 않을지를 선택하는 것'이 보다 광범위한 영향을 미친다.[21] 전문적 실천 방법으로서의 사회복지 정책 실천은 사회복지사의 활동과 밀접하게 관련되어 있다.

모든 유형의 사회복지사 활동(직접 서비스 실천, 서비스 기획, 행정관리, 권리옹호, 조사 연구 등)은 사회복지 정책으로부터 영향을 받으면서, 동시에 사회복지 정책의 과정에 영향을 줄 수 있다. 직접 서비스 실천을 하는 사회복지사들은 특정 정책이 클라이언트에게 제대로 작동하는지, 작동되지 못하고 있다면 왜 그런지를 이해할 수 있어야 하고, 필요한 경우에는 정책을 어떻게 바꾸어야 하는지를 제안할 수 있는 영향력을 정책 과정에서 행사할 수도 있어야 한다.

정책 실천의 과정에서 사회복지사는 프로그램 기획자, 옹호자, 연구자 등의 역할로 참여한다. 프로그램 기획자의 역할은 정책이 현장에서 실행되기 위해서 가장 적절한 프로그램 실행 방식을 정책 과정에 반영되게 하는 것이다. 옹호자 역할은 정책입안자들에게 클라이언트 집단의 관심과 필요에 대한 중요한 정보를 제공하고, 정책 개발 과정에서 이것이 적절히 다루어지는지를 모니터링하는 것이다. 사회복지 연구자들은 상황이나 대상별로 합리적 정책 판단이 이루어질 수 있는 과학적 근거를 제시하고 이것이 활용되도록 제안하는 역할을 한다.

행정 실천 사회복지 서비스의 전달 과정을 구성하는 다양한 조직적 기제들에 개입하는 활동이다. 오늘날 대부분의 사회복지 서비스들은 특정한 조직 양상(기관이나 프로그램, 전달체계 등)을 통해 전달된다. 오늘날은 이들 조직이 한층 더 세분화되어서, 사람에 대한 특정한 문제의 세세한 유형들마다 이를 다루는 개별적인 조직 기제가 갖추어지는 경향이 있다. 전문적 사회복지 실천의 일환으로서의 행정 실천이란 사회복지 기관이나 프로그램의 조성, 활동 실행, 체계 관리 등의 과정에 사회복지사로서의 전문적 가치와 지식에 기반한 개입 활동을 수행하는 것이다.

현대 조직 사회의 특성에 따라 우리나라에서의 사회복지 활동도 각종 공단 조직들, 정부 조직, 기타 사회서비스 관련 조직들 간 상호연계를 통해 이루어진다. 따라서 행정 실천의 사회복지사는 궁극적인 목적으로서의 사람들의 복지에 이들 조직 기제가 어떤 양상으로 영향을 행사하는지를 분석하고 이해할 수 있어야 한다.[22] 공공과 민간 부문, 영리와 비영리 부문, 협동조합이나 사회적 기업과 같은 사회적 경제 등은 각기 작동 방식이 차별적이므로, 이들을 관리하는 방식에서도 차별적 접근이 요구된다.

정책 차원과는 달리 행정 차원에서의 전문적 실천은 대개 조직의 행정 관리자로서의 역할과 결부되어 있다. 이 역할은 조직이 지역사회 주민이나 자기 조직이 대상으로 하는 서비스 이용자들의 복지에 순기능적으로 작동하도록 조직을 변화시키거나 관리하는 것이다. 행정 실천자는 이러한 역할 수행에 필요한 역량을 갖추어야 하는데, 여기에는 의사소통과 리더십에서부터 경계 잇기(boundary spanning), 인적 및 재정 자원 관리, 조직 정비 등과 같은 폭넓은 기술들이 포함된다.[23]

현대의 조직적 사회에서 사회복지의 실천 활동은 대부분 조직 차원의 단위들을 기본으로 해서 이루어진다. 사회복지의 문제 확인에서부터 대상자 발굴, 서비스 제공의 과정, 실행 및 평가에 이르는 과정에서 일차적인 책임은 특정 기관이나 프로그램 차원의 단위에 주어져 있다. 그러므로 현대사회에서 사회복지 전문 실천이란 개인 전문가 차원(사회복지사 등)이 조직 차원(사회복지시설 등)과 결합된 속성으로 발현되는 것이다.[24] 그러므로 사회복지 실천의 전반적인 유효성은 마이크로 차원뿐만 아니라 매크로 차원의 정책이나 행정 실천에 의해 좌우되는 부분도 크다.[25]

3) 조사연구 실천

사회복지 실천에 대한 사회적 책임성이 중요해지면서, 비록 간접적이지만 조사연구도 중요한 실천 방법이 되고 있다. 책임성(accountability)이란 사회복지 실천이 사회적 목적 달성에 기여했음을 입증하는 것이다. 대인적 실천에서부터 매크로 실천에 이르기까지 모든 전문적 사회복지 실천은 사회적으로 위임된 목적을 달성해야 하며, 이를 위해 필요한 자원을 할당받는다. 따라서 사회복지 전문직은 단순히 이념이나 가치 차원에 머물지 않고 실천의 유효성을 과학적으로 검증해 보여야 한다. 이 과정에 조사연구 방법에 대한 지식과 기술이 필요하다.[26]

모든 조사연구 실천은 과학적 인식과 방법에 공통적으로 기초해야 한다. 믿음과 가치에 입각한 주장은 다른 믿음과 가치를 가진 사람들에게는 받아들여지기 어렵다. 과학적 방법은 경험적 사실을 제시하므로, 사회적 합의 도구로서 유용함이 있다. 사회복지 전문직(조직 및 사회복지사)이 자신의 개입 활동이나 서비스를 평가하고, 책임성을 입증하는 데는 세 가지 유형의 조사연구 실천이 주로 쓰인다.

학제 연구 학제(discipline) 연구란 사회복지 전문직 자체의 지식을 확장하기 위한 조사연구를 말한다. 실천을 둘러싼 기초 및 응용 이론을 개발하거나 검증하는 활동을 한다. 이 과정은 일반적인 학술 연구의 단계와 유사하게 전개된다. [그림 9-3]에서 제

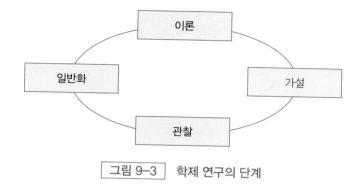

그림 9-3　학제 연구의 단계

시된 바와 같은 단계들을 가진다.

　연구의 출발점을 어느 단계에서 시작하는지에 따라 연역적 혹은 귀납적 방법의 조사연구로 구분된다. 연역적 조사연구는 이론에서부터 출발해서 가설 설정, 관찰, 일반화를 통해 이론을 검증한다. 계량적 수치에 기반해서 사회 현상의 질서나 특성을 분석하는 양적 연구는 주로 이러한 연역적 접근을 취한다. 반면, 귀납적 방법의 조사연구는 관찰에서부터 출발해서 일반화와 이론의 가능성을 검토하고 잠정적인 가설을 제시한다. 수치가 아닌 의미를 분석하는 데 집중하는 질적 연구는 주로 이러한 귀납적 접근을 활용한다. 연역적 접근을 주로 취하는 양적 연구가 질적 연구보다 엄격한 과학적 설명을 만들어 낼 수 있지만, 선행된 이론이 부재할 경우에는 질적 방법의 조사연구가 불가피하다.

　어떤 경우에도 학제 연구의 궁극적인 목적은 과학적 이론의 개발에 있다. 사회복지 실천에서 이론이란 사람들의 문제나 필요, 개입에 대해 설명하거나 예측하는 데 사용된다. 예를 들어, 특정한 문제 상황(X)에 놓인 가족에서는 구성원들에게 어떤 결과(Y)가 나타날 것이라는 이론(예: 가장 실직이 자녀의 심리적 불안감 야기)이라든지, 그렇다면 X를 제거하거나 Y를 차단하려면 각기 무엇이 필요할지에 대한 이론 등이 과학적 논리와 경험을 바탕으로 갖추어져야 한다.

　정책 연구　정책 연구란 정책을 형성하거나 집행, 평가하는 데 필요한 제반 과학적 근거를 생산하는 것이다. 정책이란 곧 의사결정의 과정이므로, 이에 필요한 정보나 자료를 생산하고 제시하는 것이 정책 연구의 역할이다. 사회복지의 정책은 공공이나 민간 부문 모두에서 성립될 수 있는데, 특정 사회복지의 문제나 필요를 확인하고, 개입의 필요성이나 개입 전략을 선택하는 의사결정이 이에 해당한다. 이러한 의사결정은 어떤 형태이든 ─ 국회 법안 제정에서부터 한 지역 기관의 프로그램 결정에 이르기까지 ─ 사회적 합의를 필요로 하고, 이를 위해서는 다양한 정보와 자료가 필요하다. 이를 정책 연구가 담당한다.

정책적 의사결정은 정책 연구만으로 이루어지지 않는다. 그보다는 이해세력들 간 정치적 맥락이 의사결정의 과정과 내용을 지배한다. 특정 법안을 둘러싸고 보수와 진 보를 대변하는 국회 정당 세력들에서부터, 한 지역 기관의 프로그램의 개폐를 둘러싼 대상자나 서비스 직종들, 지역주민을 포함하는 각기 다른 이해관계자들에 이르기까 지, 사회복지 정책 수립의 의사결정 과정은 이 같은 수많은 이해집단 간 합의적 과정을 반영한다. 정책 연구의 역할은 이러한 정치적 과정이 가능한 한 합리적이 되도록 돕는 것이다. 그래서 정책 조사연구는 해당 의사결정 사안에 포함된 이슈들을 분석·정리하 고, 각 대안 선택에 따른 손익 비교를 경험적 근거 자료로서 제시하는 등의 실천 활동 을 한다.

평가 조사 평가 조사는 사회복지 정책 차원이나 현장 서비스 차원의 특정 프로그램 에 대해 그 과정이나 결과를 평가하는 조사연구 방법의 실천이다. 평가 조사의 목적은 무엇을 기준으로 하는가에 따라 달라진다. 프로그램이 의도했던 목적을 달성했는지(효 과성), 그 결과가 투입된 자원과 비용에 비추어서 경제적이었는지(효율성)를 비롯해서, 과정이나 절차가 대상자의 필요에 입각해서 집행되었는지(공평성), 대상자들은 프로그 램에 만족했는지(만족도) 등 다양한 평가 기준이 있다. 현실적인 평가 조사는 주어진 목 적에 의거해서 다양한 평가 기준들을 섞어서 쓰는 경향이 있다.

사회복지 실천 프로그램들을 평가하기 위해서 엄격하게 통제된 실험실 환경을 갖추 는 것은 불가능하다. 예를 들어, 프로그램 집단에 제공된 서비스의 효과성을 확인하기 위해, 같은 필요성을 가진 어떤 집단에게 서비스를 제공하지 않고 비교 대상으로만 두 는 것은 윤리적인 문제를 발생시킨다. 또 비록 윤리적인 문제를 발생시키지 않는다고 하더라도, 사람을 대상으로 하는 연구에서 프로그램 집단과 '동일한' 비교집단을 설정 하는 것은 사실상 불가능하다. 이로 인해 평가 조사연구에서는 대안적 연구 디자인의 적용 방법에 관한 지식이 중요하게 다루어진다.

평가 조사연구는 특정 정책이나 서비스 프로그램의 성과를 판단하는 것이지만, 성과 의 여부만이 중요한 평가내용은 아니다. 성과가 있다면 어떤 성과가 왜 발생했는지, 그 렇지 않다면 어떤 영역에서 왜 성과가 발생하지 않은 것인지를 설명하는 것이 중요하다. 특정 프로그램마다 각자의 실천 이론 — 특정 대상에게 특정 서비스를 제공하면 어떤 결과가 나타날 것인지 — 을 가지는데, 이들을 평가하고 설명하면서 일반화된 사회복지 실천 이론의 정립이 가능하게 된다.

5. 자원봉사 실천

넓은 의미의 사회복지 실천에서는 자원봉사 실천 또한 전문적 실천 못지않게 중요하다. 일반인에 의한 자원봉사(volunteering)는 실제로 사회복지의 정책이나 행정, 현장 실천의 모든 분야에서 상당한 역할 비중을 차지한다. 사회복지 활동에 참여하는 자원봉사자들은 일차적으로 개인 차원의 동기를 갖지만, 이를 사회적 차원의 동기(복지)로 적절히 만들어 나가는 것이 사회복지 실천이다.

사람들은 개인적인 동기를 가지고 사회복지 자원봉사 활동에 참여한다. 종교적 사명이나 박애주의 정신을 비롯해서 자신의 공동체에 대한 애정, 혹은 보다 고차원에서 자기-존중이나 자아-실현 등에 이르기까지 다양한 성격의 개인적 동기가 있다. 비록 개인적 필요를 충족하고자 하는 동기이지만, 이타적인 도움을 제공함으로써 이러한 동기를 실현하고자 하므로 넓은 의미에서 사회복지 실천에 포함되는 것이다. 한편, 자원봉사에 참여하는 사람들은 이 과정에서 자신의 필요를 충족하기 때문에, 이것은 자원봉사자 스스로의 복지를 증진시키는 효과도 있다.

사회복지 활동의 자원봉사자들은 개인과 가족이라는 폐쇄적인 울타리를 뛰어넘는 확대된 공동체 사회의 기능을 증진시키는 데 중요한 역할을 한다. 이는 그 자체로서 사회적 변혁 운동으로 규정될 수 있다. 사회구성원들이 공동체에 부여하는 신뢰는 곧 사회자본이 되므로, 경제사회 체제를 효율적으로 작동하게 만드는 데도 중요한 기여를 할 수 있다. 예를 들어, 서로를 불신하는 사람들이 교류(상업적 거래, 행정 관계 등)를 하려면 온갖 법적 계약이나 절차, 형식 등을 갖추어야만 하는데, 여기에 상당한 사회적 거래비용(transaction costs)이 발생한다. 자원봉사 활동을 통해 공동체적 신뢰의 사회자본이 증가할수록 사회적 거래비용은 감소한다.[27]

사회복지 실천의 전문직은 이들 자원봉사자들의 활동에 대한 개인적, 사회적 차원의 가치와 의미, 동기 등을 이해해야 하며, 이러한 자원봉사 활동이 적절히 실행될 수 있도록 지원하고 관리하는 데 필요한 실천 지식을 갖추어야 한다. 이를 통해 사회복지 실천 전문직은 사람들과 사회의 복지 증진을 위한 방향으로 이러한 자원봉사 활동이 적절히 조직될 수 있게 한다.

미 주

1) 생태-체계론은 하나의 이론이라기보다는, 일종의 관점에 가깝다. 비록 다양한 시스템 이론 (예: Talcott Parsons, Mas Siporin, Allen Pincus, Anne Minahan)과 생태학 접근들(예: Urie Bronfenbrenner, James Garbarion, Carel Germain, Alex Gitterman, Carol Meyer)이 소개되 어 있지만, 이들은 포괄적인 관점과 같아서 엄격하게 검증되거나 특정 상황에 대한 적합성 여 부를 가늠하기는 어렵다. 그래서 실제로 이것을 메타 이론(meta theory) 혹은 우산 프레임으로 지칭하는데, 관련되는 여러 현장 이론을 병합하는 근거가 되는 것이다.

2) 사회복지사의 자격 취득에 관한 교육과정에 대해서는 「사회복지사업법 시행규칙」에 명시되 어 있다.

3) 클라이언트(client)란 사회복지사가 전문적으로 대상자와 관계를 맺을 때, 그 대상자를 일컫는 개념이다. 변호사들도 의뢰인을 클라이언트라고 한다. 미국에서는 사회복지 전문직 활동이 체 계화되기 시작한 시기부터 복지 대상자의 자기결정권을 강조했고, 이에 자기 문제의 해결을 요청하는 사람이라는 의미의 '의뢰인'이라는 개념을 채용했다.

4) 사회복지사 전문직은 그 실천 지식과 전문직의 성격을 두고 오랫동안 논의가 진행되어 왔다. 이를 스페셜리스트(specialist)와 제너럴리스트(generalist)의 논쟁이라 하는데, 스페셜리스트 를 강조하는 입장에서는 사회복지사들이 특별한 영역, 예를 들어 정신 상담이나 특정 분야의 치료에 대한 전문적인 교육과 지식을 갖추고서, 이에 한정된 실천을 해야 한다고 주장한다. 그 래야 보다 높은 수준의 전문직 기준에 도달할 수 있다는 것이다. 그럼에도 일반적으로는 제너 럴리스트 입장이 지배적이다.

5) 케이스워크(casework)는 개인이나 가족을 직접 실천의 대상으로 해서 변화를 의도하는 것이고, 그룹워크(group work)는 집단적 과정의 메커니즘을 통해 개인의 발달을 증진시키는 것이라는 차이가 있다. 예를 들어, 청소년 상담이나 가족문제 상담 등과 같은 경우가 케이스워크 방법의 실천에 해당하고, 청소년 캠프라든지 한부모가족 자조모임 등이 그룹워크 실천에 해당한다.

6) 참고: DuBois, B., & Miley, K. (2014). *Social Work: An Empowering Profession* (9th ed.). NY: Pearson; Ambrosino, R., et al. (2012). *Social Work and Social Welfare: An Introduction* (7th ed.). NY: Brooks/Cole.

7) 공리(公理)란 굳이 입증을 필요로 하지 않은 자명한 논리라는 뜻이다. 이를 전제로 다른 논리 들이 전개된다.

8) 우리나라 사회복지사 윤리강령에서 '사회복지사의 클라이언트에 대한 윤리기준'은 대부분 클 라이언트와의 관계에서 신뢰를 깨트릴 수 있는 사항들을 금지하는 것이다. 예를 들어, 클라이 언트 정보의 기밀성 유지 의무, 클라이언트와 부적절한 성적 관계 금지 등이 이와 같다.

9) 참고: Ambrosino et al., *Social Work and Social Welfare.*

10) 참고: 상게서.

11) 클라이언트의 현재 필요나 문제들과 관련된 이력을 얻는 데 주로 사용되는 '정보용 면담', 보다 임상적 초점에서 클라이언트가 자신의 필요나 문제에 대한 반응을 명확하게 끌어낼 수 있도록 하는 '진단(사정)용 면담', 클라이언트 자신들이 보다 효과적으로 기능하도록 상황을 변화시켜 가는 것을 돕는 '치료용 면담'으로 구분될 수 있다. 참고: Zastrow, C., Gebo, L., & Concilla, C. (2002). *Practice of Social Work* (7th ed.). NY: Brooks Cole.

12) 참고: Ambrosino et al., *Social Work and Social Welfare.*

13) AA(Alcoholics Anonymous, 斷酒모임)은 미국에서 활성화된 자조집단으로 알코올 중독에서 탈피하려는 목적을 가진 사람들이 참가해서 구성한다. 집단에서 자신의 경험을 다른 사람들과 공유하는 과정을 통해 동병상련의 정서적 지지를 얻거나, 중독 탈피의 의지를 강화하는 효과를 본다.

14) Ambrosino et al., *Social Work and Social Welfare.*

15) 조직화된 사회란 사람들의 활동이 대부분 조직적 맥락으로 이루어진다는 뜻이다. 사람들의 복지가 추구되는 활동들도 대부분 조직 단위를 기본으로 한다. 사회복지사들은 지역사회의 기관이나 조직에 소속되어 일한다. 이들 조직은 그 자체로 곧 지역사회복지의 환경 요소가 되고, 지역이나 국가 차원의 다른 환경 요소들과의 상호작용을 통해 사람들의 복지를 추구한다.

16) 부산시, 수영구, 남천동, 남천1동, 우성보라아파트, 102동은 있지만, 이런 지역적 공간들이 스스로 그 안에서 사는 사람들에게 커뮤니티의 경계로서 인식되지 않는다. 인식되더라도 경계의 범주는 저마다 다르게 선이 그어질 수 있고, 의미와 기능에 대해서도 사람들마다 각기 달리 생각할 것이다.

17) 이해관심 기반의 커뮤니티란 이념이나 가치, 유사한 취미나 성향 등과 같이 자신들의 이해나 관심(interests)에 의거해서 공동체적 결속을 하는 것이다. 예를 들어, 지리산 청학동 마을에서부터 성적 소수자 커뮤니티, 조기축구 동호회, … 당근마켓, … 등이 여기에 해당된다. 이들은 모두 공동체로서의 기능을 일정 정도 가지지만, 상호부조의 커뮤니티 기능을 얼마나 지속적으로 수행할 수 있을지는 미지수다.

18) 참고: 홍현미라 외(2010). **지역사회복지론**. 학지사; Rothman, R. (2001). 'Approaches to community intervention(pp. 27-63)'. In J. Rothman, J. Erlich, & J. Tropman (Eds.), *Strategies of Community Intervention* (6th ed.). IL: F.E. Peacock.

19) 조성자란 사람들이 자산의 문제를 확인하고 명료화하는 것을 돕고, 집단을 지원하고 자극해서 변화를 위한 노력에 함께 나서도록 역할을 하는 사람을 말한다. 독려자란 참여주민들의 공동체 형성 노력을 정서적으로 지지하고 강화하는 역할자다.

20) 히라노 타카유키(平野隆之, 2008). 地域福地推進の政策と方法. 김영종·박유미 공역(2012). 일본의 지역복지: 정책 및 방법. 학지사.

21) DiNitto, D. (2007). *Social Welfare: Politics & Public Policy* (6th ed.). NY: Alyn & Bacon.

22) 김영종(2017). 사회복지행정(4판). 학지사.

23) 경계 잇기(boundary spanning) 역량이란 조직 관리자가 자기 조직을 다른 조직 단위들과 경계를 잇게 하는 것으로, 유력자들과의 관계 맺기, 네트워킹, 영향력 행사하기(influencing) 등의 기술이 요구된다. 참고: Manefee, D. (2009). 'What human services managers do and why they do it'. In R. Patti (Ed.), *Handbook of Human Service Management* (2nd ed.). CA: Sage, pp. 101-116.

24) 전문직(profession)이란 전통적인 개념으로는 고유의 가치와 지식, 기술을 근거로 특정 사회 영역에서의 배타적 권리와 지위를 제도적으로 확보한 집단을 의미한다. 이에 의거하면 사회복지사란 사회복지 영역에서 제도적 권리와 지위를 갖춘 집단이라고 규정된다. 한편, 우리나라에서는 '사회복지시설'과 같은 전문조직이 전문직의 제도적 책임과 권한을 부여받아 왔던 역사적 경로가 잔존한다. 비록 사회복지사를 중심으로 하는 전문직의 개념이 강화되어 왔지만, 여전히 사회복지 전문직의 주된 기능은 전문조직을 통해 구현되는 바가 크다. 이를 '조직적 전문직'의 특성이라고도 한다. 김영종(2014). "한국 사회복지 전문직의 제도적 전문성 경로와 대안적 정향". 사회복지정책, 41(4), pp. 377-404.

25) 김영종, 사회복지행정.

26) 김영종(2007). 사회복지조사방법론(2판). 학지사.

27) 참고: Fukuyama, F. (1995). *Trust: The Social Virtues and The Creation of Prosperity.* NY: Simon & Schuster.

4부에서는 사회복지 분야를 설명한다. 사회복지의 정책이나 실천 활동은 다양한 성격의 대상 인구와 서비스 유형들을 다루는데, 이들을 일정하게 묶어 분야로 나타낸다. 10장은 사회복지 활동의 분야를 대상 인구별(아동, 노인, 장애인 등)로 소개하고, 11장은 서비스의 유형별(생활시설, 이용시설, 바우처 서비스 등)로 제시해 본다.

제 10 장
사회복지의 대상 인구

사회복지의 대상 인구는 사회 문제로 인해 고통을 겪거나 필요 충족에 어려움을 가진 사람들이다. 과거에는 소수의 선별적인 사람들에 한정되었던 대상 인구가 현대사회에서는 대부분의 보편적 인구를 포괄하게 된다. 사회복지의 정책이나 행정, 현장 실천은 이들 인구가 각기 제시하는 문제나 필요의 성격에 따라 분야들로 나누어진다.

1. 대상 인구

사회복지의 목적은 사람들의 복지를 증진하는 것이다. 정책이나 행정, 현장 실천을 통해 이런 목적을 실행에 옮기는 활동을 개입(intervention)이라 한다. 사회복지의 개입 대상이 되는 인구는 사회적 삶에서의 취약성이 인정된다. 사람은 누구나 살아가면서 일정 정도의 취약성(vulnerability)을 가지지만, 사회복지의 개입이 필요한 인구는 그것이 사회적 차원에서 해결되어야 하는지로 결정된다.

사회들마다 사회복지의 개입 대상이 되는 인구를 결정하는 기준은 다를 수 있다. 잔여적 사회복지의 성격을 가지는 사회에서는 경제적으로 취약한 집단, 빈곤 인구를 주된 사회복지 개입의 대상으로 삼는다. 이런 제도에서는 개입 대상으로서의 빈곤자를 선별해 내기 위한 자산조사(means-test)에 관한 일을 중요시한다. 제도적 사회복지의 성격을 가지는 사회에서는 대부분의 사람들이 일상생활에서 취약성을 보편적으로 가진다고 본다. 현대사회에서는 생애주기나 건강 상태에 따라 발생하는 취약성에 대처하는 사회복지 개입이 특별히 빈곤층만이 아니라 보편적인 인구에게 필요하다는 것이다. 아동이나 청소년, 청년, 노인, 장애인 등 모든 인구가 고용이나 소득, 돌봄의 대상으로 간주된다.

선별적 사회복지에서는 빈곤 중심의 문제나 필요를 다루었기 때문에, 비록 인구 대상은 달라지더라도 개입 방법의 성격은 크게 달라지지 않는다. 그러나 보편적 인구가 사회복지의 개입 대상이 되는 경우에는 각 인구마다의 취약성이나 필요의 특성에 따라 개입 방법이 상당히 다르게 된다. 〈표 10-1〉에는 대상 인구마다 다르게 나타나는 주된 취약성이나 필요의 성격이 제시되어 있다. 예를 들어, 돌봄이나 치료의 필요를 가진 대상 인구와 사회적 배제나 소외의 문제를 가진 대상 인구를 다루는 사회복지 개입은 방법적으로 상당한 차이가 난다.

표 10-1 **사회복지 대상 인구의 취약성**

대상 인구	주된 취약성
빈곤 인구	경제적 자원 결핍
아동, 노인, 장애인, 정신건강 취약인구 등	돌봄/치료 부재
여성, 성소수자, 이주자, 다문화 가족 등	사회적 배제
은둔형 외톨이, 1인 가구 등	소외, 고립

사회복지 개입의 실천 방법을 전문적으로 갖추어야 하는 사회복지 전문직에서도 이러한 대상 인구별 취약성이나 필요의 성격을 중요하게 다룬다. 사회복지사의 자격 취득을 위한 법정 교과목들에도 이를 반영하여 아동복지론, 청소년복지론, 노인복지론, 장애인복지론, 정신건강사회복지론, 여성복지론, 가족복지론 등이 구분되어 있다.[1]

2. 빈곤층 복지

사회복지의 전형적인 대상 인구는 경제적 빈곤의 취약계층이었다. 보편적 복지의 제도하에서도 빈곤 문제를 가진 인구는 여전히 존재한다. 빈곤은 그 자체로서도 직접적으로 생계를 위협하는 문제이지만, 사회적 배제나 소외 등과 같은 여타 다른 사회 문제들의 근원으로도 작동하는 해악이 된다. 그로 인해 어떤 사회에서든 사회복지 개입의 일차적인 인구 대상은 빈곤층에 주어진다.

1) 빈곤 인구의 취약성

사람들은 다양한 이유로 빈곤 상태에 빠질 수 있다. 산업화된 사회에서 임금 노동을 하는 대다수 인구에게는 실업, 재해, 질병, 노령 등으로 인한 임금 소득의 상실이나 감소가 빈곤을 초래한다. 아동이나 노인, 장애인 등과 같이 경제적 활동을 통해 스스로 생계에 필요한 소득을 얻을 수 없는 인구에게도 가족 부양자로서의 노동자의 빈곤이 마찬가지의 상황을 만들어 낸다. 빈곤은 그 자체로도 문제지만, 그것이 자살이나 범죄, 정신건강 등과 같은 여타 사회 문제의 근원에서 작용한다.

산업화된 사회에서 시장 노동을 통해 생계를 영위하는 대다수 인구에게 빈곤은 일차적인 취약성으로 작용한다. 이러한 취약성은 대개 임금 노동 기회의 박탈로부터 발생한다. 자본주의 시장경제의 특성상 불경기나 경제구조의 변화 등으로 일자리가 줄어들게 되면, 사람들은 고용 기회를 얻기가 힘들어진다. 신체나 정신적인 질병으로 인해 실업을 할 수도 있다. 자발적인 실업을 제외하고 오늘날 대부분의 빈곤은 개인(노동자와 그 가족)의 자유의지와 무관하게 사회적으로 초래되는 취약성의 성격을 띤다. 빈곤이 일차적인 사회복지 개입의 대상이 되는 것이 이러한 까닭이다.

빈곤 관련 취약성을 가진 인구의 분포나 특성은 사회마다 또 시대마다 다른 양상으로 나타난다. 우리나라의 역사적 상황이 배태한 빈곤 문제의 특징은 빈곤 인구의 상당수가 노인 인구라는 점이다. 과거 노인에 대한 돌봄을 책임졌던 가족 기제가 급속히 쇠퇴하게 되면서, 자녀 양육 등 가족에만 투자했던 많은 노인에게는 노후 빈곤이 필히 초래될 수밖에 없다. 노후 소득보장 기능을 하는 연금제도가 우리나라에서는 1980년대 말에야 제도화되기 시작하면서, 실제로 연금급여를 수급받기 시작한 노인들은 2000년대 말에야 조금씩 나타나기 시작했다. 향후에도 연금제도가 어느 정도 성숙될 때까지는 노인 빈곤 문제에 대해서는 특별한 사회복지 개입이 요구되는 실정이다.

청장년층의 빈곤 문제 역시 우리나라 상황의 특수성을 감안해서 이해될 필요가 있다. 경제구조의 변화로 인해 청장년층의 비자발적 실업이 증가하고 있는데, 결과적으로 이 인구 집단에서 새로운 양상의 빈곤 관련 취약성이 증가하고 있다. 일반적으로 청장년층 세대의 인구에 대한 사회적 기대는 경제적 생산자, 복지 공급의 수여자(대상자가 아닌), 적어도 스스로 자신의 욕구를 충족할 수 있는 자생적 존재 등으로 인식되어 왔다. 우리나라에서는 이러한 사회적 기대가 현재에도 여전히 유지되는 경향이 있기 때문에, 저소득자나 실직자, 구직자 등으로 분류되어 사회복지 개입의 대상이 되는 청장년층 인구는 그것 자체가 심리적 부담이 될 수 있다. 그렇게 때문에 이들에게 실직이나 빈곤은 단순한 경제적 어려움에 그치지 않고, 심리정서적 취약성의 문제까지로 발전하게 될 가능성이 있다.

2) 빈곤층에 대한 사회복지 개입

복지국가 이전 근대국가들에서는 경제적 빈곤 인구에 대한 대부분의 사회복지 개입이 '구빈법'의 전통에 의거해서 이루어졌다. 즉, 노동이 가능한 인구와 불가능한 인구를 엄격히 구분하고, 그에 따라 차별적인 대응을 하는 것이다. 아동이나 노인, 장애인, 임산부나 자녀를 양육하는 여성 등과 같이 노동 불가능 인구로 간주되는 집단에 대해서는 사회적으로 도움 받을 가치가 있다는 자격을 부여했다.[2] 반면에 건장한 성인으로서 빈곤 인구에 대해서는 강제 노동이나 부정적 낙인, 처벌 등이 행해졌다.[3]

현재에도 사회복지 정책이나 행정, 실천에서 빈곤 인구를 '근로 능력'의 기준으로 구분하고,[4] 그에 따라 사회복지 개입 방식이나 전략을 차별적으로 적용하는 전통의 흔적은 여전히 남겨져 있다. 근로능력이 있는데 경제적으로 빈곤선 이하의 자원을 가진 것으로 판정되는 사람들에 대해서는 자활가능성을 높이기 위한 각종 프로그램이 실행된다. 대부분의 국가에서는 이러한 자활프로그램에 참여하는 조건을 전제로 생계비 지원이 이루어지는 것이 일반적이다. 우리나라에서도 근로능력자들 중 빈곤상태에 놓인 사람들에 대해서는 자활프로그램에 의무적으로 참여하는 것을 제도화하고 있다.

> 국민기초생활보장 제도에서는 근로능력의 여부에 따라 일반 수급자와 조건부 수급자로 분류한다. 공공부조의 수급자는 원칙적으로 근로능력이 부재한 사람이어야 하는데, 조건부 수급제도란 근로능력이 있지만 소득과 자산이 일정 수준 이하인 사람인 경우에 자활사업에 참여할 것을 조건으로 공공부조 급여를 받도록 해 주는 것이다.

근로능력이 있는 것으로 판정되는 빈곤층에 대해서 강제로 노동의무를 부과하는 방식의 이 같은 사회복지 개입에 대해서는 다양한 논란이 존재한다. 무엇보다도 이들에게 강제되는 노동프로그램이 인적자원의 개발에 기여하는지, 궁극적으로 사회적 생산성을 과연 향상시키는 것인지 등이다.[5] 특히 빈곤층이 참여할 수 있는 노동시장이 근로조건이 열악하고 발전가능성이 낮은 열악한 '주변부' 노동시장이라는 점으로 인해 이러한 비판이 정당성을 얻는다.

특히 자녀를 양육하는 부모에 대한 노동의무의 부과는 가족 돌봄의 가치를 훼손해서 오히려 사회 전체적으로는 더 많은 비용을 초래할 수도 있다는 비판도 있다. 자녀양육을 포함해서 가족원 돌봄을 가치 있는 노동으로 인정하지 않기 때문에, 특히 한부모 여성이나 저소득 기혼여성의 경우 저임금 시장노동에라도 들어가야 하고 그로 인해 보다 가치 있는 가족원 돌봄을 포기해야 한다는 것이다. 그 결과 빈곤 대상자의 취약성을 개선하기 위한 사회복지 개입이 오히려 다른 차원의 취약성을 가중시키는 결과를 초래할 수도 있다.

비록 여러 논란들이 있지만, 현재에도 빈곤층에 대한 사회복지 개입에서 자활과 생산적 복지에 대한 강조는 지속되고 있다. 신자유주의의 확산으로 인해 소득양극화가 심각해진 1990년대 후반 이후 빈곤 인구에 대한 국가적 복지의 개입은 이러한 자활지향성을 더욱 강조하고 있다. 실업율이 높아지면서 근래에는 특히 청년이나 중장년층에 대한 정책적 접근에서 이러한 생산 활동 참여를 중시하는 경향이다.

2000년대 이후가 되면 노동시장 참여만을 강제하는 방식의 문제점을 보완하면서, 근로 빈곤층의 인적자본을 향상시키기 위해 적극적으로 개입하는 전략들이 확대되고 있다. 적극적인 노동시장 정책과 포괄적 고용지원 정책이라고 부르기도 하는데, 실업 인구나 근로빈곤층의 인적자본에 적극적으로 투자하여 중장기적으로는 스스로 자생할 수 있게끔 하는 방식이다. '제3의 길'로 불리는 각종 사회적 투자의 정책들은 큰 틀에서 이러한 방향을 따른다.[6]

우리나라에서 근래 경제적 빈곤 인구에 대한 사회복지 개입은 기초소득에 대한 보장뿐만 아니라, 각종 사회서비스들이 포괄적, 통합적으로 제공될 수 있게 하는데 초점을 맞추어 왔다. 돌봄이나 치료, 사회참여 등의 각종 사회서비스가 경제적 빈곤층을 우선 서비스 대상으로 선정되게 한다든지, 빈곤층에는 서비스 이용료를 할인하거나 면제해 주는 방식을 통해서 사회서비스 접근에 장애가 발생되지 않도록 하는 것이 대표적이다.

3. 아동복지

아동복지는 아동이라는 인구 특성에 따른 사회적 필요를 충족시키기 위해 수행되는 사회복지 개입을 말한다. '아동'이란 일반적으로 성인이 되기 전 단계의 사람을 말한다.[7] 과거에는 아동의 취약성이나 필요가 주로 빈곤 문제에 부속된 것으로 간주되었다면, 현재는 아동의 육성이나 보호, 돌봄의 필요가 대부분 빈곤과는 무관한 맥락으로 접근된다. 그렇기 때문에 아동복지가 빈곤 가족이나 가족 부재 아동에게만 주로 주어지는 사회복지 개입이었다면, 현재는 보편적 가정의 아동 모두가 사회적 돌봄의 대상으로 간주되고 이들 모두에게 복지서비스 급여가 주어지는 경향이 있다.

1) 아동 인구의 취약성

아동은 인간 존재로서의 당연한 권리인 인권과 함께, 성장과 발달을 추구할 권리 또한 가진다. 인권의 측면에서 아동은 성인과 마찬가지로 독자적인 인간 존재로서 생존권을 비롯한 여러 사회적 권리를 가진다. 아동기는 신체적이나 정신적으로 미성숙한 상태에서 성장과 발달을 추구해야 하므로, 이를 실현할 수 있는 권리도 주어져야 한다. 아동의 권리가 강조되는 이유는 그 권리들이 침해받기가 쉽기 때문이다.

아동은 누군가로부터의 적극적인 보호 없이는 방임이나 학대, 폭력 등에 노출되기 쉬우며, 결과적으로 인권이나 생존권, 발달권을 위협받기 쉽다. 과거에는 아동의 권리가 가족 공동체의 울타리 안에서 보장되었다. 가족에게 아동은 공동체의 미래와 직결된 존재로서, 경제적 측면에서의 가치에서도 절대적이었다. 아동의 성장과 발달이 적절히 이루어져야 미래에 부모 세대의 복지가 보장될 수 있었기 때문이다. 이런 시대에 아동의 가치나 권리는 곧 가족에 의해 기본적으로 확보될 수 있었다.

현대 산업사회에서는 아동권리 보장의 주체였던 가족과 부모의 기능이 쇠퇴하기 시작한다. 적어도 경제적 차원에서는 아동이 더 이상 부모의 노후를 보장하는 수단으로서의 가치를 상실하기 시작했다. 자식을 잘 키워서 부모가 노후에 '덕을 보는' 일이 어렵게 된 것이다. 이에 따라 현대사회에서는 경제적 가치로만 보자면, 가족 내에서 아동은 상당한 가치 하락을 경험한다. 경제적 차원의 가치 하락을 상쇄하는 다른 차원의 가치(정서적, 애정적)에서 상승이 없을 경우에, 아동은 방임이나 학대 등의 가능성에 노출되기가 그만큼 더 쉬워질 수 있다.

아동은 신체적으로나 정신적으로 미성숙한 존재이므로, 그만큼 신체나 정신적인 학대에도 노출되기 쉽다. 가족 내에서도 부모나 보호자의 병리 문제로 인해 아동이 학대나 폭력의 대상이 될 수 있다. 아동학대에 대한 사회적 인식은 사회문화적인 가치 변화와도 크게 관련된다. 과거에는 아이들이 '맞으면서 큰다'라는 생각을 당연시했지만 현재는 아동에 대한 신체적 체벌이 학대와 폭력으로 간주된다. 만약, 부모가 이러한 사회적 변화에 적절히 대응하지 못한다면, 아동이 가족으로부터 학대를 당할 가능성은 높아질 수밖에 없다.

현대사회에서는 세대 간 상호부조의 공동체 기능이 상당 부분 가족 바깥으로 옮아갔다. 이에 따라 아동 인구에 대한 가치 인정도 지역이나 국가 사회 차원의 공동체를 통해 이루어져야 할 부분이 커지게 된다. 아동 세대가 건강하게 성장할 수 있도록 양육되어야만 사회적 공동체 차원에서 현재의 성인 세대가 미래의 노후를 보장받을 수 있게 되는 것이다. 아동의 인권을 비롯해 생존권이나 발달권을 사회가 보다 적극적으로 보장해야 할 필요성도 이런 이유 때문이다.

아동의 사회화를 담당하는 가족 외부 기관들이 확대되면서 가족 바깥의 사회적 조직이나 인력으로부터 아동이 학대를 당할 가능성 또한 증가하고 있다. 예를 들어, 아동들이 성장, 발달하는 과정을 지원하는 어린이집이나 학원, 학교 등에서 아동권리가 침해될 수 있는 것이다. 이는 가족 공동체 안에서 통제될 수 없는 문제들이다. 그래서 이런 문제에 대한 대응은 사회적 보호 장치들을 통해 이루어질 수밖에 없는데, 이런 장치가 미비하면 아동 인구의 취약성이 전반적으로 높아진다.

2) 아동에 대한 사회복지 개입

아동에 대한 사회복지 개입을 아동복지라 한다. 아동복지는 아동 인구의 취약성이나 필요를 해결하기 위해 사회복지의 정책이나 행정, 실천 차원에서 행해지는 개입을 뜻한다. 우리나라에서 아동복지 서비스는 근대국가가 출범하면서 제도적 사회복지서비스 중 가장 일찍 나타났던 것으로, 이후 1950년대 한국전쟁의 영향으로 대대적으로 형성되었다. 초기에는 주로 물리적 혹은 기능적 측면에서 가족이 부재하거나 결손이 있는 아동을 서비스 대상으로 했으나, 현재에는 보편적인 아동 인구가 포함된다.

아동복지 서비스는 다른 사회복지 서비스들에 비해 가족 기능의 성격에 밀접히 관련된다. 아직까지도 아동과 관련된 법제도에서는 아동의 일차적 보호 주체는 부모로 되어 있다. 그러므로 아동 인구의 취약성은 일차적으로 가족 공동체 안에서 보호자의 부재 시에 발생한다. 보호자의 부재는 보호 주체의 사망이나 실종으로 인한 물리적 기능 부재에서부터, 유기나 방임, 학대 등과 같은 사회심리적 기능 부재까지를 모두 포함한다. 이런 가족 기능의 상황에 따라 아동복지 서비스는 크게 세 가지 유형으로 구분될 수 있다.[8]

지지적 서비스 부모와 가족이 아동 양육의 일차적 역할을 담당한다는 것을 전제로, 부모와 가족의 아동 양육 역량을 강화하거나 지원해 주는 서비스를 말한다. 아동과 가족에 대한 개별 상담, 집단 상담, 가족 치료, 자조집단 결성 및 운용 지원, 커뮤니티 활동 지원 서비스 등이 모두 이에 해당한다.[9] 아동이나 가족을 대상으로 한 상담이나 치료 서비스는 주로 관련 전문기관들에서 행하고, 자조집단이나 커뮤니티 지원 서비스는 지역 사회복지관 등을 통해 제공된다.

보충적 서비스 부모와 가족이 아동 양육을 적절히 수행하기에 역량이 상당히 부족한 경우, 이들의 역할을 사회가 일부 대행해 주는 서비스를 말한다. 부모와 가족을 아동 양육의 일차적 역할자로 간주하지만, 이들의 역할을 강화시키는 것이 아니라 역할의 일부를 사회가 떠맡는 개입 접근이다. 보충적 서비스 형태의 아동복지 급여에는 빈곤 가정에 대한 생활보호나 교육 급여, 아동수당, 보육서비스나 방과후 돌봄, 부모 기능의 일시적 부재 시 아동의 일상생활을 도와주는 가사지원 서비스 등이 포함된다. 아동의 유기나 방임, 학대와 같은 가족의 역기능성에 대응하는 보호 서비스(protective service)인 '아동보호 전문기관'을 통한 서비스 등도 보충적 서비스에 포함된다.[10]

대체적 서비스 부모나 가족의 아동양육 기능이 전적으로 부재하거나 결손된 경우에, 사회적으로 이 기능을 대신하는 서비스들이다. 예를 들어, 부모가 이혼하거나 사망, 실종된 경우에는 위와 같이 가족 보호를 지지하거나 보충하는 서비스 접근이 불가능하다. 이런 경우에는 부모나 가족의 기능을 대체해 주는 서비스 개입이 필요하다. 입양과 같이 사회적으로 가족을 만들어 주거나, 계약을 통해 일정 기간 아동을 돌봐 줄 위탁가정을 연결해 주거나, 양육 보호가 필요한 아동들을 생활시설에서 돌보아 주는 것

등이 대체적 서비스에 해당한다.

4. 노인복지

노인복지란 노인 인구를 대상으로 하는 사회복지 개입을 뜻한다. 아동복지와 마찬가지로 과거에는 가족의 보호를 받지 못하는 빈곤층 노인들이 노인복지의 주된 대상이었으나, 현재는 가족 기능이 보편적으로 약화되면서 노인 인구 전체가 사회복지의 대상이 된다. 노인이란 대체로 신체나 심리적 측면에서 기능의 노화가 일어나고, 사회적으로도 지위와 역할의 축소가 나타나는 생애주기에 있는 사람이라고 규정된다. 이러한 노화의 특성이 모든 사람에게 특정 연령 기준에서 동일하게 나타나지는 않지만, 노인복지 제도나 정책에서는 사업 목적에 따라 노인의 기준 연령을 개별적으로 특정한다.[11]

1) 노인 인구의 취약성

노년기 인구에서 나타나는 취약성은 일차적으로 이들의 신체적, 인지적, 심리사회적 차원의 노화로 인해 발생한다. 노년기에는 신체 전반적으로 기능의 감퇴가 일어난다. 비록 개인들마다 상당한 차이는 있겠지만, 전반적으로 고령으로 갈수록 외형적 혹은 내부적으로 신체적 무너짐이 나타난다. 인지적 기능에서도 감퇴 혹은 특성 변화가 나타난다.[12] 그럼에도 노인 인구의 취약성이 단순히 이와 같은 생물학적 노화만으로 결정되지는 않는다.

노년기가 되면 신체나 심리적 기능이 대체로 약화되지만, 기능 약화 그 자체만으로 사회 문제가 되는 것은 아니다. 아동의 경우와 비교해 보더라도, 아동 역시 신체적, 심리적인 기능이 성인에 비해 약하지만 이를 문제로 간주하지 않는다. 다만 노인의 기능적 약함은 '쇠퇴' '죽어가는' 등의 부정적 인식을 부여하는 연령차별주의(ageism)와 결부되어 문제로 인식된다.[13] 사회문화적으로 이러한 인식이 지배적인 사회에서는 노인 인구가 당연히 사회적으로 소외되거나, 고립되기 쉽다. 이처럼 노년기 취약성의 상당부분은 사회적으로 결정되는 부분이 크다.

노년기 인구가 가지는 심리적 특성은 사회적 요인과 밀접히 관련되어 있으므로, 이를 사회심리적 특성으로 간주하는 것이 옳다. 예를 들어, 노인들의 소외감이나 외로움 등과 같은 심리적 고통들은 사회적 관계의 약화나 부재를 통해 발생하는 것이므로, 이것을 심리 문제, 사회 문제로 엄밀히 구분하기 어렵다.

> 노인의 대표적인 사회적 특징은 은퇴로 인해 생산적 역할이 상실되고 그에 따라 지위가 하락된다는 것이다. 현재 사회에서 사람들은 자기 정체성을 '어느 마을의, 누구 집의 자손'이 아니라, '어느 직장의, 무슨 직급의 사람' 등과 같은 사회적 지위와 역할에다 두고 살아간다. 그로 인해 정년 퇴직이란, 곧 사회적 지위와 역할의 상실을 의미하게 된다. 노인이 되어 노동현장에서 물러난다는 것은 단순히 소득이 줄어들어서 경제적으로 어려워진다는 것만을 의미하는 것이 아니고, 사회와 가정에서 그간 가졌던 지위와 권위를 상실한다는 것을 의미하게 된다. 이것이 악화되면, 고독이나 소외감과 같은 심리적 손상이나 정서적 고통으로 나타난다.

이처럼 노인 인구가 당면한 신체적이거나 사회심리적 취약성은 이들의 복지를 훼손한다. 과거에 가족이라는 자연스런 공동체 안에서 노인은 존중받는 지위를 가진 존재였다. 노년기에 이른다는 것은 자신이 성장시키고 일구었던 가족 구성원들로부터 노고와 희생에 대한 감사를 존중으로 되돌려 받는 위치에 오른다는 것을 의미했다. 이런 시대에는 노인의 신체적, 사회심리적 기능 변화는 자연스러운 것으로 간주된다. 그러나 현대사회에서는 가족 공동체의 기능이 현저히 약화됨에 따라, 가족 제도가 노인 인구의 지위를 보장하기 어렵게 된다. 그래서 현재의 국가 공동체 사회에서는 노인 인구가 가지는 취약성에 대해 사회적 차원의 개입을 필요로 한다.[14]

2) 노인에 대한 사회복지 개입

노인복지란 과거 노인에 대해 가족이 행했던 존중과 돌봄을 사회적 방식, 즉 사회복지의 정책이나 행정, 실천적 개입을 통해 제공하려는 것이다. 1991년 UN 총회에서는 노인복지에서 참고해야 할 '노인을 위한 원칙'(UNPOP)을 제정했다.[15] 여기에는 각 나라가 노인을 위한 국가적인 프로그램을 만들 때 따라야 할 총 5개 영역의 18개 원칙이 권고되어 있다. 5개 영역이란 독립, 참여, 돌봄, 자아실현, 존엄성이다.

독립(independence) 원칙이란 노인이 소득이나 주거에서 독립된 삶을 영위할 수 있어야 한다는 것이다. 참여(participation) 원칙이란 노인이 정책적 과정이나 지역사회 활동에 자유롭게 접근할 수 있어야 한다는 것이다. 돌봄(care) 원칙이란 가족이나 커뮤니티, 시설 등을 통해 노인이 신체적이나 정신적, 정서적 차원에서의 안녕을 유지하는 데 필요한 보호를 받을 수 있어야 한다는 것이다. 자아실현(self-fulfillment) 원칙이란 노인이 자신의 잠재력을 최대한 발전시킬 수 있도록 교육이나 문화, 정신, 레크리에이션 자원 등에 접근할 수 있는 기회를 보장받아야 한다는 것이다. 존엄성(dignity) 원칙이란 노인이 존경받고 안전하게 살 수 있어야 함을 뜻한다.

이러한 원칙들에 의거해서 노인복지는 노인이 착취나 학대로부터 자유롭고, 나이나 성별, 인종, 문화적 배경, 장애, 여타 경제적 지위 등과 무관하게 공정한 대우를 받고 자신의 가치를 존중받아야 할 필요를 강조한다. 우리나라에서는 그러한 원칙과 필요가 다음과 같은 노인복지 정책과 서비스들을 통해 추구되고 있다.[16]

소득보장　임금 노동 시장에서 은퇴하게 된 노인들에게 소득 감소는 삶의 질을 위협하는 일차적인 요인이 된다. 그러므로 노후 소득보장을 위한 사회복지 대책이 필요하다. 우리나라에서는 노년기 소득보장을 위해 국민연금과 같은 연금제도를 운영하고 있으며, 일부 부유층을 제외한 모든 노인에게 기초연금을 제공하고 있다. 빈곤선 이하의 노인들은 국민기초생활보장 제도의 공공부조 급여를 받을 수 있다. 대중교통이나 주요 시설물, 민간 서비스 등을 이용할 때 이용료를 할인받거나 면제받을 수 있다. 이러한 혜택은 간접적인 방식으로 소득을 지원해 주는 효과를 낸다.

고용보장　과거와는 달리 노년기가 급속히 길어짐에 따라 노인들이 경제적으로나 심리적으로 외부로부터의 지원에만 의존해서 살아가기가 점점 더 힘들어지고 있다. 그에 따라 노인들에 대한 일자리 지원이 국가 정책적으로도 중요한 과제가 되고 있다. 우리나라에서는 「고령자고용촉진법」에서 노인을 일정 비율 이상으로 채용하도록 유도하고, 「노인복지법」에서 노인 인력에 대한 일자리 상담과 취업 알선, 일자리 창출이나 창업 등을 지원해야 함을 규정하고 있다.

의료보장　노년기에는 신체·정신적으로 쇠약해지기 쉬우므로, 노인들을 대상으로 한 건강관리와 돌봄지원이 중요하다. 건강보험과 노인장기요양보험 제도는 노인인구에 대한 건강관리와 사회적 돌봄 지원에서 핵심적 역할을 하고 있다. 노인장기요양보험 제도의 급여는 시설급여, 재가급여, 특별현금급여로 구분된다. 시설 급여는 요양시설이나 공동생활가정에 입소해서 시설 보호를 받는 것을 말하고, 재가급여는 요양보호사 등이 노인의 가정에 방문하여 서비스를 제공하거나 주야간, 단기 보호 시설에서 일시적으로 돌봄을 제공하는 것을 말한다. 현금 특별급여란 특별한 경우에 가족이 노인의 요양을 담당할 수 있도록 현금을 지급하는 것이다.

주거보장 노인 인구의 신체적 특성이나 이들이 처한 경제적 상황 모두를 고려할 때, 이들에게 보다 집중적인 주거서비스를 지원하는 것은 무엇보다도 중요하다. 노인의 주거는 이들이 보행하거나 이동하기 용이하도록 편의성과 안전성을 갖추고 있어야한다. 이를 위해서는 노인인구에 적합한 주거 구조와 설비가 필요하다. 또 노년기가 되면 소득이 감소하기 때문에 주거비용에 대한 부담이 커질 수 있다. 따라서 노인을 위한 주거비 지원 정책 등이 필요해진다. 우리나라의 경우, 사회복지 제도 전반에서 주거보장이 다른 보장영역에 비해 취약한 편인데 노인 인구에 대해서도 마찬가지다. 저소득 취약계층의 노인에만 한정해서 임대주거나 생활시설 서비스가 제공될 뿐, 다수 노인들은 이러한 주거지원서비스로부터 배제되어 있다. 최근 커뮤니티 케어가 강조되면서 노인에 대한 주거지원서비스의 중요성이 한층 강조되고 있다.

심리사회적 보장 노년기에는 경제적, 신체적 어려움뿐만 아니라, 심리사회적 차원에서 발생하는 어려움 또한 크게 경험한다. 노인들이 경험하는 소외감과 외로움, 단절감 등은 이들의 신체적 건강에도 직접적인 영향을 미칠 수 있다. 경제 수준이 높은 국가들에서는 노인이 경험하는 사회적 문제의 상당 부분이 이러한 심리사회적 차원의 문제인 것으로 나타난다. 우리나라에서도 최근에는 노인 인구의 심리사회적 문제에 대한 사회적 개입이 증가하고 있는데, 노인들의 안부나 일상을 확인하고, 지역사회의 서비스와 연계하는 노인돌봄서비스가 확대되고 있다. 경로당이나 노인복지관, 노인교실 등과 같은 노인여가서비스, 학대나 착취로부터 노인을 보호하는 서비스, 기타 다양한 정신적 및 정서적 문제를 상담해 주는 서비스 등은 모두 이러한 노년기 심리사회적 문제예방이나 해결과 관련된다.

5. 장애인 복지

장애인 복지는 장애 인구를 대상으로 하는 사회복지 개입을 뜻한다. 노인복지와 마찬가지로 장애인 복지도 과거에는 빈곤 문제가 중심이었으나, 현재는 장애로 인해 정상적으로 사회적 삶을 영위할 수 없는 사회적 배제의 문제를 다룬다. 장애인이란 삶을 영위하는 데 지장을 주는 신체적 혹은 정신적 장애를 가진 사람을 뜻한다. 이때 어떤 장애를 어느 정도 가지고 있어야 장애인으로 규정되는지는 사회적 합의의 문제다.[17]

1) 장애 인구의 취약성

장애 인구의 취약성은 장애인에 대한 개념 규정 자체가 대변한다. 어떤 사회에서 장애와 장애인을 어떻게 규정하는지가 곧 그 사회가 장애인의 취약성을 무엇으로 보는지를 나타낸다. 장애와 장애인에 대한 개념은 국제 사회적으로도 계속 변화되어 왔다.

1980년 세계보건기구(WHO)가 발표한 '국제 손상·장애·불리 분류(ICIDH)'는 장애의 개념을 체계화된 범주로 분류한 것이다.[18] 여기에서 장애의 개념은 세 가지 차원 — 기능이나 구조적 손상(Impairment), 그로 인해 정상적 활동 수행이 제한되는 능력 장애(Disability), 손상이나 능력 장애로 인해 개인에게 미치는 사회적 불리(Handicap) — 을 모두 포함하는 것으로 규정된다. 이로부터 장애의 개념은 비로소 질병이나 신체적 이상 혹은 손상으로만 다루던 기존의 협소한 의학적 관점을 벗어나게 된다.

WHO는 장애 개념을 더욱 발전시켜 2001년에는 '국제 기능·장애·건강 분류(ICF)'를 발표하는데,[19] 여기에서는 손상(I)이나 핸디캡(H) 등의 부정적 용어가 없어지고 장애인을 정상인과 엄격하게 구분하는 관점조차도 배제된다. ICF는 장애를 개인적 기능 수행(functioning)의 관점에서 다루고, 이를 세 가지 측면 — 신체기능/구조, 활동, 참여 — 으로 정의한다. 이에 따르면 장애인의 취약성은 일차적으로 신체적, 정신적 활동의 제약에 따른 불편이나 고통 그 자체로부터도 발생하지만, 이것이 취업이나 사람들과의 교류를 저해하여 사회적 참여를 어렵게 만들고, 그에 따라 경제적 의존이나 빈곤이 심화될 수 있다는 맥락에서도 발생한다.

ICF는 장애를 특정 소수자에게 특별하게 나타나는 조건으로 규정하지 않는다. 장애란 일정 영역에서 개인의 기능수행 수준과 관련된 것으로, 이는 개인의 건강 상태와 상황적 맥락의 상호작용에 따른 결과이다.[20] 즉, 사람들이 일상생활이나 사회생활에서 장애를 가지는 것은 개인의 신체적 및 정신적 이상 자체만으로 발생한다기보다, 그것으로 살아가기 힘들게 만든 물리적 사회적 환경에서 초래될 수 있다는 점을 강조하는 것이다.

성격이 괴팍한 사람이 그 괴팍함만으로 장애를 얻지는 않고(스스로는 괴팍함을 멋진 개성으로 생각할 수도 있다), 다른 사람들이 그것을 거부하는 정도에 따라 장애의 정도가 결정되는 것이다. 이처럼 타인들이 곧 사회적 환경인 것이다. 마찬가지로 한쪽 팔이 없는 사람은 그 자체로서 장애가 되기보다는, 두 팔만으로만 살아갈 수 있도록 되어 있는 물리적 환경이나 그것을 당연시하는 두 팔 가진 사람들의 인식이 그것을 장애가 되게 한다.

장애와 장애인의 취약성에 대한 이해는 ICF의 지향을 따르는 것이 이상적이다. 그럼에도 현실적으로 장애인 복지를 제도적 시책으로 수행하려면, 현재 사회적 합의로서의 장애와 장애인에 대한 규정도 필요하다. 우리나라의 장애인 복지 제도는 장애의 유형을 개인 차원의 장애 성격들로 먼저 분류하고, 그런 각각의 장애를 가진 사람들이 일상이나 사회생활을 하는 데 직면하게 되는 어려움(취약성)의 정도에 따라 필요한 사회적 지원의 수준을 결정해 왔다.

「장애인복지법」에서는 장애 유형을 신체적, 정신적 장애의 대분류에서부터 총 15개 범주의 장애유형의 소분류(지체, 뇌병변, … 자폐성 장애)를 두고 있다. 이전에는 총 6등급으로 장애 정도를 분류해서 복지 급여를 제공하기 위한 기준으로 활용했는데, 2019년 7월에 장애등급제가 폐지되면서 현재에는 중증 및 경증으로 장애 기준이 이원화되었다. 그로 인해 과거 등급에 따라 획일적으로 결정되어 지급되어 온 복지 급여들이 장애인의 장애유형과 정도, 그리고 생활환경이나 사회참여에 대한 필요, 근로능력 등을 종합적으로 고려한 점수를 토대로 맞춤형으로 설계되는 것이 가능해졌다.

장애의 유형을 제도적으로 세세하게 분류하는 까닭은 각 유형마다 필요한 사회적 대책의 성격들이 확연하게 달라질 수 있기 때문이다. 예를 들어, 신체장애 아동과 발달장애 아동의 경우, 장애가 있다는 공통점을 제외하고는 이들의 문제나 필요, 대책의 성격은 확연히 다르다. 의식주와 같은 하위 차원의 욕구들은 그나마 유사하지만, 교육이나 치료, 사회통합 등의 보다 상위 차원의 욕구들은 확연히 달라질 수밖에 없다.[21] 그러므로 장애인 복지에서는 특히 장애의 특성 유형별 전문적 개입을 중시한다.

장애인의 취약성 문제에 대해 사회적 개입이 필요한 까닭은 사람들이 공동체적 상호부조의 기능으로 살아가기 때문이다. 대부분의 경우 장애인은 삶의 자유의지에 따라 스스로 장애인이 되는 것이 아니다. 사람들은 누구나 장애를 가질 삶의 위험확률(risk of life)에 똑같이 놓여 있다. 다만 현재로서는 특정한 사람들에게 그것이 발현되고 있을 따름이다. 공동체 사회가 필요한 까닭은 그러한 삶의 위험확률에 사회구성원들이 대응하여 안정된 일상을 살아갈 수 있도록 하기 위해서다. 그러므로 장애 인구의 취약성에 대응하는 사회복지 개입은 사실상 '그들'을 위한 것이라기보다는 '우리'를 위한 것이 된다.

2) 장애인 복지의 접근

오늘날 장애인 복지는 기본적으로 정상화와 사회통합의 이념에 기초하고 있다. 정상화(normalization)란 장애인들이 다른 비장애인들과 마찬가지로 정상적인 삶을 지역사회 안에서 살아가도록 하자는 것이다. 이는 장애인을 사회로부터 배제하지 않도록 한다는 사회통합의 이념과 맞닿아있다. 장애인 복지 분야에서의 이러한 이념적 지향이 현실적으로는 탈시설화의 추세를 만들어 내고 있다.

탈시설화(deinstitutionalization)란 과거 장애인에 대한 사회적 대책이 시설 수용을 위주로 되었던 것에 대한 반성으로, 장애인들이 시설에서부터 벗어나 지역사회에서 온당하게 살아가게 만들자는 것이다. 이를 위해 장애인이 지역사회에서 살아갈 수 있는 역량이나 환경을 조성하고, 자립생활을 지원하는 서비스들을 제공한다. 그럼에도 시설 거주가 불가피한 경우(중증 장애인 등)에는 가급적 시설 규모를 최소화하여 집단적 수용에 따른 불가피한 통제 등과 같은 시설적 특성을 최대한 줄이고, 가급적 지역사회의 일반 가정과 유사한 환경을 갖추고자 한다.

장애인이 정상적으로 사회적 삶을 영위할 수 있도록 하는 사회복지 개입은 두 가지 접근(재활 모델과 자립생활 모델)으로 구분된다. 재활(rehabilitation) 모델은 문제의 소재를 개인 차원의 신체·지적 역량이나 심리적 동기의 결함에 둔다. 따라서 장애문제 해결을 위해서는 의사나 치료사 등 전문가가 주체가 되어 장애인들을 치료, 상담하는 방식으로 개입해야 한다고 본다.

자립생활(Independent Living: IL) 모델에서는 장애로 인한 문제가 장애인이 살아가는 데 지장을 주는 물리적 및 사회적 환경으로 인해 발생한다고 본다. 자립생활 접근에서 장애인은 '정상'적으로 고쳐져야 할 환자(patient)가 아니라, 스스로의 삶을 자주적으로 추구해 가는 능동적인 주체(agent)이다. 따라서 자립생활 접근에 기초한 사회복지 개입 활동은 그러한 능동적인 주체들이 자신들이 원하는 삶을 스스로 선택해서 살아갈 수 있는 자유를 확대시켜 주는 것에 목적을 둔다.

우리나라에서 장애인 복지에 대한 제도적 차원의 대책은 소득보장, 고용보장, 의료보장, 교육보장, 주거보장, 활동보장 등으로 구분될 수 있다. 소득보장은 「장애인연금법」에 따른 장애인연금, 「장애인복지법」에 따른 장애아동수당과 보호수당, 자립자금대여 등과 같은 직접적 소득 지원과 각종 세금이나 요금 할인 및 면제 등과 같은 간접적 소득 지원 대책을 모두 포함한다.[22]

고용보장을 위한 대책으로는 일반 사업장에서 비장애인과 같이 고용될 수 있도록 하는 방법(일반고용)과 중증장애인 등을 위해 별도의 사업장을 설치해서 고용하는 방법(보호고용)이 있다. 「장애인고용법」[23]에서는 일반고용을 위해 일반 사업장에서 일정한 비율의 장애인을 고용토록 하는 할당의무고용제, 장애인을 고용하는 사업장에 대한 지원 제도, 미이행 사업장에 대한 고용부담금 부과 제도 등을 운영하고 있다. 보호고용을 위해서는 장애인 위주의 보호작업장이나 작업활동시설, 근로작업시설 등을 설치해서 작업치료나 직업훈련, 최저임금 보장 등이 이루어지도록 한다. 기타 직업훈련과 지원 고용을 겸하는 장애인직업훈련 시설 등도 장애인의 고용 보장을 위한 것이다.

장애인 의료보장은 건강보험이나 공공부조의 의료급여 제도 등에서 치료와 재활에 대한 비용을 지급하고, 각종 보장구(휠체어 등)를 교부하거나 구입비를 지원하는 것이 대표적이다. 교육보장은 「장애인 등에 대한 특수교육법」을 중심으로 시행되는데, 장애인을 위한 특수교육기관으로서의 특수학교를 설립운영하거나, 일반학교 내 특수학급 등을 통해 장애인에 대한 교육을 지원한다.

장애인을 위한 주거보장으로는 영구임대주택 입주 우선권 부여, 공동생활가정(group home)의 운영비 지원, 국민주택과 공동주택 공급 중 일부 특별분양 등이 현재 시행되고 있다. 그럼에도 소득이나 고용, 의료보장에 비해 주거보장 정책들은 상대적으로 미흡하다. 장애인 복지에서 탈시설화와 자립생활 패러다임이 보다 적극적으로 전개되기 위해서는 특히 주거보장 시책이 강화되어야 한다. 이와 함께 각종 일상생활 활동이나 치료, 교육, 훈련 등의 서비스를 지역사회에서 받을 수 있도록 해야 한다. 이를 위해 우리나라에서는 현재 장애인의 신체나 가사, 사회활동을 지원하기 위한 '장애인활동지원서비스'가 확대되고 있다.

6. 소수자 인권 복지

소수자 인권 복지란 소수자(minority)로서의 사회적 배제와 차별, 불이익에 대해 인권과 정의의 관점에서 접근하는 사회복지 개입을 말한다. 사람들은 생애주기상 누구나 소수자와 약자로서 살아갈 가능성이 있다. 비록 현 시점에서 이에 속한 인구 규모만 놓고 보자면 소수이지만, 전체 사회구성원들의 삶의 주기나 확률을 통틀어 보자면 다수가 이러한 소수자로서의 취약성을 경험할 확률이 있다. 그러므로 장기적인 관점에서는 소수자 인권 보장도 공동체적 사회복지 개입에 속하는 것이다. 소수자에 대한 사회복지 개입은 사례별 치료 접근보다는 집단 차원에서 편견이나 부정적 인식을 변화시키고 소수 집단의 기본 권리를 옹호하는 등과 같은, 사회 변화와 행동 차원의 접근이 보다 유효하다.

1) 여성 복지

여성 복지는 여성의 소수자로서의 사회적 취약성에 대응하는 사회복지 개입이다. 여성은 오랫동안 남성이 주류였던 사회에서 소수자로 간주되었다. 여성 집단은 인구 수의 측면이 아니라 각종 사회적 자원에 대한 배분을 결정하는 권력 측면에서 취약한 소수자로 간주되어 왔다. 여성 복지의 접근은 큰 틀에서 페미니즘(feminism) 차원으로 이해될 수 있는데, 여기에도 자유주의, 급진주의, 사회주의, 탈근대주의 등으로 여성의 취약성에 대한 이유와 이에 대응하는 여성 복지의 접근 방향에 대한 주장에서 차이가 있다.[24]

여성 복지에서 다루는 여성의 취약성은 대체로 두 가지 측면의 차별과 연관된다. 하나는 남성과 여성이라는 성별 기준의 집단으로 구분되면서 발생하는 차별이고, 다른 하나는 다른 취약성 위에 여성이 덧붙여져서 발생하는 가중된 차별이다. 성별 집단으로 인한 차별은 노동시장 내 성차별의 문제나 제도 및 법적 조건들에서의 성차별 문제, 조직 내 성차별적 관행 등과 관련된다. 이러한 측면의 차별 문제를 해결하기 위한 사회 정책적 접근으로는 '성인지예산' 제도나 '성별영향평가' 제도 등이 대표적이다.[25]

가중된 취약성을 유발하는 차별은 여성이라는 일차적 취약성 위에 또 다른 취약성인 장애, 빈곤, 노인, 한부모 등이 부가되어 발생하는 것이다. 특정 인구집단에게 이러한 차별이 발생하면 가중된 취약성이 나타난다. 가중된다는 것은 두 가지 취약성이 단순 합이 되는 것이 아니라, 곱과 같은 상승 효과가 더해진다는 것을 의미한다. 그러므로 장애여성, 빈곤여성이나 한부모 여성, 다문화가정 여성, 여성노인과 같은 인구집단을 대상으로 하는 여성 복지는 이러한 이중적 차별로 인해 가중화되는 취약성의 특성을 다루어야 한다. 이런 경우에 사회복지 개입의 실천에서 강조하는 개별성과 전일성, 통합성의 원리가 한층 더 중요한 의미를 띤다.

2) 다문화 및 소수자 복지

다문화(multi-cultural) 인구란 다양한 문화를 가진 인구 집단들을 말한다. 이때 문화란 사회들마다의 민족, 국적, 언어 등의 차이, 혹은 한 사회 내에서도 가치나 태도, 규범 등에서 차이 나는 성향을 의미하기도 한다. 주류와 비주류 문화, 신세대와 구세대 문화, 여성과 남성의 문화 등은 후자의 의미다. 우리나라에서 다문화 복지란 두 가지 성향의 문화적 차이를 모두 포함하는 것으로, 비주류 문화로부터 야기되는 소수자 문제에 대응하려는 사회복지 개입이다.

다문화 인구에 대한 사회복지 개입의 목표는 민족이나 국적, 언어의 차이가 곧 사회적 차별이 되지 않도록 하는 것이다. 주류 문화의 관점에서 다양한 소수 문화를 배척하지 않고 포용할 것인지를 모색하고, 한편으로는 소수 문화 인구가 주류 문화에 적응하는 것도 요구된다. 어떤 관점에서든 다문화 복지의 실천에서는 문화적 차이를 이해하고 대응할 수 있는 문화적 역량(cultural competence)이 가장 강조된다.[26]

우리나라의 현실 제도에서 다문화 인구란 일반적으로는 결혼이주여성, 외국인이주노동자, 북한이탈주민, 기타 외국인유학생 집단 등을 포함한다. 이들 인구집단의 규모는 꾸준히 증가하고 있으며 이에 따라 이들 집단에 대한 법적, 제도적 지원들도 체계를 잡아가고 있다.[27] 다문화 복지는 그 대상 인구가 다양한 성격의 문화 집단들이므로, 이들에 대한 지원책들도 다양하다.

다문화 가정을 대상으로 하는 지원에는 결혼이주여성에 대한 한국어교육, 인권교육, 직업교육과 훈련, 아동청소년의 양육과 교육, 위기가정개입, 자조모임 지원 등이 있다. 북한이탈주민의 경우에는 정착금지원, 주거지원, 취업 및 교육지원, 생계 및 의료 지원, 각종 민간단체와의 연계 지원이 대표적이며, 북한과 한국 사회에 대한 편견을 없애는 활동이 강조된다. 이주노동자들과 그 가족을 위한 지원은 주로 근로관련 지원으로 집중되며, 그와 함께 한국어 교육, 자조모임지원, 각종 행사지원, 인권옹호 등의 서비스가 제공된다.

성소수자(LGBT)도 성정체성 측면에서 비주류 문화 집단에 속하는 취약인구로 분류될 수 있다.[28] 미국의 경우 1990년대에 이미 이들 집단에 대한 권리 옹호적 접근의 복지 개입에 대한 필요성이 강조되고, 동성 결혼권이나 입양권 등 각종 권리들이 이들에게 인정되는 사례도 증가해 오고 있다. 2015년에는 마침내 연방 대법원이 동성결혼을 금지하는 주법은 위헌이라는 판결을 내림으로써, 미 전역에서 동성결혼을 합법화했다. 근래 이들 집단에 대한 사회복지 개입은 점차 섬세한 측면들까지를 다루고 있다. 예를 들어, 2010년에 미국 보건부는 성소수자 노인들이 장기요양서비스, 메디케어나 메디케이드와 같은 의료보장,[29] 임대료 지원과 같은 주거보장 등의 영역에서 적절한 혜택을 받아야 한다고 발표하였다.

미국을 포함한 서구 유럽의 주요 국가들과 비교할 때, 우리나라의 성소수자에 대한 사회적 인지성은 낮은 편이다. 성소수자에 대한 사회정책적 접근도 현재로서는 보편적 인권 옹호와 차별금지 등의 차원에 머무르고 있다. 여전히 많은 수의 성소수자들은 법제도적으로 보호받지 못하고 있으며, 결과적으로 주류 사회로부터의 일상적인 차별에 노출되어 있다. 그럼에도 추세적으로는 개선이 나타나고 있다. 아직 동성 결혼은 합법적이지 않지만, 동성애는 불법이 아니며 법령에 의해 개인의 성적 지향으로 인정받고 있다. 「국가인권위원회법」에서는 성적 지향성에 따른 차별을 금지하고 있다. 향후에는 단순한 기본권 차원을 넘어서서 보다 확대된 영역의 사회복지 개입이 요청된다.

3) 소외자 복지

소외자 복지란 사람들의 문제나 필요를 소외자 관점에서 이해하고 대응하려는 사회복지 개입을 말한다. 인간은 개체이면서 사회 안에서 살아가는 군체(群體)이기도 하다. 개체로서 인간의 복지는 군체로부터 지대한 영향을 받는다. 사람은 다른 사람들과의 관계 속에서 살아가므로, 관계로부터 단절되거나 혹은 소외되는 경우에 정서적이나 신체적 차원만이 아니라, 경제적 차원에 이르기까지 전방위적인 취약성이 유발된다.[30]

현대사회를 살아가는 사람들에게는 특히 관계적 차원의 취약성은 다른 여러 가지 취약성의 원인이자 결과가 되는 등으로 일상생활의 어려움이나 고통을 가중시킬 수 있다. 이에 관계적 취약성이 높은 대상으로서 소외자 인구에 대한 사회복지 개입이 보다 중요하게 간주되고 있다. 대표적으로 1인 가구에 대한 사회정책적 관심이 증가하는 것도 이러한 맥락이다.

21세기 들어서서 1인 가구의 비중이 급격히 증가하고 있는 것은 세계적인 추세다. 고령화와 같은 인구구조의 변화, 결혼과 가족에 대한 가치관이나 라이프 스타일의 변화, 산업구조와 고용패턴의 변화 등으로 인해 어떤 형태로든 '혼자서' 일상생활을 영위하는 사람들이 증가하고 있다. 우리나라에서도 1인 가구의 증가는 근래 가장 두드러지는 인구학적 변화가 되고 있다. 1990년대 전체 가구의 약 9%에 지나지 않았던 1인 가구의 비중이 가파르게 증가하여 2020년대에는 무려 40%에 이르고 있다. 인구 센서스 기준으로는 모든 가구 형태 중 1인 가구의 비중이 가장 높다.[31]

1인 가구가 곧 소외자 인구가 되는 것은 아니다. 자발적 1인 가구의 경우 사회적 관계망 형성과 관리, 유지에 더욱 적극성을 보인다는 연구 결과들도 있다.[32] 그럼에도 어쩔 수 없이 혼자 살 수밖에 없는 사람들의 수가 크게 증가하고, 이들이 일생에 걸쳐 '혼자' 살아가는 기간 또한 늘어나면서, 1인 가구는 소외자 문제의 취약성과 깊숙이 연동된다.

1인 가구의 소외자 취약성은 다른 취약성과 결부되면 가중된 문제를 나타낸다. 혼자 사는 사람일지라도 연령(세대), 성별, 경제상황, 건강상태에 따라서 각자가 경험하는 문제의 성격이나 소외 문제의 심각성 정도에서 차이가 클 수 있다. 예를 들어, 여성에 비해 남성 1인 가구가 사회적 관계망의 붕괴 문제를 더욱 심각하게 경험한다. 여기에 경제상황이 어렵고 연령이 많으며 신체적, 정신적 건강에 어려움까지 겹쳐 있는 남성 1인 가구의 경우에는 사회적 관계망의 붕괴가 단순히 외로움과 같은 심리정서적 차원의 문제로만 그치지 않고 물리적인 삶 자체를 치명적으로 위협하는 요인이 된다.[33]

소외자 관점에서의 사회복지 개입은 노인복지 분야에서 일찍부터 다루어져 왔다. 노인복지 분야에서는 독거노인의 외로움, 소외, 단절 등이 심각한 문제로 인식되어져 온 것이다.[34] 그러나 근래에는 점차 청년이나 중년층 1인 가구의 문제 등으로 관심이 확대되고 있다. 특히 중년 1인 가구의 우울증이나 자살 생각 같은 정신건강상의 문제 발생률은 2인 이상 함께 살아가는 중년에 비해 수배 이상을 웃돈다는 보고도 있다.[35] 그로 인해 중년층의 소외자 취약성이 심각한 사회 문제로 인정되고, 사회복지 개입의 필요성 또한 여러 형태로 강조되고 있다.[36]

소외자 문제의 관점에서 '은둔형 외톨이', 일명 '히키코모리(引きこもり)' 집단에 대한 사회복지 개입의 필요성도 증가하고 있다. 은둔형 외톨이는 '일터나 학교에 가지 않고 집에만 틀어박혀 타인과 교류하지 않는' 사람을 뜻한다. 이들은 가장 극단적인 형태의 사회적 관계 단절의 경향을 보인다. 일본은 은둔형 외톨이에 대한 사회적 개입 ― 문제로 인정하는 것과 대응책 마련 ― 을 이미 시작했는데, 2016년 현재 15~39세 히키코모리 인구가 약 54만 명이 넘는 것으로 추산했다. 우리나라에서는 전국 단위에서의 실태조사가 없었지만 최소 수십만 명에 이를 것으로 추정한다.[37]

은둔형 외톨이 인구는 다양한 취약성을 가지는데, 경제적 의존을 비롯해 각종 중독 성향, 우울이나 불안장애와 같은 정신건강의 문제들을 복합적으로 가질 가능성이 높다.[38] 이들 인구에 대한 사회복지 개입의 접근은 복합적 문제 특성을 고려해서 정책이나 서비스들이 통합적인 체계를 이룰 필요가 있다. 최근에는 지방자치단체별로 조례 등을 통해 은둔형 외톨이에 대한 사회적 개입 체계를 구축하려는 움직임이 나타나고 있다.

미　주

1) 법정 교과목이란 사회복지사 자격 취득을 위해 「사회복지사업법 시행규칙」이 규정하고 있는 교과목들을 말한다.

2) 어린 자녀를 양육하는 여성을 노동불능자로 보는 시각은 20세기 이후 크게 수정되었다. 특히 한부모로서의 여성이 자녀를 양육하는 경우 노동불능자로서 공공부조의 대상이 되는 것이 오랫 동안 인정되어 왔으나, 여성의 경제활동 참여율이 증가하고 사회적 돌봄지원(보육, 방과후 돌봄 등)이 보편화되면서 노동가능자로 시각의 변화가 발생하고 있다. 미국의 1996년 복지개혁은 이러한 사회적 관점의 변화를 극명하게 보여 준다.

3) 노동 가능한 인구가 사회적 부담이 되지 않도록 만드는 것이 주 목적이었다. 그래야만 자본주의적 시장경제를 떠받치는 '근로동기'의 이념이 훼손되지 않을 수 있고, 그래야만 사회복지 개입의 정당성도 확보될 수 있었기 때문이다. 우리나라에서도 이런 양상의 사회복지 개입이 1980년대까지도 '형제원' 등과 같은 노숙자 강제 수용소에서 이루어졌다.

4) 여전히 장애나 고령, 질병 등의 사유가 없어서 근로무능력이 입증되지 않는 사람들은 근로능력자로 분류해서 달리 다룬다.

5) 노동력 상품의 가치를 하향해서라도 무조건 일하도록 하는 취업 우선 전략이 적절한 것인지에 대한 비판이 대표적이다. 미국의 경우 강력한 시장노동 참여를 의무적으로 부과하는 빈곤층 자활 정책을 시행하는데, 근로조건이 열악한 노동시장의 환경을 무시한 채 무조건 '일 먼저(work-first)'를 강요하는 것이 적절한지의 논란이 있다. 취업 우선 전략은 빈곤이 사회구조적 원인에 있지 않고, 마치 일하지 않는 개인들의 탓이라고 비난하는 '피해자 비난(blame the victim)' 이론의 일종으로 여겨진다. 참고: Mink, G. (2002). *Welfare's End*. NY: Cornell Univ. Press.

6) 이러한 정책적 방향성이 지나치게 빈곤인구의 개인적 변화나 인적자본의 축적만을 강조할 뿐, 노동시장 자체의 개선을 위한 노력은 경시한다는 비판도 있다. 노동자의 인적자본 축적지원과 함께 노동시장의 근로환경과 조건을 개선해야 한다는 정책적 지향성은 '노동을 통해 삶의 질이 향상되도록 해야 한다(make work pay)'는 주장으로 대변된다. 제3의 길에 대해서는 이 책 12장 복지국가의 전망에서 자세히 설명.

7) 아동을 구분하는 연령기준은 법이나 제도 규정마다 약간씩의 차이가 있는데, 「아동복지법」에서는 18세 미만을 아동으로 규정한다. 아동은 흔히 '청소년' 혹은 '소년'의 개념과 호칭에서 중첩된다. 일반적으로 아동복지에서는 청소년까지를 아동으로 포함하는 경우가 많은데, 그러면 아동복지의 대상 인구는 연령 기준으로 19세 미만까지를 포괄할 수도 있다. 「청소년보호법」에서는 19세 미만을 청소년으로 규정하고, 「소년법」에서는 20세 미만을 소년이라고 부른다. 「청

소년기본법」에서는 9~24세를 청소년으로 규정한다. 「근로기준법」에서는 '18세 미만의 자'에 대한 노동 관련 규정으로 정의를 대신한다.

8) Kadushin, A. (1974). *Child Welfare Services*. 〈장인협·오정수(2000). 아동·청소년복지론. 서울대학교출판부, pp. 131-133〉에서 재인용.

9) 장인협·오정수, 아동·청소년복지론, pp. 131-133.

10) 상게서, pp. 131-133.

11) 우리나라에서는 직장에서 은퇴하고 연금 수령을 개시하는 60세 이상 인구, 혹은 대부분의 복지서비스들에서 적용하는 65세 이상 인구를 주로 노인으로 간주한다. 「국민연금법」에서는 60세를 노령연금 지급 시점으로 한다. 그럼에도 노인인구의 취약성은 연령대마다 각기 다를 수 있으므로, 노인복지의 기본법에 해당하는 「노인복지법」에서조차 복지서비스 수급의 연령 기준을 단일하게 규정하지는 않는다.

12) 절대 기능이 쇠퇴한다기보다는 인지적 특성이 변화하는 것이라고 보는 견해도 있다. 삶의 경험과 지식이 축적되면서, 보다 많은 정보를 처리해야 하므로 노인의 인지와 사고가 '빠릿빠릿하게' 진행되지 못하는 것처럼 보인다는 것이다. 과거 노인에 대한 사회적 가치평가가 높았었던 때에는, 이것은 오히려 노인의 '신중함' 혹은 '현명함'으로 긍정적인 평가를 받았던 것이다.

13) 연령주의 혹은 연령차별주의(ageism)란 특정 연령의 사람들을 집단으로 묶어서 이들에게 가해지는 사회적 편견이나 부정적인 고정 관념 등을 말한다. 참고: 정순둘 외(2016). "연령주의와 연령통합이 세대갈등인식에 미치는 영향: 연령집단별 비교를 중심으로". 한국사회복지학. 68(4), pp. 5-24.

14) 그럼에도 현실적으로 제도는 늘 지체된다. 현재에도 우리나라 「노인복지법」에 천명되어 있는 바와 같이 '경로효친의 미풍양속에 따른 건전한 가족 제도가 유지·발전되도록 노력'해서 노인의 복지가 실현되는 것이 바람직한 것으로 규정하고 있다.

15) United Nations Principles for Older Persons (UNPOP). Adopted by General Assembly resolution 46/91 of 16 December 1991.

16) 권중돈(2019). 노인복지론(7판). 학지사.

17) 노인과 마찬가지로 장애인도 스스로 존재하지 않는다. 사회적 합의로서의 장애인은 사회들마다 시대에 따라 달리 규정될 수 있다. 어떤 경우이든 현실 제도에서 사회복지 개입이 이루어지려면, 대상 인구를 규정하는 구체적인 기준은 반드시 필요하다. 장애인 복지에서는 특히 장애인에 대한 정의 기준이 중요한 사안이 되어 왔다. 우리나라에서는 현재 「장애인복지법」에 복지 대상 인구로서의 장애인에 대한 규정이 명시되어 있다. 여기에서 장애인이란 '신체적·정신적 장애로 오랫동안 일상생활이나 사회생활에서 상당한 제약을 받는 자'로 규정되어 있다. 이에 기초해서 구체적인 장애의 종류와 기준은 대통령령으로 규정한다.

18) ICIDH는 International Classification of Impairment, Disability, and Handicap의 약자다.

19) ICF는 International Classification of Functioning, Disability, and Health의 약자다.

20) 김용득(2002). "장애개념의 변화와 사회복지실천 현장 함의". 한국사회복지학, 51, pp. 157-182.

21) 심지어는 예를 들어, 시각장애인의 지역사회 생활의 베리어프리(barrier free, 장애 제거)를 위해 도로에 설치한 점자보도 블록이 신체 장애인에게는 오히려 하나의 장애가 될 수조차 있을 정도로 필요에 따른 차이가 크게 나타난다.

22) 소득세나 증여세, 취득세, 소비세, 교육세 등에서의 공제나 감면이 있고, 철도와 항공 이용, 전기와 통신 요금, 고속도로 통행료 등에서도 할인이나 면제가 있다.

23) 1991년부터 시행된 「장애인고용촉진및직업재활법」에 대한 약칭이다.

24) 페미니즘에는 몇 가지 유형의 이론들이 있는데, 각 이론별로 여성 차별의 근원과 대응 방안에 관해 입장 차이가 있다. '자유주의(liberal) 페미니즘'은 근대 시민으로서 천부적 권리인 자유권과 평등권을 여성이 남성에 비해 차등적으로 적용받을 이유가 없다는 이유를 들어, 여성 인권에 대한 옹호, 법적 및 제도적 성차별의 철폐를 주장한다. '급진주의(radical) 페미니즘'은 성차별은 남자와 여자라는 생물학적 조건의 차이가 여성의 사회적 경쟁력을 약화시켜 발생하는 것으로 보기 때문에, 여성들이 모성관련 행위(임신과 출산)를 거부하는 하는 등을 통해 가부장제 문화의 뿌리를 제거해야 한다고 본다. '사회주의 페미니즘'은 가부장제 문화와 자본주의적 착취구조가 결합하여 노동시장에서의 여성 차별을 공고히 하기 때문에, 여성의 노동시장에서의 불평등을 개선하는 접근이나 혹은 여성의 노동 가치를 탈상품화해서 사회적 임금으로 지불하는 방법 등이 중요함을 강조한다. '탈근대주의 페미니즘'은 언어나 철학에서의 근대적 이분법이 성차별을 만들어 내거나 이를 심화시킨다고 보고, 여성 차별에 대한 문화적 구조 요소들을 찾아내고 제거하는 접근을 강조한다.

25) 성인지예산제도란 '예산이 여성과 남성에게 미치는 효과를 예산과정에서 고려하여 자원(또는 예산)이 성평등한 방식으로 사용될 수 있도록 예산의 배분구조와 규칙을 변화시키고자 하는 일련의 활동'을 말한다(한국여성정책원, https://www.kwdi.re.kr/center/gb/intro.do). 성인지예산은 전체 예산 중 특별한 예산의 종류를 말하는 것이 아닌 예산의 책정과 배분에 대한 과정을 '성별 공평성' 측면에서 재검토하여 조정하는 것을 말한다. 성별영향평가제도란 국가 정책이 성별로 고르게 혜택을 줄 수 있도록 정책 입안하고 집행될 수 있도록 성별 특성을 체계적으로 분석하고 평가하는 제도를 의미한다.

26) 김은정·이신영·박선영(2015). 사회복지개론. 청목출판사.

27) 다문화 인구에 대한 지원 법률로는 「다문화가족지원법」 「외국인근로자의 고용 등에 관한 법률」 「북한이탈주민의 보호 및 정착지원에 관한 법률」 「재한외국인처우기본법」 등이 대표적

이다.

28) LGBT는 Lesbian, Gay, Bisexual, Trans-gender의 약자다.

29) 미국에서 메디케어(medicare)는 노인 인구에 대해 국가가 제공하는 보편적 건강보험이고, 메디케이드(medicaid)는 저소득층을 위한 의료비지원 형태로서 우리나라의 기초생활보장 대상자에 대한 의료보호 급여와 유사하다.

30) 김은정(2018). "1인가구 사회서비스 현황과 정책과제". 사회복지정책과 실천. 4(2), pp. 41–79.

31) 통계청, KOSIS 국가통계포털.

32) 김은정, "1인가구 사회서비스 현황과 정책과제", pp. 41–79.

33) 상게서, pp. 41–79.

34) 서경현·김영숙(2003). "독거노인의 자아존중감과 우울". 한국심리학회지: 문화 및 사회문제. 9(1), pp. 115–137.

35) 이민홍·전용호·김영선·강은나(2015). 1인가구 증가에 따른 신사회적 위험 대응전략 [보건복지부·동의대학교 보고서].

36) 예를 들어, 근래 사회복지공동모금회에 자금지원을 요청하는 사회복지 프로그램들의 상당수가 중년층의 고립 문제를 다룬다.

37) 통계청 경제활동 인구조사에서는 교육이나 훈련을 받지 않으면서 경제활동도 하지 않는 '비구직 니트'(NEET: Not in Education, Employment or Training)족으로 분류된 인구집단의 규모를 조사하는데, 이에 근거해서 추정해 볼 수 있다. 비구직 니트족이 모두 은둔형 외톨이는 아니지만, 이들이 관계단절의 문제를 더 심각하게 경험할 가능성은 높다.

38) "은둔형 외톨이 본격 등장 – 삼성사회정신건강연구소". 한경 사회(2002. 8. 9). [https://www.hankyung.com/society/article/2002080950428].

제**11**장
사회복지 서비스

사회복지 서비스란 사회복지의 대상 인구에게 제공되는 지원의 형태를 뜻한다. 사회복지 서비스는 대상, 적용 원리, 급여 특성에 따라 유형이 구분된다. 또한 학교, 의료, 정신건강 등과 같은 실천의 장(setting)에 따라서 각기 특화된 전문 분야를 가진다.

1. 사회복지 서비스란

사회복지 서비스는 사회복지의 목적을 실행하는 수단인 서비스를 뜻한다. 여기에서 목적으로서의 '사회복지'와 그 수단으로서의 '서비스'가 무엇인지를 놓고 사회들마다 규정의 차이를 보인다. 시대에 따라서도 이러한 정의는 변화해 왔다.

사회복지의 목적은 단순하게는 사람들의 복지 ― 사회적 문제 해결과 필요 충족 ― 를 추구하는 것인데, 과거에는 그 대상을 경제적 빈곤 인구에 한정했던 경향이 있다. 이때는 빈곤 인구가 가지는 문제나 필요들이 하나의 서비스 안에서 다루어졌다. 이런 경우 사회복지 서비스란 곧 경제적 취약계층에 제공되는 종합 서비스를 말하는 것이다. 예를 들어, 우리나라에서는 대표적으로 '종합사회복지관'이 이런 의미의 사회복지 서비스를 제공했다.

현재는 사회복지의 목적이 보편적인 인구 대상의 문제를 해결하고 이들의 필요를 충족하는 것으로 변화하고 있다.[1) 여기에서 복지의 문제나 필요는 다양한 양상을 띤다.

빈곤은 그중 하나에 불과하고, 돌봄이나 건강, 교육, 고용, 주거 및 생활환경, 문화 등이 다양한 복지의 필요로서 나타난다. 개인 차원에서는 이런 필요들이 함께 나타날 수 있지만, 서비스를 구성하는 차원에서는 각기 상이한 목적 대상과 실천 방법이 요구된다. 이런 경우 사회복지 서비스는 하나로 규정되기보다는 세분화되어 돌봄서비스, 고용서비스, 건강서비스 등으로 구분된다.

사회복지 서비스는 수단에 해당하는 '서비스'의 의미에 따라서도 차이 난다. 서비스(service)란 일반적으로 두 가지 의미로 쓰이는데, 넓은 의미에서 서비스란 단지 '제공되는 것'을 의미하므로 현금, 휴먼서비스 등과 같은 어떤 급여 유형도 모두 해당된다. 이때 사회복지 서비스는 '사회복지 목적으로 제공'되는 온갖 유형의 급여들을 의미한다. 여기에는 공공부조가 제공하는 현금이나 현물 급여들에서부터 민간 부문이 제공하는 전문적 치료 상담이나 심지어 자원봉사 활동까지도 포함된다.

좁은 의미에서 서비스는 '대인적 상호작용'을 핵심적인 수단으로 삼는 급여 유형으로 한정된다. 이 경우에 사회복지 서비스는 보통 대인적 사회서비스 혹은 휴먼서비스(human service)의 개념과 일치한다. 이들 서비스는 대상자의 상태 변화, 탈빈곤이나 돌봄 충족 등을 목적으로 직접적인 실천 개입을 하는 것이다. 이 점에서 간접적 실천으로서의 현금 급여들과 차이 나고, 대인적 상호작용이 핵심 수단이 아닌 일반 행정 서비스들(안내 창구 등)과도 구분된다.

우리나라에서는 '사회복지 서비스'가 과거에 빈곤 대상에 대한 온갖 유형의 급여 제공을 뜻하던 것에서부터, 지금은 보편적 인구 대상에 대한 휴먼서비스 유형의 급여라는 의미가 강조되는 추세에 있다. 그래서 보다 포괄적인 의미로 이러한 서비스를 '사회서비스'라고도 한다.[2) 그럼에도 사람들의 인식과 제도적 변화는 단절적이 아니라 연속적으로 진행되는 것이므로, 현시점에서 우리나라의 '사회복지 서비스'에는 두 가지 의미가 혼재되어 있다.

2. 사회복지 서비스의 유형

사회복지 서비스는 사람들의 상태나 상황을 변화시키는 목적을 가지는데, 이는 대개 사회 문제의 해결이나 필요 충족과 연관된 것이다. 특정 실체로서의 사회복지 서비스는 특정 목적을 수행하는 데 따른 개입 전략과 활동 내용들로 구성된다. 다양한 사회문제와 필요들이 존재하는 것만큼이나 다양한 실체의 사회복지 서비스들이 존재한다. 이들은 개입 원리와 급여 수단을 기준으로 유형화시켜 볼 수 있다.

1) 개입 원리

개입 원리(rationale)란 특정한 목적의 개입 활동들이 어떤 이유에서 합당한지를 설명하는 것이다. 원리에는 문제 증상에 대한 원인이나 개입 효과에 관한 인과론(cause-effect)적 설명이 담겨 있다.

개입 원리란, 예를 들어 사람은 왜 아픈지, 무엇을 변화시켜야만 낫는지를 큰 틀에서 설명한다. 서양의학의 원리는 세포의 고장을 원인으로 규정하므로, 수술로 세포를 제거해야 낫는다고 설명한다. 같은 의학이라도 한방의학의 원리에서는 몸의 기운이 문제이고, 그렇기 때문에 원기를 자극하는 식물뿌리가 필요하다고 설명한다. 종교적 원리라면 믿음이 부족해서 아프고, 따라서 기도를 열심히 해야 낫는다고 주장할 수 있다.

일반적으로 휴먼서비스 분야에서 개입 원리는 각 전문직들의 존재 이유에 대한 설명과도 같다. 특정한 개입 원리마다 특정한 전문직이 성립되는 것이 보통이다. 제너럴리스트 입장의 사회복지 전문직은 다른 전문직들과는 달리 다양한 원리 중 취사선택이 가능하다. 그래서 개별 사회복지 서비스들마다 개입의 유형이나 내용, 성격에서 다양한 차이를 보인다.

어떤 독거노인의 외로움 문제를 해결하려는 사회복지 서비스가 계획된다고 하자. 서비스가 어떤 내용을 담아야 할지는 이 문제가 발생하게 된 원인을 무엇으로 볼지에 따라 달라진다. 문제가 이웃이나 공동체와의 단절에서 비롯된 것인지, 경제적 빈곤이나 신체적·정신적 건강 문제로 인한 것인지, 가족관계의 훼손 때문인지, 아니면 이 모두가 노인의 '괴팍한' 성격으로 초래된 것인지에 따라 각기 계획하는 서비스 활동의 방향이나 내용들이 현저히 다르게 된다. 비록 이들 원인을 모두 인정하더라도, 그중 무엇에 초점을 두고 개입할지는 차이가 난다.

사회복지 서비스들이 택하는 개입 원리는 대체로 〈표 11-1〉에 제시된 7가지 유형으로 구분된다. 각 유형의 원리에는 문제를 바라보는 관점, 개입 표적과의 관계에 대한 설명이 담겨 있다. 사회복지 서비스의 유형은 먼저 문제의 초점을 개인과 사회 중 어디에 두는지에 따라 크게 두 가지로 구분되고, 그 안에서도 변화의 표적을 어디에 둘지에 따라 세분화된다.

예를 들어, 급성질병의 원리를 채택하는 사회복지 서비스는 개인적 차원에 문제의 원인을 두고, 이를 치료하고 제거해서 문제를 단기적으로 해결하려는 의도와 내용으로 구성된다. 같은 개인 초점이라도 발달 원리를 채용하는 사회복지 서비스는 지속적인 교육이나 돌봄과 같은 장기적 관리에 관한 내용으로 구성된다. 환경 초점의 원리들은 대개 매크로 실천 접근의 사회복지 서비스들에서 주로 채택한다.

실제 수행되는 사회복지 서비스들에서 이러한 개입 원리를 명시적으로 규정해야 하는 것은 아니다. 그럼에도 특정 사회복지 서비스의 성격은 일차적으로 이러한 내재된 개입 원리에 의해 결정된다. 서비스를 현실적으로 프로그램화하는 데 있어서 이러한 개입 원리는 서비스 인력의 구성이나 투입할 재정자원의 규모, 서비스 절차와 행정 구조, 서비스 과정에서의 이용자 역할과 참여 정도 등 세세한 내용들을 결정하는 데도 영향을 미친다.

표 11-1 **사회복지 서비스의 7가지 개입 원리**

초점	원리	변화 표적
개인	급성질병	단기적 질병의 치료나 긴급 구호 욕구를 가진 개인의 속성
	만성질병	핸디캡이나 장애를 가진 개인의 속성
	발달	발달장애를 가진 개인의 속성
	일탈	비행, 교정, 교도 대상자 개인의 행동
환경	환경	특정 집단이나 조직, 제도적 절차 등
	개인-환경	개인, 환경, 개인과 환경의 상호작용
	이념	개인, 집단 등의 신념이나 태도

2) 급여 유형

사회복지 서비스들은 급여 유형을 통해서도 구분된다. 특정 사회복지 서비스가 제공하는 급여가 현금인지 아니면 대인적 서비스 형태인지에 따라 서비스 실행의 과정이나 요구되는 전문 인력의 성격이 달라진다. 같은 대인적 서비스라 해도 다시 그 안에서 서비스 내용별로 차이도 크다. 예를 들어, 신체적 돌봄 서비스와 고용지원 서비스는 서비스 실천의 과정이나 수행 인력의 성격 등에서 현저한 차이가 있다.

특정한 사회복지 서비스가 채택하는 급여 유형은 단순히 기술적으로 결정되는 것이 아니라, 사회복지의 개입에 대한 의미나 필요성에 관한 이념을 반영하여 결정된다. 예를 들어, 현금 급여를 제공하는 것은 수급자가 스스로 효용을 선택하는 것이 옳다는 이념에 근거한다. 이는 한편으로 서비스 결과에 대한 책임도 스스로 지는 것이 바람직하다는 이념도 함께 반영되어 있다. 이러한 이념은 공리주의적 자유주의에서 선호된다. 반면, 현물 서비스는 사회적으로 의도하는 효용이 수급자에게 직접 제공되도록 하는 것이 옳고, 그러므로 서비스 결과에 대한 책임이 상당 부분 서비스 제공자에게 있다는 입장을 반영한다.

우리나라에서는 이제껏 사회복지 서비스가 대인적 서비스 급여 유형을 주로 채택해 왔다. 대인적 서비스는 기본적으로 현물 급여의 특성을 가지고, 급여의 내용은 물질이 아닌 휴먼서비스라는 특징을 갖는다. 그러므로 대인적 서비스로서의 사회복지 서비스는 크게 다음과 같은 두 가지 특성을 띤다. 하나는 현물 급여이기 때문에 서비스 제공의 의도가 직접 전달된다는 것이고, 다른 하나는 휴먼서비스 속성으로 인해 대인적 상호작용을 서비스 전달의 핵심 기제로 한다는 것이다.

3. 사회복지 서비스의 장

사회복지 서비스들이 제공되는 방식이나 특성은 서비스가 이루어지는 장(setting, 세팅)에 따라서도 크게 달라진다. 현대 조직사회에서 거의 대부분의 사회복지 서비스는 조직적이고 공식적인 환경 안에서 이루어진다. 비록 대인적 서비스에서 제공자와 대상자 간 상호작용이 실천 효과를 결정하는 핵심이지만, 이들 간 관계가 구성되는 양식이나 상호작용이 진행되는 과정은 조직이나 제도적, 환경적 특성하에 놓여 있고 그것의 영향을 받는다. 그로 인해 사회복지 서비스들은 실천의 장에 따라 차별적인 유형으로 분류될 수 있다.

전통적으로 사회복지 서비스는 지역사회의 다양한 장소에서 실행되었다. 대상자가 시설에 거주하며 서비스를 받는 생활시설, 지역사회 거주 주민으로서 시설에 가서 서비스를 받는 이용시설, 방문 서비스를 받는 이용자의 집, 공동체적 기능이나 서비스 공급 환경으로서의 지역사회(community) 등이 대표적인 사회복지 서비스의 실천 장이 되어 왔다. [그림 11-1]이 전통적인 사회복지 서비스 실천의 장을 나타낸다.

사회복지 서비스의 장은 일관된 역사적 흐름 안에서 확대, 발전되어 왔다. 대부분의 국가들에서 잔여적 성격의 사회복지 활동은 경제적 취약 계층을 주대상으로 했는데, 여기에서 이들의 문제와 필요는 최소한의 의식주 충족 정도로 확인되었다. 이런 시기에 사회복지 서비스의 개입이 필요한 빈곤 인구에게는 —아동, 노인, 장애인, 실업자, 노숙자 등 누구든— 의식주 욕구를 충족시킬 장소가 무엇보다 중요하다고 여겨졌다. 이런 필요를 가진 사람들을 집단적으로 수용하는 장소가 등장하는데, 이를 생활시설 혹은 거주시설이라 한다.

많은 나라에서 사회복지 제도가 확대, 발전되면서 점차 서비스 대상 인구의 기준도 넓어져 왔다. 현대 산업사회에서 사회복지 서비스의 확대는 불가피한 일이었다. 이에

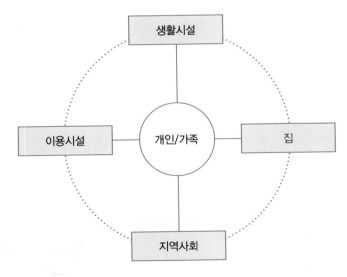

그림 11-1 전통적인 사회복지 서비스 실천의 장

따라 절대 빈곤자로 국한되었던 서비스 대상자가 점차 지역사회 거주 일반 저소득층까지로 확대되었으며, 나아가 보편적인 인구 대상의 문제나 필요까지 다루게 된다. 이런 과정에서 집단 거주시설이라는 서비스의 장이 갖는 문제나 한계가 드러나게 된다. 사람들의 문제나 필요를 보는 기조가 변화했기 때문이다. 의식주와 같은 절대 욕구 충족의 관점에서는 집단 거주시설이라는 장소가 큰 문제가 없지만, 인간의 자기 결정이나 존엄유지를 강조하는 인권 보장의 관점에서는 이러한 집단 거주시설이라는 장은 뚜렷한 한계를 갖는다.

20세기 초 유럽 국가들에서의 탈시설화 이념도 이런 배경에서 나타났다. 탈시설화는 곧 사회복지 서비스를 실천하는 장을 집단 거주시설에서부터 다른 곳으로 옮기자는 것이다. 이용시설, 이용자의 집, 커뮤니티는 모두 탈시설화를 위한 대안적인 사회복지 서비스의 장으로 간주된다. 그럼에도 이것이 거주시설을 통한 서비스가 불필요하게 되었음을 의미하지는 않는다. 비록 거주시설을 통한 서비스가 특정 가치, 예를 들어 인권 보장의 측면에서는 한계를 갖지만, 또 다른 가치, 예를 들어 중증장애인들의 생존권 보장이라는 측면에서 보자면 불가피한 역할을 할 수 있다.

〈표 11-2〉는 우리나라 사회(복지) 서비스의 제도적 유형과 그에 따른 실천의 장을 나타낸다. 1950년대부터 2000년대 초에 이르기까지는 사회복지 서비스 제도가 '시설'을 설치하고 그 시설의 장에서 대상자들이 서비스를 받게 하는 형태를 주로 취하였다. 이런 형태의 사회복지 서비스 제도를 '시설 설치' 방식이라고 할 수 있다. 1950년대부터 1980년대까지는 '거주시설'이 주를 이루었고, 1980년대 후반부터는 지역사회의 장에서 사회복지 서비스를 이용할 수 있도록 설치한 '이용시설'이라는 장이 본격적으로 확대되었다.

2000년대에 들어서면 이 같은 시설 설치의 방식과는 현격히 다른 유형의 사회(복지)

표 11-2 **우리나라 사회(복지) 서비스의 제도적 유형과 실천의 장**

	제도 유형 I		제도 유형 II
방식	시설 설치		이용권 제공
장소	거주시설	이용시설/재택	거주/이용/재택
예)	장애인거주시설 등	사회복지관 등	보육, 노인장기요양, 장애인활동지원 등
	혼성시설(주야간/단기 보호시설 등)		

서비스 제도가 등장하는데, 이를 '이용권(바우처) 제공' 방식이라 한다. 이용권 서비스란 서비스의 내용적 차원에서는 기존 시설 제도하의 서비스들과 큰 차이가 없다. 서비스 제공의 장소도 거주시설, 이용시설, 이용자의 집, 커뮤니티를 모두 포함할 수 있다. 다만, 과거 시설 설치 방식의 제도에서와는 달리 이용자가 자기선택권을 통해 능동적으로 서비스 제공자를 선택할 수 있다는 점에서 차이 난다. 그로 인해 두 제도 유형(I, II)에서 서비스 장은 다른 의미를 갖는 것으로 여겨진다.[3]

4. 전문 영역별 사회복지 서비스

사회복지 서비스의 대상 인구가 보편화되면서, 사회복지 서비스가 다루는 문제나 개입 활동들도 폭넓게 확장되었다. 이와 함께 사회복지 서비스가 실천되는 현장(field)도 학교나 지역사회, 병원, 기업, 군대 등으로 확대되어 왔다. 각각의 현장은 각기 독특한 제도적 환경을 이루고 있으므로, 그에 결합되려면 각 현장 영역별로 특화된 원리나 방법을 갖춘 전문 사회복지 서비스들이 성립되어야 한다. 학교사회복지, 정신건강사회복지, 의료사회복지, 산업복지, 군사회복지 등이 대표적이다.

1) 학교사회복지

학교사회복지는 학교라는 장을 기반으로 교육과 복지의 목적을 접목한 사회복지 서비스다. 학교사회복지에서는 전문적 사회복지 실천의 기본적 전제인 '상황 속 인간(PIE)' 관점에 입각해서 학생들의 복지를 증진시키는 활동을 한다. 학생들이 처한 심리적 혹은 사회적 문제를 예방하고 해결하기 위해 학생-학교-가정-지역사회의 체계를 모두 고려한다.[4]

학교사회복지에서는 교육과 복지가 잘 접목될 수 있도록 학교 환경을 변화시키는 등 실천 기반을 조성하는 것을 강조한다. 학교사회복지는 궁극적으로는 아동·청소년의 교육 목적에 기여하는 것을 본질로 한다. 그러므로 전문 사회복지 개입을 통해 학생이나 가족들의 복지를 증진시키는 활동이 얼마나 유용한지는, 이 활동을 통해 교육 기능을 얼마나 증진시켰는지에 대한 관점에서 평가된다.

우리나라에서 학교사회복지 프로그램이 공식적으로 시작된 것은 1990년대 이후다. 이전에는 교도주임교사, 상담교사, 전문상담교사 등의 명칭으로 학교에 상주했던 전문 인력이 진로를 포함한 학생 상담을 담당해 왔다. 1997년에는 교육부가 전문상담교사를 전국의 초·중·고등학교에 배치하도록 「교육법」을 통해 규정하였고, 이후 학교사회복지사가 학교에 배치되기 시작했다. 2019년 현재 전국 초·중·고교 중 약 3,184개 학교에 총 1,715명의 학교사회복지사가 배치되어 서비스를 담당하고 있다. 학교사회복지사의 전문 자격 취득을 위해서는 자격시험, 자격연수 등의 과정을 거쳐야 한다. 2005년부터 자격시험이 시행되기 시작하여 현재에 이르고 있다.

학교사회복지사는 도움이 필요한 학생들을 대상으로 개별적, 집단적 상담과 치료적 개입을 하는 역할을 수행한다. 학생과 가족에게 필요한 자원을 발굴하고 연계하며 학생 개인과 이들을 둘러싼 주변 환경의 문제들을 조정하고 중재함으로써, 학생이 외부 환경과 긍정적인 상호작용을 할 수 있도록 돕는다. 문화여가 활동을 지원하고, 지역사회의 다양한 자원을 발굴, 연계해서 학생들에게 도움을 주는 등의 활동도 수행한다.[5] 그 외에도 학생들의 학습과 진로를 위한 유용한 정보를 제공하고, 학교생활 수행에 필요한 각종 기술이나 전략을 제공해 주는 역할도 맡는다. 또한 학생이나 가족의 인권을 보장하기 위한 옹호 활동이나 이에 필요한 자원 개발의 역할도 수행한다.[6]

학교사회복지는 학교라는 교육 활동의 장에서 이루어지는 사회복지 서비스의 전문 실천이므로, 교사를 비롯한 교육 전문가들과 학교, 유관 기관 등과의 긴밀한 협력과 공조가 실천의 유효성을 결정할 만큼의 중요성을 가진다. 그러므로 학교사회복지사는 이러한 실천 장의 특성에 부합되는 협력과 공조의 역할 수행에 필요한 지식과 기술을 갖추어야 한다.

2) 정신건강 사회복지

정신건강 사회복지는 지역사회의 장에서 정신건강(mental health)의 증진을 목적으로 하는 사회복지 서비스다. 정신적, 정서적 문제로 어려움을 겪고 있는 사람들의 건강을 회복시키고, 그 가족들을 돕는 활동을 한다. 흔히 정신의료사회사업(psychiatric social work)과 유사하게 여겨지지만, 주된 활동 현장이 서로 다르다. 정신의료 사회사업은 병원 중심이지만, 정신건강 사회복지는 병원을 포함한 지역사회를 주된 활동 현장으로

한다.[7]

정신건강 사회복지는 사회복지 서비스의 한 분야지만, 정신건강 서비스 영역의 관점에서 보면 이와 관련된 전문직 서비스 영역 중 하나다. 정신건강 서비스의 실천 전문직에는 정신건강 사회복지사 외에도 정신건강의학과 의사, 정신건강 임상심리사, 정신건강 간호사, 작업치료사 등이 포함되어 있다. 정신건강 사회복지사의 일차적 서비스 대상은 정신적, 정서적 장애를 가진 사람들과 그 가족이다. 의료나 임상심리 영역에서 제공되는 여타 정신건강 서비스들에 비해 사회복지 정신건강 서비스는 휴먼서비스의 공동생산(co-production) 특성을 보다 강조하므로,[8] 서비스를 받는 개인이나 가족은 서비스 대상이면서 동시에 서비스를 행하는 주체로서 간주된다.

우리나라에서는 1995년에 「정신보건법」이 제정된 이후로 정신병원이나 사회복귀시설 등에서 재활치료나 지역사회 복귀와 관련된 활동을 하는 정신보건 사회복지사 영역이 일정 부분 구축되기 시작했다. 초기에 이들의 활동은 대부분 의료전문직의 부수적인 역할을 수행하는 정도였다. 이후 정신건강 분야에서 사회복지사들의 역할이 독자적으로 형성되기 시작했다. 2016년에 기존의 「정신보건법」이 「정신건강복지법」으로 바뀐 것도 이러한 추세를 반영하는 것이다.[9]

현재 우리나라에서는 정신건강에 관한 제도적 패러다임 자체가 크게 변화하고 있다. 「정신보건법」은 '정신질환의 예방과 정신질환자의 의료와 사회복귀'를 목적으로 규정하였는데, 「정신건강복지법」에서는 '정신질환의 예방·치료, 정신질환자의 재활·복지·권리보장과 정신건강 친화적인 환경 조성'을 목적으로 규정함으로써 활동의 범위를 확장했다. 이에 따라 정신건강의 영역이 이전의 의료 분야 중심의 제한된 초점에서부터, 모든 국민의 일상의 다양한 측면으로 확대되어 가고 있다.

「정신건강복지법」에서는 정신건강 사회복지사를 정신건강 간호사, 정신건강 임상심리사와 함께 정신건강 전문요원으로 규정하고, 사회복지사 1급 자격에 더해서 일정한 기간의 수련을 통해 추가적으로 획득되는 전문 자격 규정을 둔다. 2018년까지 우리나라에서 배출된 정신건강 전문요원은 총 1만 5,703명인데, 이 중 정신건강 사회복지사가 30%를 차지한다. 정신건강 간호사는 약 52%, 정신건강 임상심리사는 약 18%이다.[10]

정신건강 사회복지사의 전문적 서비스 실천의 장으로는 정신건강시설인 정신의료기관, 정신재활시설, 정신건강복지센터, 정신요양시설, 중독관리통합지원센터 등이 있

| 표 11-3 | 정신건강 사회복지 분야의 주요 현장별 특성 |

현장	주요 서비스
정신의료기관	급성 정신질환자에 대한 치료, 일상생활 유지와 조기 사회복귀 지원 등
정신건강복지센터	광역 및 기초 지방자치단체에 설치. 지역사회 정신보건 향상 지원 사업 등
정신재활시설	일상생활 지원과 사회적응을 위한 각종 훈련 제공 및 정신질환 치유 등
중독관리통합지원센터	중독폐해 예방 및 교육, 중독 조기 발견 및 단기개입, 중독질환자 및 가족 지원, 지역사회 사회안전망 조성, 노숙인 및 취약계층 중독 관리 등
정신요양시설	작업치료, 사회복귀훈련 등

다. 〈표 11-3〉에 현장별 특성이 제시되어 있다. 이 외에도 지역사회 차원에서 정신건강 사회복지 관련 기관들이 늘어나면서, 정신건강 사회복지사의 활동 영역이 보다 넓어지고 있다. 예를 들어, 학교 정신건강시설, 치매노인보호 전문기관, 아동 관련 전문기관 등에서 정신건강 사회복지사의 역할을 필요로 하고 있다.[11]

정신건강 사회복지사의 핵심적 역할은 정신질환자와 그 가족에 대해 사회서비스 지원을 조사, 상담, 안내하는 것이다. 환자와 가족, 친구, 학교, 지역사회와의 관계 및 환경에 초점을 두고 사회조사를 실시하며, 환자의 입원 기간에는 개별 혹은 집단 상담을 실시하거나 필요시 상담치료를 수행하는 역할도 맡는다. 퇴원 과정에 있는 환자들을 위해서는 퇴원 계획을 수립하여 퇴원 후 있게 될 가정이나 지역사회에서의 재활과 재적응 과정을 돕는다. 지역사회 정신건강 분야에서는 퇴원한 클라이언트의 생활훈련과 주거훈련을 원조하며, 이들이 직업재활과정에 참여하여 지역사회에서 통합적인 삶을 살 수 있도록 돕는 역할을 한다.

3) 의료 사회복지

의료 사회복지란 병원 등의 의료기관을 실천의 장으로 하는 사회복지 서비스다. 의료 사회복지 서비스는 의료진과 협업하여 질병을 가진 환자와 그 가족, 지역사회를 대상으로 심리·사회·정서·환경 등의 문제를 해결하기 위한 활동을 한다. 환자의 입원을 비롯해서 퇴원 후에도 환자와 그 가족이 사회적 기능을 원활히 수행할 수 있도록 지원한다. 질병의 예방과 회복, 사후 관리에 이르는 연속적 과정에서 개인과 가족을 돕고, 나아가 의료제도와 정책의 개선을 위한 활동까지의 총체적 역할을 수행한다.[12]

의료 사회복지의 개념은 미시적, 거시적 차원으로 구분된다. 미시적 개념에서의 의료 사회복지는 질병 치료와 건강 회복 유지를 목적으로 한다. 여기에서 의료 사회복지사는 의료시설 내(병원, 진료소) 등에서 환자와 가족, 의료진을 대상으로 의료 사회복지 실천을 수행하는 전문 인력으로 규정된다. 거시적 개념의 의료 사회복지는 질병예방, 건강증진, 지역사회 의료복지 달성까지 확장된 목적을 가진다. 여기에서 의료사회복지사는 의료시설 뿐아니라, 의료 문제를 가지고 있는 지역주민, 의료에 관한 제도 및 정책 결정 기관들에까지 활동 영역이 확장된다.[13]

〈표 11-4〉는 넓은 의미에서 의료 사회복지가 다루는 영역의 서비스들을 소개한 것이다. 정신보건, 일반의료, 재활의료, 자선진료와 같이 전통적 의미의 의료 사회복지에서 다루었던 영역뿐만 아니라, 지역사회와 주민 대상의 활동을 강조하는 지역사회보건 사회복지와 같은 영역에서의 활동도 중시되는 추세에 있다.

우리나라에서 전문 분야별 사회복지 실천으로는 의료 사회복지 — 오랫동안 '의료사회사업'으로 불렸다 — 의 역사가 가장 깊다. 우리나라에서 근대적 의미의 의료 사회사업은 1883년 세브란스병원에서 자원봉사자들로 구성된 여전도회 회원의 활동이 시초가 되었다. 초기 의료사회복지사는 환자의 퇴원 후 방문하여 사후지도를 하는 것을 주요 역할로 했다. 개별사회사업 방법론에서 기초가 되는 환자의 사회력 조사도 의료사회복지사의 주된 업무 중 하나였는데, 대부분의 경우 의사의 요청이 있을 때로 한정되었다.

표 11-4 | **의료 사회복지의 영역별 서비스**

영역	주요 서비스
정신보건 사회복지	정신적, 정서적 장애 환자나 가족을 대상으로 정신병원, 정신의학적 기관, 시설 등에서 직접적인 서비스를 주는 활동
일반의료 사회복지	환자 치료에 연관된 심리사회적 문제, 빈곤 환자의 재활, 퇴원 후 생활 등을 돕기 위한 전문 서비스와 자원 활용, 조정 활동
재활의료 사회복지	사회복귀, 사후지도를 중심으로 의료, 교육, 훈련, 사회적응 및 취업에 관한 각종 서비스 제공 활동
자선진료 사회복지	빈곤층 진료지원 활동
지역사회보건 사회복지	지역사회 주민의 조직적인 참여와 지역사회 자원 활용을 통해 지역주민 건강 촉진 및 문제 예방 활동

이후 의료사회복지사의 역할은 점차 다양해지고 확대되었는데, 환자와 가족의 심리적, 사회적, 경제적 문제를 파악하고 진단하기 위해 전문상담을 실시하고 원활한 의료진료가 이루어질 수 있도록 원조하는 역할을 수행하는 것이다. 나아가 환자가 정상적으로 가정과 사회로 복귀할 수 있도록 지원하며, 병원의 효율적인 운영을 위한 프로그램을 개발하고 시행하고, 전문상담활동 및 질환별 사회사업적 개입을 위한 연구조사 활동까지도 업무영역으로 확장되었다.[14]

의료사회복지사의 병원 내 공식적인 지위는 1973년 「의료법 시행령」이 개정되면서 법적으로 인정된다. 이때 종합병원에 사회복지사의 채용에 관한 규정이 마련된 것이다. 1973년에는 대한의료사회복지사협회가 설립되면서 의료사회복지사의 전문직화를 위한 노력이 나타났다. 1977년에는 의료보험 실시와 더불어 정신의료사회복지 수가가 인정되면서 정신의료사회복지사의 상담활동에 대한 보험수가 청구가 가능해졌다. 이로 인해 정신과를 중심으로 한 단과병원에서 사회복지사 채용이 증가한다. 1983년부터는 의료 사회복지 부문이 병원표준화 심사제도에 포함되는데, 이로 인해 병원들에서의 의료사회복지사에 대한 수요가 본격적으로 증가한다. 2009년부터는 의료사회복지사 수련제도가 본격적으로 시행되었다.

의료사회복지사 전문 자격을 갖기 위해서는 교육부에서 인정한 사회복지(사업)학 전공 학사 이상으로서 사회복지사 1급 자격증을 소지하고, 수련인증기관에서 수련과정을 1년간 마쳐야 한다. 이후 대한의료사회복지사협회가 주관하는 수련 종결 평가를 치른 후 의료사회복지사 자격시험을 거쳐 한국사회복지사협회와 대한의료사회복지사협회가 공동으로 발급하는 의료사회복지사 자격증을 얻게 된다.[15]

4) 기타 – 산업/교정/군 사회복지

학교나 정신건강, 의료 사회복지 분야는 전문 자격 제도를 두고서, 실천 현장별 특수성을 반영하는 서비스 지식과 실천 기술을 갖게 한다. 이들 현장의 공통점은 교사나 의사, 간호사, 심리상담사 등 다양한 여타 전문직과 협업을 통해 서비스를 실천한다는 것이다. 산업복지나 교정사회복지, 군사회복지도 그러한 실천의 장에 따른 특성을 동반한다. 기업이나 교정기관, 군대라는 실천 장에 있는 사람들의 복지 증진을 도모하고, 이를 통해 그러한 장의 고유 목적을 달성할 수 있도록 돕는다.

(1) 산업복지

산업복지는 산업 현장을 실천 분야로 하는 사회복지 영역이다. 산업화된 사회에서 대다수 사람의 삶은 산업 혹은 공장제 노동과 밀접하게 연관되어 있다. 산업현장이 노동자들에게 건강하고 복지적이어야 노동자들의 삶 전체의 복지가 구현될 수 있다. 나아가 노동자들이 복지를 누려야 산업의 생산성 또한 높아질 수 있기 때문에 기업들 또한 산업복지에 관심을 가지게 된다. 사회구성원의 다수를 구성하는 노동자들의 복지와 관련되기 때문에 국가의 관심도 결부된다.

많은 나라에서는 사회보장 제도가 확립되는 과정에서 노·사·정 책임이라는 대원칙이 전제되었다. 노동자를 포함해서 자본가나 경영자, 그리고 국가가 산업복지 실행의 주체로서 역할을 해 온 것이다. 산업복지의 주체로서 기업의 입장이나 태도는 산업화가 고도화될수록 더 적극적이 되고 있다. 산업현장의 인력과 그 가족을 지원하는 것이 노동생산성을 높이는 데 기여한다는 인식이 증가하고 있기 때문이다. 이에 노동자들에 대한 각종 복지지원의 내용이나 지원방식 또한 지속적으로 변화해 오고 있다.

산업복지는 넓게는 기업의 복지활동뿐만 아니라 국가와 지방자치단체와 같은 공공이 주도하는 활동, 노동조합이나 협동조합과 같이 노동자(가족) 스스로가 자조적으로 실행하는 각종 복지활동 모두를 포함한다. 또 최근에는 종교단체를 포함해서 각종 민간단체와의 연계 활동이 증가하면서, 산업복지의 주체가 더욱 다양해지고 있다. 기업이 주도하는 산업복지 프로그램은 1930년대 이후 미국에서 활성화되기 시작한 근로자지원프로그램인 EAP(Employee Assistance Program)가 대표적이다. 현재 이 프로그램은 기업뿐만 아니라 연방정부나 산하 기관, 주정부나 지방정부가 지원하고 각종 민간단체들이 주도해서 실행되기도 한다. 2000년대 이후에도 미국에서는 이러한 EAP가 기업 경영구조의 한 부분으로 간주되고, 대부분의 산업 현장에서는 EAP를 제공하고 있다.[16]

EAP는 근로자의 직무수행 안정성과 노동생산성을 높이고 궁극적으로는 근로자 본인과 그 가족의 복지를 증진시키기 위해서 실행되는 각종 상담과 이에 근거한 개입프로그램을 말한다. 여기에는 약물중독을 포함한 각종 중독이나 기타 정신건강 문제, 동료나 상사, 가족 등과의 관계, 나아가 직무수행에 영향을 미칠 수 있는 다양한 문제들을 상담하고 해결하기 위한 각종 지원 활동들이 포함된다. EAP는 미국을 통해 도입된 이래 우리나라에서도 산업복지 실천 개입의 중요한 모델로 간주되고 있다.

우리나라의 경우 초기 산업복지(혹은 기업복지)는 자녀 장학금이나 등록금 지원과 같은 현금지원, 사택이나 주거비를 보조해 주는 주거지원, 급식지원 등과 같은 일상생활 지원 영역으로 국한되었다. 2000년대 이후에는 근로자들을 대상으로 한 각종 상담과 서비스 지원이 산업복지 영역에서 확대되고 있다.[17] 이러한 산업복지 서비스들이 기업 의 이미지를 제고하고, 노동자의 근속률을 높이며, 기업의 생산성을 증가시킬 수 있다 는 인식도 확산되고 있다.[18]

(2) 교정 사회복지

교정 사회복지란 교정 과정의 효과성을 높이기 위해 재소자와 출소자를 대상으로 제 공하는 사회복지 실천을 말한다. 교정(correction)은 비행청소년이나 범죄자의 반사회 적 행동이나 태도를 교화하고 개선하는 활동을 뜻한다. 서구 유럽 국가에서는 19세기 중반 이후부터 범죄가 개인적 결함을 넘어선 사회구조적 환경요인으로 인해 발생한다 는 관점이 확장되었다. 이에 범죄자에 대한 처벌과 응징만이 아니라 이들을 재사회화 하고 사회 주류로 통합시킬 수 있는 방법에 대한 관심이 커지고, 이러한 맥락에서 교정 사회복지가 성립되었다.

교정 사회복지는 재소자나 퇴소자의 문제를 사회복지의 PIE 관점에서 접근하여 해 결하는 목적을 가진다. 교정 활동의 대상에게 개별 및 집단 상담을 제공함으로써 이들 의 심리정서적 안정과 재활을 돕고, 퇴소 후 지역사회에 통합될 수 있도록 각종 서비스 나 자원을 지원하는 역할을 수행한다. 퇴소자가 지역사회의 다양한 인적, 물적 환경들 과 적절한 관계성을 유지할 수 있도록 함으로써 추가적인 비행행동을 예방하기 위함이 다. 또한 교정 사회복지는 대상자 개인 차원을 벗어나서 지역사회를 대상으로 하는 범 죄 예방 활동에도 관심을 가진다.

교정 사회복지에서는 범죄 피해자에 대한 보상뿐만 아니라 범죄자와 그 가족을 대 상으로 하는 각종 정서, 심리, 인지적 지지 활동 또한 중요하게 간주한다. 넓은 의미에 서는 범죄자와 그 가족들도 모두 「헌법」이 보장하는 인권을 가지고 있으며, 인간으로 서의 존엄성과 생존권을 확보하고 있다. 교정 사회복지에서는 이를 명확히 하고 범죄 자와 그 가족이 가진 이러한 권리들을 현실에서 제대로 구현해 내는 것을 강조한다.

우리나라의 경우 교정 사회복지의 출발은 1970년대 중반 '소년분류심사원'이 설치되 면서부터다. 소년분류심사원은 비행청소년의 범죄를 보다 체계적으로 분류하여 가능 한 한 재발이 방지되게 하자는 목적의 기관이다. 1980년대 후반이 되면 소년 범죄자들을 대상으로 하는 보호관찰 제도가 실행되었고, 1990년대 후반에는 모든 성인 범죄자들까지 대상이 확대 적용된다. 이때부터는 시설 내 교정에서 사회 내 교정으로 교정 이념이 전환되었고, 그에 따라 사회적 관점의 강점을 가진 교정 사회복지 서비스가 확대되기 시작했다.[19]

교정 사회복지 서비스의 활동이 이루어지는 현장은 지역사회의 다양한 영역에 걸쳐 있다. 비행청소년과 범죄인이 교정 과정의 초기부터 접하게 되는 경찰서나 검찰, 법원 등에서부터, 교도소나 소년원, 보호관찰소 등이 모두 교정 사회복지 활동의 현장 기관들이다. 나아가 교정 대상자들의 지역사회 복귀를 지원하는 민간의 여러 시설과 지역사회의 주민들도 교정 사회복지 실천의 핵심 이념과 지향성을 고려할 때 중요한 현장으로 간주된다.

현재 교정 사회복지사에 대한 별도의 전문 자격 과정은 없고, 교정 분야의 사회복지사는 국가공무원 교정직에 채용되어서 활동한다. 1987년에 처음으로 대학의 사회복지 전공 졸업자들이 교정직에 특별 채용되었다. 현재 교정 분야 사회복지사는 다양한 조직 영역에서의 직위를 기반으로 활동하고 있다. 대표적인 예로, 교정직 공무원, 소년보호위원, 교정위원 등으로 활동할 수 있으며, 한국법무복지보호공단이나 보호관찰소의 직원으로서 지역사회 적응과 범죄예방, 갱생보호 관련 업무를 수행하기도 한다.[20]

(3) 군 사회복지

군 사회복지는 군대를 실천의 장으로 하는 사회복지 서비스이다. 군 조직의 일차적 목적인 국가안보 및 국방력 강화에 기여할 수 있도록, 군인과 그 가족을 지원해 주는 다양한 차원의 서비스 활동을 하는 것이다.[21] 군대는 현대의 공식 조직들 중에서 규율과 질서, 수직적 상하관계의 중요성이 가장 강력하게 유지되는 특수한 조직이다. 특히 우리나라는 분단국가로서 의무병 제도를 채택하고 있기 때문에, 특수 조직으로서 군대가 그 구성원인 군인과 그 가족에 미치는 영향력은 어떤 다른 사회보다도 크다.

군 사회복지에서는 군대라는 이러한 특수한 조직의 장에서 발생하는 문제들에 대한 이해와 해결 방법을 사회복지적 관점으로 접근한다. 이를 위해 각종 심리·사회·정서·관계를 지원하는 서비스를 제공하며, 최적의 환경에서 군 생활을 할 수 있도록 서비스를 개발하고 옹호하고, 제대군인의 사회적응을 지원한다. 이를 통해 군 구성원들의 조직에 대한 적응력을 높이고 삶의 질을 향상시키고자 한다.[22]

　우리나라에서 사회복지 실천 차원의 의미 있는 군 사회복지 활동이 시작된 것은 1970년대에 들어서부터다. 1977년에 6명의 사회사업 장교를 배출하여 통합병원에서 사회사업 업무가 시작되었다. 이후 현재까지 직업군인으로서 사회복지사, 의정장교인 군의료사회복지사, 장병의 인권상담을 전문하는 상담심리 부특기 제도가 운영되고 있다. 2007년 최초로「군인의 지위 및 복무에 관한 기본법」이 제정되었으며, 이후 군인 가족지원센터 운영, 병영생활전문상담관 제도 도입, 각종 캠프 운영, 군인복지기본계획 등이 시행되고 있다.[23]

　현재 실질적으로 군 사회복지 실천을 담당하는 전문 인력은 '병영생활 전문상담관'이다. 군 경력자(10년 이상)와 민간 경력자 중에서 선발되는데, 모두 '상담 및 사회복지 관련 학사'나 '상담경력', 이와 관련된 '자격증' 등을 선발조건으로 하고 있다.[24] 경력이나 자격조건, 학력 조건 등을 보면 사회복지, 직업상담 등 각종 상담, 임상심리 분야의 전문성을 요구한다.

1) 현대사회에서는 도시산업사회의 특성과 가족 제도의 약화에 따라 누구든 삶의 취약성을 일상적으로 가지므로, 상호부조 기능의 사회복지가 모두에게 필요해진다.

2) 현재 우리나라의 「사회보장기본법」에서는 '사회서비스'를 사회복지 서비스를 포함해서 돌봄이나 상담 등의 제반 서비스 영역들을 포괄하는 것으로 규정한다. 우리나라 사회서비스에 대한 자세한 설명은 이 책 13장 사회서비스와 거버넌스에서 제시한다. 또한 참고: 김영종(2019). 한국의 사회서비스: 정책 및 실천. 학지사.

3) 이에 대한 자세한 설명은 이 책 13장에서 한다. 또한 참고: 김영종, 한국의 사회서비스.

4) 한국학교사회복지사협회(2021. 8. 25.). "학교사회복지사소개" [https://www.kassw.or.kr/page/s1/s1.php]

5) 상게 페이지.

6) 상게 페이지.

7) 권진숙 · 김정진 · 전석균 · 성준모(2019). 정신건강사회복지론. 공동체.

8) 휴먼서비스는 대인적 상호작용의 관계 자체가 서비스의 핵심이므로, 서비스 제공자에 의한 일방적인 서비스 생산이 어렵다. 수급자가 생산의 과정에 적극 참여하는 공동생산(co-production)이 효과적인 서비스 생산에 필수적이다. 예를 들어, 교사가 아무리 유능해도, 학생이 공부할 뜻이 없으면 수업은 효과가 없다. 사회복지 서비스에서 공동생산의 특성에 대한 강조는 휴먼서비스를 다루는 사회복지 전문직의 정체성과도 같다.

9) 「정신건강증진 및 정신질환자 복지서비스 지원에 관한 법률(약칭: 정신건강복지법)」.

10) 보건복지부 국립정신건강센터의 2018년 12월 말 기준 자료.

11) 권진숙 외, 정신건강사회복지론.

12) 대한의료사회복지사협회(2021. 8. 30.). "의료사회복지사란" [http://www.kamsw.or.kr/]

13) 유수현(2017). 의료사회사업론. 양서원.

14) 한인영 외(2013). 의료현장과 사회복지실천. 학지사; 강흥구(2014). 의료사회복지실천론. 정민사.

15) 대한의료사회복지사협회(2021. 8. 30.). "수련교육제도" [http://www.kamsw.or.kr/]

16) 박종삼 외(2007). 사회복지학개론. 학지사.

17) 조흥식 외(2017). 산업복지론. 나남출판.

18) 근속률이란 한 사람이 한 직장에서 근무를 지속하는 기간을 말한다. 근속률이 높다는 것은 근로자가 직장에 만족한다는 것을 나타내지만, 기업의 입장에서도 인적 자본의 안정성이 높아짐을 나타낸다.

19) 배임호 외(2007). 교정복지론. 양서원.

20) 박지영 외(2010). 함께 하는 사회복지의 이해. 학지사.

21) 국방부(2006). 군복지발전계획서; 〈정무성·나임순·유용식(2019). 현대사회복지개론(2판). 신정〉에서 재인용.

22) 서혜석 외(2016). 군사회복지 이론과 실천. 양서원.

23) 권중돈 외(2016). 사회복지개론(3판). 학지사, pp. 355-407.

24) 국방부 행정규칙「병영생활전문상담관 운영에 관한 훈령」.

한국 사회복지의 현안

근래 우리나라는 복지국가를 급속히 확장시켰다. 사회보험의 대상 확대와 급여 수준 향상, 공공부조의 충실화, 사회서비스의 보편화 등을 통해 국가 차원의 사회보장 기능을 강화해 왔다. 그런 한편, 서구 국가들에서의 이른바 '탈복지국가'나 '제3의 길'과 같은 사조들도 우리의 복지 체제에 영향을 미쳐 왔다. 5부에서는 이러한 상황에 놓인 한국 사회복지의 현안 이슈들을 정리해 본다. 먼저, 12장에서는 한국 복지국가의 전망을 제시한다. 13장에서는 근래 급속히 확장된 보편적 사회서비스와 이를 수행하는 거버넌스 체제에 관해 논의한다. 마지막으로, 14장은 사회복지의 대안적 접근으로서 지역복지와 커뮤니티 케어를 다룬다.

제 12 장
복지국가의 전망

현대사회에서 국가 차원의 복지 제도는 사회구성원의 삶에 절대적인 영향을 미친다. 20세기 중반 이후 다수의 서구 국가는 국가의 핵심 정체성을 국민의 복지 증진에 두는 '복지국가'를 천명하였다. 복지국가의 지향은 그 자체만으로 선(善)인 것은 아니다. 현실에서 복지국가는 다양한 실체로 나타나고 있으며, 수많은 쟁점도 만들어 내고 있다. 우리나라 복지국가의 미래를 전망한다는 것은 곧 '어떤 형태'의 복지국가가 국민의 복지 증진 측면에서 바람직할지를 묻는 것이다.

1. 복지국가란

복지국가(welfare state)란 넓은 의미에서 정의하자면, 국가 차원을 공동체 범위로 하여 상호부조의 기능을 제도화한 국가의 형태를 의미한다. 현대사회에서는 사람들의 일상과 복지가 국가 차원의 영향을 크게 받는다는 점에서, 현존하는 대부분의 발전된 국가는 복지국가이거나 복지국가를 지향하고 있다. 반면, 좁은 의미에서 복지국가란 20세기 중반 전후 영국을 비롯한 서유럽 국가들에서 출발했던 국가의 모형으로, 강력한 국가 기구가 동원되어 소득 재분배를 실행하는 형태를 말한다.[1]

한 국가에서 사회복지가 제도화되는 경로를 로마니신(M. Romanyshyn)은 세 가지 양상으로 설명한다. 〈표 12-1〉에서와 같이 다수의 국가는 자선국가(야경국가)에서 출

표 12-1 | **국가 차원의 사회복지 제도화 경로**

자선국가	→	복지국가	→	복지사회
• 초기자본주의 국가 • 자유방임 국가가 자선적 　역할 실행		• 산업사회 국가 • 국가 기구가 광범위한 　소득 재분배 실행		• 탈산업사회 국가 • 사회 여러 제도들 속에 　사회복지 이념이 흡수

발해서 복지국가로, 최종적으로 복지사회의 양상으로 이행한다고 본다. 로마니신은 이처럼 국가 기구(정부 등)의 적극적인 역할을 기준으로 복지국가를 개념화하였다.

자선국가(charity state)　자유방임의 야경국가들에서 나타났던 형태로, 사회복지에 대한 국가의 역할이 자선의 성격을 띤다. 이들 국가는 치안이나 국방 등 국가 방위에 관한 역할을 중시하므로, 사회복지 제도는 국가 안정을 위해 불가피한 정도만으로 실행한다. 자선 방식이 그에 부합하는데, 자선이란 받는 자의 권리가 아니라 주는 자의 선의에 기초하는 것이다. 자선국가의 형태에서 국가는 원칙적으로 국민의 복지에 대한 의무나 책임을 가지지 않는다.[2] 영국의 경우, 1601년 엘리자베스「구빈법」제정 이후 '베버리지 보고서'에 기초한 복지국가가 성립되기(1944년) 이전까지 약 350년간이 자선국가의 시기에 해당한다.

복지국가(welfare state)　20세기 중반에 영국을 비롯한 서구 국가들에서 본격화된 사회복지 제도의 한 형태다. 주로 강력한 중앙정부의 역할을 전제로, 국가가 국민 공동체를 구성하고 복지 시스템을 작동시킬 의무와 책임을 가진다. 개별 국가마다의 상황에 따른 차이가 있지만,[3] 이들 국가에서 이 시기에 복지국가가 성립되었던 공통된 기저 이유는 산업사회가 고도화되고 있었기 때문이다. 고도화된 자본주의 임금노동제와 도시화는 이미 사람들의 사회적 삶의 양식을 변화시켰고, 국가 차원에서 복지 공동체 기능을 수행해야만 하게 되었기 때문이다.

복지국가는 국민 공동체의 사명을 우선적으로 두기 때문에, 이를 저해하는 자유방임적 자본주의를 수정한다. 그럼에도 복지국가는 생산과 분배 모두에 국가가 개입하는 사회주의 국가와는 다르다. 복지국가는 포괄적인 소득 재분배를 통해 국가 개입을 강화하지만, 생산 영역에서는 자유 시장경제 체제를 인정한다. 이를 이른바 수정자본주의 양식이라 한다. 제2차 세계대전 후 서유럽 국가들을 중심으로 성립되었던 이러한 복지국가의 형태는 근 30년간 넘게 번영해 왔다.

이런 상황은 1970년대 두 차례 석유 파동에 따른 세계적인 경제 위기로 인해 급격하게 변한다. 당시 중동의 산유국들이 석유 수출을 통제하면서, 석유 가격이 급격히 상승하게 되었다. 이에 따라 기업들이 연쇄적으로 파산하고, 실업이 급증하게 된다. 늘어난 실업자들에게 급여를 주기 위해 복지국가의 재정 지출은 급증하는 반면, 실업자의 증가는 세수 감소로 이어져 국가의 재정 상태를 악화시키기 때문이다. 복지국가 재정이 이중적인 타격을 받은 것인데, 여기에서 시장 경제의 안정된 고용을 전제로 성립된 복지국가 모형의 취약성이 드러나게 된다.

복지국가의 또 다른 취약성은 정치 이념을 통해서도 나타났다. 1980년대 이후 서구권 복지국가들과 체제 이념에서 경쟁하던 동구권 공산주의 국가들이 붕괴되었다. 공산주의 국가의 몰락은 자본주의를 대체하는 국가 체제가 현실적으로 가능하지 않다는 인식을 확산시켰다. 이에 수정자본주의 이념을 통해 자유방임적 자본주의의 폐해를 감소시킴으로써 사회주의 이념을 누르려고 했던 힘이 약해진 것이다. 이 시기에 '신자유주의'가 등장하는데, 여기에서 복지국가는 자유 자본주의를 가로막는 장애물로 간주된다.

복지국가의 또 다른 문제로서 제기된 것은 비대한 정부 조직이었다. 20세기 중후반부터 사회복지 제도의 대상인구가 보편화되고 소득뿐만 아니라 다양한 사회적 서비스 지원이 확장되면서, 이를 관리, 운영하기 위해 필요한 공적 조직과 인력의 규모 또한 급속히 증가하였다. 복지국가의 확장은 이와 같이 '큰 정부'로의 변화를 수반할 수밖에 없었고 그에 따라 복지행정 비용을 불가피하게 증가시키게 되었다. 1980년대를 전후해서 서구 복지국가들에서는 이러한 과다한 국가행정 비용 문제, 비대해진 정부 조직의 관료제적 폐해(둔감성 등) 문제 등을 비판하는 목소리가 커졌다.

복지사회(welfare society)   복지국가의 한계에서 비롯된 국가적 복지의 대안적 이상향이다. 복지사회가 지향하는 이상은 정부만이 아니라 민간이나 종교, 가족 공동체 등 사회 전반의 제도 부문들에서 복지적 기능이 일상적으로 구현되게 하는 것이다. 비록 이러한 이상이 뚜렷한 하나의 실천 모형으로 제시된 바는 없지만, 거대 정부의 비효율, 후기산업사회 문제와의 부정합성 등과 같은 기존 복지국가 모형의 문제를 명확히 함으로써 어떠한 방향으로 대안이 형성되어야 하는지를 보여 준다는 점에서 의미가 있다.

복지국가에서는 정부 구조가 복지 제도를 시행하는 핵심 주체라면, 복지사회는 사회의 여러 제도와 기구들 ─ 정부를 포함해서 시장이나 기업, 비영리, 가족, 지역사회, 종교, 병원, 학교 등 — 이 모두 주체가 된다. 이들이 각 영역에서 각 상호부조 기능들을 수행함으로써 국가 사회 전체로 복지 공동체가 구현되게 하는 것이다. 복지사회는 여러 사회 부문의 자발적 참여를 강조하는데, 그로 인해 강제적인 정부 방식의 복지국가보다 '복지 의존성'의 문제에서 자유로울 수 있다.[4]

복지사회가 국가 차원에서의 복지적 기능, 즉 넓은 의미에서의 복지국가 자체를 부정하는 것은 아니다.[5] 다만, 그러한 복지 기능들을 수행하는 데 지나치게 관료제적 정부 조직에 의존하는 협의적 복지국가의 한계를 극복해 보려는 것이다. 영국 노동당의 '제3의 길', 독일 사민당의 '신중도론', 일본의 '일본형 복지국가' 등이 이와 같은 복지사회 지향을 나타낸다.

2. 복지국가의 유형

오늘날 대부분의 산업화된 국가들은 복지국가의 지향을 보편적으로 가진다. 그럼에도 실체적인 복지국가의 양상은 나라들마다의 역사나 이념, 정치경제적 맥락에 따라 상당한 차이를 보인다. 에스핑 앤더슨(G. Esping-Andersen)은 '탈상품화'의 정도를 기준으로 복지국가의 유형을 나눈다.[6] 탈상품화(decommodification)란 상품화에서 벗어나는 것을 뜻한다. 상품화란 시장 방식으로 생산과 소비가 이루어지는 사회(대부분의 현대 산업국가)에서 사람들이 자신의 노동을 상품으로 판매해서 얻은 가격(임금)으로 살아가는 방식을 뜻한다. 상품화된 사회에서 아동이나 노인, 장애인, 병자, 실업자, 퇴직자 등과 같이 노동의 상품 가치가 없거나 낮은 사람들은 살아가기 어렵다. 그럼에도 이들 모든 인구가 공동체 사회의 지속이라는 관점에서는 동일한 생존 가치를 가진다. 그래서 국가 차원의 공동체를 뜻하는 복지국가는 시장적 상품 가치를 사회적 생존 가치로 보완하는 사회적 개입을 시도한다. 이를 탈상품화라고 한다.

탈상품화란 사람들이 자신의 노동력을 상품으로 팔지 않고도 사회에서 생활할 수 있는 정도를 뜻한다. 현실적으로 탈상품화의 정도는 대개 국가가 어떤 정도의 급여 수준을 제공해 주는가를 말한다. 탈상품화 정도가 높다는 것은 국가에 의한 복지 개입이 크다는 것을 뜻한다. 에스핑 앤더슨은 한 국가에서 탈상품화의 수준이 사회적 급여가 감당하는 사회적 위험의 범위가 넓고, 이를 수급하는 데 요구되는 자격 조건이 까다롭지 않고, 급여액이 많고 지급 기간이 길수록 높아진다고 규정한다. 그리고 이를 바탕으로 사회보장 제도의 발달 정도를 측정할 수 있는 탈상품화 지수(index)를 개발하였다.[7)]

에스핑 앤더슨은 18개 국가를 대상으로 탈상품화의 정도를 측정해 보았는데, 그 결과로 복지국가를 세 가지의 유형 ― 탈상품화가 낮은 집단, 중간 정도 집단, 탈상품화가 높은 집단 ― 으로 구분했다. 각 유형에 속한 국가들은 유사한 정치경제적 이념 성향을 따르는데, 자유주의, 조합주의, 사민주의 유형의 복지국가들로 구분된다. 즉, 국가들마다 이념적 성향 차이에 따라 탈상품화를 추구하는 방식이나 수준이 다르고, 그에 따라 복지국가의 유형이 결정된다는 것이다. 이는 〈표 12-2〉에 제시된 바와 같다.

에스핑 앤더슨의 복지국가 유형은 탈상품화 정도의 기준에 입각해서 복지국가들의 정치경제 이념과 수행 방식들을 실증적으로 유형화해 보았다는 점에서 의미가 있다. 이런 의미에도 불구하고, 이것이 복지국가의 장래를 예측하는 설명력으로서는 가치가 크지 않다. 복지국가들마다 왜 그런 이념이나 방식들이 나타나게 되었는지를 설명하지 못하고, 향후 어떤 상황으로 전개될 것인지를 예측할 근거도 제시할 수 없기 때문이다.

산업사회와 후기산업사회의 위험에 대응하기 위해서는 국가 공동체 차원의 복지가 강화되는 것은 필연적이다. 탈상품화나 탈가족화 등이 국가 차원의 책무가 되는 것도 그러한 이유에서다. 그럼에도 국가 차원의 역할 강화가 반드시 국가 운영의 여러 기제 중 하나인 '정부(government)'의 기능을 확대해야 한다는 것과는 구분되어야 한다. 협의적 의미의 '복지국가' 모형에서는 이러한 구분이 적절히 이루어지지 못했다는 점에서 비판의 대상이 되고 있다.

표 12-2 **에스핑 엔더슨의 복지국가 유형**

	자유주의	조합주의	사민주의
	가장 낮은 수준	낮은 수준	높은 수준
탈상품화	• 공공부조 중심 • 저소득층 초점 • 민간 부문 강조	• 사회보험 중심 • 직종별, 소득수준별 복지 체계 상이 • 공평 개념 강조	• 보편적 사회서비스 중심 • 광범위한 재분배 기능 • 최저생활 이상 평등 강조
대표적 국가[8)]	미국, 캐나다, 호주, 영국 (영미권)	프랑스, 독일, 오스트리아, 이탈리아 (대륙 유럽)	덴마크, 스웨덴, 핀란드, 노르웨이 (북유럽)

3. 복지국가에 대한 비판

좁은 의미에서 복지국가란 20세기 중후반에 성행했던 국가 복지의 한 모형으로, 국가 관료제와 산업주의 생산 방식을 주축으로 운용되는 사회복지 제도의 형태를 말한다. 그래서 1980년대 이후 서구 복지국가들에서의 '탈복지국가' 움직임은 곧 복지국가의 관료-산업주의 성향에 대한 비판에서 비롯된 바가 크다. 비판은 주로 복지국가 체제의 지속가능성 문제에서 비롯되어, 거대 관료제와 산업주의 생산 방식의 비효용 문제들로 귀결된다.

1) 복지국가의 지속가능성 문제

복지국가 체제가 지속가능할지에 대한 의문은 주로 복지국가의 재정 수지에 관한 문제에서 제기된다. 케인즈 경제이론과 베버리지식 사회보장 제도가 결합되어 탄생한 소득보장 중심의 복지국가의 모형이 재정적으로 지속될 수 있을지에 대한 물음이다. 케인즈-베버리지 복지국가는 국가 차원에서 정상적인 고용 수준을 전제로 성립된 것이다. 실업률이 일정 수준 이하로 유지되어야만 사회보장 제도가 재정적으로 건전하게 작동될 수 있다. 고용된 사람들이 납부하는 보험료와 세금이 복지국가 재정의 주된 재원이기 때문이다. 만약 경기 불황 등으로 국가 전체 차원에서 실업률이 높아지게 되면, 복지국가의 재정 상태는 쉽게 취약해진다. 실업자의 소득보장을 위한 재정 지출은 늘어나야 하는데, 실업자로 인해 재정수입은 반대로 줄어들기 때문이다.

이러한 복지국가의 구조적 재정 취약성은 21세기 신경제의 등장과 함께 더욱 악화된다. 후기산업사회의 지식서비스 기반의 신경제가 등장하면서, 전기산업사회의 제조업 기반 '굴뚝경제'의 논리가 작용하기 힘들게 된다.[9] 이전의 경제 논리에서는 경제성장은 곧 고용의 증대를 가져오고, 이는 개인이나 국가 차원에서 복지를 증진하는 것이 되었다. 그러나 지식서비스 기반의 신경제 산업에서는 이러한 경제성장과 고용 증진 간의 연동성이 약화된다. 이에 따라 기존 복지국가의 재정 구조에 대한 논리가 더욱 취약해지게 된 것이다.

복지국가는 기본적으로 폐쇄적 국민 경제의 체계를 재정적 기반으로 하는 것이므로,

국가 간 개방체계의 세계화 경제 상황에서 상당한 한계를 가지게 된다. 국가의 부를 위해서는 기업이 성장해야 하고, 기업이 성장하려면 세계경제 체제에서 다른 국가의 기업들과 경쟁해서 이겨야 한다. 경쟁에서 이기려면 기술혁신을 통해 생산 비용을 줄여야 하는데, 고용 감축이 중요한 방법 중 하나다. 국가 간 경쟁을 위해 기업이 고용을 줄이면, 복지국가의 세입은 감소하고, 실업인구에 대한 국가 지원(실업급여나 공공부조 등)을 위한 복지국가의 재정지출 부담은 더 증가한다. 기업의 성장이 복지 증진으로 연동되던 고리가 세계화 경제로 인해 약화되는 것이다.

복지국가의 재정적 지속가능성의 문제는 단순히 경제적 상황만으로 야기되는 것은 아니다. 여기에는 여러 차원의 이념들도 개입되어 있다. 이들 이념은 주로 정치 제도를 통해 작용하면서, 경제적 상황과는 별개로 복지국가 체제의 지속 여부를 결정할 수 있다. 대의민주주의 정치 제도에서 복지국가의 체제 변화는 선거권을 가진 국민의 의식에 따라 결정된다. 국민의 의식은 경제적 차원의 합리성만을 추구하지는 않고, 역사적이나 문화적으로 배태된 이념들을 따르는 부분이 크다.

국가가 개입해서 최저임금 수준을 높이는 정책을 추진한다고 하자. 여기에는 단순히 분배의 정의 향상뿐만 아니라, 경제적 합리성 증진도 정책 필요성의 근거로 제시된다. 최저임금 수준을 높이면 사회 전체의 구매력이 증진되는데, 저소득층에게 분배되는 소득은 소비로 직결될 가능성이 크기 때문이다. 이렇게 되면 소비 향상으로 생산이 자극되고, 기업 생산성이 증진되며, 이것이 다시 고용을 늘리고, 늘어난 고용은 다시 임금 소득과 소비력을 높인다. 즉, 시장의 소비-생산 간 선순환 고리가 형성되는 것이다. 이 과정이 한편으로는 각종 국가 재정의 세수 확보에 기여하기 때문에, 복지국가의 재정 수지 건전성도 증진된다.

이와 같은 최저임금 제도의 경제 선순환 효과를 경험적으로 입증해 보이기는 쉽지 않다. 이것이 가능하더라도 오랜 시간이 걸린다. 이런 경우에 대개 이념적 성향이 작용한다. 이념은 일종의 믿음이기 때문에, 사람들이 바람직하다고 믿으면 이러한 믿음으로 결과를 예단해 버린다. 최저임금제를 찬성하는 이념과 마찬가지로, 이를 반대하는 이념도 만만치 않다. 자유-보수주의적 이념에서는 최저임금제를 이렇게 이해하기 쉽다. '최저임금 수준의 향상이 오히려 고용을 꺼리게 만들고, 줄어든 고용으로 인해 소비력도 감소하고, 국가 재정 수입도 더 줄어들게 된다. 이로 인해 국가의 재정 불건전성이 증가하면, 이는 오히려 복지국가의 기능을 실질적으로 축소시킨다.'

복지국가 체제의 지속가능성에 관한 문제는 얼핏 국가의 복지 재정 구조의 문제로 보이지만, 실상은 특정 사회가 가지는 정치적 이념에 의해 좌우되는 문제이기도 하다. 복지국가의 취약성을 비판하는 신자유주의자들도 그 근거를 합리적 경제이론에 두고 있다고 주장하지만, 이러한 주장이 정치적 이념으로부터 결코 자유롭지 못하다. 그런 점에서 복지국가의 지속가능성에 대한 문제는 보다 폭넓은 이념적 작용들까지를 포함해서 검토될 필요가 있다.

2) 국가 관료제의 문제

복지국가는 국가 차원의 공동체를 운용하는 것이다. 전체 국민을 하나의 공동체 체계로 구성하고 관리하려면, 국가 단위로 통일된 제도적 기제가 필요하다. 성문화된 법 체계와 이를 집행할 정부 조직이 그런 필요에서 강조된다. 정부 조직은 원리적으로 관료제(bureaucracy)에 입각한다. 20세기 중반 이후 복지국가들이 확장되면서, 관료제적 정부 조직이 함께 확대되었던 이유도 그와 같다.[10]

> 관료제 정부가 아니라면 5천만 국민 전체를 일종의 멤버십으로 묶어서 관리하거나(사회보험), 어떤 지역의 장애인 한 사람이 받는 사회적 돌봄을 전국의 기업이나 임금소득자로부터 일괄적으로 거둔 세금으로 감당하게 하는 것(공공부조)은 불가능하다.

모든 조직에서 그렇지만, 정부 조직도 규모가 커질수록 구성원들의 창의성이나 자발성에 의거해 업무를 수행하기가 더 힘들어진다. 대규모 조직을 한 몸체로 움직이게 하는 효과적인 방법 중 하나는 미리 제정한 규칙을 통일적으로 적용하는 것이다. 특히 분업화된 사회에서는 미리 정해진 규칙이 없으면 수많은 사람이 협업을 할 수 없다. 이처럼 사전 규칙의 원리가 적용되는 조직 방식을 관료제라 하는데, 정부 조직이 대표적으로 이에 의거해서 국가 단위의 거대 공동체를 구축하고 운용할 수 있다.

관료제의 사전 규칙 제정과 엄정한 준수는 대규모 조직의 운용을 가능케 하는 핵심 원리이지만, 한편으로 이것은 관료제가 초래하는 많은 폐해의 근원이기도 하다. 관료제 조직은 사전 규칙의 형식이나 절차에 얽매이게 되기 쉽고, 대표적으로 레드 테이프(red-tape) 문제와 같은 폐해를 초래하기 쉽다.[11] 이는 조직의 규칙이 점차 세세하고 복잡해지면서 비능률이 과대해지는 현상을 말한다. 이러한 폐해들이 궁극적으로는 관료제 조직을 목적과 수단이 뒤바뀌게 되도록 만든다.

영화 〈나, 다니엘 블레이크〉에서는 영국 복지국가의 관료주의 병폐 문제를 적나라하게 보여 준다. 복지제도가 지나친 관료주의적 행정 절차로 인해 본래 그것이 의도했던 사회적 안전망이라는 역할 수행에 어떻게 실패하고 있는지를 알 수 있다. 건강에 문제가 있었던 다니엘은 적시에 도움을 받을 수 있었으면 일상을 어느 정도 회복할 수도 있었는데, 경직적인 행정 절차와 기준에 막혀 국가로부터 도움을 받지 못하고 결국 죽고 만다.

서커스에서 공중곡예를 하는 사람들에게 쳐놓은 그물을 안전망이라 한다. 이 그물을 쳐두는 목적은 곡예사가 실패를 걱정하지 않고 공중곡예를 잘할 수 있게 하려는 것이다. 그런데 안전망에 관한 규칙(예: 떨어지는 시기나 방법, 절차 등)을 미리 엄격하게 만들어 두면 곡예사들은 과연 안심하고 공중곡예에 전념할 수 있을까.

20세기 중반 복지국가는 국가 차원의 공동체를 조직하기 위해 관료제 정부를 필요로 했다. 복지국가가 확장되면서는 자연스레 정부 조직도 함께 확장되었다. 이 과정에서 복지 공급이 관료제 방식으로 조직화되고, 이로 인한 폐해들이 커지게 되었다.

복지국가의 관료제적 조직의 한계는 근래 보편적 사회서비스가 확장되면서 한층 더 두드러져 나타난다. 돌봄이나 교육, 고용, 치료, 재활 등에서의 보편적 사회서비스는, 생계 보호를 위한 현금급여 제공 서비스와는 달리, 휴먼서비스로서의 속성을 강하게 띤다. 휴먼서비스의 효과성은 주로 서비스 제공자와 수급자 간 긴밀한 대인적 관계를 통해 달성된다. 이 관계의 상황은 개별 서비스들마다 제각기 개별적인 성격을 가지므로, 이런 특성의 사회서비스를 유효하게 만들려면 서비스 전달체계가 개별성과 융통성의 원리를 허용할 수 있어야 한다.

문제는 이것이 관료제 조직의 엄정한 사전 규칙의 준수 원리와 상충된다는 것이다. 예를 들어, 의사가 환자를 치료하고, 교사가 학생을 가르치고, 사회복지사가 아동을 돌보는 일은 활동 과정 자체가 핵심 부분이다. 이러한 활동의 과정을 관료제적 사전 규칙을 만들어 작동시키기는 어렵다. 이 과정은 서비스 제공자와 대상자 각자의 개별적인 특성, 그리고 이들 간 관계가 발전해 가는 특성에 따라 상당히 개별화된 양상을 띤다. 이런 상황은 사전에 예측되고 설정된 규칙들로 통제하는 관료제 조직 방식이 적용되기 어렵다.

복지국가의 관료제적 정부는 그 자체가 문제는 아니다. 21세기 복지국가들에서 보편적 사회서비스를 대거 확장해 가는 국면에서도 이는 마찬가지다. 국가 전체적으로 복지 서비스의 필요성을 확인하고, 서비스 공급의 틀을 만들어 내는 데는 복지국가의 관료제적 정부가 필히 소용된다. 그럼에도 사회서비스와 같은 경우에는 그 실행이 효용성을 드러내게 하려면, 휴먼서비스적 본질이 구현되는 현장 가까운 곳에서는 가능한 한 관료제 정부 방식이 최소화될 필요가 있다. 이는 복지국가의 확장을 통해 복지국가의 성격을 줄여야 하는 딜레마적 상황을 초래한다.

복지국가의 운영에서 관료제적 정부는 일종의 필요악과도 같다. 관료제 정부는 거대 국민 공동체를 조직하고 운영하는 데 불가피하지만, 그럼에도 형식주의와 목적 전도, 휴먼서비스와의 부정합 문제 등과 같은 폐해를 발생시킬 수 있다. 20세기 후반부터 점차 거세지는 복지국가에 대한 비판 중 상당 부분은 이러한 관료제적 정부의 딜레마에 집중된다. 복지국가의 대안적 방향 중 하나로 '거버먼트(government)에서 거버넌스(governance)로' 이행해야 한다는 주장도 이러한 맥락에서 나타난다.[12]

3) 산업주의와 휴먼서비스 문제

복지국가에 대한 비판은 서비스 공급 방식의 문제로부터도 나온다. 서비스들의 생산과 소비가 지나치게 산업주의 방식으로 이루어지고 있다는 것이다. 산업주의란 산업화 방식을 지향하는 이념이다. 어떤 사회에서나 사람들이 살아가려면 재화나 서비스가 생산되고 소비되어야 한다. 이러한 생산과 소비가 이루어지는 방식은 사회들마다 다르다. 공동체주의는 공동체 구성원의 범주에서 생산과 소비가 통합적으로 이루어지는 방식에 대한 믿음이다. 이와 달리, 산업주의는 대규모의 국가나 시장 구성원들을 범주로 해서 생산과 소비가 분화되는 산업화 방식에 대한 믿음이다.

산업화 방식이란 재화나 서비스에 대한 생산과 소비가 각기 다른 사회 단위들에서 분리되어 이루어진다. 물건을 만드는 사람, 파는 사람, 나르는 사람, 소비하는 사람이 각기 분리된다. 어떤 사회에서든 이러한 분리된 단위들은 연결되어 최종적으로는 생산과 소비가 순환되도록 해야 하는데, 이러한 기능을 대표적으로 시장이나 정부가 수행한다. 시장에서는 '가격', 정부에서는 '배분'의 기제가 작용한다. 이러한 산업화 방식은 농경사회에서의 가족이나 오늘날의 협동조합 등이 생산과 소비를 함께 하는 공동체적 방식과는 현저하게 다른 것이다. 현대의 산업사회라 하면 이러한 산업주의에 기초해서 대부분의 사회 부문이 작동하는 것을 뜻한다. 이는 영리 부문의 기업 활동에만 국한되지 않고, 정부나 비영리 부문에도 그대로 적용된다.[13]

현대의 복지국가도 산업주의에 포섭되어 있으므로, 서비스 공급의 방법은 여지없이 산업화 방식이 되기 쉽다. 복지국가의 여러 공급물 중에서도 휴먼서비스 속성의 사회서비스에서는 이러한 산업주의 생산 방식이 상당한 문제를 드러낸다. 휴먼서비스의 소비자는 한 사람의 인간으로서 개별화된 욕구가 전일적(holistic, 全一的)으로 다루어져야 하는데, 산업주의 방식으로는 이렇게 서비스가 생산되기 어렵기 때문이다. 비록 이런 방식으로 사회서비스 생산을 늘리더라도, 소비자의 실질적인 효용은 증가되지 않을 수 있다.

어린이집에서 일정 시간의 표준화된 돌봄 서비스를 제공하고, 방과후 돌봄 서비스들도 적절히 제공되고 있으며, 아동 상담센터가 상담 서비스를 열심히 하고 있고, 아동학대보호 기관도 제 몫의 역할을 다하고 있고, 장애 아동을 위한 치료 프로그램 등도 모두 각기 적절히 수행되고 있다고 하자. 그럼에도 보육과 방과후 돌봄, 상담, 학대 예방, 장애 치료 등의 필요를 통합적으로 가진 아동이나 가족이 자신들의 개별적인 상황에 맞게 욕구를 충족할 수 있을지는 확신할 수 없다. 분리된 생산자들 각자는 자신들에게 규정된 서비스 품목의 생산에 집중해야 하므로, 다른 서비스들과 연결하거나 개별 아동의 상황에 맞추어 통합적으로 서비스를 제공하는 것 — 그래야만 휴먼서비스로서의 실질적인 효용이 나타나는데도 불구하고 — 이 현실적으로 어렵기 때문이다.

이러한 산업주의적 생산 방식으로 인한 생산자와 소비자 부문 간 분리는 휴먼서비스에서 다양한 문제를 야기한다. 대표적으로는 사회서비스 공급에 소요되는 전체 사회적 비용을 크게 증가시킨다. 생산자와 소비자 부문이 멀리 분리되어 있으므로, 이들 간의 관계를 잇는 과정이 사람들 간의 단순한 신뢰에 기반하기 어렵게 된다. 보다 엄격한 규칙과 절차, 공식적인 계약 등에 의존할 수밖에 없으므로, 여기에서 높은 거래비용이 발생하는 것이다.

2020년 초 코로나19 감염병이 발생하면서 산업주의 방식으로 작동하던 대부분의 사회복지 기관이 일시에 서비스 생산 기능을 상실하는 사태가 발생했다. 예를 들어, 장애인복지관의 경우에 장애인 이용자에게 돌봄이나 재활 서비스를 전면 제공할 수 없게 되었다. 중요한 이유 중 하나는, 만약 서비스 이용 도중 감염자가 발생했을 경우 누가 어떻게 책임을 져야 할지 — 이용자? 이용자의 보호자? 서비스 담당자? 관장? 복지관? 운영법인? 구청? 시청? 보건복지부? 대통령? — 에 대한 공식적인 규약이 성립되기 힘들었기 때문이다. 이로 인해 장애인 당사자와 가족의 고통이 크게 증가했으며, 장애인 생존권 보장을 위해 필수불가결했던 서비스

조차 제대로 제공하지 못했다는 사회적 열패감이나 좌절감이 사회복지 현장에서 크게 증가했다. 이런 것들은 모두 사회적 비용이 된다. 만약 가족이나 공동체 생산 방식이었다면, 이런 비용은 크지 않았을 것이다.

이러한 문제에도 불구하고, 복지국가에서는 국가 공동체 대상의 대규모 서비스를 공급하기 위해 산업주의 생산 방식이 불가피한 측면이 있다. 산업주의는 정부 조직의 관료주의와도 결합되기 쉽다. 둘 다 분업화와 표준화에 대한 믿음에 기초하기 때문이다. 현재로서는 복지국가의 관료-산업주의 기반을 대체할 수 있는 대안적 방향조차 뚜렷하게 모색되지는 않고 있다. 그럼에도, 비록 전면적은 아닐지라도 사회복지 서비스 공급에서 가능한 산업주의 방식의 한계를 극복하는 대안을 찾는 노력이 경주되고 있다.

현재까지 산업주의의 대안으로 가능성을 가장 높게 인정받는 것은 공동체주의다. 공동체주의는 산업주의와 다른 점이 생산과 소비가 공동체 안에서 분리되지 않는다는 점이다. 혹은 분리되더라도 거리가 최소화되어 거래비용이 높지 않게 된다. 공동체주의 생산 방식은 그 자체로서 복지의 효과 — 소외 방지, 소속감 부여, 사회자본 확충 등 — 를 기대할 수도 있다. 이에 따라 가능한 최대로 공동체주의 방식을 복지국가에 주입하여 기존의 산업주의 방식 일변도의 용모를 탈피해 보려는 시도가 나타나게 된 것이다.

아동의 사회적 돌봄을 산업주의적 방식으로 접근하는 것이 '어린이집' 서비스라면, '공동육아 나눔터'의 경우는 공동체주의에 가깝다. 여타 사회서비스들의 경우에도 공동체 구성원들 간 품앗이나 협력, 참여 등을 통해 생산과 소비를 가능한 한 근거리 관계에서 충족되게 할 수 있다. 근래 우리나라에서 커뮤니티 케어 혹은 지역사회 통합 돌봄 정책이 강조되고 있는 것도 일정 부분 이러한 공동체주의적 지향에 대한 관심을 반영한다.

영국 노동당이 채택한 기든스(A. Giddens)의 '제3의 길'에 대한 대안도 이러한 산업화 방식 일변도의 복지국가에 대한 반성과 맥락을 같이 한다. 케인즈-베버리지식 공공 주도의 복지국가 모형(제1의 길), 이를 벗어나고자 시장의 역할을 확대했던 신자유주의적 복지국가 모형(제2의 길)은 비록 두 길이 극명하게 다른 것처럼 여겨졌지만, 두 길 모두가 공통적으로 산업주의 생산 방식에 귀속되어 있었다는 점은 공통된 한계였다. 그래서 제안되는 제3의 길은 정부나 시장만이 아닌 지역사회나 다양한 사회적 연대 등의 공동체주의 기반을 가능한 한 복지국가 체제에 편입하려는 것이다.[14]

그럼에도 현실적으로 공동체주의가 복지국가의 생산 방식을 전면적으로 대체할 수 있는 성격은 아니다. 제3의 길이라고 해서 제1, 2의 길을 버리고, 독자적으로 작동하는 전면적인 대안이 되기는 힘들다는 것이다. 다만, 현재와 같은 산업주의 방식만으로는 변화되는 복지서비스 환경을 감당하기 어려우므로, 이를 보완하는 차원에서 공동체주의 방식의 편입이 추진되고 있다.

4. 우리나라 복지국가의 장래

20세기 후반 이후로 대부분의 나라는 전형적인 '사후 소득보장을 위주로 하는 관료-산업주의' 모형의 복지국가를 탈피 혹은 변화시키려는 경향을 보이고 있다. 그에 따라 복지국가에 관한 다양한 대안적 접근이 모색되어 왔다. 근래 우리나라에서는 복지 문제와 필요의 성격이 급속히 변화함에 따라, 복지국가의 대안 찾기 노력도 더욱 활발해지고 있다.

1) 복지의 성격 변화

근래 우리나라 사회 문제의 성격은 급속히 변화하고 있다. 1950년 한국전쟁 이후 수십 년간을 지속해 온 거대 사회악으로서의 절대 빈곤을 산업화 경제 성장을 통해 벗어났지만, 2000년대 전후에 이르면 이미 그 같은 빈곤 문제와는 아예 차원이 다른 후기산업사회형 문제도 급격히 등장하게 된다. 신경제가 초래하는 경제와 복지의 이완, 저출산·고령화 등의 인구사회적 변화, 여성과 가족 성격의 변형 등이 대표적이다. 이들을 보통 '신사회적 위험'이라고 부른다.[15]

지식서비스 산업 경제로 일컬어지는 이른바 '신경제'에서는 경제성장과 복지가 더 이상 자연스럽게 연동되지 않는다. 경제성장과 복지를 잇는 고용 확대라는 연결 고리가 이완(decoupling)되기 때문이다. 지식서비스 산업(정보통신, 바이오, 디지털정보 서비스 등)에서는 기업이 성장하는 만큼 고용이 확대되는 폭이 크지 않다. 국가 경제에서 지식서비스 산업이 차지하는 비중이 커질수록, 경제와 고용의 연결고리가 약화된다. 이에 따라 안정된 고용에 기초했던 사회보장 제도가 타격을 받게 된다.

저출산·고령화의 문제는 복지국가의 제도적 성립 자체를 위협한다. 복지국가란 국가사회 차원에서 상호부조 기능이 작동되는 공동체와 같다. 이러한 국가 공동체에서 상호부조는 '세대 간' 계약으로 기능이 수행되는 부분이 크다. 국민연금이나 노인장기요양보험 제도 등이 대표적이다. 그런데 이와 같은 세대 간 상호부조의 공동체적 복지 기능이 저출산과 고령화로 인해 붕괴될 위기에 놓인 것이다.

> 노년부양비의 급격한 증가 추세는 세대 간 상호부조 방식의 사회복지 제도를 작동되기 어렵게 한다. 즉, 젊은 세대가 자신을 양육해 주었던 노년 세대를 부양하고, 이것이 다시 다음 세대로 되풀이되는 방식의 사회복지 제도가 지속되기 어렵다는 것이다. 국민연금은 상당 부분 세대 간 소득보장의 계약 제도의 성격을 가진다. 저출산으로 인해 기여금을 납입해야 할 세대의 인구 수가 감소하는 한편으로 고령화로 인해 수급자 세대의 인구 수는 늘어가게 되면, 연금 재정의 고갈이 불가피하게 된다. 이로 인해 세대간 상호부조의 사회복지 계약이 붕괴될 수 있다.

가족과 여성 인구의 급격한 성격 변화도 현재 우리나라 복지국가의 기조를 전환해야 할 필요성을 압박하고 있다. 전통적으로 아동이나 노인, 장애인 등에 대한 돌봄은 가족 내 여성 인구에 의해 수행되어 왔다. 이를 위해서는 가족이 적정한 규모로 형성되어 있어야 하는데, 적어도 돌봄을 하는 사람과 그 사람을 또한 부양할 수 있는 사람이 있어야 하기 때문이다. 예를 들어, 엄마가 돌봄자라면 누군가는 엄마를 돌봄에 전념할 수 있게 부양해야 한다. 이러한 경제적 조건 이외에도 가정 안에서 돌봄 역할자가 자신들의 역할을 가치 있는 것으로 여길 수 있는 문화적 기반도 건재해야 한다.

우리나라에서는 현재 이 두 가지 조건 모두가 급격히 충족되지 못하고 있다. 1인 가구가 이미 전체 가구 유형 중 30%를 넘어서면서 급증하고 있으며, 여성 인구의 시장노동 참여는 이미 보편적인 추세가 되었다. 그로 인해 우리나라 복지국가는 이러한 '탈가족화'에서 초래되는 막대한 돌봄 수요까지를 빠른 속도로 '사회화'해야 하는 과정에 있다. 그로 인해 출산을 비롯해서 양육이나 돌봄 등이 전통적인 가족의 기능과 책임의 범주에서 벗어나 보다 확대된 범주의 사회적 차원으로 급속히 이동하고 있다. 출산장려금이나 아동 수당, 보육료 지원 등에서부터 노인장기요양, 장애인활동지원, 심지어는 결혼이주여성 정책 등에 이르기까지 이러한 보편화된 사회적 돌봄의 막대한 수요는 이전의 전형적인 소득보장 위주의 복지국가 모형에서는 상상되기 힘들었던 것이다.

21세기 한국 사회가 처한 이러한 '신경제'와 '인구 및 가족의 성격 변화' 등으로 초래되는 사회 문제들은 빈곤과 돌봄에 대한 새로운 방식의 사회적 개입을 필요로 한다. 문제는 이것이 단순히 복지국가의 기능 확장만으로 해결되지 않는다는 점이다. 오히려 전형적인 복지국가의 양식을 확대하는 것은 신사회적 문제들을 보다 악화시킬 소지조차 있다. 예를 들어, 실업률의 증가로 인해 발생한 빈곤 문제는 기존 복지국가의 사회보험 방식으로는 해결할 수 없다.[16] 저출산과 고령화, 사회적 돌봄의 문제도 마찬가지로 개인들에게 단순히 현금 이전을 늘린다고 출산이 증가하거나, 돌봄을 더 잘 받을 수 있게 만들 수는 없다. 오히려 현금 이전의 지원 확대가 전통적인 사회적 돌봄의 관계를 악화시킬 가능성도 있다.[17]

현재 우리나라 복지국가가 당면한 과제는 단순히 국가적 복지를 더 확장하는 것이 아니라, 그러한 확장의 올바른 방향을 찾는 것에 있다. 기존의 소득보장 방식으로 산업사회적 문제를 해결해야 하는 영역도 여전히 남겨져 있지만, 신사회적 위험 문제에 대응하기 위해 새로운 접근이 강구되어야 할 영역 또한 급격히 확장되고 있는 것이다. 새로운 사회 문제에는 이런 특성의 문제에 부합하는 방식의 복지국가 대응책이 필요하다. 이런 인식에 따라 2000년대 이후 우리나라에서는 복지국가의 대안 찾기가 활발하게 시도되고 있다.

2) 대안적 접근

복지국가의 대안적 접근이란 복지국가의 필요성이나 존립 자체를 부인하는 것이 아니다. 영국을 비롯해서 복지국가 축소를 표방한 나라들에서조차 현재까지 복지 공급 자체가 축소되었다는 증거는 많지 않다. 다만, 새롭게 변용되는 복지 수요 환경의 특성에 따라, 기존 복지국가의 공급 내용이나 방식을 변화시키려는 시도들이 대부분이다. 우리나라 복지국가도 유사한 맥락에서 대안 접근들이 모색된다.[18]

(1) 사회투자국가

'사회투자'국가란 전형적인 '복지'국가에 대응하는 뉘앙스를 가진다. 기존의 복지국가 모형과 사회투자 모형은 국가적 복지 기능의 초점을 어디에 둘 것 지에서 차이가 난다. 사회투자(social investment)국가의 관점에서는, 복지(welfare)국가의 전형적인 '복지'가 지나치게 사후적 보상이나 지원, 보충에 초점을 두었다고 본다. 연금이나 고용, 산업재해는 모두 정규 소득이 중단된 후에야 작동되는 보장 체계이고, 공공부조 역시 입증 가능한 정도의 저소득 상태에 빠진 후에만 지원체계가 작동한다.

이러한 성격의 복지국가의 사회적 안전망은 일차적으로 재정 수지의 건강성을 악화시키기 쉽다. 공공부조의 대상자들은 빈곤의 함정에 갇히기 쉽고 ― 소득이 늘어나면 수급 대상에서 탈락하기 때문에 저소득을 유지하려 한다 ―, 그 결과 복지국가의 의존성 문제가 커진다. 이것이 만성적 실업의 경제 구조와 결합되면, 복지국가 유지를 위한 재정의 결손 문제가 심각해지는 것이다.

사회투자국가 관점에서는 복지국가가 이와 같은 사후적인 사회안전망의 체제에 주력함으로써 재정적 지속가능성을 약화시켜 왔다고 본다. 그러므로 복지국가의 패러다임 자체를 사후 보장에서부터 사전 예방으로 전환해야 한다고 주장한다. 아동이나 청소년의 건강, 발달, 돌봄을 지원해서 이들의 장래 역량을 강화하는 것, 청년의 주거나 고용을 적극적으로 지원하는 것, 가족의 출산을 장려하고 지원하는 것, 장애인의 자립 생활을 지원하거나, 노인들의 지역사회 돌봄 기제를 강화하는 것 등이 모두 사회투자의 관점에서 유효한 복지 접근이다. 이러한 지원들은 장기적으로 초래될 문제들을 예방해서 복지국가의 재정 건전성과 지속가능성을 높일 것으로 기대된다.

만약 이러한 투자 노력이 없다면 그로 인해 장차 발생하게 될 막대한 문제들을 사후적으로 보장해야 하고, 여기에는 보다 더 큰 사회적 비용이 들 수밖에 없다. 그러므로 선제적으로 사회투자적 차원의 복지 정책을 확대할 필요가 있다는 것이다. 예를 들어, 아동의 무상급식이나 청년의 주거 지원은 과거의 복지 개념에서는 국가의 책무로 간주되지 않았다. 그러나 이 같은 투자가 이루어지지 않아서 그들이 사회 의존적 인구 ― 비행이나 실업 등으로 사회적 통제나 지원 대상 인구로 되는 것 ― 로 전락하는 경우에, 어차피 이들에 대한 지원은 국가의 책무가 되고 따라서 훨씬 더 큰 사회적 비용이 지불되어야 한다.

기존 사후 소득보장 위주의 복지국가 모형으로는 이러한 사회적 비용에 대응할 수 있는 방안이 없다. 오히려 이 모형만으로 복지국가를 확장하면, 예방되지 못한 사회 문제들은 더 많이 쌓이게 된다. 그 결과, 문제 발생 인구가 늘어나는 만큼 사후 보장도 늘어나야 하므로, 비록 복지국가의 외형은 다시 확장되겠지만 국가적 복지 공동체의 실제 건강 상태는 더욱 악화된다. 사회투자국가는 국가적 복지 공동체를 건강하고 지속가능하게 만들기 위해서는 국가가 사전 예방적 투자 활동에 대한 비중을 높여야 한다고 본다.

사회투자국가는 인적 자본에 대한 투자를 가장 강조하는데, 국가의 기간산업 활성화를 위해 도로나 통신망 등 사회간접자본(SOC)에 대해 투자해야 하는 것과 같은 맥락이다. 이러한 인적 자본의 투자는 대개 현금 이전보다 대인적 휴먼서비스 형태로 이루어지므로, 서비스 분야의 노동 집약적 특성에 따른 막대한 일자리 창출이라는 경제적 효과도 추구할 수 있다. 사회투자국가는 신경제의 고용 축소 문제를 해결할 수 있는 대안으로서도 유효할 수 있다는 것이다.

사회투자국가는 궁극적으로는 이중적인 복지 효과를 기대한다. 즉, 사회 문제 예방 효과로 인한 사회적 비용을 절감하면서, 동시에 일자리 창출로 고용·복지 시스템을 건전화하는 것이다. 우리나라에서도 2000년대 이후 복지국가의 영역이 주로 보편적 사회(돌봄)서비스를 중심으로 확장되었는데, 그 배경에는 이러한 이중적 복지 효과를 기대하는 사회투자국가의 논리가 작용해 왔다.

(2) 거버넌스

거버넌스란 국가 운영의 한 접근 방식으로, 거버먼트(정부) 접근 방식과 대조되는 의미다. 집권화된 정부를 분권화한다거나 정부 부문 이외에도 민간이나 시민사회 등 여러 부문이 참여해서 국가 운영을 '협치(協治)'하는 방식을 뜻한다. 전형적인 관료제 정부는 통치 구조 ― 모든 조직에서 필요한 '명령–따름'의 작동 기제 ― 의 기반을 합리적 규칙과 수직적 위계에 둔다. 정부 조직에서는 중앙집권 등으로 위계의 거리가 늘어나고, 규칙들은 더 복잡하고 경직되기 쉽다. 그에 따라 관료제적 폐해들도 따라서 증가한다. 이 같은 성격의 정부는 특히 휴먼서비스 속성의 사회서비스를 생산하는 데는 한계를 가진다.

휴먼서비스가 실효적으로 생산되려면, 개별적인 현장의 상황이나 대인적 관계의 진행에 따른 탄력적, 즉응적인 대응들이 긴요하다. 서비스가 생산되는 현장과 멀리 떨어져 있는 중앙정부는 이를 감당하기 어렵다. 이런 이유로 근래 우리나라 복지국가의 운용에서 사회서비스 형태의 공급 비중이 늘어나면서, 관료제 정부의 한계도 더욱 부각되고 있다. '거버먼트에서 거버넌스로'의 대안적 접근이 이런 맥락에서 등장하게 된다. 이에 따라 복지국가의 운용 기조가 중앙집권 정부의 '통치'보다는 분권화된 지방정부들, 여러 민간 부문, 시민사회 등과의 '협치'를 강조하는 방향으로 이행되고 있다.

정부 부문에서는 1990년대 지방자치제도의 도입으로 거버넌스의 일차적 환경이 마련되었고, 2005년에는 사회복지 서비스의 상당 부분이 중앙정부에서 지방정부로 이양되었다. 사회복지 분야에서 민관 협력은 외형적으로는 일찍부터 시작되었지만, 내실 있는 거버넌스는 여전히 제대로 구축되지 못하고 있다. 이에 거버넌스의 실효적 의미를 강화하기 위한 방안들이 모색되고 있다.[19)]

(3) 커뮤니티 접근

커뮤니티(community) 접근은 공동체주의의 일종으로, 산업주의와 대조되는 접근이다. 기존 복지국가 모형에서 드러나는 산업주의 서비스 생산 방식에 따른 문제나 한계에 대응하기 위한 것이다. 복지국가의 커뮤니티 접근 역시 기존 산업주의 접근을 전면 대체하는 것이 아니다. 그보다는 커뮤니티 접근이 보다 유효할 수 있는 복지국가의 영역을 찾거나, 기존 산업주의 생산 방식의 문제를 완화하는 대안으로서 중요성이 있다.

> 종합사회복지관에서는 독거노인의 취사 어려움과 이웃관계의 단절에 대한 문제를 해결하기 위해 마을식당을 운영한다. 마을식당에서 식사 끼니도 해결하고, 오가며 이웃과도 교류하게 하는 것이 목적이다. 전형적인 산업주의 생산으로 이 마을식당 서비스를 운영하려면, 식당 운영의 노하우를 가진 인력을 고용하거나 외부 업체에 용역을 맡길 수 있다. 비용도 절감되고, 위생이나 식사의 질도 좋아지기 때문이다. 그런데 문제는 이 과정에서 노인들은 수동적인 소비자가 된다.

> 여기에 커뮤니티 접근을 개입시키면 어떻게 될까. 그러면 마을식당을 자치 방식으로 전환해서 노인들이 식단 결정에서부터 취사, 설거지 등까지에 가능한 한 참여하게 할 수 있다. 외부 업체에 맡기는 것보다 비용은 더 많이 들고, 위생문제가 발생하거나 음식의 질도 더 낮아질 수는 있다. 그럼에도 이런 공동체 방식의 과정에 참여하는 노인들은 자발적 교류를 통해 지역이나 공동체에 대한 소속감이나 권능감(empowerment)을 높일 수 있다. 비록 이러한 성과를 계량적으로 보여 주기는 쉽지 않으나, 그럼에도 이러한 방식은 '의존'이 아닌 '자유'의 증진이라는 원래의 사회복지 목적을 진정으로 달성할 수 있다.

사회적 돌봄에는 일정 정도의 커뮤니티 기능이 필수적이다. 사람들의 삶에는 지역사회 공동체 등의 중간자적 집단이 필요하다. 의존과 피의존을 반복하는 사람들의 생애 과정에서, 필요한 모든 상호부조의 기능을 산업화된 복지서비스들에 맡기는 것은 불가능할뿐더러 위험한 일이기도 하다. 그나마 물질적 차원에서는 가능할지 몰라도, 소속감이나 자기 인정, 자유 등과 같은 사람들의 삶의 질이나 행복감을 지배하는 사회적 차원의 필요들은 산업주의 서비스들로 충족되기 힘들다.

> "코탐(H. Cottam)은 영국에서 외로움으로 인한 사망이 흡연으로 인한 사망보다 더 크고 위험한 문제라고 한다. 외로움이란 사람에게 관계에 대한 본능적인 욕구가 충족되지 못해서 나타나는 고통이다. 이런 고통은 이제까지의 복지국가라는 관료제적 서비스 공급으로 해결되지 못한다. 코탐은 가장 중요한 이유로 복지국가의 제도들이 모두 인간 본성에 대한 잘못된 가정 위에서 설계되었기 때문이라고 보았다. 즉, 인간을 지나치게 호모 이코노미쿠스(경제적 인간)로만 간주했다는 것이다. 근대 '복지국가'의 디자이너나 마찬가지였던 베버리지조차 말년의 저작에서는 '자신이 끔직한 실수를 저질렀다'고 고백한 바도 있었다 한다. 그것은 사람들의 필요(욕구)를 지나치게 개인적이고 물질적인 것으로만 다루었다는 것이었다."[20]

커뮤니티 접근의 핵심은 공동선의 추구를 위한 비공식적 규범과 협력, 참여의 기제를 통해 생산자와 소비자 간 거리를 줄이는 것에 있다. 이렇게 서비스 생산자와 소비자 간 거리를 좁힘으로써 산업생산 방식이 가지는 높은 거래비용, 즉 공식적인 계약 체결과 관리, 평가 등에 수반되는 다양한 행정 비용을 줄일 수 있다. 커뮤니티 접근은 나아가 참여자들 간 협력과 신뢰를 통해 사회자본을 축적하는 효과도 만들어 낸다. 그러므로 결과적으로는 비용-효과성이 높게 나타날 수 있다.

이와 같은 장점에도 불구하고 커뮤니티 접근을 실행에 옮기는 데는 상당한 한계가 있다. 이 접근은 상대적으로 소규모 사회에서만 실행이 가능하며, 특정 서비스 영역이나 지역에서의 성공적인 모형이 타 지역이나 타 서비스 영역으로 전이되기도 쉽지 않다. 예를 들어, 지역사회 공동체를 구축하는 작업은 특정 지역사회 주민들의 성격이나 역사적, 문화적 경험 등이 작용하고, 여기에 개입하는 주체(예: 사회복지사나 지자체 공무원 개인)의 특수성도 중요하게 간여한다. 그러므로 일반화된 정책 모형을 도출하기가 쉽지 않다는 한계가 있다.

이런 한계들에도 불구하고 현재 대부분의 복지국가에서는 커뮤니티 접근을 중요한 대안으로 강조하고 있다. 우리나라의 경우에도 이와 유사한 맥락에서 커뮤니티 케어('지역사회 통합돌봄')의 정책이 본격적으로 전개되고 있다. 커뮤니티 접근의 복지 정책이 성공하기 위해서는 커뮤니티 구성원의 참여가 근원적으로 중요하다. 커뮤니티 접근의 대안은 단순히 복지 공급의 전달체계를 지역으로 이전한다는 의미와는 다르기 때문에, 그 본원적 대안 취지로서의 '주민'과 '공동체'의 속성을 복지에 접목하는 노력이 강화될 필요가 있다.[21]

1) 1980년대 이후 소위 '탈복지국가' 논의가 등장하는데, 이때 벗어나고자 하는 복지국가는 협의적 개념으로서 제2차 세계대전 이후 서유럽 국가들에서 형성된 독특한 모형의 국가 형태를 말한다. 탈복지국가가 국가의 복지 기능 자체를 뜻하는 광의의 복지국가를 벗어난다는 것은 아니다. 참고: Pierson, p. (1996). 'The new politics of the welfare state'. *World Politics*, 48(2), pp. 143-179.

2) 자선은 또한 수급자에게 부정적 낙인을 부여하는 경향이 있고, 이를 통해 적절한 수요의 통제와 효율성을 강조하는 방식의 사회복지 공급이 의도된다. 19세기 영국의 COS(자선조직협회)의 주요 이념도 이와 같다.

3) 예를 들어, 영국의 경우에는 제2차 세계대전 중 국민을 전쟁에 동원하기 위해 국가 공동체로서의 약속이 필요했던 점, 경제적 부흥을 위해 수요 자극이 필요하다는 케인즈(Keynes) 경제학의 영향, 당시 동구권 공산주의로부터 노동자들의 동요를 막기 위한 필요성 등이 복합적으로 작용했다.

4) 복지 의존성(welfare dependency)이란 사람들이 복지 수급에 의존해서 복지로부터 벗어나지 못하는 것을 말한다.

5) 김영종 편역(2014). 복지사회의 개발: 지역 및 공동체 접근. 학지사.

6) 탈상품화라는 개념은 마르크스(K. Marx)의 자본주의 노동 이론에서 근원한다. 구체적으로는 폴라니 〈Polanyi, K. (1944). *The Great Transformation: Economic and Political Origins of Our Times*. NY: Rinehart〉와 오페 〈Offe, C. (1984). *Contradictions of the Welfare State*. London: Hutchinson〉에 의해 개발되고, 에스핑 앤더슨 〈Esping-Andersen, G. (1990). *The Three World of Welfare Capitalism*. Princeton Univ. Press〉이 정교화하여 널리 알려지게 되었다. 이 개념은 마샬 〈Marshall, T. (1950). *Citizenship and Social Class*. Cambridge University Press〉이 체계화한 사회적 권리, 즉 사회권(social right)의 구체적이고 계량적인 표현과도 같다.

7) 예를 들어, 실업(고용)보험의 경우, ① 평균소득 노동자가 실업 후 26주까지 받는 실업수당의 소득 대체율, ② 실업수당에 대한 수급 자격을 얻는 데 필요한 최소한의 보험료 납입 기간, ③ 실업수당을 지급받을 때까지의 대기 기간, ④ 총 수급 가능 기간을 지표로 구성했다. 참고: Esping-Andersen, *The Three World of Welfare Capitalism*; Esping-Andersen, G. (1996). *Welfare States in Transition: National Adaptations in Global Economies*. London: Sage.

8) 18개 국가를 분석 대상으로 하였으나 복지 레짐의 특성이 가장 뚜렷하게 나타난 국가들은 12개 국가 정도로 요약될 수 있다.

9) 과거의 산업은 제조업 공장에서 대규모의 사람들이 일하는 모습인데, 이러한 공장의 모습은

곳곳에 늘어선 공장의 굴뚝들이 상징했다. 그래서 제조업 중심의 대규모 고용을 통해 경제가 작동하는 이미지를 '굴뚝경제'로 부른다. 20세기 후반 이후 후기산업사회 혹은 탈산업사회의 성격을 규정하는 '지식 경제' '서비스 산업'과 대조되는 의미다.

10) 비록 21세기에 들어서면 정보통신기술의 발달로 인해 관료제 정부 이외의 가능성들도 대두되고 있지만, 그 안에서도 대규모 구성원들을 일관된 규칙으로 통일성 있게 관리하려면 관료제적 조직 원리는 불가피하다.

11) 레드 테이프란 관료제의 부작용에 대한 개념으로, 과거 방대한 양의 정부 문서를 붉은 끈으로 묶었던 것을 빗댄 것이다.

12) 거버넌스란 복지국가의 운용을 기존의 거대 관료제 정부에 의존하던 것에서부터 지방자치제나 다양한 민간 부문과의 연계와 협력을 통해 추구하는 방식을 말한다. 이에 대해서는 이 책 13장 사회서비스와 거버넌스에서 자세하게 설명한다.

13) 정부의 각종 서비스들도 대개는 이 같은 산업주의 방식의 생산 원리에 근간한다. 다만, 산업을 운영하는 방식이 시장 규칙이 아닌 정부나 공공기관의 규칙에 따른다는 차이만 있을 뿐이다. 국민에게 제공될 서비스 품목을 지정하고 그 생산을 이용자와 분리된 상태의 서비스 제공기관이 생산하고, 주어진 공급체계에 따라 전달되게 하는 것은 시장에서의 교환 체계나 마찬가지다.

14) 독일의 사민당도 이러한 제3의 길 접근의 근원에 깔린 비산업주의 방식의 생산을 강화하려는 성향을 보인다. 일본의 지역복지에서는 오래전부터 이를 중심으로 복지국가의 모형이 재편되어야 함을 강조해 왔다.

15) 참고: 김영종, 복지사회의 개발.

16) 연금이나 건강보험, 고용보험 등 대부분의 사회보험은 근로자의 보험료 납입을 재정적 근간으로 해서 퇴직자나 실직자 등 고용되지 못한 사람들에게 소득보장 급여를 제공한다. 임금을 받는 근로자가 없으면, 사회보험 제도는 작동하지 않는다.

17) 자연스러운 이웃 간 돌봄 체계가 공공부조의 개입으로 더 이상 작동하지 않게 되는 경우이다. 공동체 마을 만들기를 위해 마을에 정부지원금이 투입될 때도 사람들이 자원을 나누어 가지는 것에 신경 쓰면서 오히려 공동체의 근간인 사회적 신뢰가 깨지는 경우도 많다.

18) 참고: 김영종, 복지사회의 개발.

19) 우리나라 사회서비스와 거버넌스에 대해서는 다음 13장에서 자세하게 설명한다.

20) 김영종(2021). '서평: 공감(empathy), 사회복지의 새로운 길을 가리키는 표지가 될까'. 한국사회복지학, 73(2), p. 185.

21) 이에 대해서는 이 책 14장 커뮤니티 케어에서 자세하게 설명한다.

제 **13** 장
사회서비스와 거버넌스

우리나라를 포함한 대부분의 산업화된 국가에서는 근래 사회복지 공급의 내용과 방식이 변화하고 있다. 기존 소득보장 위주에서부터 보편적 사회서비스의 공급을 확대하는 쪽으로 옮겨 가고 있는 것이다. 이러한 변화는 복지국가가 처한 인구, 사회, 경제, 정치 체제 전반의 환경 변화와 맞물리는 것으로, 결과적으로 복지 공급체계에 그러한 영향이 나타난다. 적어도 사회서비스 영역에서는 복지국가가 거버먼트에서 거버넌스를 강조하는 방식으로 이동하고 있다.

1. 사회서비스의 일반적 개념

사회서비스는 '사회적'과 '서비스'라는 두 가지 개념이 결합된 용어다. 이 두 개념에 대한 용례는 사회마다 문화와 역사적 맥락에 따라 차이가 있기 때문에, 사회서비스가 무엇인지를 획일적으로 규정하기는 어렵다. 많은 나라에서는 넓은 의미의 사회서비스로 법제적 사회보장, 보건서비스, 대인적 사회서비스들을 다양하게 포함해 왔다.[1] 여기에서 대인적 사회서비스란 대인적 관계를 통해 제공되는 휴먼서비스를 따로 일컫는 것이다.

근래 유럽이나 우리나라의 경우에 '사회서비스' 개념은 대개 대인적 사회서비스를 지칭하는 경우가 많다.[2] 이에 따르면 사회서비스란 사회적으로 제공되는 휴먼서비스로

서, 다음과 같은 특성을 가진다.[3]

대인적 상호작용 물질적 재화의 생산이나 분배, 지급에 관련된 서비스라기보다는, 사람들의 상태를 직접적으로 변화시키는 의도를 가진 돌봄, 치료, 보호, 재활, 자활, 상담 등과 같은 휴먼서비스의 특성을 띤다. 이는 '사람에 대해, 사람에 의해'라는 서비스 제공자와 수급자 간 직접적인 대면 상호작용으로 이루어지는 특성을 뜻한다.

사회적 필요 개인의 신체나 정신적 능력에 관한 문제를 다루는데, 문제의 증상보다는 그런 문제를 가진 사람들이 사회적 역할 수행에서 필요로 하는 것들에 초점을 맞춘다. 이 점에서 사회서비스는 개인적 차원에서 건강과 교육, 심리의 특정한 변화에 초점을 두는 여타의 보건서비스나 교육서비스 등과 구분된다.

공적 중요성 사회서비스에서 '사회적'이란 사적 차원을 넘어 '공적'으로 중요한 의미라는 뜻이다. 그래서 서비스를 주고받는 사람들 간의 관계를 국가 등과 같은 제3자가 개입해서 지원하거나 규제한다.

이런 특성에 따라 사회서비스는 다른 정책이나 서비스들과 분명하게 구분된다. 즉, 사회서비스란 대인적 상호작용 특성을 가진 휴먼서비스를 주된 내용으로 하면서, 사회적 필요와 공적 중요성에 따라 사회적 방식으로 공급되는 것을 말한다. 대부분의 국가에서는 이러한 특성의 사회서비스를 공급하기 위해 공식적으로 제도화된 조직 기구와 절차, 규제의 체계를 갖춘다.

우리나라에서는 '사회서비스'라는 명칭의 사회복지 관련 서비스가 2000년대 중반 이후부터 제도적으로 확대되기 시작했다. 아동이나 노인, 장애인 인구에 대한 사회적 돌봄이 보편적 서비스로 확장되는 과정에서, 기존의 취약계층에 대한 보호 중심의 선별적 '사회복지서비스'와 구분하기 위해 이를 사회서비스로 부르게 되었다. 그 후 2010년 「사회보장기본법」을 개정하면서 현재는 '사회서비스'가 사회복지서비스를 포괄하는 제도적 개념으로 확대되었다.[4]

2. 우리나라 사회서비스의 등장 배경

포괄적 의미로서 사회서비스는 우리나라에서 1950년대부터 사회복지서비스라는 명칭으로 성립되어 왔다. 오랜 기간 사회(복지)서비스는 취약계층 위주의 돌봄 필요를 주로 담당해 왔다. 2000년대 이후부터는 급속히 변화하는 인구사회 경제 환경에 따라, 사회서비스가 취약계층을 포함한 보편적 인구 대상에 대한 사회적 돌봄의 의미가 된다.

1) 새로운 사회적 위험

우리나라에서 보편적 사회서비스가 급속하게 확대되기 시작한 것은 2000년대 이후 새로운 사회적 위험의 등장 때문이다. 1950년대 이래 지속되어 왔던 절대빈곤 문제는 20세기 후반에 들어오면서 급속히 완화되는 반면, 새로운 양상의 사회적 위험들이 본격적으로 발생하기 시작한다. 급속한 고령화와 저출산 같은 인구 구조의 변화와 함께 맞벌이와 비정규직 증가 등이 이를 대표한다.

새로운 사회적 위험은 일차적으로 낮은 출산율에서 비롯된다. 저출산은 공동체 사회의 구성원이 재충원되지 못하게 하고, 그 결과 공동체로서의 국가가 상호부조의 사회복지 기능을 수행하기 어렵게 만든다. 우리나라 2020년 기준 합계출산율은 0.84이다.[5] 이는 1980년의 2.83과 비교해서 크게 낮아진 수치로서, 여성 인구 1명당 생애 총 출산 횟수가 1에 훨씬 못 미치게 된 것이다. 공동체 구성원의 재생산에서 심각한 결손이 나타나고 있다.

저출산이 고령화와 동시에 진행되면 그에 따른 사회적 위험은 더욱 증폭된다. 우리나라의 2020년 노년부양비는 21.7인데, 이는 1980년 6.1에 비해 급속히 증가한 수치이다. 노년부양비란 생산연령인구(15~64세) 수 대비 노인 인구(65세 이상) 수의 비중인데, 이것이 급격하게 증가하는 이유는 노인의 수명 증가와 함께 저출산으로 인한 생산연령인구의 감소가 이중적으로 작용하기 때문이다.

인구의 고령화는 일차적으로 사람들의 기대수명이 늘어나면서 생기는 현상으로 이것 자체가 문제는 아니다. 오히려 사람들이 오래 사는 것은 바람직한 사회 현상이다. 문제는 고령화되고 있는 인구에 대한 돌봄이 적절히 이루어질 수 있는가에 있다. 현대 사회의 가족은 주로 소규모 핵가족 형태로서 특히 여성의 경제활동 참여율이 증가하면서 가족적 돌봄 기능이 급속히 쇠퇴하고 있다. 이에 따라 누군가는 이를 대신해야 할 필요가 있는데, 이로부터 사회적 돌봄에 대한 요구가 급속히 증가한다.

사람을 돌본다는 것(care)은 단지 신체적 측면에만 국한된 것이 아니라, 정서적 안정이나 정신적 발달, 소외나 배제, 차별, 학대 등으로부터 보호하고, 다른 사람들과 적절한 관계를 형성하거나 교류하게 하는 것까지를 포함한다. 과거에는 가족이 이러한 돌봄의 전반적인 측면들을 모두 담고 있었다면, 현재는 가족 기능의 축소로 인해 정서적 기능 수행과 같은 일부 측면을 제외하고는 사회가 이를 보충하거나 혹은 대체할 수밖에 없다.

우리나라에서는 2000년대 이후 이처럼 급속한 저출산·고령화와 가족 기능의 약화 등이 겹치면서, 전통적으로 가족 안에서 돌봄을 받았던 아동, 노인, 장애인 등에 대한 사회적 돌봄의 필요성이 크게 증가하고 있다. 여기에 비정규직 노동자나 다문화 인구가 증가하는 등도 사회통합의 차원에서 사회적 돌봄의 필요성을 확대시키고 있다. 이에 과거 주로 저소득 취약계층에 한해 제공되던 사회적 돌봄이 거의 대부분의 인구에게 필요해지고, 결과적으로 보편적 사회서비스 공급이 대거 확장되고 있다.

2) 사회적 돌봄의 기조 변화

사회적 돌봄이란 개인들에 대한 돌봄이 전통적인 가족의 영역에서 사회적 영역으로 이동한 것을 의미한다. 사회적 영역에서 사람들을 돌보는 일은 다양한 양식과 기제를 통해 수행될 수 있지만, 현재는 사회서비스를 공급하는 방식이 주를 이루고 있다.

산업사회 초기에 사회적 돌봄을 필요로 했던 사람들은 대부분 빈곤한 사람들이었다. 그래서 사회적 방식으로 돌봄 서비스를 제공하는 것은 빈곤 문제 해결을 위한 하나의 사회적 지원으로 여겨졌다. 즉, 빈곤이라는 거대악의 사회 문제에서 발생하는 수많은

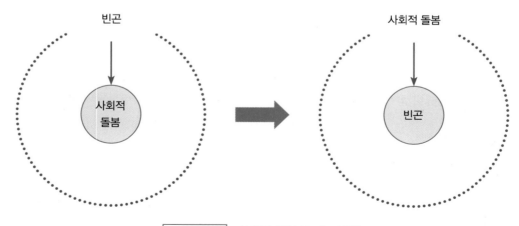

그림 13-1 사회적 돌봄의 기조 변화

필요 중 하나로 사회적 돌봄이 간주되었다. 이런 관점에서 사회적 돌봄을 보는 기조가 [그림 13-1]의 왼편에 해당한다.

후기산업사회에서는 가족 기능의 축소가 보편적으로 일어나면서 사람들을 돌보는 일 자체가 거대한 사회적 필요로 나타난다. 사회적 돌봄의 기조가 [그림 13-1]의 오른 편으로 이동하는 것인데, 현재와 같은 보편적 사회서비스 양식의 확장 추세는 이러한 경향성을 반영한 것이다. 여기에서 빈곤은 사회적 돌봄을 필요로 하는 문제 중 하나로만 간주된다. 후기산업사회에 들어서면서 대부분의 사회가 겪게 되는 저출산·고령화 등의 보편적 사회 문제는 빈곤과는 직접 결부되지 않는 것으로 인식된다.

> 지역에 있는 사회복지관들은 1990년대부터 노인들을 위한 무료(실비)급식 사회서비스를 제공해 왔다. 서비스 행위 자체로 보자면 이것도 사회적 돌봄의 일종이지만, 이것이 제공되었던 이유는 노인들이 '빈곤'하다는 데 있었다. 빈곤으로 인해 노인들이 경험하는 식생활의 어려움을 해결하는 것이 서비스의 주목적이었다. 이런 서비스들에서는 대개 이용 자격을 검증하기 위해 경제적 빈곤 상태를 입증하는 절차를 두었다.

> 근래 노인 급식 서비스에서는 노인이면 누구나 실비로 이용할 수 있는 자격이 부여되는 경향이 있다. 노인은 나이만으로 보편적인 사회적 돌봄의 대상으로 간주되기 때문이다. 이때에도 빈곤 자격 검증이 일부 적용될 수는 있는데, 이것은 돌봄의 필요 자체를 검증하는 것이 아니라 이용료를 차등 적용하기 위한 부차적인 필요 때문이다.

우리나라의 경우 사회복지 실천 현장에서는 전자의 관점이 1950년대 이래 주축이 되어 왔는데, 현재에도 이러한 기조의 연속선상에 남아 있는 사회서비스들은 통칭 '사회복지서비스'로 여전히 불리고 있다. '사회서비스'라는 명칭은 보편적 사회적 돌봄을 기조로 하는 서비스들에서 주요 사용된다.[6] 어떤 경우이건 사회서비스는 돌봄과 관련된 고용, 교육, 문화, 보건, 주거 환경 지원 등을 포괄하는 경향이 있다.[7] 대부분의 나라가 당면했고 우리나라의 경우에도 회피할 수 없는 신사회적 위험의 급속한 진행을 감안할 때, 사회서비스의 중심 기조가 빈곤에서 사회적 돌봄으로 이전되는 것은 불가피하다.[8]

우리나라에서 2000년대 중반 이후 신사회적 위험과 보편적 사회적 돌봄의 필요에 대응하기 위해 사회서비스 전략을 택한 것은 사회투자국가의 논리와도 결부되어 있다. 인적 자원에 대한 투자를 통해 사회 문제를 예방하고 적극적으로 미래세대의 역량을 강화하는 한편으로, 휴먼서비스 생산에 수반되는 막대한 고용 창출을 통해 복지국가 재정건전성도 함께 증진시키려는 것이었다.

3. 사회서비스 제도의 발달과 현황

우리나라에서 근대적 의미의 사회서비스는 1950년 한국전쟁 이후 대규모 구호 사업 과정에서 제도적 기틀을 형성했다. 이후 우리나라 사회서비스는 여러 단계의 제도적 발달 경로를 거쳐 왔다. 현재는 보편적 사회서비스의 비중이 전체 사회복지 공급에서 차지하는 비중이 막대하게 되었다.

1) 사회서비스의 세대별 전개

우리나라에서 사회서비스는 공급 방식에 따라 크게 3가지 세대의 유형으로 전개되어 왔다. 각 유형의 사회서비스는 역사적으로 특정 시기에 당면했던 사회복지 수요와 공급 환경의 특성을 반영한다. 각 세대별 사회서비스 유형은 현재에도 각기 그 고유한 특성을 유지한 채 적층되어 있으면서 우리나라 사회서비스 공급체계를 형성하고 있다.[9]

(1) 1세대 사회서비스 (1950~1970년대)

1세대 사회서비스의 전형은 '고아원' 등과 같은 생활시설이다.[10] 한국전쟁으로 초래된 막대한 구호의 수요에 대응하는 과정에서 집단적 수용 양식의 서비스가 발흥했다. 이 서비스 양식은 생활시설(당시는 수용시설)을 설치하고, 그 안에서 무의탁 빈곤자에 대한 거주생활 서비스를 집단적으로 제공하는 형태였다. 1970년대까지 우리나라에서 사회(복지)서비스라고 하면 곧 '고아원' '모자원' '양로원' '불구자시설' 등으로 불렸던 아동, 여성가족, 노인, 장애인을 위한 집단 생활시설이었다. 현재에는 서비스의 내용이나 성격에서 변화가 있지만, 이러한 양식의 생활시설 서비스는 여전히 작동되고 있다.

이들 시설의 설치와 운영은 대부분 민간 부문(사회사업가와 사회복지법인)이 맡아서 했으며, 이에 대해 정부나 외국원조단체는 재정 지원이나 규제, 감독 등의 역할을 했다.[11] 1세대 시기에 성립된 민간과 공공의 역할 분담에 의한 서비스 공급 체제는 뒤로 갈수록 더욱 공고화되는데, 우리나라 사회서비스 제도의 고유한 특성으로 남아 있다.

현재 우리나라 전체 사회서비스 기관들은 민간 부문에서 95% 이상 운영하고 있는데, 모두에 대해 정부 부문은 재정 지원이나 규제 등의 방식으로 간여한다.

(2) 2세대 사회서비스 (1980~2000년대 중반)

2세대 사회서비스의 전형은 '사회복지관'과 같은 이용시설이다. 이용시설의 서비스 란 지역사회에 거주하는 주민에게 필요한 서비스 시설을 설치하고, 이를 이용하게 만 드는 것이다. 이런 서비스 양식은 1980년대 이후 사회복지의 대상 인구계층이 확대되 면서 발흥한다. 이전까지 사회(복지)서비스는 무의탁 절대빈곤층에 한정되었던 것이, 이 시기에 일명 '영세민'과 같은 지역 거주 저소득층에게까지 확대된다.

지역 거주자들에 대한 서비스는 집단 수용서비스와 뚜렷이 다른 서비스 환경이나 내 용, 과정적인 특성을 띤다. 이런 서비스는 자조적 주민 대상자에 대해 의식주를 넘어서 는 고차원의 필요 ― 인지나 정서, 관계적 변화 ― 를 다루므로, 전문적 서비스 전달의 역량이 요구된다. 우리나라에서 사회복지사 전문직이 시설 운영이나 대인적 서비스 제 공을 위해 사회서비스 실천 현장에 대거 투입되는 것도 이 시기부터다.

2세대 사회서비스는 정부의 사회복지 확대 의지에서부터 비롯되었으므로, 이용시설 에 대한 설치도 공공 부문이 주도했다. 주로 지방자치단체나 주택공사 등이 지역에 공간 을 확보해서 시설을 설치했다. 1990년을 전후해서 이미 전국에 수백 개의 종합사회복지 관이 설치되었다. 이렇게 설치된 시설들은 공공 부문이 직접 운영하지 않고, 대부분을 민간 부문 ― 사회복지법인 등 비영리조직 ― 에 위탁해서 운영토록 한다. 유사한 양식 의 이용시설 서비스들로서 노인복지관, 장애인복지관 등도 대부분 이러한 공공과 민간 부문 간 위수탁 체제로 되어 있다.

(3) 3세대 사회서비스 (2000년대 중반 이후~)

3세대 사회서비스의 전형은 '노인장기요양서비스' '보육서비스' 등과 같은 보편적 사 회서비스이다. 3세대 사회서비스는 서비스의 내용이나 양식이 아닌, 공급 방식의 측면 에서 이전 세대의 사회서비스들과 구분된다. 일명 '바우처(voucher)' 방식의 3세대 사회 서비스는 서비스 공급의 기제를 준시장(quasi-market) 방식으로 한다.

이전 세대들까지 사회서비스 공급은 공공과 민간 부문이 시설을 설치하고 운영해서 대상자가 서비스를 받게 하는 방식이었다. 반면, 바우처 방식은 공공 부문이 서비스 이용에 대한 권리(이용권)를 대상자에게 제공하고, 대상자는 그 이용권을 가지고 서비스 제공자를 시장 환경에서 찾는다. 시장이란 복수의 서비스 제공자들이 소비자의 선택 (이용권 사용)을 받기 위해 경쟁하는 장을 의미한다.[12] 이런 시장 공급 방식이 자연스레 서비스 제공자들 간 경쟁을 유발해서 사회서비스의 질이나 소비자 만족도를 향상시킬 것을 의도한다.

2000년대 중반부터 3세대 방식의 사회서비스가 급격히 팽창하게 되는 이유는 새로운 사회적 위험이 초래하는 막대한 서비스 수요 때문이다. 이 시기는 저출산·고령화, 가족 돌봄 약화, 사회적 배제 등의 새로운 사회적 이슈들과 함께, 경제와 고용의 이완과 같은 신경제 체제에 따른 복지국가의 딜레마가 본격 부각되던 때였다. 이에 따라 복지국가의 대안 접근으로 사회투자국가의 논리에 기초한 보편적이고 예방적인 목적의 사회서비스 공급의 필요성이 등장한다. 이는 한편으로는 사회적 일자리 창출이라는 경제 정책의 목적과도 결합되면서, 보편적 인구 대상에 대한 아동 보육이나 노인 돌봄, 장애인 활동지원 등의 사회서비스에 대한 수요를 크게 확대시킨다.

이처럼 막대한 수요의 서비스들은 이전과 같이 공공이나 민간의 서비스 공급자들이 시설을 설치해서 운영하는 1, 2세대의 방식으로는 감당하기 어렵다. 가능하더라도 공급자의 관점에서 운용됨에 따라 막대한 비효율이 발생하기 쉽다. 그래서 3세대 사회서비스는 시장 기능이 작동될 것을 전제로 바우처 방식을 채택한다. 이에 따라 기존의 비영리 부문에 더해 영리 부문까지가 포함된 민간 부문이 대거 시장 사업자로 참여하게 된다.[13] 이들에 대한 통제는 이론적으로 소비자 선택에 기반한 시장 기능이 수행하므로, 막대한 서비스 공급을 정부가 직접 수행하는 것에 비해 효율적일 것으로 기대되었다.

2) 보편적 사회서비스의 확대 현황

우리나라에서 보편적 사회서비스는 2000년대 중반 제도적 도입과 함께 급속히 확대되어 왔다. 특히 아동보육, 노인장기요양, 장애인활동지원 영역이 보편적 사회서비스로서 3세대 방식을 채택함에 따라, 시장을 통한 서비스 공급이 급격히 확대되었다. 보육서비스의 경우, 정부 예산 기준으로 2007년에 1조 원 가량이던 것이 불과 10년 만인 2016년에는 5조 원을 훨씬 뛰어넘어 무려 5배 이상의 규모 확대를 보였다. 노인장기요양이나 장애인활동지원서비스들도 이와 유사한 수요와 공급 확대로 나타났다.

보육서비스 우리나라에서 보육서비스는 본래 빈곤 취업여성을 지원하기 위한 탁아사업으로 시작되었다. 일제강점기 시대부터도 이런 선별적 양식의 탁아서비스는 존재했는데, 이러한 기조는 1980년대에 이르도록 크게 변화하지 않았다. 보육에 관한 기조변화는 1991년「영유아보육법」제정을 통해 이루어졌는데, 이때부터 보육은 보편적 인구에 대한 사회적 돌봄의 영역으로 간주된다. 2000년대 이후에는 사회투자국가 관점의 사회서비스 공급 확대와 결합되면서, 현재는 보편적 사회서비스로서의 보육서비스가 3세대 방식으로 제공되고 있다. 일정 연령 기준의 아동은 누구나 부모의 소득 수준과 무관하게 사회적 돌봄을 받을 수 있는 권리가 주어진다.

노인장기요양서비스 급속한 인구 고령화와 가족돌봄 기능의 약화로 인해 노인 돌봄 역시 사회적 돌봄의 영역으로 급속히 이동한다. 과거에는 가족돌봄 기능의 약화가 저소득층에 한정된 문제였다면, 현재는 보편적인 인구와 가족에서 나타나는 문제가 된 것이다. 이에 따라 사회적으로 노인 돌봄을 위한 보편적인 서비스들이 구축되는데, 2008년 제정된「노인장기요양보험법」을 통해 사회보험 재정 방식에 기반한 사회서비스 공급 제도가 근간을 이루게 된다. 보편적 사회적 돌봄 서비스로서 노인장기요양서비스의 대상은 소득 기준이 아니라 장기요양의 필요 기준을 따른다. 현재 서비스 신청과 판정(1~5등급)을 비롯한 관리운영 주체는 국민건강보험공단이 담당하고 있다. 대부분의 서비스 제공은 민간 서비스 사업자들에 의해 이루어진다.

장애인활동지원서비스 장애인활동지원 제도는 2008년에 도입된「노인장기요양보험법」에서 장애인이 제외됨에 따라 장애인을 위한 장기요양서비스를 마련하기 위한 과정에서 성립되었다. 활동보조나 방문간호 등이 대표적인 서비스로 제공되고 있다. 활동지원서비스란 활동보조인이 장애인의 가정을 방문하여 신체활동이나 가사활동, 사회활동 등을 보조하는 서비스다. 이 제도는 2007년부터 바우처 방식으로 장애인활동보조 사업이 실시되다가, 2011년「장애인활동지원법」이 제정되면서 사업 내용과 범주가 확대되고 안정화되었다. 보편적 사회적 돌봄으로서 장애인활동지원서비스에 대한 이용권(이용시간)도 소득 기준이 아닌 활동지원의 필요 기준에 따라 부여된다. 현재 서비스 이용 판정에 관한 업무는 국민연금공단이 수행하고, 정부는 재정지출의 방식을 통해 서비스 비용을 지불한다. 서비스 제공자는 영리, 비영리 부문을 포괄하여 대부분 민간 부문의 사업자들이 담당한다.

4. 사회서비스의 거버넌스

거버넌스(governance)란 넓은 의미에서는 통치의 체제나 방식을 뜻한다. 근래 일반적으로 사용되는 거버넌스는 정부의 통치에서부터 다양한 부문 간 협치를 강조하는 뜻으로 쓰인다. 즉, 거버넌스란 사회 체제의 공조(共助) 역학과 관련된 것으로,[14] 거버먼트(government)만이 아니라 다양한 층위의 정부와 민간, 시민사회 부문 등이 파트너십과 네트워크를 통해 협력적으로 통치하는 체제나 방식을 의미한다. 우리나라에서는 사회서비스 분야에서 일찍부터 거버넌스가 중요한 이슈가 되어 왔다.

1) 사회서비스 거버넌스의 배경

사회정책에서 거버넌스 패러다임이 강조되는 것은 세계적인 추세다. 이는 많은 나라에서 국가와 다른 사회 영역 간의 경계가 모호해지고 있는 상황과도 같은 맥락에 있다. 국가 차원에서 다루어야 할 사회 쟁점들이 점차 다양해지고 복잡하게 되면서, 사회 정책을 다루는 주체들도 확산되고 해법들 또한 복잡다양해지고 있다. 사회정책들 중에서도 특히 사회서비스 분야에서는 이러한 상황이 더욱 여실히 드러난다.

휴먼서비스 속성의 사회서비스들은 전형적으로 다양한 가치와 이해들이 상충되는 현장의 특성을 띤다. 그에 따라 이런 성격의 서비스들을 공급하는 데에는 전형적인 복지국가의 거버먼트(관료제 정부) 방식이 한계를 가진다. 엄격한 규칙과 위계 구조의 정부 방식으로는 휴먼서비스 현장의 유연하고도 즉응적인 서비스 특성을 지원하기 어렵기 때문이다. 따라서 이전처럼 국가를 대표하는 중앙정부의 역할만으로는 성공적인 사회 정책이 보장되기 어렵게 된다. 이에 따라 여러 층위의 정부(중앙과 지방 정부, 지방자치단체 등)나 정부 외 여러 사회 부문(비영리, 영리, 이해집단, 시민사회 등)들이 공공 정책의 결정과 집행에 참여할 필요가 커진다.

우리나라는 이전부터도 사회복지서비스에서 정부 부문의 재정 지원, 민간 부문의 전문적 운영이라는 역할 분담 체제가 존재했다. 우리나라의 고유한 역사적 배경에 따라 근대적 의미의 사회복지서비스는 이미 출발부터 민간 부문의 설치와 운영, 공공 부문의 법제적 지원과 규제라는 역할 분담 형태가 지배적이었기 때문이다. 비록 이러한 역할 분담이 내실 있는 거버넌스 구축으로 이어지지는 못했지만, 외형적으로는 거버넌스 체제가 일찍부터 성립되어 있었던 것이다.[15] 우리나라에서는 이와 같은 민관역할 분담 형태의 거버넌스 체제가 2세대와 3세대 사회서비스에 이르면 외형적으로는 더욱 공고하게 된다.

2000년대에 들어서는 우리나라에서 사회서비스의 거버넌스 이슈가 정부 층위들 간 역할 분담의 문제로 확대된다. 중앙정부와 지방정부, 지방정부 내 광역자치단체와 기초자치단체 간 사회서비스 정책에 대한 권한과 책임, 재정 원천 등을 어떻게 분담할 것인지를 둘러싸고 다양한 논의와 시도가 나타난다. 특히 공공부조를 중심으로 하는 사회복지 서비스들의 전달체계의 구성에서 거버넌스가 중요하게 고려되어 왔다. 이는 우리나라 사회서비스 공급 체제의 민관 연결구조의 특성으로 인해, 필연적으로 민간 부문의 사회서비스 활동에도 상당한 영향을 미친다.

2) 중앙과 지방 간 거버넌스

사회서비스 분야의 거버넌스는 여타 복지 분야들에서와는 다른 독특성을 띤다. 사회보험이나 공공부조와 같은 제도는 최저수준(national minimum) 소득 보장을 위한 현금급여 제공이 주된 목표이기 때문에 국가를 하나의 공동체 범주로 설정하여 정부가 직접 공급하는 방식이 효과적이다.[16] 그러나 휴먼서비스의 특성을 띤 사회서비스는 사람들의 삶의 터전에서 가까운 곳을 공동체 범주로 설정하는 것이 바람직하다. 그래야 최대한 현장성이나 유연성이 서비스 공급과정에서 작동할 수 있기 때문이다.

이 같은 사회서비스 특성을 고려하면, 중앙정부보다는 지방정부나 자치제를 중심으로 서비스 공급체계가 확립되는 것이 바람직하다. 물론 현재와 같은 지방재정 상황이나 지역 간 재정불균형을 고려하면, 사회서비스 공급에서 중앙정부의 역할이 여전히 일정 수준 이상 필요하다. 중앙정부는 거대 규모의 서비스를 일괄적으로 제공할 수 있다는 장점이 있기 때문이다. 그럼에도 다양한 주민 생활의 필요를 섬세하게 지원하고 다루어야 하는 보편적 돌봄의 실천 상황에서는 가급적 지역사회에 가까운 곳에서 작동하는 공급체계가 보다 실효적이다. 이에 따라 중앙과 지방 간 협력을 통한 사회서비스 거버넌스의 이슈가 새롭게 각광을 받는다.

우리나라에서는 근래 이와 같은 국가 차원의 사회서비스 거버넌스에 관한 현안이 보다 실질적이고 구체적인 양상으로 다루어지고 있다. 2000년대 초반 실행된 제1차 복지 재정 분권에 이어서 제2차 복지 재정 분권 논의가 본격 이루어지고 있다.[17] 이러한 사회서비스 재정의 분권화가 현실적으로 진행되면, 중앙과 지방의 사회서비스 공급의 역할은 그 중심축이 크게 전환될 수도 있다. 이제까지는 지방정부의 역할이 중앙정부의 대리자에 불과했다면, 향후에는 사회서비스의 기획과 집행의 전반을 주도하는 주체로서 그 역할이 강화될 가능성이 크다.[18]

사회서비스 거버넌스에서 지방정부의 역할을 강화한다는 것은 단순히 사회서비스에 대한 기획과 실행, 관리의 권한이 중앙정부에서 지방정부로 넘어온다는 것만을 의미하지 않는다. 지방은 중앙으로부터 이관될 사회서비스들을 운영하는 데 필요한 정부 방식의 속성(계획성과 규격성 등)을 갖추는 것에 더해서, 이를 지역이라는 커뮤니티 속성(참여성과 유연성 등)과 결합할 수 있어야만 진정한 의미가 발생한다. 지역이 그러한 역량을 갖추어야만 비로소 중앙정부에서 지방정부로 사회서비스 거버넌스의 축이 옮겨오는 것이 정당화될 수 있다.

중앙과 지방 간 거버넌스를 새롭게 구축하는 것에 더해서, 지방정부 안에서도 광역 시도와 기초 시·군·구 자치단체 간 거버넌스 재구조화가 필요하다. 이제까지 사회서비스 분야에서는 지역이 단지 중앙정부의 서비스 공급을 위한 하위 전달체계만의 역할을 수행해 왔으므로, 지방정부 내에서의 거버넌스가 큰 의미가 없었다. 그러나 향후 사회서비스의 지방분권화가 본격화되면 지역 내 주체들 간 거버넌스도 보다 중요한 이슈로 다루어지게 된다.

5. 사회서비스의 민관협력[19]

우리나라의 제도화된 사회서비스는 상당 부분 공공과 민간 부문 간 역할 분담 관계를 통해 공급이 이루어져 왔다. 그에 따라 사회서비스의 유효성도 그러한 관계의 적정성에 좌우되게 된다. 공공과 민간의 협력 관계, 거버넌스가 적절히 작동되어야만 사회서비스 공급의 목적이 적절히 달성될 수 있는 것이다. 근래 보편적 사회서비스 영역이 대거 확대되고, 서비스 공급 방식 또한 보다 다양해지면서 사회서비스의 민관협력은 새롭게 중요한 이슈가 되고 있다.

1) 복지혼합과 민관협력

근래 서구 복지국가들에서도 '복지혼합'의 추세에 따라 사회서비스 분야에 대한 민관협력이 중요한 이슈로 등장했다. 복지혼합(welfare mix)이란 이제까지 정부 부문의 주체가 주도하던 복지 서비스의 생산을 민간의 영리나 비영리 등 다양한 주체가 참여해서 한다는 것이다. 복지다원주의(welfare pluralism)나 조성국가(enabling state)와 같은 복지국가의 대안들이 모두 이와 관련된다.[20] 이제까지는 공공이 서비스 공급의 전 과정을 직접 수행했다면, 그중 상당 부분을 민영화하려는 것이 초점이다. 주로 대인적 서비스 생산의 실천 과정(예: 상담기관, 요양시설, 어린이집 등)을 민간 부문으로 이관하는 것 등이다.

민영화가 공공이 복지 서비스의 생산에서 손을 뗀다는 것을 의미하지는 않는다. 공공 부문은 서비스의 필요를 확인하고, 공급을 기획하고, 필요한 재정을 확보하는 역할과 책임을 여전히 가진다. 다만 서비스의 직접 생산 과정을 민간 부문에 위임하는데, 여기에서 포괄보조금이나 서비스구매(POS), 시설위수탁, 바우처 등 다양한 제도적 기제를 통해 공공과 민간 간 협력관계가 성립된다.[21] 과거에는 사회서비스 생산의 유효성에 대한 책임이 주로 공공 부문에만 주어졌다면, 복지혼합의 시대에는 그 책임이 공공과 민간 부문 간 협력관계 전반에 걸쳐 나타나게 된다.

우리나라에서도 사회서비스 생산의 복지혼합과 민영화, 이에 따른 민관협력 관계의 중요성은 마찬가지로 인식된다. 다만 접근하는 방향은 서구의 복지국가들과는 반대다. 우리나라 사회서비스는 제도 성립의 초기부터 이제까지 과다하게 민영화되어 있다는 것이 오히려 문제가 되어 왔다. 그래서 근래 복지국가를 강화하려는 기조가 등장하면서, 우리나라에서 민관협력의 과제는 적정한 수준의 공공성을 어떻게 강화할지가 주로 다루어진다. 비록 방향은 다르지만, 민관협력의 양상이나 방식을 유효하게 설정하려는 입장은 마찬가지다.

우리나라에서는 이미 오랫동안 사회서비스 공급에서 공공과 민간 부문이 차지하는 역할과 이들 간 관계에 대해 다양한 논의가 있어 왔다. 공공과 민간 부문이 각기 어떤 서비스 분야에서 어떤 과정과 내용으로 분담하는 것이 적절한지, 이러한 역할 분담의 관계를 적절하게 잇는 방법적인 기제는 무엇인지 등이 중요하게 다루어져 왔다. 우리나라에서 고유한 '사회복지' 제도의 발달 역사는 곧 사회서비스의 다양한 공급 주체, 특히 민간과 공공 부문 간의 관계 변화의 역사나 마찬가지다.[22] 그만큼 민관협력 관계를 적절하게 만드는 것은 늘 중요한 일이 되어 왔다.

2) 민관협력의 논리

사회서비스 공급을 위해 공공과 민간 부문이 협력해야 하는 이유는 다양하게 제시된다. 대표적으로는 정부와 시장, 비영리 각 부문들이 가지는 각자의 고유한 한계 때문이다. 공공 부문은 본질적으로 대규모적이고 관료제적 특성을 가지므로 사회서비스 공급에서 획일성과 경직성을 갖기 쉽다. 그에 따라 유연성을 필요로 하는 대인적 휴먼서비스를 효과적, 효율적으로 생산해내기 어렵다. 이른바 '정부의 실패'라고 불리는 한계다.

민간 영리 부문의 한계는 시장 지향성에서부터 발생한다. 영리를 목적으로 하는 시장 사업자들은 비록 서비스 생산의 전체적인 효율성을 증가시킬 수는 있지만, 한편으로 특정 집단에 대해 불공정을 초래하기가 쉽다. 소비할 재력이 부족하거나 서비스 판단의 능력이 떨어지는 소비자들에게는 시장의 기능이 공정하게 작동하지 못한다. 이른바 '시장의 실패'라는 한계다.

민간 비영리 부문은 정부와 시장의 실패에 대한 대안으로 오랫동안 중요하게 간주되어 왔다. 원래 사회서비스 공급에서 민간 비영리 부문에 대한 기대는 정부와 시장의 실패를 보완하는 역할 차원에서 비롯되었다. 크레이머(R. Kramer)는 민간 비영리로서 자원 부문(voluntary sector)에 주어진 사회서비스 공급에 대한 기대 역할을 네 가지로 제시하였다.[23] 첫째, 첨병 역할로서 혁신적이고 선도적인 서비스를 시도해 볼 수 있고, 둘째, 개선자 역할로서 공공 부문의 역할에 대한 감시나 비판을 통해 서비스의 확대나 개선을 도모할 수 있고, 셋째, 가치 수호자의 역할로서 공동체 내 특정 소수자들의 특별한 이익을 보호하고 가이드할 수 있고, 넷째, 보충 역할로서 공공의 서비스를 보충적으로 제공할 수 있다는 것이다. 이들 모두가 정부와 시장의 한계를 보완하는 데 유용하다.

비록 민간 비영리 부문은 사회서비스 공급에서 많은 장점을 갖지만, 한계도 존재한다. 만약 비영리 부문에만 사회서비스 공급을 모두 맡기게 된다면, 공급 부족을 포함하여 이른바 '자원부문의 실패'가 나타날 수 있다.[24] 민간 비영리 부문은 자발적이고 이념적인 동기로 움직이기 때문에, 물적 및 인적 자원을 동원하는 데 일정한 한계가 있을 수밖에 없다. 그 결과 민간 비영리 부문이 사회서비스의 지배적 공급자가 되면, 서비스 공급이 안정적이고 충분할 정도로 제공되는 것을 담보하기 어렵다. 또한 비영리 부문 특유의 가치나 이념 지향성이 강하기 때문에, 서비스의 목적이나 내용, 대상자 선정 등에서 편향되거나 비전문적 방식이 동원되기가 쉽다. 즉, 보편적인 공공재로서의 사회서비스 생산이 어려울 수 있다는 것이다.

이처럼 공공이나 민간 영리, 비영리 부문들은 모두 각각의 장점과 단점을 가지고 있다. 이를 고려하면 사회서비스 공급의 전체 과정은 하나의 부문이 독점하기보다는, 여러 부문이 협력관계를 통해 서로의 단점을 보완하고 장점을 극대화하는 것이 바람직하다.[25] 이런 논리에 의거해서 복지국가 위기론 이후 서구 국가들에서는 특히 사회서비스 분야에 대해 민영화 조치를 하되, 민관협력의 적절한 방식을 구축하는 데 많은 관심을 두고 있다.

사회서비스 공급에서 정부 부문은 대규모 안정적인 재원을 공급할 수 있는 장점이 있고, 민간 부문은 휴먼서비스 생산 과정에서의 관료제적 경직성을 회피할 수 있다는 장점이 있다. 이들 부문이 협력적으로만 연결될 수 있으면, 사회서비스 공급은 보다 안정적이고 효과적이 될 수 있다. 반면, 이들의 관계가 협력적이지 못하게 되면, 각 부문이 가진 실패의 가능성을 보다 증폭시킬 수도 있다. 그러므로 민관협력에 대한 논의는 단순히 구호나 주장이 아니라, 적절한 협력 방법의 제도적 기제(mechanism)를 찾는 문제로 귀결된다.

3) 민관협력의 기제

우리나라에서 사회서비스의 민관협력을 위한 제도적 기제는 세대별로 차이가 있다. 전형적인 1, 2세대 방식의 사회복지서비스에서는 공공 부문은 재정과 규제의 공급자, 민간 부문은 직접 서비스의 생산자로서 역할 관계가 명확히 설정되어 있었다. 이 경우에 두 부문 간 관계를 잇는 제도적 기제는 정부의 민간 시설에 대한 포괄보조, 위탁운영비 지원과 관련된 과정 전반에 들어 있다. 위수탁 계약에서부터 보조금 지급, 보고나 감사, 평가 등의 과정에서 두 부문이 각기 어떻게 행동할지가 들어 있다.

1, 2 세대 사회복지서비스에서는 대개 법제와 재정력을 가진 공공 부문이 민간 부문에 비해 과도한 권한을 가지게 되어, 두 부문 간 협력관계가 대등한 위상에서 설정되기 어려웠다. 그로 인해 민간 생산자 부문이 공공 부문에 재정이나 규제로 의존되어, '종속

적 대행자'가 되어 버리는 결과가 나타났다. 민간이 공공 부문에 종속되어 단지 수동적인 대행자로서만 역할을 하게 되면, 이런 민관협력 관계에서는 '정부의 실패'가 민간에 의해 보완되기보다는 오히려 '민간의 실패'로 이전되기 쉽다. 이와 함께 사회서비스 공급에 대한 책임 소재를 명확히 규명하는 것이 힘들게 되는 문제도 나타난다.

> 장애인생활시설에서 직원이 장애인을 학대한 문제가 발생했을 때, 시설 종사자로서의 그 직원이나 그를 관리하지 못한 해당 민간 시설의 문제인지, 아니면 민간 시설에서의 열악한 근무 조건(예: 인력 지원 기준)을 규정하고 방치한 공공 부문의 문제인지 등으로 책임 소재가 명확하지 못하게 된다.

이와 같은 민관협력 구조와 관련된 쟁점들은 2000년대 이후 3세대 보편적 사회서비스가 등장하는 과정에서도 중요하게 대두되었다. 이때부터는 민간 비영리뿐만 아니라 영리 부문까지 중요한 역할자로 참여하면서, 공공–영리 부문과의 관계, 민간 비영리–영리 부문과의 관계 등에서 다양한 쟁점들이 불거졌다. 이에 따라 공공과 민간 부문 간 민관협력의 관계 방식이나 기제들에 대한 관심도 새롭게 높아졌다.

시장 방식의 '바우처' 기제에서 공공 부문은 서비스를 기획하고 이용 자격을 마련하고, 그에 소요되는 재정을 이용권의 형태로 부여하는 역할을 한다. 민간 비영리나 영리 부문은 바우처를 소유한 이용자들에게 서비스를 판매하기 위해 경쟁하는 역할을 한다. 이 과정에서 과거 1, 2세대 사회서비스에서와는 달리 공공 부문이 민간 부문을 직접 관계해서 통제할 수 있는 수단은 상당 부분 줄어든다.[26]

3세대 바우처 방식의 민관협력 기제는 공공과 민간 부문 간 관계를 종속적 대행자 모형에서는 벗어나게 한다. 그러나 이는 한편으로 협력관계의 조정 능력도 약화시켜서, 공공의 실패와 민간의 실패가 각기 분리된 채로 나타나기 쉽게도 만든다. 사회서비스 생산에서 민관협력을 강조하려는 본래 의도가 다시 약화되는 것이다. 공공 부문의 역할이 개입되기 어려운 시장 방식의 바우처 기제에서는 영리 추구의 사업자들이 공공재로서의 사회서비스 성격을 훼손하는 치명적인 문제가 발생할 수 있다.

> 장애인활동지원서비스는 바우처 방식으로 공급된다. 공공 부문은 서비스 이용자격을 검증하고, 대상자에게 이용권(활동보조인 사용 시간)을 발행한다. 이용권을 가진 장애인은 시장(활동보조인을 고용하는 영리 및 비영리 기관들)에서 기관과 활동보조인을 선택해서 이용에 관한 계약을 맺는다. 이때 이른바 '바우처 부정(voucher fraud)'이 발생할 수 있는데, 실제로는

활동보조인이 사용 시간만큼을 일하지 않지만 그럼에도 전체 시간에 대해 현금으로 상환을 받고, 이를 장애인과 나누어 가지는 것이다. 이렇게 되면 당사자들의 사적 이익은 늘어나겠지만, 공공재로서의 공적 이익은 훼손되고, 장애인에 대한 활동지원서비스를 통해 의도되었던 사회정책적 목적은 달성되지 못한다.

우리나라에서는 여태껏 민관협력의 다양한 방식이 시도되어 왔고, 그들 각각의 장점과 단점 또한 발견되어 왔다. 비록 사회서비스 공급에서 민관협력은 여전히 다양한 문제와 쟁점을 만들어 내고 있지만, 그럼에도 적어도 공공이나 민간의 한 부문이 전체 과정을 지배하는 데서 발생하는 실패만큼은 문제가 크지 않다. 그로 인해 사회서비스 공급을 위해 다양한 부문 간 협력관계를 효과적으로 유도할 수 있는 보다 나은 제도적 기제를 찾는 일은 현재에도 계속되고 있다.

```
미  주
```

1) Huber, M., Maucher, M., & Sak, B. (2006). Study on Social and Health Services of General Interest in the European Union [Final Synthesis Report. DG EMPL/E/4, VC/2006/0131].

2) 그러면서도 한편으로 법제적 사회보장이나 보건서비스의 범주를 사회서비스의 개념에서 배척하거나 제외하지도 않는데, 이는 '사회적' 관계에 의해 조성되는 특성에 따른 것이다. 참고: 상게서.

3) 참고: Badura, B., & Gross, P. (1976). *Sozialpolitische Perspektiven. Eine EinFuhrung in Grundlagen und Probleme sozialer Dienstleistungen*. Muenchen: Piper; Kahn, A., & Kamermans, S. (Eds., 1976). *Social Services in International Perspective: The Emergence of the Sixth System*. Washington, D.C.: Government Printing Office; Munday, B., & Ely, P. (Eds., 1996). *Social Care in Europe*. London: Prentice Hall; Bahle, T. (2002). 'Changing social service systems in England, France and Germany: towards de-institutionalisation or institutionalisation?' [EUI Working Paper SPS No. 2002/8].

4) 이때의 '사회복지서비스'는 제도적 용어로서, 이 책 11장에서 설명하는 '사회복지(의) 서비스'와 구분한다. 사회복지 서비스란 사회복지 목적이 실천되는 활동들을 포괄하는 개념이다.

5) 합계출산율이란 여성 인구 1명당 생애 총 출산 예상 횟수를 말한다. 참고: 통계청(2021). '2020년 출산통계(확정치)'.

6) 우리나라에서는 2000년대 중반에 새로운 사회적 돌봄 기조의 사회서비스 공급이 본격화되면서, 공급 기제를 '바우처(voucher, 이용권)' 방식으로 채택하기 시작했다. 이로 인해 사회서비스를 흔히 '바우처 (사회)서비스'라고도 불렀다.

7) 2000년대 중반 공공 부문에서 사회복지를 '주민생활지원'이라는 명칭의 서비스로 바꾸려고 했던 시도가 이러한 경향과도 관련이 있다.

8) 이러한 관점에 따른 문제 기조의 유형 차이는 실천 현장에서는 크게 구분의 의미가 없는 것으로 여겨지기 쉽다. 여전히 실천 현장에서는 '저소득자'를 중심으로 하는 돌봄 서비스가 사회(복지)서비스의 중심을 이루고 있기 때문이다. 공급 방식에서의 차이가 구분되어 전달되지만, 서비스의 대상이나 내용 측면에서는 큰 차이가 없는 것이다. 그럼에도 이러한 기조의 구분에 따른 차이는 공급자들의 규율이나 규제, 소비자에 대한 성격 규정(흔히 이를 보편적, 선별적의 차이로서 간주하기도 하지만), 소비자와 공급자를 잇는 공급체계의 성격 규정 등에서 상당한 정도로 영향을 나타낸다. 적어도 사회서비스를 정책적 프레임의 문제로 다루기 위해서는 이와 같은 사회 문제의 기조 유형을 일차적으로 구분해 보는 것이 중요한 일이 된다.

9) 참고: 김영종(2019). 한국의 사회서비스: 정책 및 실천. 학지사; 김은정(2014). "주요 국가의 사회

서비스 공급주체 성격변화와 정책적 쟁점". 한국사회와 행정연구. 25(1), pp. 169-195.

10) 현재는 법적으로 아동양육시설로 규정되고, 통상적으로는 보육원이라고 불린다.

11) 사회복지법인은 「민법」에서의 재단법인에 준하는 것으로, 「사회복지사업법」(1970년 제정)에서 사회복지의 목적에 특정한 법인으로 규정한다. 이 시기 재정자원의 주된 공급자는 외국원조단체들이었는데, 영미권 중심의 국가들에서부터 재정원조와 함께 사회사업(social work) 모형이 현장에 도입되게 된다. 영미권 사회사업은 전문직 대인적 서비스의 실천 모형으로, 정부보다는 민간 부문, 관료조직보다는 전문직의 공급 주도를 선호한다. 이 시기 영미식 사회사업 방법론의 주된 영향은 전문적 실천기법의 도입 측면보다는, 사회서비스 부문을 민간 자발(voluntary) 부문으로 설정하는 모형이 형성되게 한 것에 있다.

12) 서비스를 제공하고 이용권을 받게 되면, 서비스 제공자로서는 서비스 판매 대금을 시장에서 현금으로 받는 것이나 마찬가지가 된다. 이용권은 발행기관에서 현금으로 상환(reimbursement)해 주기 때문이다.

13) 시장 사업자는 이윤 추구를 참여 동기로 한다. 획득된 이윤을 어떻게 쓸 것인지에 따라 영리와 비영리로서 나누어지지만, 이윤 추구 자체는 시장 사업자의 본질적 목적이다.

14) Pierre, J. (2000). *Debating Governance*. Oxford University Press; 이명석(2002). "거버넌스의 개념화: 사회적 조정으로서의 거버넌스". 한국행정학보. 36(4), pp. 185-205.

15) 우리나라의 경우는 근대적 의미의 복지공급이 시작되었던 1950년대에 이미 복지 거버넌스의 외형적 구조가 갖추어졌다고 볼 수 있다. 고아원 등의 1세대 사회(복지)서비스는 민간 부문에서 구축된 인프라에 정부 부문이 재정을 일부 지원하는 형태로 결합되었기 때문이다. 이는 서구 복지국가들에서 공공 주도의 사회복지 서비스를 탈피하기 위해 1980년대에 들어서부터 거버넌스 접근을 강조하게 되었던 맥락과 다르다.

16) 예를 들어, 국민기초수준(national minimum)에 해당되는 현금 급여들은 중앙정부가 사회보장청을 설치해서 독립된 전달체계를 통해 직접 감당하는 방안이 현실적으로 가능하다.

17) 1차 복지 재정 분권은 2005년 참여정부에서 분권교부세의 형태로 지역 기반의 사회복지서비스 사업을 지방정부로 이양하면서 실행되었다.

18) 복지 재정 분권을 중앙정부의 재정 부담을 지방 정부에 떠넘기려는 의도로 보는 시각은 여전히 남아 있다. 그럼에도 근래 복지 공급에서 정부의 공공성 강화 노력, 예를 들어 복지 공급에서 공공 주체의 직접 생산자 역할을 강화하고, 커뮤니티 케어와 같은 공공 서비스 기반을 강화하려는 정책 등이 함께 추구되고 있다는 점에서 그에 대한 과도한 우려는 적절치 않다.

19) 주로 참고: 김영종(2004). "한국 사회복지서비스의 공공과 민간 부문간 협력관계". 한국사회복지행정학, 6(1), pp. 1-33.

20) 복지다원주의란 정부의 복지공급 독점을 지양하고, 개인이나 가족, 지역사회, 기업, 각종 자

원조직 등과 같은 다양한 공급주체를 인정하는 것이다. 조성국가란 정부가 직접 서비스 제공자의 역할을 수행하기보다는 서비스가 제공될 수 있는 환경이나 체계를 조성하는 역할을 맡는 것이다. 복지국가에서는 국가가 자원공급자와 서비스제공자 역할까지도 직접 수행했다면, 조성국가에서는 다원화된 공급주체들에게 서비스 수급의 여건을 조성해 주는데 충실하려고 한다. 이에 대해 참고: Gilbert, N., & Terrell, P. (2002). *Dimensions of Social Welfare Policy* (5th ed.). Boston: Allyn and Bacon.

21) 포괄보조금(block grant) 계약이란 공공이 특정한 일을 민간에게 포괄적으로 위임하면서 그에 필요한 재정도 통째로 보조해 주는 방식이다. 서비스구매(Purchase Of Service, POS) 계약이란 공공이 대상자들에게 공급되어야 할 서비스 내용을 구체적으로 적시하고, 이 내용의 서비스를 생산, 전달할 수 있는 민간 사업자를 찾아 돈을 주고 구매하는 방식이다. 시설위수탁 계약이란 공공이 서비스 시설을 설치하고 그 운영을 직접 하는 것이 아니라 민간에게 운영비를 주고 위탁(민간은 수탁)하는 방식이다. 바우처(voucher) 방식은 공공과 민간이 직접 계약하는 관계가 아니고, 공공의 재원이 서비스 대상자에게 이용권으로 제공되면 민간 사업자들은 이용자와의 계약을 통해 공공과 간접적으로 관계를 맺는다.

22) 이혜경(2002). "한국 사회복지 서비스 공급체계의 민·관 파트너쉽 구축의 과제와 전망". [사회복지공동모금회 창립 4주년 기념 심포지엄].

23) Kramer, R. (1981). *Voluntary Agencies in the Welfare States*. University of California Press.

24) Salamon, L. (1995). *Partners in Public Service: Government-Nonprofit Relations in the Modern Welfare States*. MD: Johns Hopkins University Press.

25) 문순영(2001). "민간 비영리 사회복지부문 연구를 위한 이론적 고찰". 연세사회복지연구, 7, pp. 33-78.

26) 바우처 서비스 제공기관으로 등록하거나 혹은 이용권을 상환받는 과정에서는 공공의 관리와 규제가 있지만, 이전과 같은 방식의 인허가, 평가, 감독 등으로 공공이 민간 기관을 직접 통제하기는 힘들다.

제 14 장
커뮤니티 케어

근래 우리나라 사회복지에서는 커뮤니티 케어가 중요한 관심사가 되고 있다. 커뮤니티 케어란 사회적 돌봄을 커뮤니티가 중심이 되어 수행하는 것이다. 이에 대한 관심이 증가하는 이유는 일차적으로 우리 사회에서 복지 욕구의 성격이 변화하고 있기 때문이다. 변화된 복지 욕구는 기존의 산업주의적 서비스 생산 방식만으로 대응하기 어렵다.[1] 효과적인 필요 충족이 어려울 뿐만 아니라 재정적으로도 지속가능하기 어렵기 때문이다. 그로 인해 현재 우리나라에서는 커뮤니티 케어에 대한 정책화가 적극 시도되고 있다.

1. 커뮤니티 케어란

커뮤니티 케어(community care)란 사회적 돌봄의 한 방식으로서, '커뮤니티'를 중요한 주체나 수단으로 활용하는 접근을 말한다. 사회적 돌봄(social care)이란 아동이나 노인, 장애인, 질환자 등 돌봄이 필요한 인구들을 '사회적' 방식으로 돌보는 것이다. 전형적인 복지국가들에서는 '사회적'의 의미를 '국가'로 간주했다면, 커뮤니티 케어 접근에서는 이를 '커뮤니티'로 간주한다.

1) 커뮤니티의 개념

커뮤니티란 기본적으로 공동체(commune, 코뮨)의 특성을 가진 사회적 단위다. 공동체란 개인이나 가족들이 자신의 소유물과 책임을 서로 공유하면서 함께 일하고 살아가는 집단을 뜻한다.[2] 오늘날에는 현실적으로 이와 같은 완전한 의미의 코뮨 특성을 가진 독자적인 커뮤니티가 존재하기 어렵다. 그럼에도 국가나 시장과 같은 산업주의 방식의 사회에 비해 상대적으로나마 공동체적 방식이 강조되는 사회라는 의미에서 커뮤니티라 한다.

이러한 커뮤니티를 흔히 지역사회라고도 부르는데, 과거에는 대개 촌락이나 마을 단위의 지역이 그런 공동체적 사회였기 때문이다. 오늘날의 도시산업사회에서는 지역성(locality)에 기반한 집단이 적극적인 공동체가 되기 어렵게 된다. 지역사회 삶의 많은 측면은 상당 부분 '지역 외부로부터, 국가적 조직들의 정책이나 집행 과정이나 정부의 법제, 국가 경제의 발전과 관련된 결정들 등에 의해 지배받기' 때문이다.[3] 현재 도시 생활자들에게는 일부 행정 서비스(구청이나 동사무소 등) 이외에는 지역사회의 기능을 딱히 인식하기가 쉽지 않게 되어 있다.

우리나라에서는 특수한 역사적 경험에 따라 다른 나라들보다 지역사회 공동체가 더욱 급속히 쇠퇴해 왔다. 1950년대를 전후한 시기에 극심한 이념적 대립과 전쟁을 겪으면서 경제사회적으로 큰 혼란이 있었고, 이 와중에 전통적인 지역사회 공동체들이 물리적으로도 대거 파괴된다. 곧 이어 1960년대부터 시작된 급격한 산업화는 인구의 이동성을 높였고, 소비 또한 거대 상품 시장에 의존하게 된 까닭에, 적어도 경제적으로는 지역에 기반한 공동체 사회가 그 기능을 대부분 잃게 되었다.

우리나라의 독특한 지리적 특성과 교통·통신의 발달도 지역사회의 쇠퇴를 가속화한다. 좁은 국토에 높은 인구 밀도를 유지하고 있는 상태에서 교통과 통신의 발달은 지역 내에서의 공동체 기반을 더욱 약화시킨다. 전국이 일일생활권으로 합쳐지는 상황에서 지리적 경계에 의한 지역사회들이 독자적인 생활 공동체로 작동하기는 어렵다. 근래에는 전자상거래(e-commerce)가 국가적 경계조차도 뛰어넘는 상황에서, 지역사회가 생산과 소비의 생활 공동체로서 기능하기는 더욱 어려워진다.

이런 까닭으로 오늘날 다양한 모습으로 변화하는 커뮤니티는 지역성 기반의 공동체 범위를 뛰어넘고 있다. 사람들의 삶에서는 어떠한 형태이든 공동체적 커뮤니티의 기능은 필요하다. 사람들은 그 안에서 자신의 정체성을 확인할 수 있고, 귀속감이나 애정, 관계에 대한 욕구도 충족할 수 있기 때문이다. 이에 따라 전통적인 지역사회를 대신해서 새로운 양상의 커뮤니티가 등장하게 되는데, 학교나 일터, 종교집단, 자조집단, 동호회, 사회적 결사체 등과 같은 사회 형태들이 커뮤니티의 기능들을 나누어 가지는 경향이 나타난다.[4]

사회복지에서 다루는 커뮤니티 개념은 지역성을 부인하지는 않는다. 오히려 보다 전통적 의미의 지역사회를 강조하는 경향도 있다. 비록 현대사회에서는 커뮤니티가 반드시 지역에 국한되지는 않지만, 적어도 국가보다는 지역사회가 커뮤니티의 속성에 가까운 것은 분명하다. 일반적으로도 지역사회라는 용어는 지리적 경계를 전제로는 하지만, 대부분 그러한 지역 내에서의 공동체적 속성을 나타내는 것으로 쓰인다. 그러므로 사회복지에서의 커뮤니티란 '지역사회를 중심으로 공동체적 기능들을 수행하는 여러 사회 단위와 체계의 집합'으로 정의할 수 있다.[5]

2) 사회적 돌봄과 커뮤니티

사회적 돌봄에서의 '사회적'이란 두 가지의 의미를 가진다. 일반적으로는 돌봄의 주체를 뜻하는 것으로, 가족을 대신해서 '사회가' 돌본다는 의미다.[6] 다른 하나의 의미는 서비스의 내용적 속성으로, 이때 사회적이란 '사람들 간 관계'를 뜻한다. 이런 뜻에서 사회적 돌봄 서비스란 사람들의 관계에 대한 필요를 충족시키는 돌봄 서비스가 된다.

> 노인들의 소외나 외로움의 문제에 대응하기 위해 지역사회의 자원봉사자나 이웃, 친구, 가족, 전문 인력 등을 연결하거나, 지역사회에 사람들 간 교류의 장을 조성하는 등이 관계적 서비스에 해당한다.[7]

이러한 관계적 속성의 돌봄 서비스들은 산업주의적 방식으로는 공급되기 어렵다. 비록 가능은 하더라도, 서비스의 유효성 측면에서 분명한 한계가 있다. 산업주의 생산 방식에서는 전문적인 서비스 생산자들이 소비자와 분리된 채 따로 존재한다. 이들은 사람들의 욕구를 세분화하고 표준화시켜 서비스 생산품들을 만들어 내고 소비자 개인들에게 전달한다. 이와 같은 방식으로는 사람들 간 관계가 주된 서비스 속성인 돌봄을 적절히 생산하기는 어렵다.

사회적 돌봄 서비스의 많은 영역에서 산업주의 방식은 여전히 중요하다. 예를 들어, 중증 장애인에 대한 의료적 돌봄 서비스를 위해서는 전문 인력과 기술을 갖춘 시스템(전문요양시설 등)으로서의 전문적 산업 생산이 보다 유효할 수 있다. 산업주의 방식으로 작동하는 관료제적 조직들은 사회적 돌봄을 위한 제도적 기반 조성이나 재원 공급 등과 같은 다양한 측면에서 필수적인 역할들을 수행한다. 그럼에도 이들만으로는 사회적 돌봄 서비스의 핵심 실천 과정은 유효하게 만들어 낼 수 없다.

사회적 돌봄의 핵심적 측면은 산업주의 방식과는 다른 접근을 필요로 한다. 지역사회에서의 사람들 간 관계가 서비스의 주된 내용이 되는 경우는 더욱 그러하다. 사람들의 삶은 물리적이든 심리적이든 일정한 사회적 (사람들 간) 관계를 통해 영위되므로, 돌봄이라는 삶의 영역에서도 그것은 반드시 필요하다. 이와 같은 돌봄에 필요한 관계적 영역의 서비스를 생산하기 위해서는 관료제적 산업 조직들보다는 마을이나 자원자 조직 등과 같은 공동체 방식의 커뮤니티가 보다 유효하게 된다.

현실적으로 사회적 돌봄이 종합적으로 이루어지기 위해서는 산업체와 공동체의 속성들이 모두 필요하다. 다양한 형태의 사회적 돌봄의 필요성이 확인되고, 정책화되어, 실행되는 데는 수많은 산업체 조직도 필요하고, 공동체 방식의 커뮤니티 접근도 요구된다. 그럼에도 이제까지 사회적 돌봄 서비스가 산업주의 생산 방식 일변도로만 진행되어 왔고, 그로 인해 커뮤니티적 속성의 필요성이 과도하게 위축되어 왔다는 것이 문제였다.

사회적 돌봄 서비스가 전달되는 과정에는 일정 정도 이상의 커뮤니티 기능이 필수적이다. 비록 산업적 조직 기제들에 의해 돌봄 서비스가 수행되더라도, 그런 조직들이 만들어 내는 서비스가 개인들의 삶에 영향을 미치는 직접적인 과정에서는 최소한의 '사람들 간 관계'로서의 공동체적 사회 속성이 작동되어야 한다.

> 노인장기요양 제도가 구비되어 있다고 해도, 누군가가 그것을 필요로 하는 노인에게 알려 주고, 이 서비스를 연결해 줄 수 있어야만 작동한다. 이때 '누군가'는 최소한 노인이 대인적 관계를 통해 신뢰할 수 있는 존재여야만 한다. 그러므로 노인에게는 공식적인 서비스 제도나 조직도 필요하지만, 이를 연결해 줄 수 있는 신뢰할 수 있는 사람도 똑같이 필요한 것이다.

'사회적' 돌봄의 직접 실천 과정에서는 비공식적이고 친밀한 대인적 관계의 집단이 보다 중요한 역할을 가진다. 과거에는 가족이 그러한 집단이었다면, 현재는 가족 이외의 사회 집단에서 그러한 성격을 갖출 필요가 있다. 그런 까닭에 공식적 조직과 개인을 연결시켜 주는 사회적 관계의 장(場)이자 매개자 집단으로 지역사회 등과 같은 커뮤니티가 중요해진다.[8]

2. 커뮤니티 속성의 사회적 돌봄

커뮤니티 케어란 사회적 돌봄의 한 방식으로, 커뮤니티의 공동체적 속성을 활용하는 데 초점을 둔다. 그럼에도 현실 제도적 여건하에서는 완전한 의미의 공동체적 속성을 가진 커뮤니티는 성립되기 어렵다. 따라서 커뮤니티 케어란 가능한 최대한으로 커뮤니티의 공동체 속성을 구현해서 사회적 돌봄을 실현하려는 것이다.

1) 커뮤니티의 공동체 속성

커뮤니티의 핵심적인 속성은 공동체성에서 나온다. 공동체성이란 공동체의 성격을 말하는데, 이는 산업체의 성격과 뚜렷이 대조된다. 산업체란 물품이나 서비스를 경제적 합리성의 관점에서 분업 생산하는 산업화 조직의 양식을 말한다. 이에 반해 공동체란 물품이나 서비스를 생산하는 과정이 공동체의 구성원들 간의 신뢰나 참여를 주축으로 형성된 조직 양식을 말한다.

[그림 14-1]에 제시된 것처럼, 산업체 조직이 기반으로 하는 속성과 공동체 조직의 속성은 서로 다르다. 어떤 성격의 조직체이든 조직을 구성하고 유지, 활동하기 위해서

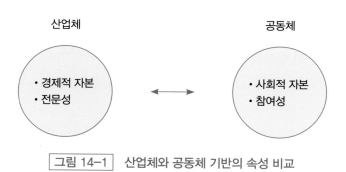

그림 14-1 산업체와 공동체 기반의 속성 비교

는 자본(capital)이 필요하다. 자본은 돈이나 물자와 같은 경제적 자본뿐만 아니라, 조직 구성원들 간의 신뢰나 참여와 관련된 사회적 자본도 있다. 모든 조직체는 두 유형의 자본을 함께 필요하지만, 상대적으로 어떤 자본을 주된 기반으로 삼는지에 따라 산업체와 공동체의 속성 차이가 나타난다.

산업체 기반의 조직들은 땅이나 건물, 현금 등과 같은 재산, 전문적인 지식이나 기술을 보유하는 인적 자원의 동원 능력 등에 의거하여 서비스 생산에 대한 정당성을 부여받는다. 공동체 조직들도 재산이나 전문직의 자산을 포함하지만, 이들 조직이 서비스 생산에 참여할 때의 핵심 자산은 공동선을 추구한다는 명분에서부터 나온다. 그로부터 구성원들이 참여하려는 동기가 나타나고 상호 신뢰와 같은 중요한 조직 자산이 형성된다. 현대 복지국가의 문제에 대한 '커뮤니티 해법'이란 커뮤니티가 가지는 이러한 공동체성의 효용을 활용하려는 것이다.[9]

사회적 돌봄에서 커뮤니티의 공동체성은 신뢰와 참여를 주요 자산으로 한다. 커뮤니티에서는 사람들 간 관계가 여타 산업체 등에서보다는 신뢰에 기반한다. 그에 따라 돌봄을 주고받는 관계도 형식적이고 비효용적인 계약이나 절차에 얽매이는 측면이 감소된다. 이는 돌봄 관계의 실질적인 효용을 높일 뿐만 아니라, 사회 전체적으로도 막대한 비용 절감을 기대할 수 있다. 예를 들어, 노인 돌봄을 산업체로서의 요양병원이 하는 경우보다는, 공동체로서의 지역사회가 하는 경우에 노인의 만족도를 제고하고 전체 사회적 비용도 줄일 수 있다.

2) 공동체 참여의 기반

커뮤니티가 가지는 공동체로서의 속성은 구성원들을 커뮤니티의 문제에 자발적으로 참여하게 만든다. 개인적 이해(이익)들(예: 임금)로 묶인 산업체에 비교해서, 공동체는 구성원들의 공통된 이해에 기반한 자발적인 참여가 특징이다. 공동체의 자발적 참여를 유발하는 공통된 이해는 지역성이나 당사자성, 사회적 경제성 등에 기반한다. 이들은 모두 커뮤니티를 구성하고 작동하게 만드는 힘이지만, 각각은 이해 관심의 기반을 달리한다.

지역성 지역성이란 지역에 기반한 공동의 이해를 가지는 것이다. 지역에 거주하는 사람들에게는 지역에 관련한 상황들(예: 도로 개설이나 서비스 시설의 설치)에서 공동의 이해관계가 성립된다. 이러한 지역성 기반의 공동체를 보통 지역사회라 한다. 사람들 간 교류 관계를 통해 서비스가 생산되고 소비되기 위해서는 지역사회가 필요하다. 이때 지역사회란 사람들이 관계하는 특정 형태의 장(場) ― 반상회, 노인정 등 ― 을 의미하기도 하고, 지역적 범주의 이해관계를 의식하는 사람들의 무형의 집합을 뜻하기도 한다.

커뮤니티 케어란 지역성에 기반한 지역사회를 돌봄의 공동체로 하는 것인데, 이를 위해서는 지역사회나 마을을 조성하는 것과 이를 활용해서 서비스를 제공하는 것이 함께 필요하다. 그럼에도 현실적인 실행의 측면에서는 지역사회를 조성하는 것과 활용하는 것은 초점이 서로 다르다. 일본의 지역복지 접근에서도 마을 만들기(まちつくり)와 같이 마을 자체를 조성하는 노력과, 마을을 통해 복지의 목적을 구현하려는 것에 대해 각기 다른 지식 체계나 실천 기술 등을 제시하고 있다.

시민성   시민 의식을 통해 공동체 활동에 대한 참여의 동기가 성립되는 것이다. 시민 참여는 특정한 사회적 이슈나 정치경제적 이해, 혹은 가치나 신념에 기반해서 공동체에 참여하는 것이다. 시민 참여는 주민성에 기반한 주민 참여와는 구분된다. 주민 참여는 지역주민으로서의 정체성과 이해관계를 기반으로 지역 공동체에 참여하는 것이다.

하나의 커뮤니티에서 구성원들은 주민성과 시민성을 동시에 가질 수도 있다. 지역사회 커뮤니티가 시민사회적 이슈를 공유할 수 있다. 그럼에도 주민으로서의 욕구나 이해가 시민성과 일치되지 않거나 대립되는 경우도 많은데, 예를 들어 사회복지시설(예: 장애인시설)을 특정 지역에 설치하려는 경우에 지역 커뮤니티에서 주민성과 시민성의 이해는 갈등적일 수 있다.

당사자성   당사자는 주체적인 의식을 가진 서비스 대상자를 말한다. 당사자는 소비자 주권과 같은 인식을 통해 공동체성을 가질 수 있다. 당사자주의 집단이 그와 같다. 지역사회 서비스의 경우에는 주민으로서의 참여가 곧 당사자 참여가 되기도 한다. 당사자는 또한 스스로 서비스의 생산자로서 사회서비스 공급에 참여할 수도 있다. 장애인 자립생활(IL) 센터 등에서 소비자 주권에 대한 인식자로서 당사자성을 가지면서 동시에 공동체의 서비스 생산자로서 참여하는 경우가 그와 같다.

당사자 주체가 공동체적 참여 자산이 되는 이유는 이들이 생산자와 소비자 간 거리를 단축하거나 혹은 역할 공유를 가능하게 만들기 때문이다. 이를 통해 호혜적 상호부조의 사회적 관계를 형성하고 거래비용을 감소시킬 수 있다. 중장기적으로는 사회자본의 축적과 같은 추가적인 사회적 급부도 생성할 수 있다. 당사자 유형의 공동체성은 반드시 물리적 영역의 지역성과 결합되어야 할 필요는 없다. 다만, 일반적으로 지역성을 다룰 때 물리적 거리 범주로서의 지역성과 비정형화된 사람들 간 관계로서의 공동체성을 동시에 포괄하는 경우가 많다. 후자의 의미로 지역성을 다룰 때에는 당사자 주체의 공동체성과 상당 부분 중첩된다. 당사자를 참여 자산으로 하는 커뮤니티 조직 유형에는 자활기업과 같은 것이 있다.

사회적 경제 사회적 경제에 대한 믿음도 커뮤니티에 대한 참여 동기로 작용한다. 사회적 경제 방식의 조직은 그 자체로서도 공동체적 커뮤니티의 속성을 가진다. 사회적 경제의 조직 유형으로는 사회적 기업이나 사회적 협동조합 등이 대표적이다.[10] 이들이 공동체적 속성을 가지는 이유는 산업체 방식의 조직들에 비해 구성원 간 관계에서 상호 신뢰성이 차지하는 비중이 크기 때문이다. 여기에서 상호 신뢰는 사회적 기업의 경우에는 사회적 가치의 공유, 사회적 협동조합은 생산이나 소비의 공유 등에 기반한다.[11]

사회적 경제성에 기반한 조직체는 그 자체로서도 커뮤니티가 될 수 있지만, 다른 속성의 커뮤니티들과 결합해 작동될 수도 있다. 사회적 기업은 지역 단위로 작동하면서 지역과 연대의 공동 원리가 추구될 수도 있는데, 마을 기업이 사회적 기업의 방식을 채택하는 경우가 대표적이다. 사회적 경제성이 당사자성과 결합될 수도 있다. 예를 들어, 자활기업은 사회적 서비스의 대상자가 생산자 주체로서 참여하는 것이다. 이들이 사회적 협동조합의 틀을 갖추면, 당사자의 공동체 속성과 함께 사회적 경제성이 함께 작용해서 커뮤니티 참여를 유도한다.

3) 공동체 속성의 커뮤니티 케어

공동체 속성에 기반한 커뮤니티 케어는 산업체 방식의 돌봄 서비스 공급의 단점(낮은 효용과 고비용 등)을 극복할 수 있는 중요한 대안이다. 그럼에도 현재로서는 사회서비스 공급 구조 전반이 산업체 방식에 의존되어 있어서, 공동체적 속성의 커뮤니티 해법의 가능성을 압제하고 있다. 기존의 산업주의 생산 방식에서 축적되어 온 제도적 규범 체계가 진입 장벽으로 작용하는 것이다.

법제도적 차원의 영향과 함께 사람들의 경험과 인식의 한계도 크게 작용한다. 사람들은 커뮤니티 차원에서의 성공적인 사회적 돌봄을 여태껏 경험해 보지 못했기 때문에, 이에 대한 상상력을 자연스레 가지기는 힘들다. 커뮤니티 케어 접근이 제대로 이루어지기 위해서는 단순히 사회적 돌봄의 주체나 방식을 법제도적으로 바꾸는 것만으로는 어렵다. 사람들에게 커뮤니티 해법에 대한 제도적 상상력을 증진시키는 노력이 결부되어야 한다.

3. 사회서비스 패러다임 전환과 커뮤니티 케어

우리나라에서 커뮤니티 케어는 사회서비스 패러다임의 전환과 연관이 있다. 근래 사회서비스의 보편화가 대대적으로 진행되면서, 서비스의 질적 확충이 중요한 이슈로 부각되어 왔다. 이제 사회서비스 공급에 대한 관심은 단순히 얼마가 확대될지가 아니라, 어떻게 효과적으로 제공될 것인지에 집중되고 있다. 모두가 서비스를 받게 된다면, 서비스를 받는지의 여부가 더 이상 중요하지 않게 된다. 그보다는 서비스로 인해 의도된 결과가 나타나는지에 관심이 가게 되는 것이다.[12]

사회서비스를 공급하는 방식은 다양하게 있다. 이제까지 우리나라에서 사회서비스를 생산하는 방식들은 큰 틀에서 산업주의적 패러다임하에 있어 왔다. 이는 사회서비

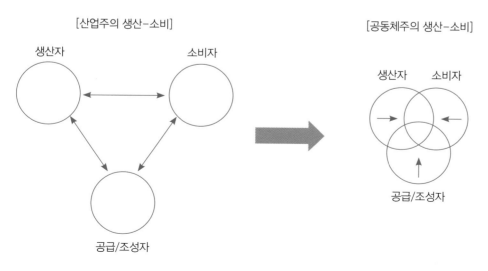

그림 14-2 사회서비스의 공급 방식에 따른 역할자 간 관계

스 공급을 다양하게 분화된 부문들 간의 체계(공급체계)하에서 다루는 것이다. 이러한 방식의 사회서비스 공급은 분업화와 전문화를 통해 [그림 14-2]의 왼편에서 보듯이 체계를 구성하는 부문별 역할자 간 거리를 멀어지게 해 왔다. 이렇게 거리가 멀어질수록 이들 간 관계를 잇는 데 상당한 노력이 필요하다.

산업주의 방식의 공급체계가 가지는 문제는 역할자 부문들 간 거리가 멀어질수록 이들 부문 간의 거래와 관리에 따르는 비용이 증가하는 것에 있다. 부문 간 거리에 비례해서 이들 관계를 맺는 과정에서 공식적 형태의 거래 ─문서, 공증, 계약, 감독 등─ 가 증가하게 되고, 그로 인해 필연적으로 높은 거래비용이 초래된다.

> 사회서비스의 공급자/조성자로서 지방자치단체가 시설위탁과 보조금 등을 통해 민간 사회복지법인이 서비스를 생산해서 소비자에게 전달하도록 할 경우에, 공급체계 내에서 이러한 의도된 결과가 만들어지고 있는지를 확인하는 데만도 상당한 노력과 시간이 소요된다.

사회서비스 공급체계가 이와 같은 산업주의 방식으로만 확대되게 되면, 사회 전체적으로는 고비용의 사회서비스 제도를 가지게 되는 것이다. 우리나라에서도 현재와 같은 산업-제도화 방식은 공식적인 일자리 확보나 거래비용의 산정으로 인한 경제 지표(예: GDP)의 향상에는 도움을 줄 수 있으나, 그것이 의도로 했던 사회적 돌봄 생산의 사회적 목적에는 기여하지 못하거나 오히려 훼손하는 결과를 초래할 수 있다. 경제적 거래 관계에만 의존하게 되면, 사회적 관계의 신뢰를 기반으로 하는 사회자본은 감소될 수밖에 없다. 궁극적으로는 이런 고비용 구조가 지속되면 고령화로 인한 돌봄 비용이 급증하면서,[13] 사회보장 제도 전반의 지속가능성이 위협받을 수 있다.

우리나라에서 사회복지 공급 패러다임 전환의 필요성은 이와 같은 문제 인식에서 비롯된다. 그에 따라 [그림 14-2]의 오른편으로 방향으로 이동을 강화하는 움직임이 나타나고 있다. 커뮤니티 기반의 사회복지 혹은 지역사회복지에 대한 강조도 이러한 맥락에서 비롯되는 바가 크다. 여기서는 산업주의적 생산-소비와 반대 방향으로 공동체적 방식의 생산-소비의 역할자 관계가 강조된다. 부문별 역할자 간 거리가 분업, 전문화로 멀어지는 것이 아니라, 반대로 줄어드는 방향으로 진행되게 하려는 것이다.

현재에도 우리나라에서 사회서비스 공급은 산업주의 방식이 주축을 이루고 있다. 커뮤니티 케어가 공동체주의를 강조한다는 것도 그런 기존의 산업주의 서비스 체계를 전면 부정하기는 어렵다. 현실적으로 산업주의 방식으로 작동할 수밖에 없는 사회서비스의 영역도 있다. 대규모의 자산 투자나 전문적 기술이 조직화되어야만 가능한 돌봄 서비스들(예: 전문요양병원이나 장애인시설 등)은 공동체주의적 접근으로 전면 대체하는 것이 쉽지 않다.

그래서 사회적 돌봄 서비스의 기존 공급체계를 부정하기보다는 그 안에서 가능한 정도의 대안 추구가 보다 현실적이 된다. 사회적 돌봄의 다양한 성격(대상, 목적, 서비스 내용 등)을 고려해서, 어떤 부분에서 공동체적 접근을 통한 서비스 공급이 보다 더 유효할 것인지를 찾아내는 것이다. 예를 들어, 일상생활 돌봄 중심의 특정 휴먼서비스들은 주민 참여를 통해 지역공동체 차원에서 수행하는 것을 보다 적극적으로 검토하고, 정책들로 관철하는 것이다.

커뮤니티 케어는 현재 한국 사회가 처한 저성장 성숙사회의 현실에서 새로운 발상을 통해 사회적 발전을 추구하는 방식이기도 하다. 사회적 돌봄만이 아니라 사회복지 전반을 구현하는 데 정부의 해법(위계적 통제)과 시장의 해법(계약적 자유)이 모두 한계적으로 작동하는 상황에서, 복지 수행의 주된 방식을 지역과 당사자 참여에 의한 커뮤니티적 해법에서 찾으려 하는 것은 어쩌면 필연적이다.[14] 우리나라 사회서비스 공급에서 산업주의 체제의 한계를 극복하는 과제도 이러한 커뮤니티 대안의 모색과 밀접히 연관되어 있다.

4. 커뮤니티 케어의 정책

커뮤니티 케어의 정책이란 단순하게는 커뮤니티를 중심으로 사회적 돌봄을 수행하게 만들려는 노력이다. 비록 개념적으로는 단순하지만, 무엇을 커뮤니티의 본질로 할 것인지와 이를 사회적 돌봄의 기능 수행에 어떻게 적용할지를 놓고서는 다양한 접근이 시도되어 왔다.

1) 추진 배경

우리나라에서는 이전부터도 커뮤니티나 지역사회는 사회적 돌봄을 구현하는 중요한 기제로 간주되어 왔지만, 커뮤니티 케어라는 용어를 사용하는 정책적 관심이 본격적으로 등장한 것은 2010년대 중후반부터다. 커뮤니티 케어 정책에 대한 관심은 일차적으로 탈시설화 혹은 정상화의 이념에서 비롯된다.[15] 1960년대 영미권 국가를 중심으로 등장했던 장애인에 대한 탈시설화와 정상화 목적의 커뮤니티 케어 정책에서는, 커뮤니티가 인위적인 시설 환경과 대조되는 자연스러운 생활의 장이라는 측면에서 중요시되었다. 노인이나 장애인 등 사회적 돌봄이 필요한 인구 누구든 시설이라는 산업주의 서비스 생산 기관의 돌봄을 받는 것은 정상적이지 못하다는 인식과 함께, 대안으로서 커뮤니티 케어가 강조되었던 것이다.

우리나라에서 커뮤니티 케어와 결부된 정상화 이념이 근래 새롭게 강조되는 배경에서는 복지 욕구의 대대적인 성격 변화와 관련이 있다. 절대 빈곤의 시대를 지나면서 사람들의 문제가 배고픔에서 외로움으로, 사회적 필요가 물질적 차원에서 관계적 차원으로 이동하는 현상이 나타나고 있다. 자살이나 정신건강, 소외, 사회적 배제 등은 더 이상 절대빈곤의 문제와 의식주의 필요에서 비롯되지 않는다. 그보다는 사람들과 함께 살아가는 관계에서 소속감이나 애정, 자기 인정이나 존엄 등과 같은 사회적 감성을 충족하는 것이 보다 중요한 가치로서 사람들에게 인식되고 있다. 이러한 사회적 관계의 속성을 상실하지 않고 돌봄을 주고받기 위해서는 커뮤니티가 새삼 중요하게 된 것이다.

근래 커뮤니티 케어에 대해 정책적 관심이 증가하게 된 보다 현실적인 이유는 노인 인구가 급증하고 있다는 데 있다. 우리나라는 현재 이미 고령사회에 진입했다. 2026년에는 노인 인구가 전체 인구의 20%를 차지하는 초고령사회에 진입할 것으로 예상되고 있다. 2017년에 실시된 노인실태조사의 결과에 따르면 우리나라 노인 중 57.6%가 거동이 불편해도 살던 곳에서 여생을 마치고 싶다고 답했다. 그럼에도 불구하고 이들 노인이 사회적 돌봄을 받기 위해서는 요양병원 등의 시설에 입소해야만 되는 경우가 많다. 커뮤니티 케어에 관한 수요와 공급에서 불일치가 크게 일어나고 있는 것이다.

근래 커뮤니티 케어 정책이 현실화되는 배경에는 사회적 돌봄의 재정적 지속가능성의 문제도 포함되어 있다. 현재와 같은 영리산업 방식의 돌봄 서비스 공급이 계속해서 확장되면, 국가 재정이 이를 더 이상 감당하지 못하게 될 우려가 커졌기 때문이다. 일본의 경우에도 1970~1980년대 인구고령화에 따른 노인 돌봄의 수요가 급격히 증가하면서, 재정적으로 산업주의적 서비스들로는 이를 감당하기 어렵다는 판단에 따라 지역복지로의 정책 전환이 대대적으로 주창되었다.[16] 같은 이유에서 우리나라도 지속가능한 사회적 돌봄 제도를 위해 커뮤니티 케어 정책의 동기가 발생했다.

2) 정책 방향과 과제

커뮤니티 케어에 관한 현실 정책은 접근 방향에 따라 크게 두 가지로 구분된다. 하나는 돌봄의 장소에 초점을 맞춘 것으로, '시설이 아닌 커뮤니티'에서 사람들이 생활하도록 하는 것이다. 이를 '커뮤니티 내(in the community)' 케어 접근이라고 할 수 있다. 탈시설화나 정상화의 기본 조건은 생활 가능한 지역사회인데, 우리나라에서는 이미 장애인복지 분야에서 자립생활(IL) 등이 이러한 정책적 접근을 나타낸다. 근래 지방자치단체들에서 사회 주택 등을 활용해서 노인이나 장애인을 지역사회에 거주할 수 있게 하는 것도 이러한 접근에 해당한다.

다른 하나의 정책 접근은 커뮤니티를 돌봄의 주체 차원에서 강조하는 것이다. 커뮤니티를 단순히 돌봄 장소로서가 아니라, 돌봄을 제공하는 주체이자 방법으로 간주하는 것이다. 이를 '커뮤니티에 의한(by the community)' 케어 접근이라 한다. 커뮤니티를 주체로 간주한다는 것은 커뮤니티가 돌봄을 제공하는 중심적인 방법 기제라는 뜻이다. 이때 커뮤니티란 지역주민들을 비롯해서 정책 수립과 행정, 실천을 주도하는 특정 주민 주체, 혹은 다양한 지역사회 서비스 조직 등을 모두 포함하는 의미다.[17]

사회적 돌봄의 주체로서 커뮤니티는 사람들 간 관계, 즉 사회의 본질이 강조된다. 사람들을 돌보기 위해서는 사회적 관계의 장(場)이 중요하다. 예를 들어, 사회적으로 노인들을 돌보기 위해서는, 막대한 비용을 사회적으로 부담하는 것도 필요하다. 그러나 그에 못지않게 노인들의 개별화된 문제나 필요를 찾아들어가 해결할 수 있는 적절한 돌봄의 기제를 갖추는 것도 중요하다.[18] 심리사회적 측면에서 보다 고차원의 휴먼서비스 필요들을 다루기 위해서는 '커뮤니티에 의한' 접근이 강조된다.

여태껏 우리나라에서 커뮤니티 케어와 관련된 정책은 주로 복지 재정 분권이나 지역 서비스 체계의 구축과 같은 이슈에 결부되어 왔다. 우리나라에서 지역사회 중심의 복지 공급이 실질적인 정책 이슈로 등장한 것은 2005년 분권교부세 제도의 시행부터였다.[19] 원래 우리나라에서 사회복지 서비스의 기획과 실행은 대대로 중앙정부의 역할과 책임으로 되어 있었으나, 2000년대 이후 복지분권화의 정책 시도를 통해 지역 혹은 지방정부의 역할을 강화하려는 시도가 이어져 왔다. 커뮤니티 케어 정책에 대한 관심도 그 일환으로서 제기되는 경향이 크다.

현실적인 정책에서 이제까지 커뮤니티 중심의 사회복지 공급체계로의 전환은 그 논리적 당위성에도 불구하고, 많은 문제에 가로막혀 왔다. 사회복지 문제의 중심축이 빈곤에서 돌봄으로 이동하게 되는 과정에서, 돌봄 서비스의 본질로서 휴먼서비스와 사회적 관계의 속성들이 구현되기 위해서는 지역성을 비롯한 커뮤니티의 장(場)이 필수적이다. 그럼에도 이러한 지역복지 체제로의 전환에 대한 당위성은 여태껏 지방재정의 부족이나 지역별 복지 수준의 불균형, 지역의 역량 부족 등의 우려 때문에 충분히 구현되지는 못했다.

이제까지 정부의 커뮤니티 기반 사회복지로의 전환 정책은 주로 정부 간 거버넌스(중앙과 지방 정부 간 권한 이양)에 머물러 왔었다. 그러다 2020년대를 전후한 시기에 들어서서야 커뮤니티 케어에 대한 구체적인 정책이 설정되게 된다. 커뮤니티의 본질적 속성을 기반으로 하는 사회적 돌봄을 시도해 볼 수 있는 현실 정책적 공간이 비로소 마련된 것이다. 대표적으로는 현재 정부가 '지역사회 통합돌봄'이라는 정책명으로 추진하는 시범 사업이 그 일종이다.

> 보건복지부에서는 지역사회 통합돌봄 사업의 표제를 '살던 곳에서, 건강한 노후'로 제시하고 있다. 이 정책 사업의 정의는 다음과 같다. '돌봄(케어)이 필요한 주민(어르신, 장애인 등)이 자기 자신이 살던 곳(자기 집이나 그룹홈 등)에서 개개인의 욕구에 맞는 서비스를 누리고, 지역사회와 함께 어울려 살아갈 수 있도록 주거, 보건의료, 요양, 돌봄, 독립생활 등을 통합적으로 지원하는 지역주도형 사회서비스 정책'[20]

비록 정부가 커뮤니티 케어로 표방하지만, 현재의 지역사회 통합돌봄 정책은 커뮤니티 케어 접근의 한정된 측면만을 반영한다. 예를 들어, 지역사회 통합돌봄의 정책 사업들이 현재로서는 사회적 돌봄을 구현하는 데 있어서 지역성과 탈시설화 측면에만 초점이 맞추어져 있다. 커뮤니티 케어의 보다 본질적 의미에서의 공동체적 속성, 예를 들어 주민 참여와 자치 등으로 돌봄 관계의 마을 만들기 등에 대해서는 큰 관심을 두지 않고 있다.[21]

현재 기존 선진 복지국가들에서도 지역사회에 기반한 커뮤니티 중심 사회서비스로 패러다임을 전환하기 위한 개혁을 지속적으로 추진해 오고 있다. 영국은 이미 1990년에 커뮤니티케어법을 제정해서, 지방정부에 지역 내 포괄적 케어서비스 제공에 대한 책임을 부여한다. 2000년대 즈음에는 이를 '커뮤니티 협약(compact)'으로 해서,[22] 정부와 지역자치단체, 민간기구 간 복지 수행에 대한 계약적 관계가 지역사회의 장을 중심으로 이루어지도록 유도한다. 이를 통해 지역사회 차원에서 공동체적 접근 방식의 복지 공급을 확대하려는 것이다.

일본의 경우에도 1970년대 말부터 이미 커뮤니티 케어를 정책적으로 강조하기 시작했는데, 일본형 복지국가로서의 '복지사회'를 천명하던 당시에 이미 커뮤니티에 주목하였다. 이후 2000년 「사회복지법」 개정 시부터 지역복지(地域福祉)를 법제화하고, 2014년에는 지역포괄케어시스템 제도를 도입한다. 지역포괄케어시스템이란 지역을 기반으로 돌봄 서비스를 추구하고, 지역이 스스로 돌봄의 주체가 되는 체계를 의미한다.[23]

우리나라에서 근래 커뮤니티 케어가 강조되는 맥락도 이상의 국가들과 유사성을 가지고 있다. 커뮤니티 케어에 대한 정책은 단지 하나의 새로운 서비스 양식의 도입이 아니라, 우리나라 사회복지 공급 전반에 대한 패러다임의 변화 차원으로 접근될 필요가 있다. 현재 시행되는 지역사회 통합돌봄 정책도 '커뮤니티 내' 접근의 통합적 서비스 공급에 머물기보다는, '커뮤니티에 의한' 접근에서 공동체적 속성의 본질을 강조하는 방향으로 확장하는 것이 과제로 남아 있다.

```
┌─────────────────────────────┐
│      미 주         🔍        │
└─────────────────────────────┘
```

1) 산업주의 생산이란 소비자로부터 분리된 생산자 부문이 상품화된 서비스들을 생산해서 판매하고 전달하는 것을 말한다. 이러한 서비스들은 사람들 간 관계의 문제(소속감, 외로움 등)에 접근하기 힘들고, 의존적이고 수동적인 서비스의 대상자들을 양산할 위험성도 있다. 그로 인해 문제의 해결은 없이 막대한 재정 투입만을 계속 증가시키는 결과를 초래하기 쉽다. 우리나라를 비롯한 대부분의 복지국가에서 지역복지와 커뮤니티 케어가 대안적 접근으로 다루어지는 것도 이러한 까닭이다.

2) Cambridge Dictionary Online.

3) Warren, R. (1956). 'Toward a typology of extra-community controls limiting local community autonomy'. *Social Forces, 34*, pp. 338-341.

4) Gardner, J. (1991). *Building Community*. Washington, D.C.: Independent Sector.

5) 워런(Warren)의 커뮤니티 개념에 대한 정의다. 이때 커뮤니티란 생산-분배-소비, 사회화, 사회통제, 사회참여, 상호부조 등의 사회적 기능을 실현하는 지역적인 단위가 되는 것이다. 참고: Warren, R. (1983). 'A community model'. In R. Kramer & H. Specht (Eds.). *Readings in Community Organization Practice* (3rd ed.). NJ: Prentice-Hall, p. 28.

6) 공급 주체의 특성으로 사회적(social)의 의미를 탈가족화와 탈상품화에 관련해서 보는 것인데, 이때의 사회적이란 시장적의 반대 의미를 가진다. 가족이 자체적이나 시장을 통해 스스로 감당하기 어려운 서비스들을 사회적 방식(공적인 방식)으로 공급한다는 의미도 있다. 여기서 사회적이란 공공성의 의미를 띠는데, 그 공공성이 반드시 정부 조직의 주체를 의미하지 않고 비영리 주체들을 포괄한다는 의미에서 사회적이란 보다 폭넓은 의미로 쓰인다.

7) 이는 똑같이 사람들을 돌보는 서비스라고 하더라도, 보건의료서비스와 사회서비스를 구분할 수 있는 경우에서 의미가 잘 나타난다.

8) Berger, M., Neuhaus, R., Novak, M. (Eds., 1996). *To Empower People: From State to Civil Society* (2nd ed.). American Enterprise Institute for Public Policy Research.

9) 金子郁容·玉村雅敏·宮垣元 (카네코 등, 2009). Community Solution: 커뮤니티 과학 — 기술과 사회의 이노베이션. 勁草書房.

10) 사회적 협동조합(social enterprise)과 사회적 기업(social cooperative)은 기업의 양식에 대한 배타적인 구분이라기보다는, 규제의 성격 차이를 반영한 것이다. 현재 우리나라의 규제 체계 안에서 굳이 구분하자면 사회적 기업의 등록 유형 중 하나로 사회적 협동조합이 포함된다. 이들 사회적 경제 방식의 공동체 참여 구조는 현재에도 사회서비스의 일정 영역을 제도적으로 보장받고 있다. 예를 들어, 요양시설의 운영 주체로서의 사회적 협동조합을 인정해 주는 것이

나, 장애인 자립공동체의 생산물을 우선 구매하도록 하는 것, 이들 기관에 대한 각종 세제 혜택이나 장려금, 시설투자금을 지원하는 것 등이다.

11) 일반 협동조합과 사회적 협동조합은 성격이 다르다. 이탈리아의 경우에는 제도적으로 사회적 협동조합을 일반 협동조합과 구분하고, 사회적 협동조합에서도 사회서비스의 당사자가 생산자로서 참여하는(일정 비율 이상으로) 경우와 전문 생산자 위주의 협동조합으로서의 유형을 구분해서 제도적 규제를 따로 두는 경향도 있다.

12) 선별적 사회복지서비스의 시대에는 배분받는 자체가 중요했지만, 보편적 사회서비스의 시대에 이르면 서비스 소비에 따른 효용이나 만족도가 중요한 사안이 된다.

13) 예를 들면, 다음과 같다. 건강보험 노인진료비(비중): 2016년 25조 원(38.7%) → 2025년 58조 원(50.8%), 의료급여 노인진료비(비중): 2016년 3.1조 원(46.3%) → 2025년 5.7조 원(51.5%), 치매관리비용(GDP 대비): 2016년 13.6조 원(0.83%) → 2030년 34.3조 원(1.8%).

14) 이에 대해 참고: 金子 외, *Community Solution*.

15) 정상화(normalization) 이념이란 사람들이 자신들이 살던 곳, 곧 지역사회 안에 통합되어서 일상적 삶을 지속적으로 유지할 수 있도록 하는 것을 의미한다. 사회적 돌봄이 필요한 사람이라 해도, 이들을 지역사회와 격리된 시설 환경에서 거주하게 하는 것은 옳지 않다고 믿는다. 그래서 커뮤니티 케어는 기존에 시설에서 돌봄을 받는 사람들을 탈시설화해서 지역사회에 살아가도록 지원하거나, 혹은 지역사회의 거주 환경을 개선해서 시설에 입소하지 않고도 지역사회에서 살아갈 수 있도록 한다는 점에서 정상화의 이념을 추구한다.

16) 일본에서는 커뮤니티 기반의 사회복지를 아예 지역복지(地域福祉)라는 새로운 접근 방법론으로까지 본격화시키는데, 이때 커뮤니티의 개념에는 관료제적 국가를 대신하는 지역사회의 개발과 주민 자조 및 참여가 강조된다.

17) 이때 조직 기구는 단일한 통합 케어의 조직 형태를 비롯해서 네트워크 방식의 케어 연합이나 조정 기구의 형태 등으로 다양하게 둘 수 있다.

18) 아무리 사회가 단순히 경제적 비용 부담을 늘리더라도 그것만으로는 심리사회적 차원의 개별화된 문제 해결이 가능하지 않기 때문이다.

19) 지방재정 분권을 목적으로 시행되었던 분권교부세는 사회복지 서비스 관련 국고보조 사업들을 대부분 지방에 이양하기 위한 것이었다. 2005년 분권교부세를 기점으로 사회서비스 분야에서는 복지 공급이 '중앙에서 지방으로' 전환되기 시작하는데, 실질적으로는 10년 뒤 2014년 말 「지방교부세법」 개정을 통해 그 전환이 완성되었다. 그 결과, 2015년부터는 장애인거주시설, 노인양로시설, 정신요양시설 등 국가사업으로 환원된 3개를 제외한 나머지 대부분의 64개 사회(복지)서비스 사업은 보통교부세 재원 체제하에 놓이게 되었다. 보통교부세 재원은 지방자치단체가 스스로 용도 활용에 대한 재량을 폭넓게 가지는 것이므로, 지역 기반의 사회

복지 공급 체제를 실질적으로 구축할 수 있는 여건이 마련되었다.

20) 정부는 2018년 11월 '지역사회 통합돌봄 기본계획(1단계: 노인 커뮤니티 케어)'을 발표했는데, 통합돌봄 제공 기반을 구축하기 위한 추진 로드맵과 4대 중점과제(주거, 건강·의료, 요양·돌봄, 서비스 통합 제공)를 제시했다. 2019년 6월부터 2년간 16개 시·군·구에서 지역 자율형 통합돌봄 모형을 만들기 위해 선도사업이 추진되었다. 참고: 대한민국 정책브리핑−정책위키−'지역사회 통합돌봄(커뮤니티 케어)' https://www.korea.kr/special/policyCurationView.do?newsId=148866645. 최종수정일: 2020. 3. 6.

21) 커뮤니티 케어의 이러한 측면은 정부 부처 중 보건복지부보다 행정안전부가 강조해 왔다. 행정안전부는 유사한 커뮤니티 케어 정책을 의도하면서 주민복지서비스 개편 추진단을 두고, 공공서비스 전달체계 개편, 주민자치회 등의 기능 활성화에 방점을 두고 있다. 참고: 행정안전부. 2021년 주민자치형 공공서비스 구축사업−주민자치 분야 매뉴얼.

22) 근래 영국의 지역복지 개념에 추가되는 의미 차원은 커뮤니티 협약(compact)과 관련된 것이다. 이는 2000년대 전후 영미를 중심으로 이루어졌던 복지국가의 분권화 과정에서 도입된 것으로, 중앙정부가 사회서비스의 공급을 위해 정부 단위나 민간 산업생산 기관들과 직접 계약하기보다는, 커뮤니티 단위와의 협약을 통해 복지 기획과 실행, 재원 공급이 이루어지도록 하자는 것이다.

23) 일본의 지역복지는 사람들의 복지를 위해 필요한 마을 공동체를 어떻게 구축하거나 복원할지를 중심적인 과업으로 삼는다. 지역포괄케어시스템에서도 이를 단순히 서비스 제공자들 간 연결을 의미하는 우리나라의 '통합사례관리' 정도에서 그치지 않고, 포괄 케어가 가능한 지역을 어떻게 만들 것인지에 초점을 둔다.

참고문헌

강흥구(2014). 의료사회복지실천론. 정민사.

국회예산정책처(2021. 2. 24.). "OECD 주요국의 공공사회복지지출 현황". Nabo Focus. 30호.

권중돈(2019). 노인복지론(7판). 학지사.

권중돈 외(2016). 사회복지개론(3판). 학지사.

권진숙·김정진·전석균·성준모(2019). 정신건강사회복지론. 공동체.

김기원(2016). 사회보장론. 정민사.

김동국(1994). 서양사회복지사론. 유풍출판사.

김상균(1986). 각국의 사회보장. 유풍출판사.

김성천 외(2009). 사회복지학의 원리와 실제. 학지사.

김영종 (1996). "한국의 가족주의와 지역사회 복지서비스의 관계에 관한 이론적 논의". 경성대학
    교 논문집. 17, pp. 321-329.

김영종(2003). "한국 사회복지조직의 형성 과정에 관한 역사적 연구". 한국사회복지행정학. 10,
    pp. 31-62.

김영종(2004). "한국 사회복지서비스의 공공과 민간 부문간 협력관계". 한국사회복지행정학, 6(1),
    pp. 1-33.

김영종(2007). 사회복지조사방법론(2판). 학지사.

김영종(2013). 프로그램 개발과 평가. 학지사.

김영종(2014). "한국 사회복지 전문직의 제도적 전문성 경로와 대안적 정향". 사회복지정책, 41(4),
    pp. 377-404.

김영종 편역(2014). 복지사회의 개발: 지역 및 공동체 접근. 학지사.

김영종(2015). "한국 사회복지관의 제도적 정체성 규명에 관한 연구". 한국사회복지행정학, 17(3), pp. 27-56.

김영종(2017). "우리나라 사회복지 전달체계와 담론적 작용: 역사적 형성과 경로, 쟁점". 한국사회 복지학, 69(1), pp. 175-197.

김영종(2017). 사회복지행정(4판). 학지사.

김영종(2019). 한국의 사회서비스: 정책 및 실천. 학지사.

김영종(2021). "서평: 공감(empathy), 사회복지의 새로운 길을 가리키는 표지가 될까". 한국사회 복지학, 73(2), p. 185.

김영종 외(2007). 사회복지 네트워킹의 이해와 적용. 학지사.

김용득(2002). "장애개념의 변화와 사회복지실천 현장 함의". 한국사회복지학, 51, pp. 157-182.

김은정(2014). "주요 국가의 사회서비스 공급주체 성격변화와 정책적 쟁점". 한국사회와 행정연구, 25(1), pp. 169-195.

김은정(2018). "1인 가구 사회서비스 현황과 정책과제". 사회복지정책과 실천, 4(2), pp. 41-79.

김은정·이신영·박선영(2015). 사회복지개론. 청목출판사.

김이배(2014). "사회복지전담공무원 직렬통합 논의의 쟁점과 향후 과제". 한국사회복지행정학, 16(3), pp. 147-179.

김태성·김진수(2013). 사회보장론(4판). 청목출판사.

김홍중(2012). 인간이란 무엇인가? 월간경영계, 392, pp. 58-59.

남기민(2003). 현대사회복지학(2판). 양서원.

로버트 퍼트넘(Robert D. Putnum, 2009). *Bowling Alone: The Collapse and Revival of American Community*. 정승현 역(2001). 나 홀로 볼링. 페이퍼로드.

리처드 도킨스(Richard Dokins, 1976). *The Selfish Gene*. 홍영남·이상임 공역(2010). 이기적 유전자. 을유문화사.

매트 리드리(Matt Ridley, 1996). *The Origins of Virtue*. 신좌섭 역(2001). 이타적 유전자. 사이언스 북스.

문순영(2001). "민간 비영리 사회복지부문 연구를 위한 이론적 고찰". 연세사회복지연구, 7, pp. 33-78.

박종삼 외(2007). 사회복지학개론. 학지사.

박지영 외(2010). 함께 하는 사회복지의 이해. 학지사.

배임호 외(2007). 교정복지론. 양서원.

보건복지부(1971). 보건사회행정백서.

서경현·김영숙(2003). "독거노인의 자아존중감과 우울". 한국심리학회지: 문화 및 사회문제, 9(1), pp. 115-137.

서혜석 외(2016). 군사회복지 이론과 실천. 양서원.

성민선(2010). "Rekkebo의 기록을 통해 본 한국 사회사업의 초기(1955-1965)". 사회복지리뷰, 15, pp. 129-156.

안병영(1984). "복지국가의 태동과정의 비교연구". 한국행정학보, 18(2), pp. 423-444.

원석조(2001). 사회복지정책학원론. 양서원.

유수현(2017). 의료사회사업론. 양서원.

이명석(2002). "거버넌스의 개념화: 사회적 조정으로서의 거버넌스". 한국행정학보, 36(4), pp. 185-205.

이민홍·전용호·김영선·강은나(2015). 1인가구 증가에 따른 신사회적 위험 대응전략. [보건복지부·동의대학교 보고서].

이은영(2011). "철학적 인간학에서 존재와 본질의 문제: 에디트 슈타인의 존재론적 인간학을 중심으로". 철학연구, 117, pp. 275-301.

이재원(2010). "사회서비스 정책의 지향가치와 활성화 과제". 사회서비스연구, 1, pp. 33-81.

이혜경(2002). "한국 사회복지 서비스 공급체계의 민·관 파트너쉽 구축의 과제와 전망". [사회복지공동모금회 창립 4주년 기념 심포지엄].

이혜경(2008). 세계화와 복지국가의 재편 [기획예산처 강연자료 2008. 2. 25.].

이준영·김제선·박양숙(2015). 사회보장론. 학지사.

장경찬(2017. 8. 4.). "2016년 분야별 중요판례분석". 법률신문.

장인협·이혜경·오정수(1999). 사회복지학. 서울대학교출판부.

정경희 외(2006). 한국의 사회서비스 쟁점 및 발전전략. [한국보건사회연구원 연구보고서 2006-18].

정근식·주윤정(2013). "사회사업에서 사회복지로: 복지 개념과 제도의 변화". 사회와 역사, 98, pp. 5-40.

정무성·나임순·유용식(2019). 현대사회복지개론(2판). 신정.

정순둘·정주희·김미리(2016). "연령주의와 연령통합이 세대갈등인식에 미치는 영향: 연령집단별 비교를 중심으로". 한국사회복지학, 68(4), pp. 5-24.

차조일·박선웅(2012). "사회과 주요 개념에 대한 역사적 고찰 ― 쿨리의 1차 집단을 중심으로". 시민교육연구, 44(4), pp. 217-239.

제러미 리프킨(Jeremy Rifkin, 2009). *The Empathic Civilization: The Race to Global Consciousness in a World in Crisis*. 이경남 역(2010). 공감의 시대. 민음사.

조너선 하이트(Jonathan Haidt, 2012). *The Righteous Mind*. 왕수민 역(2014). 바른마음. 웅진지식하우스.

조영훈(2006). 일본 복지국가의 어제와 오늘. 도서출판 한울.

조흥식(2008). 인간생활과 사회복지. 학지사.

조흥식 외(2017). 산업복지론. 나남출판.

최원규(1996). 외국민간원조단체의 활동과 한국 사회사업 발전에 미친 영향. 서울대학교 대학원 박사학위논문.

최원규(1998). "초기 사회사업 개념 형성에 미친 외원단체 활동의 영향: 〈카나다 유니테리안 봉사회〉의 사례를 중심으로". 사회복지연구, 11, pp. 161-203.

표트르 크로포트킨(Peter Kropotkin, 1902). *Mutual Aid: A Factor of Evolution.* 김영범 역(2005). 만물은 서로 돕는다: 크로포트킨의 상호부조론. 르네상스.

하상락(1989). 한국사회복지사론. 박영사.

한국사회복지연구소(1972). 한국사회복지연감. 농원문화사, p. 679.

한인영 외(2013). 의료현장과 사회복지실천. 학지사.

함세남 외(2001). 사회복지 역사와 철학. 학지사.

히라노 타카유키(平野隆之, 2008). 地域福祉推進の政策と方法. 김영종·박유미 공역(2012). 일본의 지역복지: 정책 및 방법. 학지사.

金子郁容·玉村雅敏·宮垣元(2009). Community Solution: コミュニティ科学―技術と社会のイノベーション. 勁草書房.

小松理佐子(2006). 福祉国家の形成·再編と社会福祉政策. 中央法規.

社會福祉士養成講座編輯委員會(2014). 現代社会と福祉(4판). 中央法規.

古川孝順(2002). 社会福祉学. 誠信書房.

古川孝順(2009). 社会福祉の拡大と限定. 中央法規.

Ambrosino, R., et al. (2012). *Social Work and Social Welfare: An Introduction* (7th ed.). NY: Brooks/Cole.

Attlee, D. (1920). *The Social Worker.* London: Bell.

Austin, D. (1985). 'Administrative practice in human services: future directions for curriculum development'. In S. Slavin (Ed.), *Social Administration: The Management of the Social Services* (2nd ed.). Vol. 1. pp. 14-27.

Austin, D. (1995). 'Management overview' in *Encyclopedia of Social Work* (19th). Vol. 2. pp. 1642-1658.

Badura, B., & Gross, P. (1976). *Sozialpolitische Perspektiven. Eine EinFuhrung in Grundlagen und Probleme sozialer Dienstleistungen.* Muenchen: Piper.

Bahle, T. (2002). Changing social service systems in England, France and Germany: towards de-institutionalisation or institutionalisation? [EUI Working Paper SPS No. 2002/8]

Baratz, M., & Grigsby, W. (1972). 'Thoughts on poverty and its elimination'. *Journal of Social Policy, 1*(2), pp. 119-134.

Barker, L. (1995). *The Social Welfare Dictionary* (3rd ed.). Washington, D.C.: NASW.

Berger, M., Neuhaus, R., & Novak, M. (Eds., 1996). *To Empower People: From State to Civil Society* (2nd ed.). American Enterprise Institute for Public Policy Research.

Briggs, A. (1965). 'The welfare state in historical perspective(pp. 37-90)'. In M. Zald (Ed.), *Social Welfare Institutions*. NY: John Wiley.

DiNitto, D. (2007). *Social Welfare: Politics & Public Policy* (6th ed.). NY: Alyn & Bacon.

Dolgoff, R., & Feldstein, D. (2013). *Understanding Social Welfare: A Search for Social Justice*. Singapore: Pearson Education.

DuBois, B., & Miley, K. (2014). *Social Work: An Empowering Profession* (9th ed.). NY: Pearson.

Dunbar, R. (1996). *Grooming, Gosship, and the Evolution of Language*. Cambridge, MA: Harvard University Press.

Dupré, L. (1993). 'The common good and the open society'. *The Review of Politics*, 55(4), pp. 687-712.

Ehrenreich, J. (1985). *The Altruistic Imagination*. Ithaca, IL: Cornell University Press.

Esping-Andersen, G. (1990). *The Three World of Welfare Capitalism*. Princeton Univ. Press.

Esping-Andersen, G. (1996). *Welfare States in Transition: National Adaptations in Global Economies*. London: Sage.

Friedlander, W. (1961). *Introduction to Social Welfare*. NJ: Prentice-Hall.

Fukuyama, F. (1995). *Trust: The Social Virtues and The Creation of Prosperity*. NY: Simon & Schuster.

Gardner, J. (1991). *Building Community*. Washington, D.C.: Independent Sector.

Giddens, A. (1998). *Conversations with Anthony Giddens: Making Sense of Modernity*. CA: Stanford University Press.

Gilbert, N., & Specht, H. (1981). 'Policy and institutions(pp. 66-73)'. In N. Gilbert & H. Specht (Eds.), *The Emergence of Social Welfare and Social Work*. Itasca, IL: F.E. Peacock Pub.

Gilbert, N., & Terrell, P. (2002), *Dimensions of Social Welfare Policy* (5th ed.). MA: Allyn and Bacon.

Hasenfeld, Y. (1983). *Human Service Organizations*. NJ: Prentice-Hall.

Huber, M., Maucher, M., & Sak, B. (2006). *Study on Social and Health Services of General Interest in the European Union*. [Final Synthesis Report. DG EMPL/E/4, VC/2006/0131].

Johns, H., & Ormerod, P. (2007). *Happiness, Economics, and Public Policy*. The Institute of Economic Affairs. Research Monograph 62.

Kahn, A., & Kamermans, S. (Eds., 1976). *Social Services in International Perspective: The*

Emergence of the Sixth System. Washington, D.C.: Government Printing Office.

Kahneman, D., & Tversky, A. (1979). 'Prospect theory: An analysis of decisions under risk'. *Econometrica, 47*, pp. 313-327.

Kramer, R. (1981). *Voluntary Agencies in the Welfare States*. CA: University of California Press.

Macarov, D. (1995). *Social Welfare: Structure and Practice*. Thousand Oaks, CA: Sage.

Manefee, D. (2009). 'What human services managers do and why they do it'. In R. Patti (Ed.), *Handbook of Human Service Management* (2nd ed.). CA: Sage.

Marshall, T. (1950). *Citizenship and Social Class*. Cambridge University Press.

Marshall, T. (1955). *Social Policy*. Hutchinson University Library.

Martin, L. (2009). 'Program planning and management'. In R. Patti (Ed.), *The Handbook of Human Services Management*. CA: SAGE Pub.

Maslow, A. (1954). *Motivation and Personality*. NY: Harper & Row Pub.

Mink, G. (2002). *Welfare's End*. NY: Cornell Univ. Press.

Munday, B., & Ely, P. (Eds., 1996). *Social Care in Europe*. London: Prentice Hall.

OECD (2005). *Extending Opportunities: How Active Social Policy Can Benefit Us All*. 정연순 외 공역. OECD 국가들의 적극적 사회정책 동향 및 도전과제. 학지사.

Offe, C. (1984). *Contradictions of the Welfare State*. London: Hutchinson.

Orloff, A. (1993). 'Gender and the social rights of citizenship: the comparative analysis of gender relations and welfare states'. *American Sociology Review, 58*(3), pp. 303-328.

Patti, R. (1983). *Social Welfare Adminstration: Managing Social Programs in a Developmental Context*. NJ: Prentice-Hall.

Pierre, J. (2000). *Debating Governance*. Oxford University Press.

Pierson, P. (1996). 'The new politics of the welfare state'. *World Politics, 48*(2), pp. 143-179.

Polanyi, K. (1944). *The Great Transformation: Economic and Political Origins of Our Times*. NY: Rinehart.

Ritzer, G. (2007). *The Coming of Post-Industrial Society* (2nd ed.). NY: McGraw-Hill.

Romanyshyn, J. (1971). *Social Welfare: Charity to Justice*. NY: Random House.

Rothman, R. (2001). 'Approaches to community intervention'. In J. Rothman, J. Erlich, & J. Tropman, *Strategies of Community Intervention* (6th ed.). IL: F.E. Peacock.

Rousseau, J. (1984, 1755). *A Discourse on Inequality*. Harmondsworth: Penguin.

Salamon, L. (1995). *Partners in Public Service: Government-Nonprofit Relations in the Modern Welfare States*. MD: Johns Hopkins University Press.

Sen, A. (1999). *Development as Freedom*. NY: Alfred Knopf.

Taylor-Gooby, P. (2004). 'New risks and social change(pp. 1-28)'. *New Risks, New Welfare:*

The Transformation of the European Welfare State. Oxford Univ. Press.

Tonnies, F. (1963, translated and edited by C. P. Loomis). *Community and Society* (Gemeinschaft und Gesellschaft, 1887). NY: Harper & Low.

Trattner, W. (1998). *From Poor Law to Welfare State* (6th ed.). NY: Free Press.

Trivers, R. (1971). 'The evolution of reciprocal altruism'. *Quarterly Review of Biology, 46*, pp. 35-57.

Warren, R. (1956). 'Toward a typology of extra-community controls limiting local community autonomy'. *Social Forces, 34*, pp. 338-341.

Warren, R. (1983). 'A community model'. In R. Kramer & H. Specht (Eds.), *Readings in Community Organization Practice* (3rd ed.). NJ: Prentice-Hall.

Weiner, M. (1990). *Human Services Management: Analysis and Applications* (2nd ed.). CA: Wadsworth Pub.

Wickenden, E. (1965). *Social Welfare in a Changing World: The Place of Social Welfare in the Process of Development*. US Dept. of HEW.

Wilensky, H., & Lebeaux, C. (1965). *Industrial Society and Social Welfare*. NY: Free Press.

Wirth, L. (1938). 'Urbanism as a way of life'. *American Journal of Sociology, 44* (July), pp. 1-24.

Zastrow, C., Gebo, L., & Concilla, C. (2002). *Practice of Social Work* (7th ed.). NY: Brooks Cole.

찾아보기

내용

저자 소개

김영종(金永鍾 / Kim, Young Jong)

1990년부터 경성대학교 사회복지학과 교수로 재직해 오고 있다. 1984년에 경북대학교 사회학과를 졸업하고, 미국 텍사스 주립대학교(오스틴) 대학원에서 사회복지학을 공부해서 석사 및 박사 학위를 받았다(1989년). 한국사회복지학회 편집위원장과 회장을 역임하였고, 기획예산처에서 사회통합정책관으로 잠시 일하기도 하였다. 사회복지연대와 부산참여연대의 대표 등으로 시민사회 활동도 오랫동안 해 오고 있다. 주요 저서로는 『한국의 사회서비스: 정책 및 실천』(학지사, 2019), 『사회복지행정』(4판, 학지사, 2017), 『사회복지 조사방법론』(2판, 학지사, 2008) 등이 있고, 최근 논문으로는 「피란수도 부산의 고아원과 고아의 삶: 한국 사회복지의 제도적 시원(始原)에 관한 연구」(2021), 「사회복지법인 제도의 형성과 변천에 관한 연구」(2018) 등 다수가 있다.

e-mail: yjkim@ks.ac.kr

김은정(金垠廷 / Kim, Eun Jeong)

국립부경대학교 사회복지학전공 교수로 재직 중이다. 1991년 서울대학교 소비자아동학과를 졸업하고, 동 대학원에서 석사학위(1993년)를 취득하였다. 1999년부터 미국 텍사스 주립대학교(오스틴)에서 사회복지학 박사과정을 시작하였고, 2003년에 사회복지학 박사학위를 받았다. 2004년부터 10년간 계명대학교 사회복지학과 교수로 재직하였으며, 2014년에 부경대학교로 옮겨 왔다. 한국사회서비스학회 편집위원장, 한국사회복지행정학회 회장, 한국사회복지학회 편집위원장 등을 역임하였다. 대통령 직속 일자리위원회 공공일자리분야 전문위원, 한국사회보장정보원 이사, 보건복지부 사회서비스발전포럼 위원 등으로도 활동하였다. 주요 논문으로는 「문재인 정부 사회복지분권의 방향과 과제」(2020), 「지역적 환경과 제도적 특성을 고려한 사회서비스 공급체계 분석」(2016), 「사회적 돌봄체계 구축에서 공동체적 접근에 관한 연구」(2015), 「사회서비스 재정의 지방화에 따른 지역의 대응방안」(2014), 「사회서비스정책 현황분석과 정책적 과제」(2013) 등 다수가 있다.

e-mail: ejkim@pknu.ac.kr

사회복지개론
Introduction to Social Welfare

2022년 2월 25일 1판 1쇄 인쇄
2022년 3월 10일 1판 1쇄 발행

지은이 • 김영종 · 김은정
펴낸이 • 김진환
펴낸곳 • ㈜ 학지사

04031 서울특별시 마포구 양화로 15길 20 마인드월드빌딩
대표전화 • 02-330-5114   팩스 • 02-324-2345
등록번호 • 제313-2006-000265호

홈페이지 • http://www.hakjisa.co.kr
페이스북 • https://www.facebook.com/hakjisabook

ISBN 978-89-997-2623-1 93330

정가 19,000원

출판 · 교육 · 미디어기업 **학지사**

간호보건의학출판 **학지사메디컬** www.hakjisamd.co.kr
심리검사연구소 **인싸이트** www.inpsyt.co.kr
학술논문서비스 **뉴논문** www.newnonmun.com
교육연수원 **카운피아** www.counpia.com